Iniciación a la

LINGÜÍSTICA

JUAN LUIS JIMÉNEZ RUIZ

Iniciación a la

LINGÜÍSTICA

2001
EDITORIAL CLUB UNIVERSITARIO

Título: Iniciación a la Lingüística
Autor: © Juan Luis Jiménez Ruiz

ISBN: 84-8454-100-Z
Depósito legal: A-1173-2001

Edita: Editorial Club Universitario Telf.: 96 567 61 33
C/ Cottolengo, 25 – San Vicente (Alicante)
www.ecu.fm

Printed in Spain
Imprime: Imprenta Gamma Telf.: 965 67 19 87
C/. Cottolengo, 25 - San Vicente (Alicante)
www.gamma.fm
gamma@gamma.fm

Reservados todos los derechos. Ni la totalidad ni parte de este libro puede reproducirse o transmitirse por ningún procedimiento electrónico o mecánico, incluyendo fotocopia, grabación magnética o cualquier almacenamiento de información o sistema de reproducción, sin permiso previo y por escrito de los titulares del Copyright.

A Mari Ángeles, mi esposa, por su paciencia y comprensión ante las múltiples horas robadas.

INTRODUCCIÓN

A pesar del largo período de tiempo transcurrido desde que el hombre comenzó a reflexionar sobre lo que era el lenguaje hasta nuestros días, la respuesta a este interrogante no sólo no ha encontrado la unanimidad deseada a lo largo de la historia sino que en la actualidad todavía persiste la creencia de que esta unanimidad de criterios y escuelas no es oportuna.

Ello justifica también que esta diferenciación existente en la concepción de nuestro objeto de estudio vaya unida inevitablemente a una dispar concepción de la disciplina que ha de encargarse de la descripción y explicación del mismo. Obviamente, una reflexión más objetual y empirista del lenguaje exige una formulación lingüística también más empirista —y, por ello mismo, más formalizada e inmanente— muy lejana de esa otra formulación más hermenéutica y trascendental de la Lingüística que pretende aprehender el carácter sujetual del lenguaje.

Si a la disparidad tanto en la concepción de lo que es nuestro objeto de estudio como de lo que es el método que debemos aplicar para su análisis, unimos también la falta de unanimidad a la hora de considerar las características que deben guiar la reflexión tanto sobre el objeto como sobre el método de nuestra disciplina, comprenderemos fácilmente la dificultad que entraña el estudio de nuestra disciplina.

Objeto de estudio, método de aprehensión del mismo y reflexión globalizante sobre el proceso de conocimiento que la aplicación de este método produce de nuestro objeto son pues los tres pilares fundamentales que deben guiar nuestro discurrir para que la respuesta a la problemática que plantea el estudio del lenguaje y la precisión de los pilares fundamentales que rigen la disciplina que lo estudia sea lo más exhaustiva y correcta posible.

En este sentido, *Iniciación a la Lingüística* pretende ser una guía que oriente a los alumnos en el estudio riguroso del fenómeno llamado *lenguaje*. Para ello, ofrecemos en sus páginas una serie de reflexiones sobre las cuestiones planteadas anteriormente, proponiendo tres vías para realizar el estudio de nuestro objeto: la *Teoría del lenguaje*, la *Teoría de la lengua* y la *Teoría de la Gramática*.

Así, nos acercaremos al lenguaje de forma *ontológica* (en la II^a parte del libro), es decir, presentando en primer lugar una caracterización general del lenguaje como objeto de estudio e investigación —con lo que abordaremos la primera parte del sintagma *Lingüística* general (Capítulo 4)— y después estudiando sus peculiaridades desde distintos puntos de vista: el *social* (Capítulo 5), que nos permitirá abordar la diversidad lingüística; el punto de vista *simbólico*, que nos permitirá ahora estudiarlo desde el ámbito semiótico (Capítulo 6); y, finalmente, el punto de vista *neuropsicológico* (Capítulo 7).

Con ello quedaría cubierta una de las tres vías de estudios lingüísticos que hemos propuesto (la *Teoría del lenguaje*), pero no lo conoceríamos completamente. Por ello, proponemos la *segunda* forma de hacerlo. Se trata de una aproximación *metodológica* ya, es decir, al análisis lingüístico de nuestro objeto (III^a parte del libro). Y, puesto que no podemos aprehender el lenguaje a través de los sentidos, lo haremos ahora a través de las lenguas como objetos materiales que actualizan nuestra capacidad de lenguaje (con lo que culminaremos el segundo miembro del sintagma Lingüística *general*). Así, iniciamos la *segunda vía* de estudios lingüísticos (la *Teoría de la lengua*), precisando primero los distintos *niveles de análisis* que se pueden realizar

(Capítulo 8), y elaborando después un análisis de la Lingüística desde una perspectiva *intradisciplinar* (Capítulo 9), es decir estudiando las distintas *divisiones* de la Lingüística (Fonética y Fonología, Morfología y Sintaxis, Lexicología y Semántica). Continuaremos, tras ello, con el análisis de la Lingüística desde una perspectiva *interdisciplinar*, estudiando en este caso tanto las *ramas de la Lingüística teórica* (Capítulo 10) como las de la *Lingüística aplicada* (Capítulo 11).

Ya sólo nos quedaría por cubrir la *tercera vía* de estudios lingüísticos; a saber, la que reflexiona sobre el propio conocimiento del objeto lingüístico. Se trata de la *Teoría de la gramática* que adopta la perspectiva *epistemológica* y que estudiaremos en el capítulo 12.

Todo ello queda caracterizado de manera global en la Iª parte del libro, en la que, además de una serie de puntualizaciones sobre las técnicas de investigación lingüística (Capítulo 1), reflexionamos sobre la Lingüística en el conjunto de las ciencias humanas (Capítulo 2) y sus *fundamentos* como campo del saber (Capítulo 3), revisando el aparato *epistemológico* que proponemos para el análisis (*ontológico* y *metodológico*) de nuestro objeto de estudio e investigación.

Para ello, estructuramos los capítulos del libro en una serie de apartados que ayudan a su comprensión y aprendizaje. En primer lugar, la presentación de los *objetivos* que deben conseguirse al final del proceso de enseñanza y aprendizaje, con objeto de que el alumno oriente el estudio de los contenidos. A continuación señalamos las *palabras clave*, o nociones más relevantes sobre las que el alumno debe dirigir su atención cuando estudie el capítulo. Después, presentamos un índice de los contenidos, con objeto de que el alumno sepa la estructura u *organización que los contenidos* presentan a lo largo del capítulo y tenga así una visión panorámica de los mismos. Tras ello, explicamos ya los *contenidos* del capítulo desarrollando los distintos epígrafes en los que lo hemos estructurado con anterioridad. En este apartado hemos evitado las referencias bibliográficas con objeto de posibilitar la lectura fluida y facilitar el estudio.

Precisamente este deseo didáctico mencionado es el que justifica que junto a los contenidos mencionados, articulemos también une serie de *actividades sugeridas*, que se desarrollarán dependiendo de cada curso en concreto y de los principales aspectos que interesen o preocupen al alumnado. Este carácter abierto de la planificación de las actividades explica también el que puedan ser muchas más y distintas las actividades que puedan llevarse a cabo, según la idiosincrasia específica de los alumnos de cada curso.

En el apartado de las *lecturas recomendadas*, ofrecemos una serie de referencias bibliográficas que ayudarán a profundizar en el contenido de cada capítulo; y en el de los *ejercicios de autoevaluación* presentamos una serie de preguntas, cada una de ellas con tres alternativas de respuestas, orientadas a que el alumno pueda comprobar en qué medida va progresando en el aprendizaje y reorientar el estudio en función de los ejercicios realizados.

Finalmente, junto a una *bibliografía general* sobre el tema, ofrecemos un *glosario* de las principales nociones lingüísticas aparecidas en el capítulo. La razón es que una de las grandes dificultades que conlleva la enseñanza y aprendizaje de nuestra disciplina estriba precisamente en el carácter excesivamente hermético de su terminología. Para paliar en lo posible la incomprensión que este hecho pueda suponer, presentamos estos *glosarios* en los que explicamos aquellos términos que puedan suscitar más dificultad, precisando el sentido con el que aparecen en el capítulo, con el fin de que el alumno pueda localizar rápidamente la aclaración pertinente. Puesto que a veces las nociones se repiten a lo largo de los capítulos y puede ser difícil su localización, ofrecemos al final del libro un *glosario general* en el que situamos las nociones lingüísticas que aparecen definidas en los glosarios que figuran en los distintos capítulos del libro, indicando el número del capítulo o capítulos en los que pueden consultarse las distintas acepciones de las mismas.

Junto a este glosario general, el texto concluye con una *bibliografía básica*. En ella renunciamos a las largas listas de obras, carentes de sentido, para adoptar una perspectiva más razonable y eficaz que tenderá, no ya al conocimiento pormenorizado de las obras, sino de las directrices fundamentales del pensamiento lingüístico entre los que se mueven los hilos del entramado bibliográfico, todo ello dirigido desde una actitud de justa objetividad en la que no cabrán ni el dogmatismo excluyente ni el eclecticismo enciclopedista indiscriminado. Presentamos, por tanto, el complemento bibliográfico de los repertorios generales (bibliografía general sobre Lingüística, enciclopedias y panorámicas de la Lingüística y diccionarios terminológicos), que servirán de orientación al alumno en el proceso de enseñanza y aprendizaje.

Finalmente, el *índice temático*, en el que damos una visión general de todos los contenidos del texto; y el *índice general* ponen fin al libro.

Sería el momento ahora de agradecer a todos los que de una forma directa o indirecta nos han ayudado a la realización de este trabajo, ya sea mediante sus obras respecto al tema, consejos o aportaciones teóricas en las que nos basamos. Pero serían tantos que preferimos no hacer una larga lista. Sin embargo, sí queremos en su lugar recordar aquí que somos quienes somos gracias a los *maestros* que nos enseñaron y a los cuales nunca les estaremos lo suficientemente agradecidos.

Finalmente, sólo nos queda señalar que si con este libro el proceso de enseñanza y aprendizaje de la Lingüística general llega a buen fin, nos sentiremos satisfechos. Aunque, de todos modos, si en algo hemos ayudado a nuestros alumnos a mejorar este proceso, el esfuerzo habrá valido la pena. Sin lugar a dudas.

Primera parte
PRELIMINARES TEÓRICOS Y METODOLÓGICOS.

Capítulo 1

TÉCNICAS DE INVESTIGACIÓN LINGÜÍSTICA.

A. Objetivos.

1. *Conocer* las técnicas instrumentales para la investigación lingüística.
2. *Adquirir* las destrezas para la utilización de estas técnicas.
3. *Construir* fichas bibliográficas de los principales textos sobre Lingüística.
4. *Elaborar* fichas temáticas organizando diversos tipos de materiales.
5. *Construir* un fichero bibliográfico y temático.

B. Palabras clave.

- Ficha bibliográfica.
- Ficha temática.
- Fichero.
- Elementos de identificación.
- Elementos de ubicación.
- Elementos conceptuales.

– Sistema de clasificación.　　　　– Técnicas procesales.

C. Organización de los contenidos.

1. Técnicas instrumentales para la investigación lingüística: las fichas.
    1.1. Definición.
    1.2. Clasificación de las fichas.
2. Elementos constitutivos de las fichas bibliográficas.
    2.1. Elementos de identificación.
    2.2. Elementos de ubicación.
    2.3. Elementos de utilización.
3. Modelo de ficha bibliográfica.
4. Elementos constitutivos de las fichas temáticas.
    4.1. Elementos de identificación.
    4.2. Elementos de clasificación.
    4.3. Elementos conceptuales.
5. Modelo de ficha temática.
6. Técnicas instrumentales para la investigación lingüística: el fichero.
    6.1. Sistema de clasificación alfabético.
    6.2. Sistema de clasificación temático.
    6.3. Sistema de clasificación numérico ordinal.
    6.4. Sistema de clasificación numérico decimal.
7. Técnicas procesales para la construcción de la ficha bibliográfica.

7.1. Preliminares.

7.2. La elaboración de los elementos de identificación.

7.3. La elaboración de los elementos de ubicación y utilización.

7.4. Recomendaciones finales.

8. Técnicas procesales para la construcción de la ficha temática.

8.1. Preliminares.

8.2. La elaboración de los elementos conceptuales.

8.3. La elaboración de los elementos de identificación.

8.4. La elaboración de los elementos de clasificación.

8.5. Recomendaciones finales.

9. Técnicas procesales para la construcción del fichero.

9.1. La construcción del fichero bibliográfico.

9.2. La construcción del fichero temático.

9.3. Recomendaciones finales.

D. Desarrollo de los contenidos.

1. Técnicas instrumentales para la investigación lingüística: las fichas.

Cualquier investigación que se pretenda mínimamente organizada debe partir de una previa organización coherente de sus materiales de estudio para, a partir de éstos, plantear las hipótesis necesarias para el análisis de su campo teórico.

En este sentido, una de las técnicas instrumentales más eficiente de las que dispone el lingüista para realizar la organización de sus materiales es la ficha. Veamos en qué consiste.

1.1. Definición.

Las fichas son trozos de papel de dimensiones variables que, por lo general —aunque no necesariamente—, suelen ser de un grosor mayor al del papel estándar, que se utilizan para:

- *acumular grandes cantidades de información* relativa tanto a nuestro ámbito de estudio como a las fuentes de las que disponemos para seguir recabando información;
- *organizar esta información* para que nuestro trabajo no consista simplemente en un resumen de materiales bibliográficos que se suceden de manera lineal en fichas en lugar de en otro tipo de papel (folios, cuadernos...);
- y, finalmente, *usar en futuros proyectos de investigación*, puesto que contienen los datos que necesitamos para realizar un buen trabajo.

Como podemos ver, son variadas y diferentes las utilidades que podemos dar a las fichas. Por ello podemos distinguir, principalmente, entre dos tipos de fichas que nos ayudarán en nuestro trabajo intelectual.

1.2. Clasificación de las fichas.

Dependiendo del uso que vayamos a darle a la ficha, la podemos clasificar en dos grandes grupos:

- *Ficha bibliográfica*: aquella que contiene datos generales sobre un libro o revista de investigación. Estos datos son los que nos permitirán en un futuro dilucidar la adecuación o no de la consulta del libro o revista, ya sea para un trabajo de investigación o para el estudio de nuestra materia.

- *Ficha temática*: en este caso se trata de la que refleja los datos específicos sobre el contenido de capítulos de libros o artículos publicados en revistas de investigación, que será usado tanto en nuestros estudios como en los trabajos que realizaremos a lo largo de nuestra vida académica.

2. Elementos constitutivos de las fichas bibliográficas.

La ficha bibliográfica está formada por tres tipos de elementos, según sea la utilidad que se le vaya a dar a los mismos.

2.1. Elementos de identificación.

Son aquellos que nos permiten precisar los datos relativos al libro o revista que estamos fichando. De mayor a menor importancia son los siguientes:

- *Datos relativos a la autoría del texto*: precisaremos los apellidos y el nombre del autor o autores que han escrito el texto objeto de nuestra ficha.

- *Datos identificativos del texto*: consignaremos ahora el título del libro o nombre de la revista (en este caso, junto al número o volumen del que se trate) que vamos a fichar.

- *Datos sincrónicos sobre la edición del texto*: nos fijaremos, en este caso, en la editorial que produjo el texto, en la ciudad en la que se publicó y en el número de páginas de las que consta la edición.

- *Datos diacrónicos sobre la edición del texto*: añadiremos, finalmente, los datos relativos al año de la primera edición y al de la edición que estamos manejando, consignando, además, el número de esta edición.

2.2. *Elementos de ubicación.*

Son aquellos que nos permiten precisar ahora los datos relativos al lugar en el que se encuentra el libro o revista que estamos fichando, con objeto de facilitarnos la consulta de los mismos en caso de que posteriormente queramos elaborar fichas temáticas. Son los siguientes:

- *Datos relativos a la biblioteca en la que se encuentra el texto*: precisaremos aquí los datos generales sobre este lugar, señalando tanto el nombre de la biblioteca, como el de la entidad a la que pertenece y la ciudad en la que se ubica.

- *Datos relativos al lugar en el que se encuentra en texto dentro de la biblioteca*: señalaremos ahora la signatura que tiene el texto en la biblioteca, puesto que es ésta la que nos permitirá su pronta localización.

2.3. *Elementos de utilización.*

Son aquellos que nos permiten consignar las observaciones personales que podamos hacer sobre el libro con objeto de orientar su posterior consulta para la realización de fichas temáticas. Los datos que anotaremos son los siguientes:

- *Datos formales sobre el texto*: aquí precisaremos, entre otras, cuestiones relativas al aparato crítico del texto, cuadros, gráficos, bibliografía, etc.

- *Datos conceptuales sobre el texto*: finalmente observaremos los aspectos relativos al contenido del texto, prestando una principal atención al índice, señalando las partes o capítulos en los que se estructura el texto así como los números de las páginas que ocupan.

3. Modelo de ficha bibliográfica.

Todas las fichas bibliográficas deberán llevar los diferentes elementos señalados anteriormente, según el modelo propuesto.

Los *elementos de identificación* estarán en la parte superior delantera de la ficha bibliográfica, separados los de mayor importancia (datos de autoría y de identificación textual) de los de menor importancia (edición) mediante dos líneas que suelen ser de color rojo o azul. Situaremos los primeros por encima de las dos líneas y los segundos por debajo:

AUTOR: TÍTULO:			
Editorial: Año (1ª ed.):	Edición:	Ciudad: Nº págs:	

Los *elementos de ubicación* estarán situados en la parte derecha de la ficha bibliográfica, consignados a partir de las dos líneas divisorias y separados del resto de la ficha por una sola línea vertical. Situaremos los datos relativos a la biblioteca en la que se encuentra el texto debajo de las dos líneas y los relativos al lugar en el que se encuentra en texto dentro de la biblioteca, por debajo, según el siguiente modelo:

	Ubicación:
	Signatura:

Los *elementos de utilización* estarán situados a continuación de los elementos de identificación ocupando tanto la parte delantera de la ficha bibliográfica como la trasera.

Observaciones:	

Finalmente añadiremos en la esquina inferior derecha de la ficha el *nombre* y los *apellidos* de la persona que realiza la ficha, con lo que el modelo final de ésta quedaría de la siguiente manera:

AUTOR:	
TÍTULO:	
Editorial: Ciudad: Año (1ª ed.): Edición: Nº págs: Observaciones:	Ubicación Signatura: Autoría:

4. Elementos constitutivos de las fichas temáticas.

La ficha temática está formada por tres tipos de elementos, según sea la utilidad que se le vaya a dar a los mismos.

4.1. Elementos de identificación.

Son aquellos que nos permiten precisar los datos relativos al capítulo del libro o artículo de la revista que estamos fichando. Puesto que los datos generales están contenidos en la ficha bibliográfica, en la ficha temática solo consignaremos los siguientes:

- *Datos relativos a la autoría del texto*: precisaremos aquí también los apellidos y el nombre del autor o autores que han escrito el capítulo del texto objeto de nuestra ficha.

- *Datos relativos al texto que estamos estudiando*: en este apartado identificamos, cuando se trata de un libro, tanto el título del capítulo como el del libro al que pertenece éste; y cuando se trata de un artículo de investigación, el título del artículo y el nombre de la revista en el que se ha publicado.

- Y, finalmente, los *datos relativos al lugar exacto en el que se encuentra la información dentro del texto*: en este caso consignamos el número de las páginas en las que se desarrolla el capítulo del libro o el artículo de la revista que estamos fichando.

4.2. Elementos de clasificación.

Son unos de los elementos fundamentales de la ficha temática puesto que serán los que nos van a permitir organizar la ficha en el interior del fichero. Estos elementos son los siguientes:

- *La materia*: se trata del área de conocimiento a la que pertenece el texto que estamos estudiando. Son saberes generales establecidos arbitrariamente por la comunidad científica y que sirven para englobar los contenidos temáticos. Puede identificarse, en algunos casos, con las asignaturas de los distintos planes de estudio.

- *Tema general*: dada la amplitud que presenta el ámbito anterior, el tema general pretende establecer un área más restringida dentro de la materia que, en este caso, puede identificarse con los temas que constituyen el grueso de una asignatura. Se trata, por tanto, de identificar el tema del que trata el texto que estamos estudiando y ubicarlo dentro de la materia correspondiente.

- *Tema específico*: constituye un tercer grado de abstracción sobre los contenidos del texto que estamos estudiando. Puesto que, como hemos dicho, la utilidad de la ficha temática es la de ser usada en posteriores estudios o investigaciones, el tema del que trata ésta debe ser enunciado lo más específicamente posible. Por ello, consignamos también en la ficha, además del tema amplio en el que puede englobarse, el tema puntual y específico que constituye el contenido de la ficha. Podría identificarse con los epígrafes que aparecen en los temas de las asignaturas de un curso académico.

- *Código de clasificación*: se trata de un conjunto de dígitos que sirven para ubicar la ficha dentro del fichero. Este código nos va a permitir localizar con rapidez un conjunto de fichas y, al contrario, localizar el lugar en el que se deben ubicar las nuevas fichas que estemos elaborando.

Finalmente consignaremos la *fecha* en la que hemos realizado la ficha temática, dato éste tanto para nuestro control personal como para evaluar la pertinencia o no de su uso en posteriores trabajos de investigación.

4.3.   Elementos conceptuales.

Es la parte principal de la ficha temática puesto que precisa en forma de resumen las ideas fundamentales del capítulo del libro o del artículo que estemos estudiando.

5. Modelo de ficha temática.

Todas las fichas temáticas deberán consignar los distintos elementos que hemos señalado anteriormente. Para ello vamos a seguir el modelo que vamos a presentar en estas páginas.

Comenzaremos por los *elementos de clasificación*. Puesto que estos elementos sirven para organizar la ficha en el interior del fichero, deben tener una pronta visualización. Por ello, vamos a situarlos en la parte superior de la ficha temática, separados del resto de los elementos por dos líneas que suelen ser rojas o azules.

Además, para separar los datos relativos a los elementos del contenido (materia, tema general y tema específico) de los de clasificación formal (código y fecha), utilizaremos una línea vertical.

Veamos el esquema que presentamos a continuación en el que se recogen estas ideas

Materia: Tema general:	Tema específico:	CÓDIGO: Fecha:

A continuación, situaremos los *elementos de identificación* también en la cara delantera de la ficha temática y justo debajo de las dos líneas horizontales que separan los elementos de clasificación del resto de los elementos. Para ello, seguiremos el siguiente esquema:

AUTOR: OBRA:	PÁGS.

Los *elementos conceptuales* son los que necesitan más espacio dentro de la ficha temática. Por ello, los situaremos tanto en la parte delantera de la ficha, justo debajo de los elementos de identificación, como en la parte trasera de la misma, según el siguiente esquema:

CONTENIDO:	

Finalmente, el esquema completo de la ficha temática estaría formado por la suma de los elementos de *clasificación, identificación* y *conceptuales*, a los

[Nota manuscrita superior: SAUSSURE, Ferdinand de, «Característica del signo» en Curso de lingüística general, Losada, BA, 1965, pp 15-2]

que añadiremos la *autoría* de la persona que ha realizado la ficha temática (apellidos y nombre), que aparecería en la esquina inferior derecha de la parte delantera de la ficha. Su representación final quedaría tal y como sigue:

Materia: Tema general:	Tema específico: *El signo lingüístico*	CÓDIGO: Fecha:
AUTOR: OBRA: *Capítulo (Título) ben. Título. Bueles* CONTENIDO: *definición signo lingüístico del signo lingüístico — significante y significado » (p. 15)*		PÁGS. *del capítulo* Autoría:

6. Técnicas instrumentales para la investigación lingüística: el fichero.

Cuando vamos teniendo gran cantidad de fichas, tanto bibliográficas como temáticas, es necesario poder ubicarlas en un lugar que nos permita su pronta localización y su utilización posterior. Para ello vamos a utilizar el *fichero*.

El fichero consiste en un recipiente que suele tener forma rectangular y estar hecho de cartón, en el que organizamos nuestras fichas mediante un sistema de clasificación y valiéndonos de unas tarjetas separadoras que contendrán las claves de clasificación que utilicemos en él.

Por ello, este *sistema de clasificación* es lo importante del fichero, puesto que es el que lo hace operativo. Veamos distintos sistemas de clasificación y la utilidad que le vamos a dar dentro de nuestro fichero.

6.1. Sistema de clasificación alfabético.

Es un proceso de ubicación que permite la pronta localización del material que estemos buscando y que consiste en ordenar las fichas por orden alfabético.

Lo vamos a utilizar en el *fichero bibliográfico* ordenando las fichas atendiendo a los apellidos de los autores (por ello, los datos de identificación relativos a la autoría del texto eran los que aparecían en el encabezado de la ficha bibliográfica, favoreciendo así su pronta visualización para una correcta clasificación).

6.2. Sistema de clasificación temático.

Es otro proceso de ubicación y clasificación que nos permite organizar nuestras fichas atendiendo a la temática de las que éstas traten (materia, tema general y tema específico).

Se trata, por tanto, del sistema que vamos a utilizar para organizar nuestro *fichero temático* (por esta razón, los elementos de clasificación —materia, tema general y tema específico— son los que aparecen en el encabezado de la ficha temática).

6.3. Sistema de clasificación numérico ordinal.

Es un complemento de los dos sistemas anteriores que sirve para clasificar dos o más fichas temáticas relativas al mismo tema específico.

6.4.   Sistema de clasificación numérico decimal.

Este sistema sirve para organizar grandes cantidades de materiales. Por ello, lo vamos a utilizar para establecer los *códigos* de las fichas temáticas asignando un número del cero en adelante a las materias, temas generales y temas específicos, separados cada uno de ellos por un punto.

Así, por ejemplo, el hipotético tema específico «características del signo lingüístico» que estaría dentro del tema general «el signo lingüístico» que, a su vez, pertenecería a la materia de «Lingüística general», podría tener el siguiente código 0.1.1., en el que el primer dígito correspondería a la materia, el segundo al tema general dentro de esa misma materia, y el tercero al tema específico que está dentro del tema general.

Como hemos dicho anteriormente, son los programas de las asignaturas los que nos ofrecen la orientación pertinente para la ejecución del sistema decimal de clasificación.

7. Técnicas procesales para la construcción de la ficha bibliográfica.

7.1.   Preliminares.

Para elaborar la ficha bibliográfica de manera correcta, primero debemos tener un conjunto de ellas con los campos relativos a los elementos de identificación, ubicación y utilización que hemos visto anteriormente, señalados con tinta de color diferente a la que vamos a utilizar para consignar todos los datos en el interior de la ficha. Así podremos diferenciar con rapidez lo que son los campos de nuestra ficha de lo que son los datos que integran estos campos.

A continuación, procederemos a consignar todos los datos en el interior de la ficha bibliográfica siguiendo las directrices que vamos a precisar a continuación.

7.2. *La elaboración de los elementos de identificación.*

Comenzaremos rellenando los datos que constituyen los elementos de identificación según el siguiente procedimiento.

– Los datos relativos a la *autoría del texto* deben precisarse escribiendo primero los apellidos del autor, siempre en letra mayúscula, a continuación una coma (,) y después el nombre del autor en letra minúscula. Así, por ejemplo, la autoría del libro *Curso de Lingüística general* se escribiría:

SAUSSURE, Ferdinand de.

Puede ocurrir que sean dos o tres los autores; en este caso irían uno detrás del otro, separados por una coma y el último de ellos separado por la conjunción «y». Por ejemplo:

ALVAR EZQUERRA, Manuel y VILLENA PONSODA, Juan.

Si son más de tres los autores del texto, pondremos AA.VV. (autores varios) cuando ninguno de los autores sea responsable de la edición del texto, o los apellidos y el nombre del autor o autores que hayan sido directores, editores, compiladores, etc. del texto, situando esta función en abreviatura y entre paréntesis. Por ejemplo:

ALVAR EZQUERRA, Manuel (ed.).

– El *título del texto* como otro elemento de identificación se escribirá siempre en letras minúsculas, subrayado (o en letra cursiva si se realiza la ficha con ordenador) cuando se trate de un libro. Así, por ejemplo, el libro de Saussure mencionado anteriormente lo escribiremos manualmente:

<u>Curso de Lingüística general</u>.

Si lo escribimos mecanográficamente o en un ordenador lo haremos así:

Curso de Lingüística general.

En caso de que realicemos la ficha bibliográfica de una revista de investigación, seguiremos el mismo criterio, subrayando (o poniendo en cursiva) el nombre de la revista, aunque no los datos especiales (número del volumen, tomo, etc.). Así, por ejemplo, el número 13 de la revista Estudios de Lingüística aparecería citado en nuestra ficha de alguna de las dos formas siguientes:

<u>Estudios de Lingüística</u>, 13.

Estudios de Lingüística, 13.

7.3. *La elaboración de los elementos de ubicación y utilización.*

El resto de los elementos que constituyen la ficha bibliográfica no presentan problemas de representación. Se rellenarán siguiendo las normas ortográficas de la lengua que se esté utilizando.

7.4. *Recomendaciones finales.*

Las fichas bibliográficas deben hacerse cuando localicemos un texto que sea de nuestro interés y siempre antes de realizar su lectura puntual, teniendo en cuenta que sólo debemos realizar una ficha bibliográfica por texto. De ahí que estas fichas nos remitan a libros vistos, aunque no necesariamente leídos, aportándonos la información oportuna para su posterior consulta en caso de que la necesitemos.

Una vez realizadas, estas fichas bibliográficas pasarán al fichero bibliográfico en el que se clasificarán, siguiendo el sistema alfabético, atendiendo a los apellidos del autor del texto en cuestión.

8. Técnicas procesales para la construcción de la ficha temática.

8.1. Preliminares.

Al igual que ocurría con la ficha bibliográfica, el primer paso consiste en elaborar un conjunto de fichas temáticas ubicando en el lugar de la misma que le corresponda, sus distintos elementos constitutivos. Es conveniente que estos ítems estén, igualmente, escritos en tinta de color diferente a la que vamos a utilizar para rellenar los campos, con objeto de que se puedan diferenciar rápidamente de ellos.

A continuación seleccionaremos el texto que queremos fichar (capítulo de un libro o artículo de investigación) y procederemos a su lectura crítica. Para ello, subrayaremos con lápiz las ideas principales del mismo, anotando al margen el título que damos a los temas específicos que vayamos encontrando.

Tras ello, ya podemos iniciar la consigna de los distintos elementos constitutivos de la ficha temática.

8.2. La elaboración de los elementos conceptuales.

Comenzaremos escribiendo el *contenido* de la ficha temática, puesto que el encabezado de la misma (materia, tema general, tema específico...) depende de éste. Al tratarse de fichas que van a girar en torno a una idea o tema específico, no nos debe importar que queden espacios en blanco dentro de ella. Así, si estamos leyendo un trabajo sobre el signo lingüístico y en éste se nos da la definición del signo, haremos una ficha temática tan sólo con la definición del signo, dejando el resto de la ficha en blanco. Esta ficha podría tener como tema específico «definición de signo lingüístico» dentro del tema general «el signo lingüístico» y dentro de la materia «Lingüística general». Así, cuando leamos otros textos en los que aparezca también la definición del signo lingüístico podremos hacer nuevas fichas temáticas diferentes sobre el mismo tema específico y ubicarlas en la misma parte del fichero.

Puede ocurrir también que el tema específico ocupe un espacio mayor; en este caso escribiremos también por detrás de la ficha temática, siempre por debajo de las dos líneas separadoras, y si el tema específico es aún mayor, utilizaremos todas las fichas temáticas que necesitemos, no olvidando que todas ellas deben llevar impresos sus distintos elementos constitutivos, que serán rellenados posteriormente.

Además, para saber el orden de todas estas fichas temáticas que hemos elaborado sobre un mismo texto y con el mismo tema específico, las numeraremos del uno en adelante, en la esquina inferior derecha, junto a la autoría de la persona que ha realizado la ficha.

Con objeto de que el contenido de esta ficha temática nos sea operativo para la realización de futuros trabajos de investigación, debemos precisar también el número de las páginas del libro o artículo del que hemos tomado el dato, definición, resumen, etc. que hemos escrito en nuestra ficha. Para ello, pondremos entre paréntesis a continuación de los párrafos que estemos escribiendo, el número de cada página del texto que acabamos de resumir. Esto nos permitirá saber siempre la página exacta del texto en la que está la información recogida en nuestra ficha y poder citarla convenientemente en los trabajos de investigación que realicemos en el futuro.

Para la redacción de los contenidos de la ficha temática, cada uno utilizará el criterio que le sea más propicio, pudiendo resumir con palabras propias los contenidos o copiarlos literalmente del texto original. En este último caso, sabremos que el texto ha sido copiado literalmente porque lo situaremos entre comillas («»). También la redacción puede ser analítica (desarrollando pormenorizadamente una idea) o más sintética (utilizando esquemas clasificatorios), dependiendo, una vez más, de los criterios del redactor de la ficha.

8.3. La elaboración de los elementos de identificación.

Una vez que hayamos escrito el contenido de nuestra ficha temática, procederemos a señalar los elementos de identificación, rellenando los datos de la siguiente manera.

- Al igual que hicimos en la ficha bibliográfica, señalaremos los datos relativos a la *autoría* del texto escribiendo primero los apellidos del autor, también en letra mayúscula, seguido de una coma (,) y el nombre del autor en letra minúscula.

    SAUSSURE, Ferdinand de.

    En el caso de que sean varios los autores, se sigue el mismo criterio empleado en la ficha bibliográfica.

- Puesto que las fichas temáticas se van a realizar siempre de capítulos de libros o artículos de investigación, en los datos de identificación relativos al *capítulo del libro* que estemos fichando, debemos consignar tanto el título del libro como el del capítulo. Lo haremos poniendo primero el título del capítulo que irá sin subrayar y entre comillas («»); a continuación pondremos en, apud o in seguido del título del libro subrayado (o en letra cursiva). Por ejemplo:

«Naturaleza del signo lingüístico» en *Curso de Lingüística general*.

En el caso de que estemos fichando un artículo de investigación, pondremos el título del artículo entre comillas («») seguido de una coma (,), el nombre de la revista, subrayado (o en cursiva), el número del volumen y el año en que se ha publicado entre paréntesis. Por ejemplo:

«El carácter de la ciencia lingüística», *Verba*, Volumen 11 (1984).

Sólo de manera excepcional se podrán realizar fichas temáticas de apuntes de clase, teniendo en cuenta que su utilidad es para poder estudiar mejor la materia y que no podrán usarse en trabajos de investigación. En este caso, en el apartado relativo a la obra pondremos:

Apuntes de clase.

– En el campo relativo a las *páginas* pondremos el número de las páginas que ocupa el capítulo, separadas por un guión pequeño. Por ejemplo:

20-32.

Puesto que el resto de los elementos de identificación (editorial, ciudad...) aparecen en la ficha bibliográfica, no es necesario que lo consignemos en ésta.

8.4. La elaboración de los elementos de clasificación.

Finalmente escribiremos los elementos de clasificación. Puesto que puede transcurrir algún tiempo antes de que los tengamos fijados, es conveniente que tanto la materia como el tema general y el tema específico los escribamos con lápiz, con objeto de que puedan ser rectificados a lo largo del proceso de elaboración de fichas.

También es recomendable esperar a que tengamos un corpus amplio de fichas antes de consignar los códigos de clasificación.

8.5. Recomendaciones finales.

Las fichas temáticas deben realizarse durante toda la carrera universitaria. En el primer ciclo con todas las asignaturas troncales y en el segundo con las asignaturas de nuestra especialización, por todas las ventajas que presentan, tanto *mecánicas* (facilidad para ordenar y clasificar el material en el fichero, intercalar materiales nuevos sin necesidad de rehacer lo anterior, consultar cualquier tema con rapidez, etc.) como *intelectuales* (abstracción de ideas para incluirlas en las fichas, comprensión profunda de lo estudiado para poder estructurar los temas coherentemente, ordenación racional de nuestros materiales de estudio, etc.).

Una vez realizadas, estas fichas temáticas pasarán al fichero temático en el que se clasificarán siguiendo el sistema temático, atendiendo a las materias, temas generales y temas específicos.

9. Técnicas procesales para la construcción del fichero.

Según lo que hemos establecido anteriormente, tendremos dos tipos de fichero, que pueden ocupar un mismo recipiente. Estos son el *fichero bibliográfico* (que contendrá las fichas bibliográficas) y el *fichero temático* (que contendrá las temáticas).

Veamos la construcción de cada uno de ellos.

9.1. *La construcción del fichero bibliográfico.*

Para construir un fichero bibliográfico primero debemos seleccionar el material que podemos fichar para acometer posteriormente la revisión bibliográfica y la elaboración de las fichas pertinentes.

Este material lo obtendremos principalmente de los *programas* de las asignaturas (que son los que nos ofrecen una bibliografía general de cada materia) y de la consulta de *manuales* de referencia que existan en la biblioteca que usemos con asiduidad. Éstos nos suministrarán una amplia bibliografía de partida, que intentaremos localizar.

También, por razones exclusivamente operativas, consultaremos en los *ficheros de la biblioteca*, ya sea manualmente o a través del ordenador cuando se pueda, los textos existentes en la misma relativos a la materia que deseemos fichar.

Tras esta operación comenzaremos la localización de ejemplares y su revisión para la elaboración bibliográfica.

Todas las fichas que realicemos las introduciremos en nuestro fichero bibliográfico ordenadas alfabéticamente por los apellidos de los autores, separadas las de cada letra por fichas guías que tendrán en la pestaña que sobresale por su parte superior una letra del alfabeto, desde la A hasta la Z.

9.2. *La construcción del fichero temático.*

En él introduciremos todas las fichas temáticas que vayamos

realizando, separándolas por materias, temas generales y temas específicos.

En este fichero utilizaremos también fichas guías de distintos colores, que nos servirán las de un color para separar las materias y las del otro color para separar los temas generales. Estas fichas guías llevarán en las pestañas que sobresalen unas el código de la materia y otras el del tema general, además de contener ambas la indicación expresa ya sea de la materia o del tema general.

9.3. Recomendaciones finales.

Para que el trabajo de consulta de nuestro fichero sea lo más rápido y operativo posible, es recomendable elaborar en una hoja un listado tanto de las materias como de los temas generales que contiene nuestro fichero. Esta hoja la sujetaremos en el lomo de nuestro fichero para su pronta visualización y consulta.

E. Actividades sugeridas.

— Realice una ficha bibliográfica de los siguientes textos:

– SAUSSURE, F. de, *Curso de Lingüística general*, Losada, Buenos Aires, 1945.

– FERNÁNDEZ PÉREZ, M., *Introducción a la Lingüística*, Ariel, Barcelona, 1999.

– MORENO CABRERA, J. C., *Curso universitario de Lingüística General I y II*, Síntesis, Madrid, 1991, 1994.

— Lea el texto siguiente: HJELMSLEV, L., «El estudio del lenguaje y la teoría del lenguaje» apud *Prolegómenos a una teoría del lenguaje*, Gredos, Madrid,

1980, pp. 11-17. A continuación, organice el texto en unidades temáticas y realice las fichas que crea convenientes.

— Con las lecturas que le recomienden a lo largo del curso realice un fichero temático sobre Lingüística.

F. Lecturas recomendadas.

ADLER, M., *Cómo leer un libro*, Claridad, Buenos Aires, 1983.

    Útil trabajo para saber enfrentarse a la lectura comprensiva de un texto.

ECO, U., *Cómo se hace una tesis*, Gedisa, Barcelona, 1991.

    Manual ya clásico en el terreno del trabajo intelectual que sigue siendo recomendable por su claridad expositiva y rigor.

GÓMEZ TORREGO, L., *Manual del español correcto*, Arco/Libros, Madrid, 1989.

    Muy recomendable para la consulta de errores y para la adquisición de las destrezas para una correcta redacción.

HERNÁNDEZ DÍAZ, F., *Métodos y técnicas de estudio en la Universidad*, McGraw Hill, Bogotá, 1988.

    Excelente trabajo para conocer tanto las técnicas instrumentales como procesales del trabajo intelectual que se realiza en el ámbito universitario.

G. Glosario.

Código de clasificación: Conjunto de dígitos que sirven para ubicar la ficha dentro del fichero.

Elementos conceptuales: Aspectos constitutivos de las fichas bibliográficas y temáticas, que permiten reflejar el contenido del texto que estemos fichando.

Elementos de clasificación: Aspectos constitutivos fundamentales de la ficha temática que nos van a permitir organizar la ficha en el interior del fichero.

Elementos de identificación: Aspectos constitutivos de las fichas bibliográficas y temáticas que nos permiten precisar los datos relativos al libro o revista que estamos fichando.

Elementos de ubicación: Aspectos constitutivos de las fichas bibliográficas que nos permiten precisar los datos relativos al lugar en el que se encuentra el libro o revista que estamos fichando.

Elementos de utilización: Aspectos constitutivos de las fichas bibliográficas que nos permiten consignar observaciones personales.

Ficha: Trozo de papel de dimensiones variables, que se utiliza para acumular y organizar grandes cantidades de información.

Ficha bibliográfica: Aquélla que contiene datos generales sobre un libro o revista de investigación.

Ficha temática: Aquélla que refleja los datos específicos sobre el contenido principalmente de capítulos de libros o artículos publicados en revistas de investigación.

Fichero: Recipiente en el que organizamos nuestras fichas mediante un sistema de clasificación y valiéndonos de unas tarjetas separadoras que contendrán las claves de clasificación que utilicemos en él.

Capítulo 2

LA LINGÜÍSTICA EN EL CONJUNTO DE LAS CIENCIAS HUMANAS.

A. Objetivos.

1. *Conocer* la noción de Lingüística y su objeto de estudio desde un enfoque tanto teórico como empírico.

2. *Entender* la distinción entre orientaciones y concreciones de la Lingüística.

3. *Comprender* las distintas vías que posee la Lingüística para acercarse a su objeto de estudio.

4. *Conocer* las principales ramas y divisiones de la Lingüística.

5. *Valorar* el panorama disciplinario actual de las distintas corrientes lingüísticas a partir de la relación de la Lingüística con otras ciencias.

6. *Entender* la organización tanto teórica como conceptual de los capítulos que componen el presente libro.

B. Palabras clave.

- Lingüística general.
- Enfoque teórico.
- Lenguaje.
- Lingüística teórica.
- Lingüística interna.
- Teoría del lenguaje.
- Epistemología.
- Divisiones lingüísticas.

- Lingüística particular.
- Enfoque empírico.
- Lengua.
- Lingüística aplicada.
- Lingüística externa.
- Teoría de la lengua.
- Tipología.
- Ramas lingüísticas.

C. Organización de los contenidos.

1. La Lingüística desde un enfoque teórico y empírico.
2. Orientaciones y concreciones de la Lingüística.
3. Vías de la Lingüística en el acercamiento a su objeto.
    3.1. La Teoría del lenguaje.
    3.2. La Teoría de la lengua.
    3.3. La Teoría de la gramática.
4. Ramas de la Lingüística.
    4.1. Lingüística interna y externa.
    4.2. Lingüística pura y externa.
    4.3. Divisiones y ramas de la Lingüística.
5. Las disciplinas lingüísticas en la actualidad: elementos comunes y diferenciales.

6. Relación de la Lingüística con otras ciencias.

    6.1. Con la Filosofía.

    6.2. Con la Lógica.

    6.3. Con la Psicología.

    6.4. Con la Historia.

    6.5. Con la Sociología.

    6.6. Con la Filología.

    6.7. Con otras disciplinas.

7. Conclusiones: propuestas metodológicas.

D. Desarrollo de los contenidos.

1. La Lingüística desde un enfoque teórico y empírico.

Cualquier disciplina que se pretenda mínimamente organizada debe partir de una definición de su objeto de estudio para, a partir de éste, plantear las hipótesis necesarias para la definición de su campo teórico. Por ello, vamos a comenzar nuestro estudio lingüístico interrogándonos sobre el objeto de nuestra disciplina.

Podemos decir que la *Lingüística* es la disciplina que estudia el lenguaje natural humano como parte universal y considerado como fundamento de la propia esencia del hombre. Por tanto, el lenguaje es nuestro objeto de estudio. Sin embargo, puesto que la capacidad de comunicación que constituye el lenguaje se concreta en las lenguas particulares, debemos añadir que la Lingüística estudia además las lenguas.

La razón viene dada porque el lenguaje, como una entidad general, no es directamente observable por los sentidos; por ello, debe vincularse a unas realidades particulares llamadas lenguas, que están relacionadas históricamente con las comunidades de habla y que evolucionan a lo largo de la historia.

Así pues, la Lingüística debe estudiar el lenguaje y, puesto que éste no es directamente observable, la lengua para poder llegar a él; pero ¿qué lengua debemos estudiar para conseguir nuestro objetivo?, ¿la española, la inglesa, la francesa, etc.?, ¿es suficiente con estudiar una sola lengua?, ¿debemos, por el contrario, estudiar varias lenguas y realizar un análisis comparativo? Estas interrogantes son las que han posibilitado el establecimiento de dos grandes campos disciplinarios: el de la *Lingüística general* y el de la *Lingüística particular*.

Pasemos a ver las principales diferencias entre estos dos campos. Y vamos a hacerlo analizando los dos términos que constituyen el sintagma. Obviamente, el primer término —al ser el mismo en los dos campos: *Lingüística*— no supone ningún problema: tanto la *Lingüística general* como la *particular* tendrán por objeto de estudio el *lenguaje*.

Es, por tanto, en el segundo miembro del sintagma —general/particular— en el que se encuentra la diferencia. Como veremos a lo largo de las páginas de este libro, es muy frecuente la falta de unanimidad entre los lingüistas a la hora de analizar un fenómeno de nuestro ámbito disciplinario. Y en este caso no iba a ser menos. El término *general* ha sido interpretado de forma muy diversa, tomándolo en algunas ocasiones como la *totalidad* —así la Lingüística general equivaldría a la *Lingüística*— o como lo *teórico* —identificando Lingüística general con *Lingüística teórica*—.

Ninguna de las dos opciones nos parece adecuada. En su lugar vamos a seguir las propuestas de Moreno Cabrera, que explican sobre todo las distintas concepciones del término *general*, y las vamos a ampliar para diferenciarlas del término particular, y así responder a la cuestión que hemos planteado.

En este sentido, podemos establecer una doble interpretación de ambos términos:

a) *Desde un enfoque teórico*: *general* y *particular* se interpretan como abstracto o nocional y hacen referencia a los dispositivos teóricos (llamados también *gramáticas*) que los lingüistas han creado para describir o explicar las lenguas (Lingüística general) o una lengua concreta (Lingüística particular).

Estos dispositivos, basados en una serie de reglas y principios, constituyen lo que se ha venido en llamar el aspecto *glotológico* de la Lingüística, que le confiere el estatuto de Teoría de las teorías (gramáticas) sobre la lengua o las lenguas. La Lingüística (sea general o particular) es, desde un punto de vista teórico, una *metateoría*.

b) *Desde un enfoque empírico*: se trata, en este caso, de una Lingüística que estudia las lenguas, ya sea en su variedad (Lingüística general) o en su especificidad (Lingüística particular). Desde este punto de vista, obviamente, ya no se trata de una metateoría, sino de una teoría cuyo objeto es la lengua (o las lenguas).

Así pues, la Lingüística general estudiará en cuanto Lingüística el *lenguaje*, y en cuanto general las *lenguas*, ya sea desde un enfoque teórico o empírico.

2. Orientaciones y concreciones de la Lingüística.

Como hemos visto en el apartado anterior, en la determinación de nuestro objeto de estudio está presente la dialéctica entre lenguaje (atendiendo a la definición de Lingüística) y lengua (atendiendo ahora a la concreción del segundo miembro del sintagma —general/particular—). Consecuentemente, podemos establecer dos orientaciones principales de la Lingüística atendiendo a esta dialéctica

– *Externa* (considerando el término Lingüística): se concretaría en una Teoría del lenguaje natural humano.

– *Interna* (considerando en este caso la dualidad general/particular): se concretaría ahora en las siguientes teorías:

* Enfoque teórico:

    + Teoría general de la gramática.

    + Teoría particular de la gramática.

* Enfoque empírico:

    + Teoría general de las lenguas.

    + Teoría particular de una lengua.

En un cuadro podríamos representarlo así:

	Disciplinas	Orientaciones	Concreciones			
Dialéctica entre lenguaje y lengua	Lingüística (lenguaje)	Externa	Teoría del lenguaje natural humano			
	general / particular (lengua)	Interna	Teoría general de las gramáticas	General	Enfoque teórico	E N F O Q U E S
			Teoría particular de la gramática	Particular		
			Teoría general de las lenguas	General	Enfoque empírico	
			Teoría particular de la lengua	Particular		

Partiendo de este cuadro, podemos precisar tanto las orientaciones como las concreciones de la Lingüística. Serían las siguientes:

— La *Lingüística externa* es una de las orientaciones de la Lingüística que, basada en la dialéctica lenguaje/lengua, se acerca al primer miembro de la misma (el lenguaje) para concretarse como una Teoría del lenguaje natural humano.

- La *Lingüística interna* es la segunda orientación de la Lingüística que, basada en la dialéctica entre lenguaje/lengua, se acerca al segundo miembro de la misma (la lengua) para concretarse desde un enfoque teórico como una Teoría de la gramática y desde un enfoque empírico como una Teoría de la lengua.

- La *Teoría general de las gramáticas* es la concreción que el enfoque teórico permite adoptar a la Lingüística general desde una orientación interna.

- La *Teoría particular de la gramática* es la concreción que el enfoque teórico permite adoptar a cada Lingüística particular desde una orientación interna.

- La *Teoría general de las lenguas* es la concreción que el enfoque empírico permite adoptar a la Lingüística general desde una orientación interna.

- La *Teoría particular de la lengua*, finalmente, es la concreción que el enfoque empírico permite adoptar a cada Lingüística particular desde una orientación interna.

Por tanto, la *Lingüística general* actualizaría la dialéctica entre lenguaje/lengua teniendo por objeto el estudio del lenguaje natural humano (en cuanto Lingüística), y el estudio de las lenguas (en cuanto general), ya sea en su vertiente glotológica (Teoría de la gramática) o en su concreción empírica (Teoría de las lenguas).

3. Vías de la Lingüística en el acercamiento a su objeto.

Si seguimos una vez más observando el cuadro anterior, podremos comprobar, si nos atenemos a la columna de las concreciones de la Lingüística, que éstas se pueden organizar en torno a tres grandes bloques o vías; a saber, el de la *Teoría del lenguaje*, el de la *Teoría de la lengua* y el de la *Teoría de la gramática*. Por tanto estas tres son las vías de las que dispone la Lingüística para acercarse a su objeto. Veámoslas de forma resumida:

3.1. *La Teoría del lenguaje.*

El lenguaje como facultad humana es un hecho heteróclito o polimórfico (Capítulo 4), es decir, se trata de una realidad plural que no podemos percibir por los sentidos y que, por tanto, debe ser abordada de *manera idealista* desde distintos puntos de vista, ente ellos, los que vamos a adoptar para su estudio en la segunda parte del libro: el punto de vista *social* (Capítulo 5), que nos permitirá abordar la diversidad lingüística; el punto de vista *simbólico*, que nos permitirá ahora acercarnos a él desde el ámbito semiótico (Capítulo 6); y, finalmente, el punto de vista *neuropsicológico* (Capítulo 7).

Esta variedad de caracteres confirma que su estudio no se pueda realizar en una sola disciplina, sino que necesite de conexiones interdisciplinares para poder abordar su estudio de manera coherente.

3.2. *La Teoría de la lengua.*

Por el contrario a lo que sucedía con el lenguaje, la lengua es un objeto empírico, que podemos captar a través de los sentidos y que, por tanto, puede ser abordada de *manera realista* a través de las siguientes posturas:

– *Descriptiva*: Aquí, la Lingüística descubre el fenómeno de cada lengua particular y hace un análisis teórico y empírico de ella en un momento dado de su historia. Cualquier Gramática actual de una lengua concreta sería un ejemplo de esta postura descriptiva o también llamada sincrónica, adoptada, en este caso, por la Lingüística particular.

- *Histórica*: Estudia la evolución de una lengua; es, por tanto, la postura diacrónica de la Lingüística particular.

- *Tipológica*: Resulta de la comparación de dos o más lenguas desde distintos puntos de vista. Como puede apreciarse, esta postura sería la que en rigor adopta la Lingüística general, pudiendo realizar una doble comparación; a saber, *histórica* (basada en el paso del tiempo) o *sincrónica*, fundamentada en rasgos principalmente, sin tener en cuenta la cronología de las lenguas.

Consiste en el estudio de las lenguas para establecer patrones de clasificación e intentar determinar la existencia de universales lingüísticos. En este sentido, el proceso consiste en el establecimiento de distintos niveles de *formalización teórica* (Capítulo 8) para acercarnos al lenguaje a través de las lenguas, tanto desde una perspectiva *intradisciplinar* (Capítulo 9) como *interdisciplinar* (Capítulos 10 y 11).

3.3.   *La Teoría de la gramática.*

Constituye la tercera vía lingüística para el acercamiento al estudio de nuestro objeto. Ya no estaríamos ante una teoría sin más sino ante una teoría que tiene la obligación de definirse a sí misma, ante una *epistemología* (Capítulo 12), ya que lo que se contempla no es el conocimiento de un objeto, sino el proceso que explica cómo se puede producir este conocimiento (métodos, enfoques, etc.).

Se trata, por tanto, de una reflexión *glotológica* o *metateórica* con dos vertientes posibles:

51

- La vertiente sincrónica, que se plasma en la *Filosofía de la ciencia*.

- La vertiente diacrónica que se plasma, en este caso, en la *Historiografía lingüística*, o estudio de los textos que han potenciado el auge de la disciplina lingüística a lo largo de los años.

Vías de la Lingüística	Puntos de vista, posturas o vertientes	Perspectivas
Teoría del lenguaje	Social	Idealista
	Simbólica	
	Neuropsicológica	
Teoría de la lengua	Descriptiva	Realista
	Histórica	
	Tipológica	
Teoría de la gramática	Filosofía de la ciencia	Epistemológica
	Historiografía lingüística	

4. Ramas de la Lingüística.

Para organizar el estudio de nuestro objeto, los lingüistas han realizado una serie de propuestas, concretando las grandes ramas de la Lingüística y sus subdivisiones metodológicas. Vamos a continuación a reflexionar sobre alguna de ellas.

La Lingüística en el conjunto de las ciencias humanas

4.1. Lingüística interna y Lingüística externa.

Es necesaria esta reflexión porque el criterio de agrupación de los contenidos lingüísticos que se emplee puede incluso determinar distintas denominaciones para nuestra disciplina. Es el caso, por ejemplo, de la distinción que Saussure realizó y que hemos ampliado anteriormente entre *Lingüística interna* (la que se ocupaba del estudio de la lengua como sistema) y *Lingüística externa* (la que estudiaba la lengua en sus relaciones con la sociedad, la situación geográfica, etc.).

4.2. Lingüística pura y externa.

Roca Pons establece la distinción entre disciplinas *extralingüísticas puras* (Lógica, Psicología, Sociología, Antropología, Etnografía, Historia, Cibernética, Informática, Biología, etc.) y disciplinas *lingüísticas externas*, ya sean de primer grado (Lingüística general, comparada, diacrónica, etc.) como de segundo grado (Filosofía del lenguaje, Dialectología, Crítica literaria, etc.). Todas ellas sólo sirven de apoyo a las auténticas disciplinas *lingüísticas puras*, que englobarían la perspectiva interna saussuriana.

4.3. Divisiones y ramas de la Lingüística.

Por su parte Fernández Pérez sistematiza las disciplinas lingüísticas que se han perfilado a lo largo del tiempo y diferencia entre una Lingüística de carácter *teórico* y otra de carácter *aplicado*. Dentro de las primeras estarían aquellas que se ocupan de la organización interna de las lenguas —llamadas *divisiones de la Lingüística*— y que estudiaremos en los capítulos 8 y 9 del libro (Fonética y Fonología, Morfología y Sintaxis, Lexicología y Semántica); y las que se interesan por la situación y los marcos de existencia de los hechos lingüísticos —llamadas ahora *ramas de la*

Lingüística— y que estudiaremos en el capítulo 10 (Psicolingüística, Neurolingüística, Sociolingüística, Antropología lingüística, Pragmática y Filosofía del lenguaje). Finalmente, la *Lingüística aplicada* (Capítulo 11) estudiará las aplicaciones de la Lingüística destinadas a resolver problemas reales (Planificación lingüística, Didáctica de lenguas, Traductología, Lingüística clínica, Lingüística computacional, etc.).

De manera esquemática el planteamiento es el siguiente:

	Teórica	Divisiones	Fonética y Fonología, Morfología y Sintaxis, Lexicología y Semántica
Lingüística		Ramas	Psicolingüística, Neurolingüística, Sociolingüística, Antropología lingüística, Pragmática, Filosofía del lenguaje
	Aplicada	Ramas	Planificación lingüística, Didáctica de lenguas, Traductología, Lingüística clínica, Lingüística computacional

5. Las disciplinas lingüísticas en la actualidad: elementos comunes y diferenciales.

Muchas de estas disciplinas lingüísticas que hemos visto anteriormente se siguen moviendo todavía en la actualidad bajo la problemática que actualiza, a veces implícitamente, la oposición teoricometodológica entre los dos grandes paradigmas que han organizado la historia del saber lingüístico: el *Realista*, que considera el lenguaje exclusivamente como un Objeto de estudio que hay que investigar científicamente, y el *Idealista*, que lo considera como auténtico Sujeto de la Lingüística, que hay que abordar de manera más filosófica.

Con todo, ambos paradigmas no son excluyentes, y no lo son porque la

La Lingüística en el conjunto de las ciencias humanas

separación epistémica dejaría entrever la escisión entre los planos *lingüístico* o de la realidad lingüística y *glotológico* o de la reflexión teórica sobre el lenguaje, y porque la trascendencia del Sujeto lingüístico necesita, dado su carácter espiritual, la inmanencia de objetos lingüísticos a través de los cuales hacerse patente y existir. Así se podrá aglutinar el *objetivismo cientificista* con la recuperación de los *valores del hablante*.

Por ello, y a pesar de los elementos diferenciales de las distintas corrientes lingüísticas; a saber, la *diversidad de terminología* (que opone una serie de nociones que, en el fondo, son las mismas, aunque con distintos nombres), y la *actitud mental que lleva a pensar que la unanimidad de criterios y escuelas no es oportuna*, existen una serie de *elementos comunes* a todas las corrientes lingüísticas que permiten la visión globalizante (realista e idealista):

a) Los hechos lingüísticos están sometidos a reglas que no se refieren a unidades aisladas, sino a *conjuntos*, a clases de unidades.

b) La *estructura* está por encima de las unidades.

c) Se considera la estructura de una lengua como un *conjunto de ampliaciones y restricciones*.

6. Relación de la Lingüística con otras ciencias.

La Lingüística en cuanto investigación del lenguaje natural humano es una disciplina que está relacionada con otras. Veamos la relación de la Lingüística con algunas:

6.1. Con la Filosofía.

Se relaciona con la Filosofía (en la antigüedad, por ejemplo, la Gramática era parte de la Filosofía), puesto que existen muchos problemas del lenguaje relacionados con la Filosofía. De hecho, para explicar la realidad y cómo el hombre la entiende es necesario explicar el lenguaje, lo mismo que para explicar el origen y la expresión de los pensamientos.

Por tanto, Filosofía, lenguaje y Lingüística van a estar muy relacionados entre sí, hasta el punto de que la Lingüística va a ser la que aporte el significado actual a la Filosofía; o, dicho de otra forma, el lenguaje es el responsable del «giro lingüístico» que está dando la Filosofía actualmente.

6.2.   Con la Lógica.

También se relacionará la Lingüística con la Lógica, es decir, con el estudio de la estructura y la expresión formal del pensamiento. Además, la Lingüística utilizará la Lógica no para explicar el lenguaje sino como método para la elaboración de sus teorías. En este sentido, la Lógica será la aplicación metodológica que va a hacer posible parte de la explicación del lenguaje (sería, por ejemplo, como el acero que permite la construcción de un microscopio a través del cual se va a estudiar un compuesto: el acero sería la Lógica, el microscopio la Lingüística y el compuesto el lenguaje).

6.3.   Con la Psicología.

Otra ciencia con la que se va a relacionar la Lingüística es la Psicología moderna, puesto que el lenguaje puede ser no sólo expresión del pensamiento sino también de la propia personalidad del ser humano. De hecho, el lenguaje es un proceso en el que está integrado la estructura psíquica de la persona.

6.4. Con la Historia.

Se relaciona además con la Historia, hasta el punto de que ha sido una ciencia humana que la ha apoyado mucho —piénsese que la evolución de los hechos de las lenguas se apoya en los sucesos de la historia—. Por ello, para entender un fenómeno lingüístico por completo y dar una explicación coherente de él, se tiene que pasar por una consideración histórica (por ejemplo, para explicar las razones por las que vuelven a aparecer lenguas que antes no existían).

6.5. Con la Sociología.

La Sociología es otra disciplina con la que también se relaciona la Lingüística. La razón es que a la Lingüística le interesa el hombre como productor del lenguaje natural humano, y no se puede explicar el hombre sin explicar su comportamiento social. De ahí que las leyes enunciadas por la Lingüística deban enmarcarse en las características sociológicas de los hablantes.

6.6. Con la Filología.

También se relaciona con la Filología hasta el punto de que suelen confundirse. Para comprender la noción exacta de Filología hay que recurrir a la concepción alemana de la misma que la concibe como el estudio de los textos literarios, generalmente clásicos, con la finalidad de establecer versiones exactas de los mismos. Por tanto, no es el lenguaje lo que le preocupa, sino el estudio de lo social e histórico, mientras que a la Lingüística le interesa el lenguaje y los textos no sólo escritos sino también orales.

6.7. *Con otras disciplinas.*

Finalmente, se relaciona con otras disciplinas como la Biología, la Fisiología, la Física, etc. en cuanto ciencias empíricas que ayudan al estudio del lenguaje, diciéndonos cómo se comporta el lenguaje como organismo, cómo se produce el sonido, o explicándonos el aspecto acústico del lenguaje, por poner unos casos.

Lo importante de estas relaciones será, obviamente, los frutos producidos y que se corresponden con las ramas de la Lingüística que hemos precisado con anterioridad. Veámoslo de forma esquemática:

Disciplinas	Psicología	Sociología			Filosofía	Matemática	Biología
Ramas de la Lingüística teórica	Psicolingüística	Sociolingüística	Pragmática	Antropología Ling.	Filosofía del lenguaje	Lingüística matemática	Neurolingüística
LINGÜÍSTICA							
Ramas de la Lingüística aplicada	Glosodidáctica	Traductología			Planificación lingüística	Lingüística clínica	Lingüística computacional
Disciplinas	Psicología	Sociología				Biología	

7. Conclusiones: propuesta metodológica.

Todo lo expuesto hasta ahora nos hace precisar la necesidad de recapitular a modo de conclusión los objetivos que pretendemos conseguir así como el recorrido metodológico que proponemos para ello.

Nuestro objeto de estudio es el lenguaje natural humano, pero, puesto que éste es inaprehensible a través de los sentidos, tendremos que acercarnos a él de varias maneras para poder estudiarlo completamente: *primero* lo haremos de forma *ontológica* (IIª parte del libro), es decir, presentando en primer lugar una caracterización general del mismo como objeto de estudio e investigación —con lo que abordaremos la primera parte del sintagma *Lingüística* general (Capítulo 4)— y después estudiando sus peculiaridades desde distintos puntos de vista: el *social* (Capítulo 5), que nos permitirá abordar la diversidad lingüística; el punto de vista *simbólico*, que nos permitirá ahora estudiarlo desde el ámbito semiótico (Capítulo 6); y, finalmente, el punto de vista *neuropsicológico* (Capítulo 7).

Con ello quedaría cubierta una de las tres vías de estudios lingüísticos que hemos propuesto (la *Teoría del lenguaje*), pero no lo conoceríamos completamente. Por ello, proponemos la *segunda* forma de hacerlo. Se trata de una aproximación *metodológica* ya, es decir, al análisis lingüístico de nuestro objeto (IIIª parte del libro). Y, puesto que como hemos dicho, no podemos aprehenderlo a través de los sentidos, lo haremos ahora a través de las lenguas como objetos materiales que actualizan nuestra capacidad de lenguaje (con lo que culminaremos el segundo miembro del sintagma Lingüística *general*). Así, iniciamos la *segunda vía* de estudios lingüísticos (la *Teoría de la lengua*), precisando primero los distintos *niveles de análisis* que se pueden realizar (Capítulo 8), y elaborando después un análisis de la Lingüística desde una perspectiva *intradisciplinar* (Capítulo 9), es decir estudiando las distintas *divisiones* de la Lingüística precisadas anteriormente (Fonética y Fonología, Morfología y Sintaxis, Lexicología y Semántica). Continuaremos, tras ello, con el análisis de la Lingüística desde una perspectiva *interdisciplinar*, estudiando en este caso tanto las *ramas de la Lingüística teórica* (Capítulo 10) como las de la *Lingüística aplicada* (Capítulo 11) establecidas anteriormente.

Ya sólo nos quedaría por cubrir la *tercera vía* de estudios lingüísticos; a saber, la que reflexiona sobre el propio conocimiento del objeto lingüístico. Se trata de la *Teoría de la gramática* que adopta la perspectiva *epistemológica* y que estudiaremos en el capítulo 12.

Todo ello queda caracterizado de manera globalizante por las reflexiones sobre la Lingüística y sus *fundamentos* como campo del saber (que veremos en el capítulo 3) en las que revisamos el aparato *epistemológico* que proponemos para el análisis (*ontológico* y *metodológico*) de nuestro objeto de estudio e investigación.

Veamos la organización de los distintos capítulos que proponemos como desarrollo del libro.

	Vías	Aproximación	Estudios	Capítulo
Propuesta metodológica	Teoría del lenguaje	Ontológica	El lenguaje como objeto de investigación	4
			El lenguaje como hecho social: la diversidad lingüística	5
			El lenguaje como hecho simbólico: la semiótica	6
			El lenguaje como hecho neuropsicológico	7
	Teoría de la lengua	Metodológica	Niveles de formalización teórica	8
			La Lingüística desde una perspectiva intradisciplinar	9
			La Lingüística desde una perspectiva interdisciplinar: las ramas de la Lingüística teórica	10
			La Lingüística desde una perspectiva interdisciplinar: las ramas de la Lingüística aplicada	11
	Teoría de la gramática	Global	Consideraciones epistemológicas de la Lingüística actual	12

E. Actividades sugeridas.

— Conteste a las siguientes cuestiones:

– ¿Es la Lingüística una disciplina glotológica? ¿Cuáles son las consecuencias metodológicas que se derivan de la respuesta que ha dado?

– Explique las diferencias entre el enfoque teórico y empírico de la Lingüística. ¿Qué consecuencias metodológicas se derivan de esta distinción?

– ¿Cuáles son las principales vías de la Lingüística para estudiar su objeto? ¿En qué consisten?

– Haga un cuadro sinóptico en el que aparezcan las principales divisiones y ramas de la Lingüística.

– Comente la relación de la Lingüística con otras disciplinas fundamentales del saber.

– Explique cómo se plantea el estudio del lenguaje a partir de las reflexiones señaladas en el presente capítulo.

F. Lecturas recomendadas.

FERNÁNDEZ PÉREZ, M., «Las disciplinas lingüísticas», *Verba*, 13 (1986), pp. 15-73.

Clara y rigurosa presentación del ámbito disciplinario de la Lingüística.

HJELMSLEV, L., «El estudio del lenguaje y la teoría del lenguaje», *Prolegómenos a una teoría del lenguaje,* Gredos, Madrid, 1969, pp. 11-17.

Certera distinción entre el plano empírico y glotológico para el estudio del lenguaje.

MORENO CABRERA, J. C., *Curso Universitario de Lingüística general*, Síntesis, Madrid, 1991, pp. 27-29.

Acertada y precisa presentación del ámbito de la Lingüística general.

G. Ejercicios de autoevaluación.

Con el fin de que se pueda comprobar el grado de asimilación de los contenidos, presentamos una serie de cuestiones, cada una con tres alternativas de respuestas. Una vez que haya estudiado el tema, realice el test rodeando con un círculo la letra correspondiente a la alternativa que considere más acertada. Después justifique las razones por las que piensa que la respuesta elegida es la correcta, indicando también las razones que invalidan la corrección de las restantes.

Cuando tenga dudas en alguna de las respuestas vuelva a repasar la parte correspondiente del capítulo e inténtelo otra vez.

1. El objeto de estudio de la Lingüística es
    A El lenguaje.
    B La lengua.
    C Las respuestas A y B son correctas.

2. Desde un punto de vista epistemológico podemos considerar la Lingüística general como una
    A Lingüística descriptiva.
    B Lingüística comparada.
    C Lingüística normativa.

3. El aspecto glotológico de la Lingüística está constituido
   A Por las gramáticas que describen las lenguas.
   B Por las Teorías sobre las lenguas.
   C Por el análisis del lenguaje.

4. La Teoría del lenguaje natural humano es la concreción
   A De la orientación externa de la Lingüística general y particular.
   B De la orientación interna de la Lingüística general.
   C De la orientación interna y externa de la Lingüística general.

5. Desde un punto de vista sincrónico, la Lingüística descubre cada lengua y hace un análisis
   A Glotológico de cada una en un momento de su historia.
   B Teórico y empírico de cada una en un momento de su historia.
   C Teórico y empírico de cada una a través de la historia.

6. La Lingüística en su relación con la Filología puede considerarse
   A Una superación disciplinaria.
   B Otra perspectiva de análisis lingüístico.
   C Las respuestas A y B son correctas.

7. La Lingüística diacrónica estudia
   A La evolución de las lenguas.
   B Las gramáticas de las lenguas.
   C Las respuestas A y B son correctas.

8. La relación que se puede establecer entre los Paradigmas Realista e Idealista del lenguaje es de
   A Exclusión.
   B Complementariedad.
   C Reciprocidad.

9. La Historiografía lingüística constituye
   A El estudio diacrónico de nuestro objeto de investigación desde un punto de vista empírico.

B El estudio diacrónico de nuestro objeto de investigación desde un punto de vista teórico.
C El estudio diacrónico de nuestro objeto de investigación desde un punto de vista metateórico.

10. Para Roca Pons, las disciplinas lingüísticas puras se ocupan
    A Del estudio de la lengua en su relación con la sociedad.
    B Del estudio de la lengua como sistema.
    C Del estudio del lenguaje.

11. Podemos considerar la Neurolingüística como una
    A Rama de la lingüística teórica.
    B División de la Lingüística teórica.
    C Rama de la Lingüística aplicada.

12. La relación de la Lingüística con la Filosofía es de
    A Interdependencia.
    B Inclusión.
    C Intersección.

13. La Lingüística se vale de la Lógica para
    A Reflexionar metodológicamente.
    B Reflexionar empíricamente.
    C Reflexionar glotológicamente.

14. Podemos considerar el lenguaje como
    A Expresión de los pensamientos.
    B Expresión de la personalidad.
    C Las respuestas A y B son correctas.

15. Podemos entender las lenguas como
    A Objetos empíricos que actualizan el lenguaje.
    B Sujetos empíricos que actualizan el habla.
    C Objetos trascendentes que actualizan el lenguaje.

16. La relación que existe entre la Lingüística teórica y la Lingüística aplicada es de
    A Subordinación de la Lingüística aplicada sobre la teórica.
    B Subordinación de la Lingüística teórica sobre la aplicada.
    C Complementariedad entre ambas.

17. La Teoría general de las gramáticas es
    A La concreción del enfoque teórico de la Lingüística general desde una orientación externa.
    B La concreción del enfoque teórico de la Lingüística general desde una orientación interna.
    C La concreción del enfoque empírico de la Lingüística general desde una orientación interna.

18. La Lingüística externa se concreta
    A En una Teoría del lenguaje natural humano.
    B En una Teoría de la gramática.
    C En una Teoría de la lengua.

19. El enfoque teórico y empírico de la Lingüística nos permite diferenciar entre
    A Lingüística externa e interna.
    B Lingüística general y particular.
    C Teoría de la gramática y de la lengua.

20. Podemos considerar la Filosofía de la ciencia como
    A La vertiente diacrónica de la reflexión glotológica.
    B La vertiente sincrónica de la reflexión glotológica.
    C La vertiente sincrónica de la reflexión empírica.

21. La división de la Lingüística en grandes ramas se debe a razones
    A Teóricas.
    B Metodológicas.
    C Empíricas.

22. La lengua es un fenómeno heteróclito porque

A Es una realidad plural.
   B Puede ser estudiada desde distintos puntos de vista.
   C Las respuestas A y B no son correctas.

23. Desde el punto de vista ontológico, la Lingüística pretende estudiar
    A La lengua.
    B El lenguaje.
    C La gramática.

24. Los caminos que recorre el saber lingüístico para llegar al Lenguaje Sujeto son
    A La lengua y el habla.
    B Los análisis lingüísticos.
    C La exhaustividad, la coherencia y la economía.

25. La Lingüística tipológica es la postura que presenta la Lingüística particular de una lengua con objeto de
    A Estudiar su evolución.
    B Compararla con otra.
    C Las respuestas A y B no son correctas.

H. Glosario.

Diacronía: Estudio del sistema de la lengua a través de la historia.

Divisiones de la Lingüística: Disciplinas lingüísticas encargadas del estudio de la organización interna de las lenguas.

Enfoque empírico: Acercamiento que realiza el lingüista a su objeto de estudio para describirlo, aplicando una serie de dispositivos teóricos elaborados con anterioridad.

Enfoque teórico: Acercamiento que realiza el lingüista a su objeto de estudio e investigación con el fin de elaborar los dispositivos adecuados para su descripción.

Epistemología: Perspectiva que adopta la tercera vía de la Lingüística (la Teoría de la gramática) para acercarse a su objeto de estudio, con la finalidad de aprehenderlo filosófica o historiográficamente (véase otra acepción en capítulo 3).

Filología: Disciplina que estudia el lenguaje concretado en las lenguas con el objeto de comprender y fijar mejor los textos.

Filosofía de la ciencia lingüística: Postura que adopta la tercera vía de la Lingüística (la Teoría de la gramática) para acercarse a su objeto de estudio sincrónicamente con el fin de precisar cómo se produce el conocimiento lingüístico.

Glotológico: Relativo al plano de la reflexión teórica en el ámbito disciplinario de la Lingüística (véase *metateoría*).

Historiografía lingüística: Postura que adopta la tercera vía de la Lingüística (la Teoría de la gramática) para acercarse a su objeto de estudio diacrónicamente con el fin de precisar los distintos textos que han posibilitado la evolución de la Lingüística a lo largo de la historia.

Idealismo: Perspectiva que adopta la primera vía de la Lingüística (la Teoría del lenguaje) para acercarse a su objeto de estudio con la finalidad de aprehenderlo social, simbólica y neuropsicológicamente (véase otra acepción en capítulo 4).

Inmanencia: Principio saussuriano según el cual la Lingüística tiene por objeto la lengua considerada como una estructura.

Lenguaje: Sujeto trascendente de la Lingüística, surgido a partir de la facultad de comunicación del ser humano.

Lingüística aplicada: La que estudia las aplicaciones de la Lingüística destinadas a resolver problemas reales.

Lingüística descriptiva: Postura que adopta la segunda vía de la Lingüística (la Teoría de la lengua) para acercarse a su objeto de estudio desde una orientación interna y realizar un análisis teórico y empírico de la lengua en un momento dado de su historia. Es propia de la Lingüística particular.

Lingüística externa: Orientación de la Lingüística que, basada en la dialéctica lenguaje/lengua, le permite acercarse al primer miembro de la misma para concretarse como una Teoría del lenguaje.

Lingüística general: Disciplina que, desde una orientación externa y atendiendo a primer miembro del paradigma (Lingüística), estudia el lenguaje natural humano considerándolo como parte universal y como fundamento de la esencia del hombre; y desde una orientación interna y atendiendo, en este caso, al segundo miembro del paradigma (general), estudia las lenguas en su variedad, ya sea desde un enfoque teórico o empírico.

Lingüística histórica: Postura que adopta la segunda vía de la Lingüística (la Teoría de la lengua) para acercarse a su objeto de estudio desde una orientación interna y realizar un análisis teórico y empírico de la lengua a través del tiempo. Es propia de la Lingüística particular.

Lingüística interna: Orientación de la Lingüística que, basada en la dialéctica lenguaje/lengua, le permite acercarse al segundo miembro de la misma para concretarse desde un enfoque teórico como una Teoría de la gramática y desde un enfoque empírico como una Teoría de la lengua.

Lingüística neuropsicológica: Postura que adopta la primera vía de la Lingüística (la Teoría del lenguaje) para acercarse a su objeto de estudio con la finalidad de estudiar su carácter mental.

Lingüística particular: Disciplina que, desde una orientación externa y atendiendo a primer miembro del paradigma (Lingüística), estudia el lenguaje natural humano; y desde una orientación interna y atendiendo, en este caso, al segundo miembro del paradigma (particular), estudia la lengua en su especificidad, ya sea desde un enfoque teórico o empírico.

Lingüística simbólica: Postura que adopta la primera vía de la Lingüística (la Teoría del lenguaje) para acercarse a su objeto de estudio con la finalidad de estudiar su potencialidad como signo que se va a emplear comunicativamente.

Lingüística social: Postura que adopta la primera vía de la Lingüística (la Teoría del lenguaje) para acercarse a su objeto de estudio con la finalidad de sistematizar la diversidad lingüística.

Lingüística teórica: La que estudia el lenguaje y también las lenguas desde un enfoque tanto teórico como empírico.

Lingüística tipológica: Postura que adopta la segunda vía de la Lingüística (la Teoría de la lengua) para acercarse a su objeto de estudio desde una orientación interna y realizar un análisis comparativo entre las lenguas ya sea histórico (basado en el paso del tiempo) o sincrónico (basado sólo en los rasgos de las lenguas sin tener en cuenta su cronología). Es propia de la Lingüística general.

Lingüística: Disciplina que estudia el lenguaje natural humano considerándolo como algo universal y constitutivo de la esencia del hombre.

Metateoría: Teoría sobre las teorías que los lingüistas han creado para describir su objeto de estudio.

Ramas de la Lingüística: Disciplinas lingüísticas encargadas del estudio de la situación y los marcos de existencia de los hechos lingüísticos.

Realismo: Perspectiva que adopta la segunda vía de la Lingüística (la Teoría de la lengua) para acercarse a su objeto de estudio con la finalidad de aprehenderlo descriptivo, histórica y tipológicamente (véase otra acepción en capítulo 4).

Sincronía: Estudio del sistema de la lengua en un momento dado de su historia.

Teoría: En sentido genérico, conjunto de razonamientos para explicar un fenómeno (véase otra acepción en capítulo 3).

Teoría del lenguaje natural humano: Primera vía que adopta la Lingüística para acercarse a su objeto de estudio (el lenguaje) como resultado de su concreción desde una orientación externa.

Teoría general de las gramáticas: Tercera vía que adopta la Lingüística para acercarse a su objeto de estudio (las lenguas) como resultado de la concreción que el enfoque teórico permite adoptar a la Lingüística general desde una orientación interna.

Teoría general de las lenguas: Segunda vía que adopta la Lingüística para acercarse a su objeto de estudio (las lenguas) como resultado de la concreción que el enfoque empírico permite adoptar a la Lingüística general desde una orientación interna.

Trascendencia: Principio según el cual la Lingüística tiene por Sujeto el lenguaje.

I. Bibliografía general.

ATKINSON, M. & KILBY, D. & ROCA, I., *Foundations of General Linguistics*, Unwin Hyman, Londres, 1988.

BUNGE, M., *Lingüística y Filosofía*, Ariel, Barcelona, 1983.

CRYSTAL, D., *What is linguistics*, Arnold, Londres, 1977.

DOROSZEWSKI, W., «Observaciones sobre las relaciones de la sociología y la lingüística» apud *Teoría del lenguaje y lingüística general*, Paidós, Buenos Aires, 1972, pp. 66-73.

GILSON, E., *Lingüística y filosofía*, Gredos, Madrid, 1974.

HOCKETT, Ch. F., *Curso de Lingüística moderna*, Eudeba, Buenos Aires, 1972.

HOOK, S., *Lenguaje y filosofía*, F.C.E., México, 1982.

JESPERSEN, O., *La filosofía de la Gramática*, Anagrama, Barcelona, 1975.

MANTECA ALONSO, A., *Lingüística General*, Cátedra, Madrid, 1987.

MARTINET, A., *Elementos de Lingüística General*, Gredos, Madrid, 1974.

MILNER, J. C., *Introduction à une science du langage*, Seuil, París, 1989.

NEWMEYER, F. (comp.), *Panorama de la Lingüística moderna de la Universidad de Cambridge. I Teoría lingüística: Fundamentos*, Visor, Madrid, 1990.

ROBINS, H. R., *Lingüística general. Estudio introductorio*, Gredos, Madrid, 1971.

YLLERA, A. *et alii*, *Introducción a la Lingüística*, Alhambra, Madrid, 1983.

Capítulo 3

LA LINGÜÍSTICA Y SUS FUNDAMENTOS COMO CAMPO DEL SABER.

A. Objetivos.

1. *Conocer* las consecuencias del cambio del sistema de valores producido a finales del siglo XIX y sus repercusiones en el ámbito de la Lingüística.

2. *Comprender* los elementos constitutivos de las ciencias.

3. *Relacionar* la Lingüística con los procesos de ruptura y los elementos intracientíficos y ver su adecuación.

4. *Entender* las particularidades de la disciplina lingüística atendiendo a su estatuto científico.

5. *Conocer* los principios fundamentales de la Lingüística moderna.

6. *Valorar* las críticas realizadas por la Lingüística moderna a los presupuestos de la Lingüística tradicional.

7. *Entender* los principales objetivos que pretende conseguir la investigación lingüística en su doble vertiente teórica y taxonómica.

B. Palabras clave.

- Mutación conceptual.
- Elementos intracientíficos.
- Objeto.
- Teoría.
- Método.
- Linealidad.
- Trascendencia.
- Coherencia.
- Principio de funcionalidad.
- Principio de sistematicidad.
- Concepción taxonómica.

- Ruptura epistemológica.
- Elementos extracientíficos.
- Datos.
- Modelo.
- Técnica.
- Exhaustividad.
- Inmanencia.
- Economía.
- Principio de oposición.
- Principio de neutralización.
- Concepción teórica.

C. Organización de los contenidos.

1. La Lingüística en la actualidad.
2. La ciencia como campo del saber.
    2.1. El proceso de ruptura.
    2.2. Los elementos intracientíficos.
3. La Lingüística y la ciencia.
    3.1. La Lingüística y el proceso de ruptura.
    3.2. La Lingüística y los elementos intracientíficos.
4. El carácter de la ciencia lingüística.
5. Principios de la Lingüística moderna.

5.1. Principio de funcionalidad.

5.2. Principio de oposición.

5.3. Principio de sistematicidad.

5.4. Principio de neutralización.

6. Postulados y críticas de la Lingüística moderna a la tradicional.

7. Objetivos de la investigación lingüística.

7.1. Concepción taxonómica de la ciencia lingüística.

7.2. Concepción teórica de la ciencia lingüística.

D. Desarrollo de los contenidos.

1. La Lingüística en la actualidad.

El objeto de estudio de la Lingüística (el lenguaje) interesó al hombre desde la Antigüedad. Antes que la Química o la Biología, por poner unos casos, las preocupaciones sobre el lenguaje estaban presentes en la mentalidad del hombre. Lo que ocurrió es que los estudios lingüísticos no tuvieron una entidad independiente —por ejemplo, los griegos lo unieron a la Filosofía— y no alcanzaron el rango que poseen en la actualidad.

La aparición del término Lingüística se produjo en el siglo XIX, gracias a dos factores principalmente: el *positivismo* y la *filosofía kantiana*. Ambos posibilitaron que la Lingüística adquiriese una metodología técnica específica de aproximación al lenguaje desde un punto de vista estrictamente lingüístico.

A partir de entonces, el lingüista se dedicó a este quehacer, influenciado obviamente por las condiciones históricas de cada época. No olvidemos que el lingüista es ante todo un ser humano y, como tal, se ve condicionado por el sistema de valores de cada época. Sin embargo, es además un investigador, por lo que se va a ver también condicionado por la organización que tenga la ciencia en cuanto investigación en cada época.

En este sentido, la Lingüística de finales del siglo XIX y de todo el siglo XX va a vivir una etapa importantísima de su constitución a partir de la asunción de un nuevo sistema de valores opuesto a la concepción del mundo heredada del período clásico de la ciencia. Y esto va a suponer la sustitución de la preocupación por saber cosas por el interés en saber sobre el hombre.

Las consecuencias de este cambio radical han sido las siguientes:

a) En primer lugar, cuando se elabora una nueva ciencia se produce un proceso de *mutación conceptual* mediante el cual se abandonan los elementos epistemológicos anteriores a la aparición de esta ciencia. En el caso de la Lingüística, la reflexión seria, coherente y ordenada se produjo no sólo sobre la naturaleza de los elementos lingüísticos y el objeto resultante —el lenguaje— (II^a parte), sino también sobre la metodología técnica específica de aproximación a los fundamentos del lenguaje (Capítulos 8 y 9).

b) En segundo lugar, este nuevo conocimiento teórico tuvo que autodefinirse puesto que nuestro objeto de estudio (el lenguaje), dado su carácter heteróclito y polimórfico, presentaba serias dificultades de ser conocido científicamente, tal y como se postulaba en los presupuestos positivistas (Capítulo 12).

c) En tercer lugar, el carácter globalizante, deductivo e hipotético de la investigación científica posibilitó el paso del conocimiento aislado al conocimiento relacional, fomentando así la aparición en algunos casos y el desarrollo en otros de las distintas *ramas de la Lingüística teórica* (Capítulo 10).

d) Finalmente, el auge de los descubrimientos en nuestra sociedad así como el gran avance tecnológico que todavía vivimos posibilitaron que el estudio teórico anterior se completase con los análisis de aplicación práctica que constituyen la *Lingüística aplicada* (Capítulo 11).

No sabemos a ciencia cierta cuando se produjo esta transformación en nuestro campo del saber. Sin embargo, tampoco creemos que sea algo tan importante, puesto que pensamos que se produjo de manera paulatina. Con todo, sí debemos destacar la figura de Ferdinand de Saussure, quien en su obra *Curso de Lingüística general* (1916), establece las bases para esta nueva forma de estudio lingüístico.

Lo que sí nos interesa es el carácter de esta ciencia lingüística puesto que, aunque apareció auspiciada por el positivismo, la naturaleza heteróclita del lenguaje dificultaba la formulación científica rigurosa que la coyuntura histórica exigía. Por ello, vamos a precisar a continuación en qué consiste la ciencia para, posteriormente, dilucidar si la Lingüística es realmente una ciencia y si lo es, qué tipo de ciencia constituye, y cuáles son sus principales fundamentos como ámbito disciplinario.

2. La ciencia como campo del saber.

La aparición de cualquier ciencia viene determinada principalmente por dos factores: el que se conoce como *proceso de ruptura* y el constituido por la *naturaleza interna* de sus propios elementos. Veamos cada uno de estos apartados.

2.1. *El proceso de ruptura.*

El *proceso de ruptura* con todo lo anterior es el cambio de una problemática precientífica a una científica. Ello exige que, cuando aparece una ciencia, deba romperse con todo lo precedente e iniciar una nueva andadura totalmente diferente a la anterior y sin que tenga que ver nada con ella.

Por tanto, puesto que es precisamente el proceso de ruptura con todo lo anterior el que determina el nacimiento de cualquier ciencia, conviene reflexionar, aunque sea de manera somera, sobre las características de la ruptura epistemológica para, posteriormente, dilucidar si tal ruptura se ha producido realmente en la Lingüística o ha sido simplemente un efecto especular, herencia de la coyuntura histórica y del voluntarismo consciente de los propios lingüistas.

Para caracterizar la ruptura, Bachelard le adjudicó una serie de características atendiendo a los resultados que la propia ruptura producía. Estas *características* determinan una serie de efectos explicados por Pêcheux:

a) *Abandono* de los elementos epistemológicos previos a la aparición del discurso científico.

b) *Instauración* de un sistema de conceptos que constituirá la teoría del nuevo dominio científico.

c) *Especificidad* del proceso, ya que una ciencia no puede efectuar un proceso de ruptura que corresponda a otro dominio científico.

2.2. Los elementos intracientíficos.

En segundo lugar, la ciencia está constituida por un conjunto de elementos que Althusser denomina *intracientíficos* y que están constituidos por los siguientes núcleos:

a) *Objeto*: es la finalidad propia de las ciencias, es decir, el conocimiento de los objetos reales.

b) *Teorías*: entramados conceptuales construidos sobre el objeto, basados en razonamientos, pruebas y deducciones.

[Notas manuscritas: "La ciencia describe y explica / filosofía interpreta"]

[Esquema manuscrito: Epistem. / Filosofía → Interp. Explicar del sujeto / Ciencia → Describir el objeto]

c) *Método*: camino que recorre el saber científico para llegar al conocimiento del objeto real y, consecuentemente, a la verdad del mismo. *(el científico busca la verdad)*

3. La Lingüística y la ciencia.

Tras precisar las características de la ruptura epistemológica y los núcleos del elemento intracientífico vamos a verlos ahora relacionados con la Lingüística.

3.1. La Lingüística y el proceso de ruptura.

Comenzaremos viendo si se ha producido alguna vez en los discursos lingüísticos el proceso de ruptura que le otorgaría el rango cientificista.

Cualquier discurso científico, desde el momento en que realiza el proceso de ruptura, tiene un comienzo, un punto de no retorno a la epistemología pasada. La historicidad de la ruptura produce, pues, dos efectos:

– el *comienzo* de una nueva ciencia;
– y la *imposibilidad* de volver a la preciencia.

Por ello, la historia de las ciencias es discontinua, de carácter kantiano, basada en el rechazo de los precursores anteriores.

Si observamos ahora la historia de la Lingüística podemos decir que es de carácter lineal, hegeliano, sin procesos de rupturas, entre otras por las siguientes razones:

a) Porque muchos de los llamados conceptos lingüísticos ya existían con *anterioridad* a la nueva Lingüística del siglo XIX. Así, por ejemplo, tal y como afirma Mounin, la noción de fonema, que ya existía en el Sánscrito, determina que el planteamiento elaborado por Trubetzkoy en 1929 sea sólo el desarrollo de una misma noción (no de un concepto nuevo), ya que no se abandonan los elementos epistemológicos previos.

b) Consecuentemente, tampoco se ha producido la instauración de un sistema conceptual, sino el desarrollo *lineal* de un sistema nocional que, a partir del positivismo, se ve revestido de la apariencia conceptual.

c) Finalmente, el cientificismo lingüístico es el resultado de un proceso de *importación* a imitación de otros ámbitos de saber positivistas, sin especificidad propia.

La consecuencia de estas reflexiones exige una historia lineal, en la que el llamado nacimiento de la Lingüística durante el siglo XIX debe entenderse como el nacimiento de un nuevo término (puesto que las preocupaciones sobre la lengua y el lenguaje ya existían con anterioridad). Se trata pues de una Lingüística en la que en un primer momento se estudia nuestro objeto desde un punto de vista más lógico, psicológico o filosófico y que a partir de Saussure y de la nueva mentalidad positivista se estudiará desde un punto de vista más estrictamente lingüístico.

3.2. *La Lingüística y los elementos intracientíficos.*

Unido a lo anterior, debemos ver ahora qué tipo de elementos utiliza el lingüista en la construcción de sus formulaciones con la finalidad de estudiar su objeto.

Como dijimos anteriormente (Capítulo 2), el lenguaje posee una doble naturaleza: *trascendental*, que no se puede percibir por los sentidos, e *inmanente*, que en este caso sí se puede percibir (a través de la lengua como expresión del lenguaje). Ello posibilita, obviamente, que para aprehender lo empírico y visible se puedan construir elementos intracientíficos. El problema surge cuando lo que se trata de estudiar es el lenguaje desde el punto de vista trascendental.

En este caso, la Lingüística ya no puede utilizar elementos intracientíficos, propios de la ciencia. En su lugar utilizará elementos *extracientíficos*; a saber:

    a) *Datos de experiencias*: son comportamientos que no surgen del conocimiento del objeto sino del mismo objeto real, y que constituyen el principio del discurrir filosófico.

    b) *Modelos*: procesos intuitivos o hipotéticos no basados en procesos de razonamientos y deducciones.

    c) *Técnicas*: camino que recorre el saber filosófico para llegar de los datos de la experiencia al Sujeto trascendente.

Todo ello otorgará a la Lingüística un estatuto particular que entremezcla ciencia e ideología y que merece ser señalado.

4. El carácter de la ciencia lingüística.

Como hemos dicho, cuando la Lingüística estudia la faceta empírica del lenguaje se comporta como una ciencia, pero cuando estudia la faceta trascendental no lo hace así. Además, tampoco cumple el requisito de la ruptura para ser exactamente una ciencia. ¿Qué estatuto científico posee, pues, la Lingüística?

    a) El de *investigación*: puesto que el lenguaje ha preocupado al hombre desde muy antiguo y ha elaborado una serie de formulaciones teóricas para explicarlo.

b) El de una serie de *requisitos que la Lingüística comparte con las ciencias*:

- La *exhaustividad*, puesto que explica todos y cada uno de los fenómenos del lenguaje.
- La *coherencia*, porque en la explicación de estos fenómenos no hay contradicciones, sino puntos de vistas diferentes.
- Y, finalmente, la *economía*, ya que la explicación de estos fenómenos lingüísticos se sustentan en el menor número de razonamientos posible.

Todo ello nos lleva a considerar que esta mezcla de ciencia e ideología constituye una parcela específica de unas ciencias también específicas: las *ciencias humanas*.

Estas ciencias son las que giran en torno al hombre, estudiándolo cada una desde un punto de vista determinado. Unas son antiguas, como la Filosofía, otras son modernas como la Psicología, y, finalmente, otras, como la Lingüística, aún siendo antiguas, han sido reorganizadas y reenfocadas.

Esta reorganización pasa por el estudio inmanente y científico en sentido estricto del lenguaje a través de su objeto lengua al estudio trascendente del mismo. Por ello, la Lingüística tendrá dos caracteres dependiendo del estudio que realice:

a) *Empírico*: cuando analice el lenguaje como objeto científico, es decir, como un objeto que se pueda captar a través de los sentidos, y nos ofrezca un conjunto de teorías que puedan contrastarse con los hechos reales, constituidas por una serie de conceptos científicos.

b) *Hermenéutico*: cuando se acerque en este caso al lenguaje como un objeto trascendente (Sujeto), que no puede ser captado por los sentidos y que, por tanto, debe ser interpretado a partir de un conjunto de modelos intuitivos, constituidos por una serie de categorías filosóficas.

Por ello, no podemos reivindicar la verdad, exactitud y validez objetiva de las investigaciones lingüísticas como si fuesen investigaciones de las llamadas ciencias exactas, ya que el lenguaje como acontecimiento humano por excelencia es uno de los más complejos.

Sin embargo, como lingüistas, no podemos quedarnos sólo en la especulación, sino que debemos utilizar la experimentación a partir de un conjunto amplio de observaciones, añadiendo al humanismo que nos aporta nuestro objeto de estudio la experimentalidad de la investigación científica llamémosle exacta.

De esta forma aunaremos la versión *cientificista* propia del acercamiento objetual con la versión más *ideológica* o *filosófica* del acercamiento humanista. Así se trasciende la inmanencia de lo empírico (la lengua y el habla) para llegar a la auténtica trascendencia de la Lingüística (el lenguaje).

	Elemento Intracientífico	**Elemento Extracientífico**	
OBJETO	Conocimiento del objeto real	Análisis de datos que provocan una visión del mundo	DATOS
TEORÍAS	Deductivo y racional	Intuitivo e hipotético	MODELOS
MÉTODO	Científico. Se mide por la verdad de sus resultados	Filosófica. Se mide por la corrección del planteamiento	TÉCNICA

Consecuentemente, podemos concluir afirmando que la Lingüística es una *ciencia humana* que adopta los elementos *intracientíficos* para estudiar el objeto (lengua) y los *extracientíficos* para estudiar el sujeto (lenguaje), siendo, por ello, tanto *empírica* (cuando es científica experimental) como *hermenéutica* (cuando es filosófica).

Todo ello le otorga un carácter *epistemológico* (fruto de esta dualidad) que nos hace concebir las unidades específicas de los discursos lingüísticos como *nociones*, que pueden presentar apariencia tanto de *conceptos* (cuando estamos en el estudio empírico del objeto) como de *categorías* (cuando estamos, en este otro caso, en el estudio hermenéutico del sujeto).

5. Principios de la Lingüística moderna.

En el ámbito de la Lingüística existen una serie de principios aceptados por todas las escuelas y otros que son particulares de cada una de ellas. Lo mismo ocurre con los métodos. Sin embargo todos ellos tienen por objetivo el estudio del lenguaje y para tal menester la Lingüística aplica una serie de métodos objetivos y experimentales, basados en unos principios específicos.

Estos principios, suscritos por la mayoría de los lingüistas, emanan de la propia lengua y son los siguientes.

5.1. *Principio de funcionalidad.*

Se basa en la idea de que la Lingüística debe ser descripción y análisis de la naturaleza y de la realidad interna del lenguaje (de su estructura) y además de su funcionalidad. Para ello la Lingüística debe describir (no prescribir) los fenómenos propios del lenguaje natural humano, a partir de un proceso de observación que caracterice el lenguaje como tal. En este sentido, para que una unidad sea de la lengua debe cumplir el principio de funcionalidad, es decir que cuando se conmute esta unidad por otra se produzca un cambio de significación.

Es lo que ocurre, por ejemplo, entre la lexía «bar» y la lexía «par». Comprobamos que tienen un significado diferente y éste se debe precisamente a la variación entre el fonema /b/ bilabial, oclusivo, sonoro y el fonema /p/ bilabial, oclusivo, sordo. De ello se desprende que las unidades /b/ y /p/ pertenecen a la lengua española porque son *funcionales*.

5.2. *Principio de oposición.*

Este principio trata de precisar de dónde surge precisamente el valor funcional que poseen las formas lingüísticas. Si observamos el ejemplo anterior podemos apreciar que las unidades funcionales /b/ y /p/ tienen cada una un conjunto de rasgos. Éstos son algunos comunes (por ejemplo, el carácter bilabial y oclusivo) y otros son diferenciales (por ejemplo, el carácter sonoro de la /b/ frente al sordo de la /p/). Los rasgos comunes son redundantes porque no ayudan a la funcionalidad, mientras que los rasgos diferenciales son *distintivos* o *pertinentes* porque son los que precisan la funcionalidad lingüística.

Pues bien, la *oposición* es el mecanismo lingüístico que nos permite precisar esta funcionalidad y que consiste en la comparación de unidades lingüísticas para poder diferenciarse y adquirir un valor dentro del sistema de una lengua.

5.3. *Principio de sistematicidad.*

Como consecuencia de los dos principios anteriores surge este tercer principio que consiste en otorgar al lenguaje un carácter sistemático. De esta forma el lenguaje natural humano será un sistema semiótico (de signos) que constituirán las lenguas, formadas, a su vez, por distintos sistemas.

De esta forma, el lenguaje será, en el fondo, un sistema

estructurado formado por un conjunto de sistemas.

5.4. *Principio de neutralización.*

Finalmente, la neutralización es el procedimiento por el que se eliminan las excepciones dentro del sistema lingüístico o por el que se pierden dos oposiciones. Dicho de otra forma, dos elementos se neutralizan cuando dejan de funcionar sus rasgos diferenciales. Es el caso, por ejemplo, de la lexía «hombre» y «ser humano».

Todos estos principios los desarrollaremos con más detalle en el Capítulo 6 del libro.

6. Postulados y críticas de la Lingüística moderna a la Lingüística tradicional.

Esta nueva Lingüística que estamos explicando, aunque no surge como un proceso de ruptura con todo lo anterior, sí realiza una serie de críticas a algunos planteamientos lingüísticos previos. Veamos algunas de ellas.

a) Critica la prioridad que se otorgaba anteriormente a la lengua escrita sobre la hablada, consecuencia de la admiración que los griegos sintieron por los grandes escritores. Se consideraba la lengua hablada inferior por ser inestable. Sin embargo, esto es un error ya que la lengua escrita es una variante de la oral: primero se aprende a hablar y después a escribir. Se trata, por tanto, de dos variantes complementarias.

b) Critica además la idea de que la lengua alcanzó su perfección en un momento dado y a partir de ese momento se constituye en modelo. Así, la lengua española, por ejemplo, alcanzaría ese momento de esplendor con Cervantes y la inglesa con Shakespeare, etc. Evidentemente, esto no es cierto, puesto que no existe un momento de máxima perfección sino una evolución lingüística conforme a las necesidades de las sociedades.

c) No acepta la idea de que la Gramática tenga por finalidad enseñar a hablar y a escribir correctamente. En un principio la Gramática sí era normativa, convirtiéndose incluso en arte. Sin embargo, hoy es descriptiva, puesto que puede hablarse y escribirse sin estudios gramaticales.

d) Tampoco acepta que las categorías del lenguaje sean las mismas que las del pensamiento. Ya en el siglo XIX se ve la incapacidad de describir unas lenguas indígenas con categorías universales.

e) Finalmente, crítica el tipo de análisis lingüístico realizado en el que no se estudia el lenguaje como sistema, sino las analogías y las anomalías, pero no el sistema. De ahí que el proceder sea totalmente subjetivo y se confundan los niveles de estudio.

7. Objetivos de la investigación lingüística.

Para finalizar, vamos a precisar los principales objetivos que tiene la investigación Lingüística como campo peculiar del saber.

Ello depende, obviamente, de la concepción científica que se adopte. Veamos alguna de ellas.

7.1. *Concepción taxonómica de la ciencia lingüística.*

Esta concepción se basa en la idea de que el trabajo científico consiste en la observación de los hechos y los datos y en la extracción de conclusiones. Ésta es quizá la concepción que ha prevalecido en la

Lingüística, basada en la observación y clasificación de los hechos lingüísticos, teniendo en cuenta los siguientes presupuestos:

- La *objetividad* en la selección de los datos que deben ser observados. En este sentido, los lingüistas son críticos, aspirando a la coherencia (racionalidad) y a adaptarse a los hechos en lugar de a las especulaciones (objetividad).

- La atención no sólo al aspecto escrito del lenguaje sino también al *oral*.

- *Eliminación del preceptismo,* arbitrando conjeturas fundadas y contrastables con las experiencias lingüísticas directamente observadas.

7.2. *Concepción teórica de la ciencia lingüística.*

Por el contrario, esta concepción se basa en la idea de que la ciencia no colecciona ni clasifica sino que elabora teorías generales, en nuestro caso, sobre el lenguaje. Éstas deben ser:

- *Descriptivas,* utilizando criterios estrictamente lingüísticos.

- *Sistemáticas,* con estructura coherente, presentando con riguroso ordenamiento lógico las proposiciones y las reglas que rigen la realidad lingüística estudiada.

- *Generalizadoras,* presentando un esquema de conceptos que relacionan los fenómenos lingüísticos pertinentes, ofreciendo generalizaciones empíricas o integrando sistemas de generalizaciones.

Sin embargo, sea cual sea la concepción que se adopte, el lingüista debe

La Lingüística y sus fundamentos como campo del saber

examinar en primer lugar los hechos de habla concretos y después ofrecer un cuerpo teórico. No olvidemos que la Lingüística es una disciplina *empírica*, pero además, al ser tan amplia y heteróclita la realidad estudiada (el lenguaje), debe ser también *teórica*, y no sólo esto, sino también *hermenéutica*. Y el camino para conseguir estos objetivos tan amplios y su autocalificación como ciencia humana madura pasa por la integración de sus distintas ramas en un proyecto globalizante.

E. Actividades sugeridas.

— Conteste a las siguientes cuestiones:

- ¿Hay razones que justifiquen el proceso de ruptura en los discursos lingüísticos?

- ¿Qué estatuto científico posee la Lingüística? Razone su respuesta.

- Explique si la Lingüística es una disciplina empírica o hermenéutica.

- ¿Cuáles son los principios fundamentales de la Lingüística moderna?

- ¿En qué se diferencian las concepciones teórica y taxonómica de la ciencia lingüística?

F. Lecturas recomendadas.

ALTHUSSER, L., *Curso de Filosofía para científicos*, Laia, Barcelona, 1975.

Manera en que el ámbito filosófico se diluye en la investigación científica, desarrollando la idea de una crisis de las ciencias formales precisamente por este hecho.

BUNGE, M., *Lingüística y Filosofía*, Ariel, Barcelona, 1983.

Estudio sobre los hechos lingüísticos desde el punto de vista de la Filosofía de la ciencia. Muy interesante para acercarse al análisis epistemológico del ámbito lingüístico por su rigor y a la vez claridad.

LÓPEZ MORALES, H., *Métodos de investigación lingüística,* Colegio de España, Salamanca, 1994, pp. 13-18.

Certera presentación del método científico en el ámbito lingüístico y del carácter de sus teorías.

G. Ejercicios de autoevaluación.

Con el fin de que se pueda comprobar el grado de asimilación de los contenidos, presentamos una serie de cuestiones, cada una con tres alternativas de respuestas. Una vez que haya estudiado el tema, realice el test rodeando con un círculo la letra correspondiente a la alternativa que considere más acertada. Después justifique las razones por las que piensa que la respuesta elegida es la correcta, indicando también las razones que invalidan la corrección de las restantes.

Cuando tenga dudas en alguna de las respuestas vuelva a repasar la parte correspondiente del capítulo e inténtelo otra vez.

1. La Lingüística nació en el siglo
   A XX.
   (B) XIX.
   C Las respuestas A y B no son correctas.

2. El nacimiento de los saberes científicos se caracteriza
   A Por la ruptura epistemológica con lo anterior.
   B Por el carácter lineal de sus planteamientos.
   (C) Las respuestas A y B no son correctas.

3. Atendiendo al peculiar cientificismo de la Lingüística, sus investigaciones deben ser
   A Correctas.
   B Verdaderas.
   C Eficaces.

4. La Lingüística es coherente
   A Porque explica todos los fenómenos de su campo.
   B Porque se basa en el menor número de razonamientos posibles.
   C Las respuestas A y B son falsas.

5. La Lingüística es una disciplina
   A Empírica y filosófica.
   B Empírica y hermenéutica.
   C Ideológica y hermenéutica.

6. El estatuto cientificista de la Lingüística fue debido
   A Al exceso formalista heredado del positivismo.
   B A la mutación conceptual que se produjo en la Lingüística.
   C A la ruptura que se produjo con los estudios anteriores a Saussure.

7. Podemos considerar la lengua escrita como
   A Una variante de la lengua oral.
   B La manifestación más importante del lenguaje.
   C Las respuestas A y B son correctas.

8. La obra saussuriana constituye
   A El sistema conceptual de la Lingüística científica.
   B Una metodología técnica con la apariencia de una ciencia.
   C Las respuestas A y B son correctas.

9. La finalidad de la gramática es
   A Enseñar a hablar correctamente.
   B Describir los patrones de funcionamiento de las lenguas.
   C Enseñar a escribir correctamente.

10. La ruptura epistemológica que se produce en la Lingüística
    A No puede importarse a otra disciplina.
    B Puede importarse a otra disciplina.
    C Las respuestas A y B no son correctas.

11. La concepción científica que ha predominado de la Lingüística es la
    A Taxonómica.
    B Teórica.
    C Empírica.

12. La historia de la Lingüística puede considerarse
    A Lineal, de germen hegeliano.
    B Cíclica, de germen kantiano.
    C De rupturas.

13. Las investigaciones lingüísticas son
    A Experimentales.
    B Especulativas.
    C Las respuestas A y B son correctas.

14. Desde un punto de vista diacrónico, la historia lingüística es
    A El desarrollo lineal de un sistema nocional.
    B El desarrollo cíclico de un sistema conceptual.
    C El desarrollo lineal de un sistema conceptual.

15. El cientificismo lingüístico se produce gracias
    A A la filosofía espontánea del lingüista.
    B Al voluntarismo consciente del lingüista.
    C Al propio objeto de estudio e investigación.

16. El elemento intracientífico propio del discurrir epistemológico está formado por
    A Objeto, Teorías y Métodos.
    B Datos, Modelos y Técnicas.

C Las respuestas A y B no son correctas.

17. En el discurso epistemológico no hay propiamente objeto sino análisis de datos.
    A Verdadero.
    B Falso.
    C Por eso la Lingüística no es una ciencia.

18. El valor de las formas lingüísticas surge
    A De la relación opositiva que se establece entre ellas.
    B De la función que contraen.
    C De su carácter sistemático.

19. Los modelos lingüísticos son
    A Intuitivos y no se basan en procesos de razonamientos y deducción.
    B Justificaciones racionales de tipo general.
    C Las respuestas A y B no son correctas.

20. Según el principio de sistematicidad, la lengua es
    A Un sistema de estructuras lingüísticas.
    B Un sistema estructurado.
    C Las respuestas A y B son correctas.

21. Los métodos que utiliza la Lingüística hermenéutica son
    A Objetivos y experimentales.
    B Científicos.
    C Las respuestas A y B no son correctas.

22. La hermenéutica puede concebirse como
    A Una técnica lingüística de interpretación.
    B Un método lingüístico de explicación.
    C Un modelo lingüístico de descripción.

23. En los discursos epistemológicos se pretende
    A Elaborar planteamientos correctos.

B Descubrir la verdad del conocimiento.
C Conocer el objeto real.

24. Los modelos de la Lingüística científica son
    A Intuitivos e hipotéticos.
    B Deductivos y racionales.
    C Las respuestas A y B no son correctas.

25. El concepto de fonema
    A Ya existía en el Sánscrito.
    B Aparece en 1929.
    C Las respuestas A y B no son correctas.

H. Glosario.

Categoría: Unidad específica del discurso filosófico.

Coherencia: Requisito que comparte la Lingüística con los saberes científicos, consistente en la explicación de los fenómenos de su campo sin contradicciones (véase otra acepción en capítulo 8).

Concepto: Unidad específica del discurso científico.

Datos de experiencia: Elemento extracientífico surgido no del conocimiento del objeto sino del propio objeto real, que constituye el principio del discurrir epistemológico.

Economía: Requisito que comparte la Lingüística con los saberes científicos, consistente en la explicación de los fenómenos de su campo con el menor número de razonamientos posible (véase otra acepción en capítulo 4).

Elementos extracientíficos: Categorías constitutivas del discurrir filosófico.

Elementos intracientíficos: Conceptos constitutivos del discurrir científico.

Epistemología: Perspectiva que adopta la tercera vía de la Lingüística (la

Teoría de la gramática) para acercarse a su objeto de estudio, consistente en el análisis de la investigación lingüística, el conocimiento de este objeto (el lenguaje y las lenguas) y el procedimiento mediante el cual se puede llegar al conocimiento del mismo a partir de la descripción de la realidad lingüística (la lengua) aplicando elementos intracientíficos, y la explicación de la posible realidad lingüística potencial (el lenguaje), aplicando, en este caso, elementos extracientíficos (véase otra acepción en capítulo 2).

Exhaustividad: Requisito que comparte la Lingüística con los saberes científicos, consistente en la explicación de todos y cada uno de los fenómenos de su campo.

Funcionalidad: Principio que otorga al signo el carácter de lingüístico gracias a la función que su forma desempeña dentro del sistema de la lengua, a partir de las relaciones sintagmáticas y paradigmáticas que contrae con otros signos del mencionado sistema.

Ideología: Conjunto de ideas conscientes mediante las cuales los hombres toman conciencia de la realidad y la valoran epistemológicamente.

Lingüística del Objeto: Lingüística de orientación interna que, basada en la dialéctica lenguaje/lengua, estudia el segundo miembro de la misma.

Lingüística del Sujeto: Lingüística de orientación externa que, basada en la dialéctica lenguaje/lengua, estudia el primer miembro de la misma como prisma organizador de la realidad empírica lingüística (la lengua y el habla).

Método: Elemento intracientífico constituido por los distintos pasos que recorre el saber científico hasta llegar al conocimiento del objeto real.

Metodología técnica: Formulación de carácter epistemológico en la que sus elementos extracientíficos tienen la apariencia de los elementos constitutivos del paradigma cientificista.

Modelo: Elemento extracientífico formado por el conjunto de entramados nocionales (intuitivos o hipotéticos) que el filósofo construye sobre los datos de la experiencia.

Mutación conceptual: Procedimiento mediante el cual las nociones del ámbito epistemológico y las categorías del ámbito filosófico pierden su validez operativa en los mismos y pasan a funcionar en el ámbito científico adquiriendo el estatuto de concepto.

Neutralización: Fenómeno que se produce en cualquier nivel lingüístico cuando una oposición entre dos unidades deja de tener valor distintivo.

Noción: Unidad específica del discurso epistemológico.

Objeto: Elemento intracientífico que constituye el fin propio del discurrir científico: el conocimiento de los objetos reales.

Oposición: Principio lingüístico que permite a un elemento de los distintos niveles que constituyen la estructura del sistema lingüístico, relacionarse con otro para ser diferenciado y adquirir un valor entre los mismos.

Ruptura epistemológica: Procedimiento que marca el nacimiento de una problemática científica, caracterizado por el abandono de los elementos epistemológicos anteriores y por la instauración de un sistema conceptual.

Sistema conceptual: Conjunto de conceptos que constituyen la teoría de los dominios científicos.

Sistema nocional: Conjunto de nociones que constituyen el modelo de los dominios epistemológicos.

Sistematicidad: Principio lingüístico que nos permite concebir la lengua como un sistema de elementos situados en diferentes niveles.

Sujeto: Fin último del discurrir epistemológico que aparece oculto tras la inmanencia del objeto (véase otra acepción en capítulo 8).

Técnica: Elemento extracientífico constituido por los distintos pasos que recorre el saber filosófico para llegar desde los datos de la experiencia al Sujeto oculto.

Teoría: Elemento intracientífico formado por el conjunto de entramados conceptuales que el científico construye sobre su objeto de estudio e investigación, basado en una serie de razonamientos, pruebas y deducciones (véase otra acepción en capítulo 2).

Unidad: Término de la oposición entre dos elementos lingüísticos de cualquier nivel.

I. Bibliografía general.

ALTHUSSER, L., *Curso de filosofía para científicos*, Laia, Barcelona, 1975.

APOSTEL, L., *Epistemología de las ciencias humanas*, Proteo, Buenos Aires, 1972.

ARTIGAS, M., *Filosofía de la ciencia experimental: la objetividad y la verdad en las ciencias*, Eunsa, Pamplona, 1989.

BACHELARD, G., *El compromiso racionalista*, Siglo XXI, Buenos Aires, 1976.

BACHELARD, G., *La formación del espíritu científico*, Siglo XXI, Buenos Aires, 1974.

BADIOU, A., *El concepto de modelo*, Siglo XXI, Buenos Aires, 1972.

BERNARDO PANIAGUA, J. Mª, *La construcción de la Lingüística. Un debate epistemológico*, Universidad de Valencia, Valencia, 1995.

BLASCO, R. J., *Lenguaje, filosofía y conocimiento*, Ariel, Barcelona, 1973.

BRUNET ICART, I. & VALERO IGLESIAS, L., *Epistemología I. Sociología de la ciencia*, P.P.U., Barcelona, 1996.

97

BUNGE, M., *Pseudociencia e ideología*, Alianza Universidad, Madrid, 1985.

BUNGE, M., *La Ciencia. Su método y su filosofía*, Siglo XXI, Buenos Aires, 1974.

CHALMERS, A. F., *¿Qué es esa cosa llamada ciencia?*, Siglo XXI, Madrid, 1994.

DIÉGUEZ, A., «Verdad y progreso científico», *Arbor*, 620 (1997), pp. 301-321.

ESTANY, A., *Modelos de cambio científico*, Crítica, Barcelona, 1990.

FERNÁNDEZ PÉREZ, M., «El carácter de la ciencia lingüística», *Verba*, 11 (1984), pp. 129-156.

FERNÁNDEZ PÉREZ, M., *La investigación lingüística desde la Filosofía de la ciencia*, Verba, anexo 28, Universidad de Santiago, Santiago de Compostela, 1986.

GÓMEZ FERRI, J., «El estudio social y sociológico de la ciencia y la convergencia hacia el estudio de la práctica científica», *Theoria*, 27 (1996), pp. 205-225.

GONZÁLEZ GARCÍA, M., LÓPEZ CEREZO, J. A. & LUJÁN J. L. (eds.), *Ciencia, tecnología y sociedad*, Ariel, Barcelona, 1997.

KUHN, T. S., *La estructura de las revoluciones científicas*, F.C.E., México, 1981.

MEDAWAR, P., *La amenaza y la gloria: reflexiones sobre la ciencia y los científicos*, Gedisa, Barcelona, 1993.

MILLER, G. A., *Ciencias sociales: ideología y conocimiento*, Siglo XXI, Buenos Aires, 1971.

MONSERRAT, J., *Epistemología evolutiva y teoría de la ciencia*, Universidad Pontificia de Comillas, Madrid, 1984.

MOSTERÍN, J., *Conceptos y Teorías en las ciencias*, Alianza, Madrid, 1984.

PÊCHEUX, M., *Sobre historia de las Ciencias*, Siglo XXI, Buenos Aires, 1971.

PERUTZ, M. F., *¿Es necesaria la ciencia?*, Espasa Universidad, Madrid, 1990.

PETERS, S. (dir.), *Los objetivos de la teoría lingüística*, Gredos, Madrid, 1972.

POPPER, K. R., *La lógica de la investigación científica*, Tecnos, Madrid, 1977.

POPPER, K. R., *En busca de un mundo mejor*, Paidós, Barcelona, 1994.

RORTY, R., *El giro lingüístico*, Paidós, Barcelona, 1990.

RUSSELL, B., *La perspectiva científica*, Ariel, Barcelona, 1949.

SEGUNDA PARTE

APROXIMACIÓN ONTOLÓGICA AL ESTUDIO DEL LENGUAJE: LA LINGÜÍSTICA Y SU OBJETO DE ESTUDIO.

Capítulo 4

EL LENGUAJE NATURAL HUMANO COMO OBJETO DE ESTUDIO E INVESTIGACIÓN: PERSPECTIVA HISTÓRICA.

A. Objetivos.

1. *Comprender* la complejidad que entraña el estudio del lenguaje.

2. *Precisar* las principales características del lenguaje natural humano.

3. *Conocer* las principales teorías explicativas sobre el origen del lenguaje.

4. *Valorar* la aportación de los distintos autores que se han acercado al estudio del lenguaje desde un punto de vista instrumental.

5. *Adquirir* una visión panorámica da las principales aportaciones teóricas sobre el estudio del lenguaje a lo largo de la historia.

6. *Comprender* la triple naturaleza social, simbólica y psicológica del lenguaje y las tareas lingüísticas que se derivan de ello.

B. Palabras clave.

- Rasgos de diseño.
- Intercambiabilidad.
- Eficiencia.
- Composicionalidad.
- Simbolismo.
- Semanticidad.
- Prevaricación.
- Función apelativa o conativa.
- Función representativa.
- Función poética.
- Teoría *Phisey*.
- Racionalismo.
- Gramática histórica.
- Transformacionalismo.

- Economía.
- Dualidad.
- Creatividad.
- Recurrencia.
- Especialización.
- Desplazamiento.
- Reflexividad.
- Función expresiva.
- Función fática o de contacto.
- Función metalingüística.
- Teoría *Thesey*.
- Empirismo.
- Neogramática.
- Estructuralismo.

C. Organización de los contenidos.

1. La complejidad del lenguaje.

    1.1. Economía.

    1.2. Creatividad.

    1.3. Simbolismo.

2. El estudio del lenguaje desde el punto de vista teórico especulativo: el origen del lenguaje.

    2.1. Teorías metafísicas y teológicas.

    2.2. Teorías biológicas.

2.3. Teorías glosogenéticas.

2.4. Teorías antropológicas.

3. El estudio del lenguaje desde el punto de vista instrumental: su funcionamiento.

   3.1. Principales precedentes históricos.

   3.2. Las funciones en Cassirer.

   3.3. Las funciones en Martinet.

   3.4. Las funciones en Bühler.

   3.5. Las funciones en Trubetzkoy.

   3.6. Las funciones en Jakobson.

4. El estudio del lenguaje desde el punto de vista diacrónico: panorama histórico.

   4.1. Las primeras preocupaciones sobre el lenguaje.

   4.2. Los estudios sobre el lenguaje en el mundo griego.

   4.3. Los estudios sobre el lenguaje en el mundo latino.

   4.4. La especulación medieval.

   4.5. Los estudios sobre el lenguaje en la Edad Moderna: las Gramáticas teóricas del Renacimiento.

   4.6. Los estudios sobre el lenguaje en la Edad Moderna: las Gramáticas racionalistas y empiristas de la Ilustración.

   4.7. Los estudios sobre el lenguaje en el siglo XIX: la Lingüística Histórico comparada.

   4.8. Los estudios sobre el lenguaje en el siglo XIX: la aportación de Humboldt.

4.9. Los estudios sobre el lenguaje en el siglo XIX: los Neogramáticos.

4.10. Los estudios sobre el lenguaje en el siglo XX: el Estructuralismo.

4.11. Los estudios sobre el lenguaje en el siglo XX: el Transformacionalismo.

5. La naturaleza social, simbólica y psicológica del lenguaje.

D. Desarrollo de los contenidos.

1. La complejidad del lenguaje.

Como hemos dicho con anterioridad, el lenguaje tiene una naturaleza muy compleja. Por ello muchos lingüistas han intentado precisar sus características. Quizá la clasificación más exhaustiva haya sido la que Hockett elaboró en 1968 y que denominó *rasgos de diseño*, para diferenciar el lenguaje natural humano del lenguaje animal y que estudiaremos en el capítulo 6.

Sin embargo esta teoría ha sido muy criticada y estudios posteriores han demostrado que los 16 *rasgos de diseño* propuestos por Hockett pueden agruparse en tres grandes parámetros que recogen perfectamente las características del lenguaje natural humano. Por ello, vamos en este capítulo a estudiar estas características de manera globalizante para hacerlo con más detenimiento en el mencionado capítulo 6. Posteriormente haremos un recorrido por los estudios que se han realizado sobre el lenguaje desde distintos puntos de vista. Comenzaremos con los estudios realizados desde el punto de vista *teórico especulativo*, centrados principalmente en el problema del origen del lenguaje; continuaremos con los estudios que se acercan al lenguaje desde el punto de vista *instrumental*, es decir, considerándolo como un instrumento que se utiliza para muchas finalidades o funciones; y finalizaremos con un acercamiento *diacrónico* a las distintas concepciones del lenguaje a lo largo de la historia. El capítulo concluirá con una reflexión sobre la naturaleza social, simbólica y psicológica del lenguaje y sus repercusiones metodológicas.

Así pues, vamos a comenzar señalando las características globales del lenguaje natural humano propuestas por Hockett.

1.1.　*Economía.*

Debido principalmente a las limitaciones físicas y psíquicas del ser humano (límite de nuestra memoria), sólo podemos emitir y diferenciar un número limitado de sonidos. Esta característica determina las siguientes propiedades del lenguaje natural humano:

- *Intercambiabilidad*: propiedad que permite que un miembro de una comunidad lingüística pueda ser indistintamente transmisor y receptor de mensajes, puesto que no hay reglas distintas para la emisión y la recepción.

- *Dualidad* (Hockett) o *doble articulación* (Martinet): propiedad que posibilita la estructuración de toda lengua en dos niveles; uno con unidades dotadas de significados (los monemas) que se descomponen en otras unidades sin significados (fonemas), que se combinan y dan lugar a todas las unidades lingüísticas.

- *Eficiencia*: propiedad que permite a los miembros de una comunidad lingüística utilizar las mismas expresiones para referirse a cosas distintas. Por ejemplo, la expresión *él la ve* puede referirse a distintas realidades extralingüísticas.

1.2.　*Creatividad.*

Esta característica consiste en la capacidad que tiene el ser humano de emitir y entender expresiones totalmente nuevas gracias a que su conocimiento lingüístico le posibilita la aplicación de patrones generales a casos particulares. Esta característica determina dos propiedades:

- *Composicionalidad*: propiedad que consiste en que expresiones complejas puedan estar determinadas por expresiones más simples que la compongan; por ejemplo, la coordinación de oraciones.

- *Recurrencia*: propiedad que posibilita la utilización de los mismos patrones de organización (opositiva) para los distintos niveles de la estructura foneticofonológica, morfosintáctica o lexicosemántica de la lengua. Mediante la marca funcional (o la ausencia de ésta) dos unidades lingüísticas adquieren su valor en una relación opositiva; así, por ejemplo, el gramema -o no está marcado para género (puesto que puede usarse tanto para el masculino como para el femenino) mientras el gramema -a sí lo está, ya que sólo puede usarse para el femenino.

1.3. Simbolismo.

Es la característica del lenguaje que le permite su remisión a una realidad distinta de sí mismo. Esta característica determina las siguientes propiedades

- *Especialización*: propiedad que posibilita el hecho de que las expresiones lingüísticas no tengan una repercusión directa con el acto físico que ellas suponen. Así, por ejemplo, si tengo sed, bebo y se me quita, pero si digo «tengo sed», la secuencia lineal de estos sonidos no me traen la bebida (aunque lo hace posible).

- *Semanticidad*: propiedad que permite a las expresiones lingüísticas unirse con la realidad extralingüística de una manera convencional, sin que exista ninguna motivación de la realidad sobre la lengua.

- *Desplazamiento*: propiedad que permite a los mensajes lingüísticos referirse a cosas remotas en el tiempo y en el espacio, sin necesidad de que estén presentes.

- *Prevaricación*: propiedad determinada por el simbolismo lingüístico que permite el hecho de que los mensajes transmitidos por el emisor puedan ser falsos.

- *Reflexividad*: finalmente, esta propiedad posibilita a las expresiones lingüísticas denotar esas mismas expresiones. Así, «perro» no denota a un mamífero de la familia de los cánidos sino a una lexía de dos sílabas.

2. El estudio del lenguaje desde el punto de vista teórico especulativo: el origen del lenguaje.

Debemos comenzar afirmando que el desarrollo tanto del lenguaje como de la sociedad van paralelos, hasta el punto de que cuando el primate inteligente se convirtió en hombre lo hizo porque adquirió la capacidad de comunicación a partir de la facultad del lenguaje. Por tanto, el nacimiento del lenguaje y el nacimiento del hombre son idénticos.

Han sido varias las teorías que han intentado desvelar el nacimiento del lenguaje. Veamos alguna de ellas.

2.1. *Teorías metafísicas y teológicas.*

Estas teorías explican que el lenguaje apareció debido sobre todo a la gracia de un ser divino (Dios para los cristianos, Sarasvati, para los hindúes, etc.), o a un espíritu supraindividual (Humboldt).

Para todas las religiones hay un ser divino que regala a los humanos la facultad del lenguaje. Por tanto, el hombre y el lenguaje han nacido al mismo tiempo, ya que son frutos de un ser superior. De esta forma, Humboldt ve una estrecha relación entre la mentalidad de cada pueblo y su lengua respectiva, puesto que la lengua es el «organón» que da forma al pensamiento.

A lo largo de la historia se realizaron experimentos para comprobar la hipótesis de que si algunos niños crecían sin entrar en contacto con ninguna lengua, usarían espontáneamente la lengua dada por Dios. Estos experimentos demostraron que estos niños crecían sin hablar. Además, si el lenguaje hubiese venido de una fuente divina habría sido imposible su reconstrucción debido a lo ocurrido en la ciudad llamada Babel, en la que Dios confundió el lenguaje de todo el mundo, según el *Génesis*.

2.2. *Teorías biológicas.*

Son aquellas que defienden que el lenguaje apareció unido a unos órganos que permitieron al hombre emitir una serie de sonidos articulados. Mediante su combinación, el ser humano podía expresar sus sentimientos y su visión del mundo; sería, por tanto, fruto del mecanismo fisiológico que permitió estas expresiones y que dio lugar al establecimiento de la función expresiva del lenguaje que estudiaremos en el apartado siguiente.

Estos órganos son: los *dientes* (que no están inclinados hacia delante como los de los monos y permiten la realización de sonidos dentales), los *labios* (cuya flexibilidad permite la realización de sonidos como *p* y *b*), la *lengua* (con la que se pueden formar una

El lenguaje natural humano como objeto de estudio e investigación

amplia gama de sonidos), la *faringe* (cavidad que se encuentra encima de las cuerdas vocales y que permite la resonancia de los sonidos producidos por la laringe), y el *cerebro*, que está lateralizado, es decir, con funciones especializadas en cada hemisferio (Capítulo 7).

2.3. *Teorías glosogenéticas.*

Se fundan en las bases biológicas que han permitido la formación y el desarrollo del lenguaje humano. Para ello, estudian y comparan los aspectos físicos de los seres humanos y los de sus ancestros, llegando a la conclusión de que los restos hallados del 35.000 a. C. suponen ya un espécimen parecido al hombre moderno, cuyas particularidades físicas pudieron permitir la capacidad de hablar.

2.4. *Teorías antropológicas.*

El lenguaje surgiría, según estas teorías, de la propia evolución del hombre, que pudo llegar a la capacidad de comunicación verbal, ampliando los gestos como sistema comunicativo (Wundt), por un sistema de imitación (Johannensen), o debido al propio contacto e interacción entre los mismos individuos de una colectividad (Révèsz).

- *La teoría de los gestos* sostiene que existe una conexión entre los gestos físicos y los sonidos producidos oralmente. Sostiene que en un principio habría un conjunto de gestos físicos como medios de comunicación, después aparecerían gestos orales hechos con la lengua y los labios y después surgiría el lenguaje oral.

- *La teoría de la imitación* sostiene que las palabras primitivas podrían haber sido imitaciones de los sonidos naturales que los hombres escuchaban a su alrededor

111

(sería en español lo que podría ocurrir con palabras como *guau, cucú, sisear*, etc.), o de los gritos de emociones o de realización de esfuerzos físicos.

- *La teoría de la interacción* sostiene que el hombre incorporó sonidos de la Naturaleza, gritos emocionales, etc. para interactuar con otros individuos social y emocionalmente y para transmitir nuestros conocimientos, habilidades e informaciones.

3. El estudio del lenguaje desde el punto de vista instrumental: su funcionamiento.

No debemos olvidar que el lenguaje presenta las características señaladas anteriormente para poder ser usado; en caso contrario no tendría ningún sentido. Por ello es conveniente repasar los estudios lingüísticos que se han realizado sobre este carácter instrumental del lenguaje.

Efectivamente, el lenguaje es un instrumento que se utiliza para muchas finalidades y éstas reciben el nombre de funciones del lenguaje. Veamos, pues, cuáles son las principales funciones del lenguaje según distintos autores.

3.1. Principales precedentes históricos.

- *Aristóteles* concebía el lenguaje como un instrumento para enunciar, mandar y expresar deseos.
- *Santo Tomás* establecía tres funciones en el lenguaje: indicativa, imperativa y optativa, otorgando prioridad a la primera.
- *Husserl* distinguía la función expresiva de la significativa, dando prioridad también a la significativa.

El lenguaje natural humano como objeto de estudio e investigación

Desde un punto de vista psicologista, *Wundt* delimita la función de la expresión, porque resalta la individualidad del lenguaje.

Croce, a partir del valor estético que puede tener la expresión sienta las bases para la función estética formulada por Jakobson.

Finalmente, a partir de *Sapir* y *Cuervo*, por poner unos casos, se reducen las funciones del lenguaje a sólo la representativa, pues las funciones apelativa y expresiva se consideran subordinadas a la anterior. Se está potenciando, por tanto, la función comunicativa.

3.2. Las funciones en Cassirer.

Mediante la comunicación se establece un nexo entre las imágenes mentales y el mundo extralingüístico (exterior o interior). En este proceso, el papel del lenguaje, además de servir para ponernos en contacto con el mundo, se actualiza en una conformación de nuestra imagen del mundo (que después podemos o no comunicar a otros).

De esta forma, el *animal político* aristotélico (que necesita la comunicación para mantener la comunidad) se convierte en *animal pensante* (que necesita la comunicación para expresar su imagen del mundo), gracias al poder (función interior) del lenguaje.

3.3. Las funciones en Martinet.

Además de la función comunicativa, Martinet defiende la importancia del lenguaje como soporte del pensamiento y como expresión del mismo. Además añade otra función, entremezclada con la de comunicación y de expresión, que sería la *estética*.

Con todo, Martinet no desdeña la función comunicativa, pues sostiene su importancia para que la lengua no se corrompa rápidamente y para que el mecanismo lingüístico se mantenga en buen estado de funcionamiento.

3.4. Las funciones en Bühler.

Bühler es un filósofo que, basado en la fenomenología de Husserl, concibe el lenguaje como un *«organón»* para comunicar uno a otro algo acerca de las cosas. Este *«organón»* se compone de los factores que representamos en el esquema siguiente; a saber:

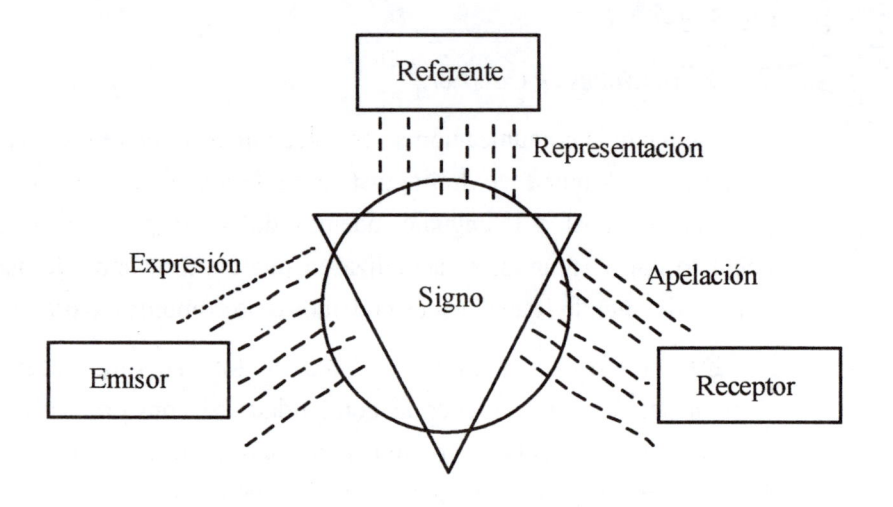

```
                    ┌───────────┐
                    │ Referente │
                    └───────────┘
                     │ │ │ │ │ │
                     │ │ │ │ │   Representación
                         Signo
    Expresión                          Apelación
   ┌─────────┐                        ┌──────────┐
   │ Emisor  │                        │ Receptor │
   └─────────┘                        └──────────┘
```

- El círculo, que simboliza el fenómeno acústico.
- Los lados del triángulo, que simbolizan la ligazón de las funciones del lenguaje a sus distintos campos de referencia.
- Los grupos de líneas, que simbolizan las funciones

semánticas del signo y le hacen ser, por tanto:

- Símbolo, en virtud de su ordenación de objetos.
- Síntoma, en virtud de su dependencia del emisor.
- Señal, en virtud de su apelación al receptor.

En el marco de esta propuesta Bühler distingue tres funciones del lenguaje:

- *Función apelativa*: la que actúa sobre el oyente para llamar su atención. Hay identificación del signo con la señal, por lo que importan los imperativos, demostrativos, etc. Es la función de la lengua animal y del lenguaje infantil.

- *Función expresiva*: es la del hablante que expresa sus sentimientos. Hay una identificación del signo con el síntoma, y existe en los animales.

- *Función representativa*: la que permite al hablante representar un hecho real. En este caso se produce una identificación del signo con el símbolo, y es la función propia del hombre frente a los animales.

3.5.   *Las funciones en Trubetzkoy.*

Trubetzkoy sigue las propuestas de Bühler aplicando las funciones del lenguaje a problemas exclusivamente lingüísticos, concretamente al terreno de la Fonología, con el objeto de analizar la función distintiva del lenguaje para diferenciar lo que es recurso de un sistema para la comunicación de lo que es un índice o síntoma de la comunicación (es decir, lo que es propio de los individuos que forman la comunidad hablante).

Por ello, establece tres funciones, similares a las de Bühler:

- *Función representativa* o *referencial*: aquélla mediante la cual el hablante manifiesta o trata de producir en el oyente una representación del objeto. En esta función la comunicación se centra en el contenido del mensaje.
- *Función expresiva*: la que sirve al hablante para manifestar una serie de peculiaridades propias del momento, su situación personal o sus sentimientos.
- *Función apelativa* o *conativa*: la que permite al hablante provocar en el oyente determinado sentimiento que se manifieste en su comportamiento posterior.

3.6. *Las funciones en Jakobson.*

Finalmente, Jakobson establece una de las grandes teorías vigentes, entendiendo las funciones del lenguaje unidas con el proceso de comunicación.

De esta forma, a cada uno de los factores del acto comunicativo le corresponde una función específica del lenguaje. Éstas son:

- *Función comunicativa:* es la función que abarca todo el proceso y que se identifica con la referencial, representativa, lógica, cognoscitiva o denotativa. Pone de relieve el mundo de los objetos y hechos externos. Actúa cuando utilizamos el lenguaje para formular aserciones, dar noticias, pedir información preguntando, etc.
- *Función expresiva:* es la relacionada con el hablante, que expresa su actitud ante el objeto. Se llama también emotiva o emocional porque su finalidad es manifestar estados de ánimo. Se realiza con las interjecciones cuando

hay intención comunicativa (si decimos un taco de manera espontánea y nos ruborizamos no habría intención comunicativa), y con las oraciones exclamativas en las que predomine la afectividad.

- *Función conativa:* es la que se produce cuando el hablante trata de actuar sobre el oyente. Se denomina también apelativa y mágica. Aparecen en aquellas oraciones cuyos verbos van en imperativo y con cualquier expresión que llame la atención del oyente. Puede dirigirse, por tanto,

  - a la *inteligencia* del oyente para organizar la acción en común (por ejemplo, las señales de tráfico);
  - o al *sentimiento* del oyente cuando se quiere su participación (en el caso de la música o de la propaganda).

- *Función fática* o *de contacto:* la que centrada en el canal sirve para indicar que la comunicación entre los interlocutores no se ha cortado. Se manifiesta mucho en las conversaciones telefónicas (*oiga, sí, vale,* etc.), repeticiones de muletillas, o hablar por hablar para evitar el silencio.

- *Función poética:* también llamada función estética, se produce cuando el mensaje llama la atención sobre el propio mensaje, ya sea por medio de aliteraciones, rimas, selección del léxico, contrastes, transformaciones del orden lógico, etc.

- *Función metalingüística:* se realiza esta función cuando empleamos el lenguaje para hablar del propio lenguaje, cuando además de ser instrumento de comunicación se convierte en objeto de esa comunicación. Esta función se realiza, por ejemplo, en las definiciones de las palabras o en las clases de Lingüística.

4. El estudio del lenguaje desde el punto de vista diacrónico: panorama histórico.

Como dijimos en el capítulo anterior, el lenguaje ha interesado al hombre desde la Antigüedad y ya antes que las reflexiones sobre la Química o la Biología, por poner unos casos, las preocupaciones sobre el lenguaje estaban presentes en su mentalidad.

Por ello vamos a hacer en este apartado una presentación general de cómo han sido las reflexiones en torno al lenguaje a lo largo de la historia, dejando para el apartado posterior el esbozo de las características que en la actualidad han interesado más a los lingüistas y que son la que vamos a desarrollar con más detalle en los capítulos posteriores.

Conviene precisar que nuestra intención en este apartado no es hacer una historia de la Lingüística sino presentar una perspectiva histórica de cómo han sido las reflexiones sobre el lenguaje a lo largo de la historia.

4.1. Las primeras preocupaciones sobre el lenguaje.

Las primeras preocupaciones sobre el lenguaje aparecen ya en la prehistoria de la Lingüística, que coincide con la historia de los pueblos. Por ello, son los documentos históricos los que nos permiten apreciar estas preocupaciones.

Las preocupaciones lingüísticas en los pueblos primitivos son de doble naturaleza:

– *Práctica*: porque es necesario el comercio y las relaciones diplomáticas.

- *Filológica*: por ejemplo, el estudio de los cambios y evolución en la lengua egipcia realizados por los encargados de los archivos de la administración.

En los antiguos habitantes de la India encontramos el primer intento serio por sistematizar una lengua. Y fruto de ello es la primera gramática descriptiva formalizada.

En este caso, las reflexiones lingüísticas se produjeron por la necesidad de conservar intactos los himnos sagrados. Son textos cuya eficacia consiste en que se realice igual tanto el aspecto morfosintáctico, léxico, etc. (se ha de rezar tal y como estaba al principio para que tenga efecto religioso; de ahí que los textos del 2000 al 1500 a. C. fueran orales). Se sometieron a estudio para que no pudieran cambiar. Después se estudiará la lengua hablada: el sánscrito.

La única gramática escrita es la de *Panini* (IV a. C.), que nos transmite una posible tradición oral de los estudios lingüísticos. Es un análisis descriptivo relacionado con los cambios de la evolución de la lengua y contiene 4000 reglas para ser transmitidas oralmente, escritas en verso para poder memorizarse.

Sus características principales son:

- Conocimiento de la segunda articulación.
- Distingue los componentes fonéticos de cada realización: las vocales, que se realizan dentro de la boca, y las consonantes, que lo hacen fuera.
- Han pasado del signo escrito al oral, haciendo, por tanto, Lingüística.
- Han llegado a la abstracción lingüística de que la lengua es forma.

4.2. *Los estudios sobre el lenguaje en el mundo griego.*

Las gramáticas griegas son las primeras occidentales y demuestran que las preocupaciones lingüísticas son aquí paralelas a cualquier otra preocupación del conocimiento humano.

Y lo importante es que el historiador de la Lingüística ya no discurrirá a partir de deducciones intuitivas, puesto que se dispone ya de textos documentados que tratan sobre el lenguaje de manera directa.

Realizaron un estudio exhaustivo del griego, sobre todo *estético* (forma de escribir y reglas para escribir correctamente) y *filosófico*, basado en el estudio del origen del lenguaje y de la etimología.

- Los estudios sobre el *origen del lenguaje* se basan en dos concepciones diferentes:

    • La teoría *Phisey*, defendida por Platón, que sostiene que las palabras designan las cosas según su naturaleza (no habría, por tanto, arbitrariedad). Será continuada por Heráclito y los estoicos hasta dar lugar a la escuela *anomalista*. Éstos piensan que no hay regularidad dentro del lenguaje (normal sería todo lo irregular), puesto es producto de la Naturaleza y ésta no se somete a ninguna regla. El nombre es, como la pintura, una imitación del objeto.

    • La teoría *Thesey*, defendida por Aristóteles, que sostiene que las palabras designan las cosas por convención. Continuada, en este caso, por Demócrito y los escépticos, dará lugar a la escuela *analogista*, que defiende la idea de que el lenguaje se debe a unas reglas estrictas, por lo que no hay irregularidad y los nombres se dan a las cosas por pacto social.

Esta doble y opuesta concepción ha proporcionado los valores polares que han permanecido durante siglos: el Realismo y el Idealismo.

— Los estudios *etimológicos* fueron realizados tanto por los anomalistas como por los analogistas para afirmar su postura, para ver si el origen de la palabra se debe a la naturaleza o no. Sin embargo, no consideraron el cambio lingüístico (evolución de una lengua) por lo que no pudieron explicar el origen de una palabra.

Su método se basaba en tres procedimientos:

- En la descomposición de una palabra en otra. Así, *anthropos* vendría del griego *anathon ha opopen* (el que mira hacia lo que ha visto).

- En la búsqueda de semejanzas externas entre las palabras. *Theoi* (dios) y *Theota* (girar).

- En el simbolismo de los sonidos. Así, por ejemplo, la «r» significaba 'vibración, movimiento'. *Rein*: fluir; y la «l» significaba 'blando, liso'. *Leios*: liso.

En general, la etimología griega es errónea, pero continúa en el período latino y en la Edad Media con San Isidoro de Sevilla, que escribe sus *Etimologías* con la concepción griega.

La reflexión cumbre del mundo griego se plasmó en la *Techné Grammatiké* de Dionisio de Tracia (siglo II a. C.), primera gramática que aparece en el mundo mediterráneo, concebida como el conocimiento práctico de los usos generales de los poetas y escritores de prosa.

Se compone de lecturas, explicaciones de expresiones literarias, etimologías y estudios lingüísticos:

- *Fonético-prosódicos*: en los que se estudia los valores fonéticos de las letras (elementos primarios e indivisibles del lenguaje), la distinción de la cantidad en vocales y sílabas, la separación de los elementos aspirados de los no aspirados, y el establecimiento de las marcas gráficas del griego clásico.

- *Gramaticales*: sobre todo centrados en la descripción de la oración, la palabra, las partes de la oración y las categorías gramaticales.

4.3. Los estudios sobre el lenguaje en el mundo latino.

En general, los gramáticos latinos se caracterizaron por aplicar al latín el pensamiento griego, las controversias griegas y las categorías del lenguaje de los griegos. Las aportaciones de este período a los estudios lingüísticos fueron, sobre todo, en el ámbito de las gramáticas; veamos, pues, a los gramáticos latinos más importantes.

- *Marco Terencio Varrón* (116-27 a. C.) es el más original e independiente de los gramáticos romanos. Influenciado por los estoicos y los alejandrinos considera la gramática como el conocimiento sistemático del uso de la mayoría de los poetas, historiadores y oradores; y la divide en tres partes: etimología, morfología y sintaxis.

Sobre el origen del lenguaje, considera que éste se desarrolló a partir de un número limitado de palabras impuestas a la realidad. Por cambio en las letras de estas palabras se originarían las demás.

Consideró además, la etimología histórica *(declinatio naturalis)* y la formación sincrónica por derivación y flexión *(declinatio voluntaris)*.

En cuanto a la dialéctica entre anomalía y analogía, piensa que hay que adoptar los dos puntos de vista para la formación de las palabras y para los significados ligados a ella.

– *Donato* (siglo IV) es autor del tratado *De partibus orationis* en forma de preguntas y respuestas que se convirtió en el manual de gramática común en la Edad Media.

– Finalmente, *Prisciano* (siglo V) compuso la obra *Institutionis Grammaticae*. Está dividida en cuatro partes: Ortografía, Sintaxis, Prosodia y Etimología. Fue imitada durante siglos con pequeñas modificaciones y pasó al latín todo el sistema gramatical del griego según la gramática de Dionisio de Tracia.

Los romanos, al ser un pueblo mucho más pragmático que los griegos, vieron en los estudios gramaticales una importante ayuda para resolver problemas administrativos.

4.4. *La especulación medieval.*

La Edad Media es un período muy interesante y tiene dos juicios contrarios: para el Renacimiento será un período negativo y para el Romanticismo positivo. Se divide en dos partes: Alta Edad Media (hasta el siglo XII) y Baja Edad Media (del siglo XII al XV).

Durante la Edad Media las investigaciones lingüísticas fueron realizadas por gramáticos que sustentaban sus reflexiones en una visión filosófica del mundo y, consecuentemente, del lenguaje. En el fondo se trataba más que de gramáticos, de filósofos que aplicaban sus conocimientos filosóficos a los estudios lingüísticos, identificando las categorías lógicas con las lingüísticas; de ahí que el substantivo portase substancia, el adjetivo cualidad o el verbo movimiento, por poner unos casos, cuando en realidad el valor funcional de las formas lingüísticas se precisa gracias a las relaciones sintagmáticas y paradigmáticas.

En este sentido, se sigue reflexionando sobre el lenguaje, ahora desde un punto de vista lógico, sirviendo la lengua para las especulaciones filosóficas. La discusión se centra en la oposición entre la teoría *Phisey* platónica (continuada por San Agustín y Duns Scoto) y la *Thesey* aristotélica (continuada por Santo Tomás y Guillermo de Ockam, entre otros).

La Lingüística se va a desarrollar en tres grandes aspectos:

El estudio del *latín*. El latín era la lengua de la cultura, el estudio y la Iglesia. Por ello, se elaboran manuales que siguen a los autores romanos Donato y Prisciano.

Entre los principales estudios encargados del análisis del latín destacan los siguientes:

- Gramática de Alcuino de York (siglo VII y VIII).
- *Etimologías* de San Isidoro (siglo VII).
- *Primer Tratado Gramatical* de un autor irlandés desconocido del siglo XII.
- *Doctrinale* de Alejandro de Villedieu (escrito en verso en el año 1200). Perduró hasta 1588

(última edición de esta obra).

- La reflexión lingüística desde el ámbito *filosófico*, lo que dará lugar a las Gramáticas Especulativas (*Tractatus de modis significandi*). Se trata de aplicar la lógica aristotélica a la gramática, puesto que ambas tienen un objeto común: la oración significativa. Sin embargo, al gramático le interesa la oración concluida y al lógico la oración verdadera.

    En este sentido, piensan que la Lógica está subordinada a la Gramática y que ésta es anterior a toda lengua particular.

    Así, para Siger de Courtrai la Gramática es «la ciencia del lenguaje y su ámbito de estudio es la oración y modificadores, teniendo por fin la expresión de los conceptos de la mente en oraciones bien formadas».

    Entre los principales modalistas destacan Petrus Heliae, Rogert Bacon, Thomas de Erfurt y Siger de Courtrai.

- Y, finalmente, el *estudio de las lenguas vulgares*. En este campo destacan los estudios de Bacon sobre la gramática hebrea, San Cirilo, arzobispo eslavo que estudia el eslavo eclesiástico y después la lengua eslava estándar o Dante con su *De vulgari elocuentia*.

Estas tres líneas de investigación se van a caracterizar por una serie de rasgos comunes:

- La elaboración de una *Gramática Normativa y Didáctica*.
- La interrogación *filosófica* sobre los hechos lingüísticos (véase el esquema adjunto).

Organización gráfica de un proceso de investigación

(SIGNIFICANTE)

- **VOX** (formación fonética)
- *Ratio significandi*
- **DICTIO** (lexema) — (SIGNIFICADO)
- **REX** (Cosa)

Significatio: relación signo –significado. (Función comunicativa)

Supositio:
- material: representa a sí mismo. (función metalingüística).
- formal representa la cosa. (función referencial).

Modi essendi → *Modi intelligendi* → *Modi significandi*

- *Essentialis*: categoría definitoria.
- *Accidentalis*: tiempo y caso.
- *Respectivi*: implican otras relaciones sintácticas.
- *Absoluti*: No lo implican.
  - Forma: simple o compuesta.
  - Especie: primaria o derivada.

(Según Aristóteles: categorías que definen cualquier realidad).
- Sustancia
- Cualidad
- Cantidad
- Relación
- Lugar
- Tiempo
- Situación
- Posesión
- Acción
- Pasión

PARTES DE LA ORACIÓN

- Nombre: *Substantia cum qualitate*.
- Verbo: *Actio vel passio*.
- Participio: *Agens vel patiens*.
- Pronombre: *Substantia sine qualitate*.
- Adverbio: *Qualitas actionis*.
- Preposición: *Circunstantia rerum*.
- Conjunción: *Coniunctio vel disiuntio*.

(Petrus Heliae).

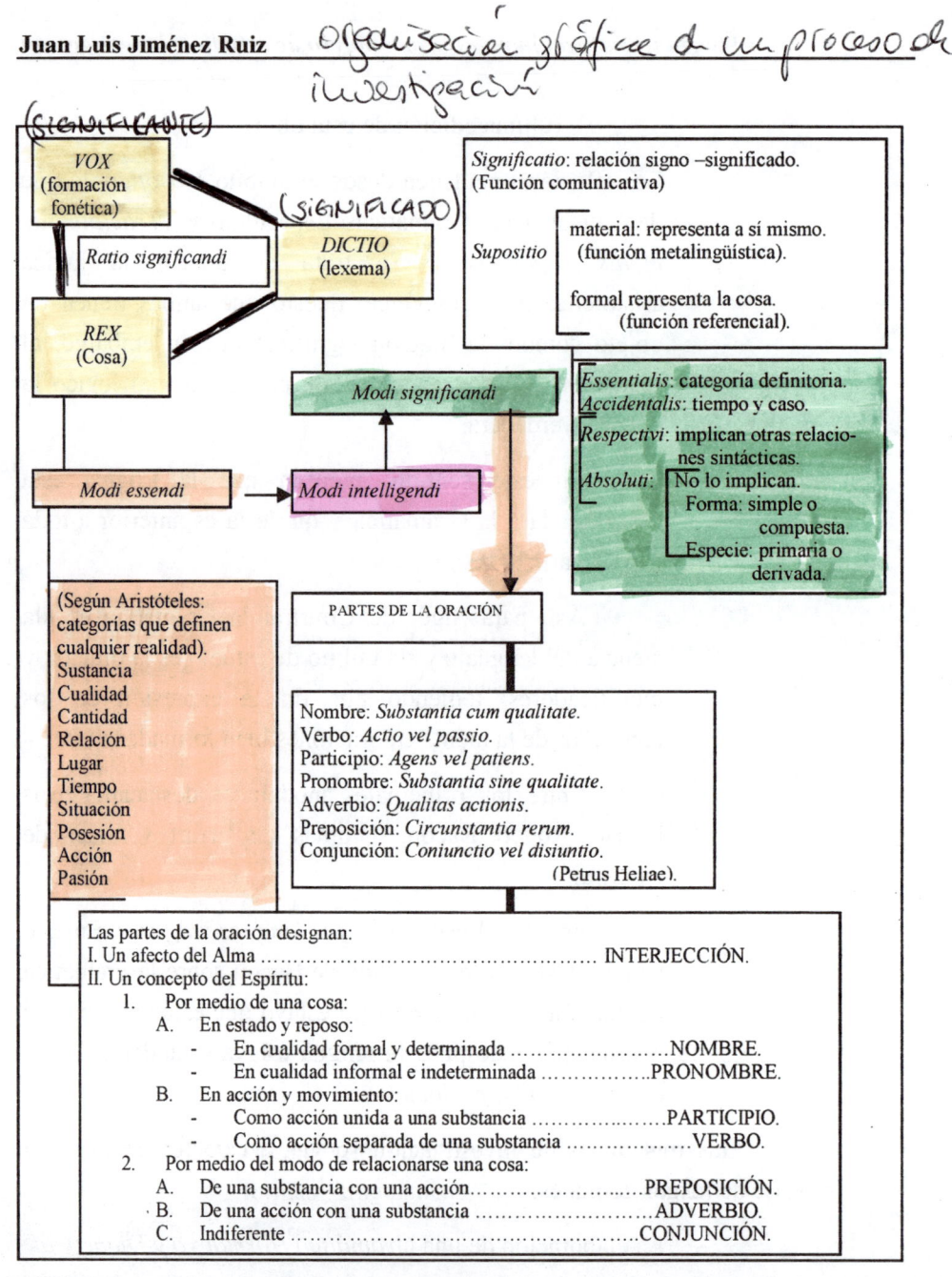

Las partes de la oración designan:
I. Un afecto del Alma .... INTERJECCIÓN.
II. Un concepto del Espíritu:
   1. Por medio de una cosa:
      A. En estado y reposo:
         - En cualidad formal y determinada .... NOMBRE.
         - En cualidad informal e indeterminada .... PRONOMBRE.
      B. En acción y movimiento:
         - Como acción unida a una substancia .... PARTICIPIO.
         - Como acción separada de una substancia .... VERBO.
   2. Por medio del modo de relacionarse una cosa:
      A. De una substancia con una acción......................... PREPOSICIÓN.
      B. De una acción con una substancia .... ADVERBIO.
      C. Indiferente .... CONJUNCIÓN.

— El dominio del criterio de *autoridad y la fe* en todo el quehacer intelectual.

4.5. Los estudios sobre el lenguaje en la Edad Moderna: las Gramáticas teóricas del Renacimiento.

La Edad Moderna va desde la caída de Constantinopla (1453) hasta la caída del Antiguo Régimen (1789). Se inicia con el Humanismo (movimiento cultural, científico, filológico que desarrolla el Renacimiento) y presenta dos fechas y fenómenos históricos que influirán en el desarrollo de la Lingüística: 1453, en el que se produce el hundimiento del Imperio Bizantino; y 1492, en el que se descubre América. Nace, por tanto, la era de los descubrimientos.

Estos acontencimientos influyen en lo siguiente:

- En la nueva consideración de las lenguas antiguas (del latín, griego y más tarde del hebreo). Destaca Erasmo de Rotherdam que domina los tres. Su *Elogio de la locura* lo escribe en latín.

- En la ampliación de la consideración de las lenguas vulgares europeas estudiadas hasta el siglo XVI. Se estudiará ahora el español (*Gramática castellana* de Nebrija, de 1492; *Diálogo de la Lengua*, de Juan de Valdés (1535), *Instituciones de la Gramática española*, de Ximénez Patón, *Minerva*, de El Brocense), el italiano (Lorenzo el Magnífico) y otras lenguas como el inglés, polaco, eslavo, portugués, etc. Durante los siglos XVII y XVIII se estudiarán las lenguas extranjeras por la evangelización. En este sentido, juega un papel muy importante el trabajo de los jesuitas para el estudio de lenguas como el chino, japonés, tailandés, etc.

Entre las principales novedades lingüísticas de este período podemos destacar las siguientes:

- Surge el concepto de evolución diacrónica de las lenguas y el parentesco entre las mismas.

- La importancia de la fonética porque se quiere conocer bien el latín.

- Al estudiarse las lenguas cultas y populares surge la cuestión de su parentesco. Se consideran causas de la evolución lingüística los factores de contacto entre lenguas y la evolución interna de las mimas.

En resumidas cuentas, la Edad Moderna se va a caracterizar por la búsqueda de una Gramática general. Debido principalmente al carácter universal de las categorías lógicas y a la identificación de las mismas con las categorías lingüísticas, se posibilitó la creencia también de un universalismo en el terreno lingüístico y, consecuentemente, la búsqueda de una Gramática general (universal), válida para todas las lenguas. Fruto de ello fue, por ejemplo, la creencia de que el español tenía declinaciones.

4.6. *Los estudios sobre el lenguaje en la Edad Moderna: las Gramáticas racionalistas y empiristas de la Ilustración.*

Las corrientes lingüísticas serán las mismas que las del Renacimiento, orientadas principalmente al análisis y descripción de las lenguas semíticas y americanas y al estudio genealógico de las lenguas.

Se darán dos posturas filosóficas que influirán en el estudio del lenguaje: el Empirismo, vinculado en Lingüística a las gramáticas descriptivas y didácticas (dará el Estructuralismo europeo y americano); y el Racionalismo, vinculado en este caso a las gramáticas espaculativas y lógicas, que dará la Lingüística transformacional americana (como veremos más adelante en este mismo capítulo).

Veamos estas dos posturas filosóficas que han tenido importantes repercusiones tanto en Europa como en EE.UU.

— El *Empirismo* es una manera de entender el conocimiento que sostiene que éste procede de las impresiones de los sentidos y de las operaciones que la mente realiza; por ello es fundamental la fase de experimentación. Autores importantes son F. Bacon, Wallis, Wilkins, Locke, Berkeley, Hume. Sobre Lingüística escriben los cuatro primeros, intentando establecer las relaciones entre el lenguaje y el conocimiento: ¿qué es antes el lenguaje o el pensamiento?, ¿es el pensamiento producto del lenguaje?

F. Bacon en 1623 escribe su *Sobre la dignidad y el proceso de la ciencia*, en el que diferencia tres tipos de estudios del lenguaje:

- *Gramática literaria* o *descriptiva*, que estudia las palabras y sus mutuas analogías.

- *Gramática filosófica* o *especulativa*, que estudia la analogía entre las palabras y las cosas.

- *Gramática comparada*, que estudia todas las lenguas con la idea utópica de llegar a la lengua perfecta. Esta idea continuará en el siglo XVIII.

John Wallis estudia la fonética inglesa en su obra *Tratado gramático físico sobre la formación de sonidos*, aplicando los presupuestos empiristas.

Wilkins es un Obispo de la Iglesia anglicana que busca una lengua universal sin éxito en su obra *Ensayo hacia un alfabeto universal y lenguaje filosófico*, de 1668.

Finalmente, otra línea de investigación es la sostenida por Locke, quien realiza una semántica filosófica en su obra *Ensayo sobre el conocimiento humano*, reflexionando sobre los viejos problemas del lenguaje:

- *División entre palabra y cosa*. Adopta la postura nominalista (las palabras sólo son nombres de las cosas).
- *Lenguaje y pensamiento* son realidades independientes.
- El *conocimiento* nos llega a través del lenguaje.

- El *Racionalismo* es otra manera de entender el conocimiento que sostiene que la verdad de éste está en la razón, basándose en conceptos inherentes al hombre en su naturaleza: ideas innatas. Aparece formulada con Descartes y su *Discurso del método*.

La Gramática racionalista será descendiente del Idealismo platónico desarrollado en la Edad Media. Se utilizará el método deductivo basado en principios indemostrables que se basan en su racionalidad. De aquí partirá la reflexión teórica.

Las gramáticas de este período fueron escritas en la escuela de Port Royal. Autores importantes fueron Arnauld y Lancelot, quienes escribieron su *Gramática general y razonada* en 1660:

- Es una gramática de validez universal, que parte de la idea de que la lengua, al basarse en el pensamiento, tiene las modalidades del pensamiento.

- En la pimera parte describen los sonidos diferenciándolos de las letras.

- En la segunda se dedican al estudio de los principios gramaticales. Respetan el modelo morfológico del latín, hablando de flexiones de caso para las lenguas romance.

- Dividen las partes de la oración según los objetos del pensamiento que designen (nombre, artículo, pronombre, participio, preposición y adverbio) o el modo o la forma del pensamiento (verbo, conjunción e interjección).

- Instauran la noción de «oración principal» y organizan el análisis lógico de la oración.

- La novedad está en que hasta ahora la gramática estaba al servicio de la lógica. Ahora será al revés.

4.7. Los estudios sobre el lenguaje en el siglo XIX: la Lingüística Histórico comparada.

Desde el siglo XVIII, aunque se afianza en el XIX, la preocupación por el origen del pensamiento y de las religiones se traslada también al ámbito lingüístico, y se traduce por la interrogación sobre el problema del origen de las lenguas. Se empieza a pensar y a demostrar que las lenguas provienen de un tronco común, por lo que se elabora la teoría del origen común de ciertos grupos de lenguas con la pretensión de organizar el árbol genealógico de las mismas.

Todos estos estudios posibilitarán la supresión del latín como lengua hablada en el último reducto en el que quedaba: la Universidad, posibilitando que el mundo antiguo dejase de ser modelo y se convirtiese en materia de trabajo.

Veámoslos de manera global.

- Tras una primera etapa de acumulación de materiales (en la que destaca el *Mitríades* de Adelung, 4 volúmenes en los que se recogen documentos de 500 lenguas ejemplificados), se produce ya durante el siglo XIX la ordenación de documentos y, consecuentemente, su comparación. De esta forma nace la *Gramática comparada* propiamente dicha, con autores como los hermanos Schelegel, Rask o Bopp, con el fin de reconstruir las lenguas primitivas.

Los hermanos Schlegel, —Federico (1772-1829) y Augusto (1777-1845)— tras la comparación entre distintas lenguas, llegan a clasificarlas en

- *Isonantes*: las que no tienen una estructura gramatical y no es posible la segmentación en el interior de la palabra.

- *Aglutinantes*: las que presetan diferencias entre lexemas y gramemas, aunque estos últimos desarrollan una sola función, como el turco.

- *Flexivas*: las que los gramemas pueden desarrollar varias funciones, como el griego, latín, eslavo y lenguas románicas. Estas funciones las pueden expresar de manera sintética (mediante un gramema y un lexema) o de manera analítica (en este caso mediante gramemas independientes).

Rask (1791-1867) intenta hacer una Lingüística pura y a su muerte, a los 45 años, nos deja 150 manuscritos sobre descripciones o gramáticas de los antiguos: inglés, español, italiano, lituano, etc.

Bopp (1791-1867) elabora un trabajo sobre el sistema de conjugación del sanscrito en comparación con el griego, latín, persa y germánico. Piensa que todas las lengua están emparentadas y derivan del Indoeuropeo. Tenía la convicción de que las lenguas documentadas representan formas de organismos evolucionados y el método comparativo es el camino para la reconstrucción del estado primitivo del lenguaje.

— La *Gramática histórica* estudia la evolución y los cambios dentro de una lengua o familia de lenguas a través del tiempo. Defendida por J. Grimm y A. Schleicher, y muy unida a la Gramática comparada, se caracteriza por el uso de la terminología propia de las Ciencias Naturales, la Biología y la Botánica y por la aplicación de la noción de oposición binaria frente a la dialéctica antigua en la que el principio de contradicción es la ley absoluta. Desde la reflexión historicista, los dialectos se conciben como el resultado de la transformación de las lenguas primitivas.

Grimm (1785-1869) establece las leyes de la evolución fonética aplicadas al dominio de las lenguas germánicas, por lo que se estudian las etimologías no basándose en las semejanzas sino en las evoluciones fonéticas. Se fundan las escuelas de Gramática histórico comparadas, basadas en los siguientes puntos:

- El perfeccionamiento del método de

investigación lingüístico y su aplicación a las lenguas del indoeuropeo.

- Determinación de las lenguas que interesan investigar: el *sánscrito* y las *lenguas europeas muertas*.

- *Separación entre Filología y Lingüística.*

- Las lenguas no son un medio para conocer la cultura sino que son *objeto de estudio* de las Gramáticas.

En una segunda generación de lingüistas histórico comparados destaca Schleicher (1821-1867), quien trata de reconstruir el Indoeuropeo a partir del sánscrito, griego, latín y gótico. Las ideas principales de su teoría lingüística son las siguientes:

- *Separa* la Gramática de las Ciencias Humanas, puesto que se mueve en el dominio de la necesidad (como la Física, por ejemplo) y no en el dominio de la libertad.

- Distingue *dos perídos* en las lenguas: uno prehistórico, que va desde el estado primitivo de las lenguas hasta la adquisición de una flexión pura; y otro perído histórico, de decadencia, que va desde que la lengua deja de ser flexiva hasta que muere.

- Establece la *teoría de las ondas*, según la cual las lenguas evolucionan en forma de ondas y el contacto entre las ondas produce el nacimiento de nuevas lenguas.

4.8. *Los estudios sobre el lenguaje en el siglo XIX: la aportación de Humboldt.*

Aunque vamos a estudiar sus reflexiones en el capítulo siguiente del libro, debemos mencionar aquí que Humboldt (1767-1835) fue un gran precursor de la reflexión lingüística posterior. Sin embargo, aunque propuso problemas sugerentes en torno al lenguaje, no dio ninguna solución ni estableció una teoría organizada.

Sus ideas principales fueron las siguientes:

- Preocupación por la descripción de la estructura de las lenguas para clasificarlas tipológicamente.
- Piensa que el hombre y el lenguaje han aparecido al mismo tiempo.
- Ve una estrecha relación entre la mentalidad de los pueblos y las lenguas que utilizan. De aquí surgen dos principios:
  - *Lenguaje como actividad*, como creación del que habla. Así es: *subjetivo*, puesto que no es algo dado por el mundo exterior; es un modo peculiar de representar en nosotros ese mundo; y *objetivo*, puesto que es obra de una nación a lo largo de su historia y, por consiguiente, extraño al individuo.
  - *Lenguaje como organismo*: el lenguaje no es sólo un medio para expresar la Verdad sino un camino para conocer aquello que no conocemos.

4.9. *Los estudios sobre el lenguaje en el siglo XIX: los Neogramáticos.*

En el último tercio del siglo XIX el método de la Gramática

histórica experimentará un giro importante, transformándose la Lingüística en una ciencia histórica positivista, que fue denominada por los italianos Neogramática.

Los iniciadores del movimiento fueron Brugmann (1849-1919) y Osthoff (1847-1909), quienes sentaron las bases principales del grupo:

- Fe ciega en las leyes fonéticas para explicar los cambios lingüísticos.
- Concepción mecanicista de la evolución del lenguaje.
- La Lingüística es una ciencia histórica.
- Consideración el individuo hablante como elemento fundamental del estudio lingüístico.
- Recurso consciente y sistemático a la psicología, pues consideran la psicología del hablante como un factor más en las causas del cambio fonético.

El último neogramático fue Saussure, cuya visión particular, alejada del estudio exclusivamente histórico de la lengua en favor del análisis sincrónico, posibilitará el nacimiento del Estructuralismo posterior.

4.10. Los estudios sobre el lenguaje en el siglo XX: el Estructuralismo.

La conclusión que debemos sacar es que el lenguaje ha interesado desde siempre a la humanidad y que se produjeron estudios llamados filosóficos, gramaticales, filológicos o lingüísticos sobre el tema del lenguaje. En este sentido, es muy valiosa la aportación saussuriana, puesto que fue la que posibilitó la explicación del lenguaje desde el punto de vista del propio lenguaje, como un sistema de relaciones.

También es importante señalar que, aunque en algunos casos el estudio de las lenguas fuese el medio para conocer la cultura, o la investigación lingüística se produjese por motivos lógicos y no estrictamente lingüísticos, nociones de la Lingüística actual ya estaban presentes en estas reflexiones.

No vamos ahora a presentar todas las escuelas y corrientes de la Lingüística en el siglo XX; no olvidemos que no es nuestra intención hacer una historia de la Lingüística sino presentar una perspectiva histórica de los estudios sobre el lenguaje. Por ello vamos a centrarnos en los dos grandes paradigmas que la Lingüística ha desarrollado en este siglo y que desarrollan linealmente muchas de las ideas expresadas con anterioridad: el paradigma estructuralista y el transformatorio. Vamos a comenzar con el estructuralista.

Es clásico entre los historiadores de la Lingüística distinguir, dentro del Paradigma estructural, dos ramas hasta cierto punto independientes en su origen y en su desarrollo y que han dado lugar a Propuestas Teóricas también diferentes: nos referimos, obviamente, al *Estructuralismo europeo* o postsaussuriano y al *Estructuralismo estadounidense*, también llamado postbloomfieldiano. Veamos ahora estos dos grandes grupos, siguiendo las explicaciones de G. Mounin.

El *Estructuralismo europeo* va a surgir por un lado del agotamiento del método histórico abocado a un positivismo estéril, carente de un marco teórico al que reconducir sus resultados. Por otro lado, sus raíces hay que buscarlas también en las ideas de dos destacados precursores de la Lingüística moderna. Nos referimos a Whitney (1827–1894) y a Badouin de Courtenay (1845–1929).

Sus ideas ponen de relieve ya una cierta concepción estructural de la lengua. En el caso de *Whitney*, la imagen del lenguaje no como un hecho natural, como una propiedad biológica del hombre, sino como un hecho social, como un conjunto de signos articulados y arbitrarios que posibilitan la comunicación. En este sentido, el lenguaje (como cuerpo orgánico) se considera como un conjunto de partes unidas y, consecuentemente, la lengua como un gran sistema de estructura sumamente complicada.

Aunque, todo hay que decirlo, no se llegue a la claridad expositiva de Saussure en torno a la noción de sistema (puesto que permanece atrapado entre la actitud historicista y la descriptivista que preconiza, y distingue mal la relación metodológica entre sincronía y diacronía dando prioridad al estudio histórico), sus planteamientos sí sirven para esbozar lo que será una nueva concepción de la lengua.

Lo mismo ocurre con *Courtenay*, quien, aunque concibe la lengua como un hecho psíquico cuya evolución está condicionada por factores psicológicos y sigue otorgando preferencia al aspecto individual del lenguaje, insiste en la necesidad y legitimidad de la Lingüística estática (sincrónica, diríamos nosotros), estando muy cerca de la visión exclusivamente lingüística de la lengua propuesta por Saussure.

Veamos otros autores importantes del Estructuralismo europeo:

- *Saussure*, educado en la Gramática comparada e histórica, aunque provoca una revolución en el campo lingüístico porque, tras romper con el historicismo y con las consideraciones extralingüísticas, concibe la Lingüística como disciplina autónoma, no debe ser considerado como el punto de partida sino de llegada pues, tal y como sostiene Coseriu, recoge tesis y planteamientos anteriores.

  Sin embargo, como afirma Bierwisch, el método histórico dejaba pendiente una cuestión capital que obtuvo una serie de respuestas aisladas y la importancia de Saussure estriba en la definitiva formulación orgánica de estas respuestas a pregunta sobre lo que constituye una lengua en su totalidad. Con ello se introducía en el centro de interés práctico y teórico una cuestión hasta entonces considerada trivial: ¿Cómo está construida una lengua particular y cómo hay que describirla?

Esta interrogante trajo como consecuencia inmediata incluso antes de tener respuesta, la omisión de toda conexión posible con el reino de lo psicológico, biológico e histórico por parte del lenguaje. De este modo, la pregunta consiguió una independencia absoluta, un aislamiento y una concentración de los estudios del lenguaje sobre el propio lenguaje.

Por ello, la lengua era algo más completo que una simple producción de frases y la respuesta a la pregunta, la primera concepción moderna de la lengua como una estructura, como algo independiente de los fenómenos fácticos, de las locuciones empíricas que fortuitamente los hablantes hacen en el discurso. De ahí el vuelco que supone el Estructuralismo al pasar de lo individual al estudio de la *Lengua como un sistema* constituido por una serie de diferencias de sonidos combinadas con una serie de diferencias de ideas, que engendran un sistema de valores.

Y el mérito de Saussure consiste, principalmente, en delimitar el objeto de la Lingüística situándose en el plano de la lengua como principio de orden a partir del cual abordar, de manera pertinente, los hechos lingüísticos; y en establecer una serie de postulados generales que marcarán el rumbo de la Lingüística europea, sobre todo el que llegará a ser el principio fundamental de la Lingüística moderna: el carácter sistemático de la lengua (recuérdese lo expuesto en el capítulo anterior).

Las distinciones que Saussure construye a partir de esta noción de lengua, asimiladas y reelaboradas críticamente por las escuelas surgidas con posterioridad constituyen la axiomática peculiar del Estructuralismo europeo. Nociones como *lengua* y *habla*, *forma* y *substancia*, *sincronía* y *diacronía*, la naturaleza *bipolar* del signo lingüístico, etc., con independencia del tratamiento concreto que se les otorga en las distintas escuelas, constituyen el substrato común del Estructuralismo europeo.

- A partir de las propuestas saussurianas y tras la labor de *Bally* (quien destaca por su doctrina del lenguaje afectivo en relación con el habla, por su dedicación a la estilística concebida como investigación y por su doctrina de los medios lingüísticos considerados en su función emocional) y *Sechehaye* (interesado por el aspecto lógico del lenguaje), ambos discípulos directos de Saussure y miembros de la escuela de Ginebra, podemos identificar una serie de direcciones en el Estructuralismo europeo, que sistematiza claramente Arens.

- La primera de ellas, de marcado carácter realista y llamada a tener una vasta repercusión en la Lingüística posterior será la *Escuela de Praga*, que, como se desprende de las tesis y de los posteriores trabajos de este grupo, combinan la noción de sistema con el carácter de finalidad inherente a todo producto de la actividad humana.

Con todo, la hipótesis central de Saussure según la cual la lengua es un sistema de signos interdependientes, alcanzó su más brillante verificación en el Círculo Lingüístico de Praga, fundado en 1926, y, concretamente, en el Primer Congreso Internacional de Lingüística de la Haya, celebrado dos años después.

Aunque sus miembros se aplicaron al estudio de todos los planos del lenguaje, alcanzaron sus conclusiones más fecundas en el plano fónico. El resultado fue la creación de la más coherente disciplina lingüística de orientación estructural (la Fonología) y la consideración del fonema como entidad funcional, es decir, como elemento de un sistema en el que las unidades se delimitan a partir de relaciones de oposición, y se definen por los rasgos que tienen un valor distintivo. En este sentido, *Trubetzkoy* define los procedimientos para la determinación de los fonemas y pone a punto la metodología para clasificar las oposiciones que los fonemas contraen entre sí.

Sin embargo, será *Jakobson* quien explique que los rasgos distintivos de los fonemas pueden ser confirmados por la Fonética experimental y establezca la teoría del binarismo (en toda oposición hay un término marcado frente a uno no marcado), que se aplica, no sólo en la Fonología, sino en los demás campos de la Lingüística.

– La segunda orientación es de marcado acento formalista y lleva hasta sus últimas consecuencias las tesis saussurianas de la lengua como forma. Nos referimos a la escuela danesa o *Círculo de Copenhague*, en la que destaca la figura de Hjelmslev con su Glosemática.

Este término deriva de «glosema» (del griego γλωσσα, lengua) con el que se designa a todas las formas mínimas que establece su teoría y que le confieren el carácter modélico, precisamente por la coherencia y el rigor con que asume la concepción inmanentista de la lengua.

Las aplicaciones de la Glosemática a la descripción lingüística han sido muy escasas, debido, sobre todo, a su acercamiento a las matemáticas y a la lógica simbólica, al empleo de una terminología nueva que evitase la confusión con nociones tradicionales y al carácter abstracto de su concepción. Todo ello configura una gramática algebraica que, a pesar de su alto grado de coherencia interna que difícilmente puede desarticularse, no ha sido asimilada como metodología descriptiva.

No obstante, algunos aspectos concretos de la Glosemática han ejercido su influencia en el Estructuralismo europeo —recuérdense nociones de uso tan general entre los estructuralistas como *paradigmático, conmutación, expresión* y *contenido*—; y otros han sido incorporados de forma altamente productiva al instrumental metodológico de la Lingüística actual —por ejemplo, las nociones de *función* y sus clases, *rasgo distintivo*, etc.—.

- Y quizá sea, precisamente, la potenciación de esta idea de función frente a la de oposición la que nos permite inaugurar una tercera corriente metodológica que, de una manera más específica, se denominará funcionalismo o *funcionalismo realista*, en el caso de Martinet.

La figura principal de este movimiento es André Martinet, quien matiza muy acertadamente su posición ante el Estructuralismo clásico al afirmar que el análisis de las estructuras no debe llevar nunca a su dislocación; debe ser siempre completado por una «fisiología», es decir, un estudio del funcionamiento.

Además de su aplicación al terreno fonológico, tanto en su vertiente sincrónica como diacrónica, el funcionalismo ha sido también ensayado con éxito en el dominio de la sintaxis, especialmente apto para este tipo de metodología, pues desde las gramáticas lógicas, que partían de la proposición, la consideración de la «función» de las palabras había adquirido carta de naturaleza en la sintaxis.

— Además de estas direcciones clásicas del Estructuralismo europeo, la Lingüística de *J. R. Firth*, con su carácter contextual e integrador, va a influir en *M. A. K. Halliday*, cuya teoría de escalas (grados de rango, exponencia, matriz) y categorías (unidad, estructura, clase y sistema) supone una extensión hacia la dimensión pragmático textual al incorporar elementos con y co-textuales al modelo de descripción lingüística. No en vano, dentro de la actividad lingüística distingue Halliday tres aspectos: la actividad material, la estructural y la contextual, cada uno de ellos matizados por tres niveles de acción: el sustancial (fónico o gráfico), el formal (gramático o léxico) y el situacional (relacionado con el contexto y la Fonología).

El Estructuralismo también se ha desarrollado en EE.UU. Las especiales condiciones en que se gestó el descriptivismo americano, vinculado a los métodos de campo y aplicado a las lenguas indígenas son, a juicio de los historiadores, factores determinantes del sesgo característico del *Estructuralismo de la escuela americana*.

Aunque se desarrolla con autonomía, presenta una gran homogeneidad frente a la europea, debido sobre todo al uso de una lengua común. Aunque es más empírica que la europea, tiene también un alto grado de formalización debido a la influencia de la Lógica y la Matemática.

Con el término «Estructuralismo» se designa en Estados Unidos la Lingüística anterior al Paradigma Generativo, representado principalmente por dos grandes autores:

- El primero de ellos es *Sapir*, cuya corriente, denominada Mentalismo, interpreta el lenguaje indisolublemente unido a los actos de la mente, defendiendo así la concepción de unos conceptos expresados básicamente en todas las lenguas.

- A ello debemos unir la importante influencia de Bloomfield, quien trabajó para convertir la Lingüística en una disciplina autónoma orientada a la formulación de procedimientos de investigación inductivos para el análisis de las lenguas.

  Este proceso sigue una orientación marcadamente formalista y mecanicista, ejemplo de lo cual puede ser el rechazo del estudio del significado y la renuncia de su utilización como principio metodológico. Todo ello se plasma en 1933 en su obra *Language*, en la que se defiende, como veremos con más detalle en el capítulo 8, el ámbito del significante como objeto único del lingüista, frente al significado que sólo se tiene en cuenta como un control que evite aberraciones.

El lenguaje natural humano como objeto de estudio e investigación

En resumidas cuentas, el Estructuralismo bloomfieldiano se preocupa de establecer una metodología que permita describir los hechos más que explicarlos, partiendo de la oración como unidad máxima hasta llegar al fonema.

Para finalizar, podemos decir que el *Paradigma estructural* (desarrollado, como hemos visto, con más fuerza en Europa que en EE.UU.), presenta desde un punto de vista epistemológico una visión inmanente del lenguaje (que trataremos en el capítulo 12) —conocer es conocer primeramente la realidad funcional y convencional de nuestro

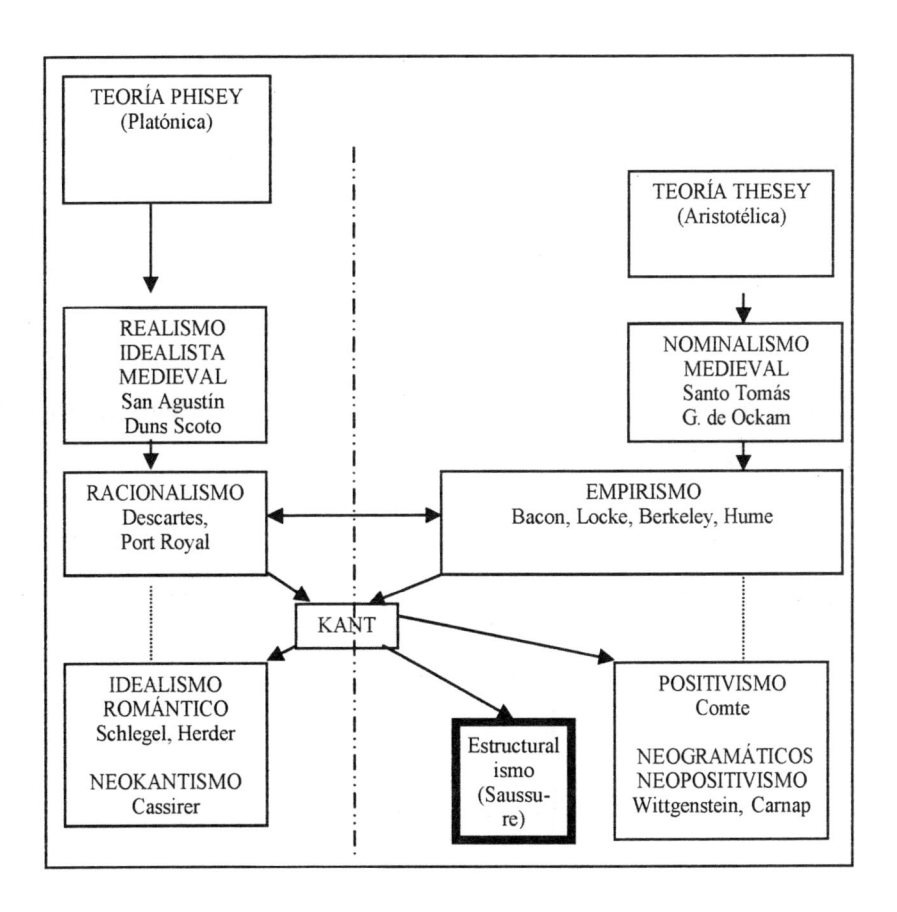

```
TEORÍA PHISEY                    TEORÍA THESEY
(Platónica)                      (Aristotélica)
      │                                │
      ▼                                ▼
REALISMO IDEALISTA              NOMINALISMO
   MEDIEVAL                       MEDIEVAL
  San Agustín                    Santo Tomás
  Duns Scoto                     G. de Ockam
      │                                │
      ▼                                ▼
RACIONALISMO    ◄──────────►    EMPIRISMO
  Descartes,                   Bacon, Locke, Berkeley, Hume
  Port Royal
            ╲          ╱
             ▼        ▼
              KANT
            ╱    │    ╲
           ▼     ▼     ▼
IDEALISMO                        POSITIVISMO
ROMÁNTICO                          Comte
Schlegel, Herder    Estructural-
                       ismo      NEOGRAMÁTICOS
NEOKANTISMO         (Saussu-     NEOPOSITIVISMO
  Cassirer             re)       Wittgenstein, Carnap
```

145

lenguaje al uso—, desarrollando linealmente la *problemática del sujeto kantiano*, la dialéctica entre lo empírico y lo trascendental llevado a lo lingüístico.

Esta reflexión lingüística fue comenzada por Aristóteles, continuada por Santo Tomás y la reflexión empirista, y desarrollada por la filosofía kantiana, tratando de justificar el fenómeno lingüístico no desde la ontología, sino desde la actuación empírica, desde el habla, para llegar a la estructura del conocimiento.

4.11. Los estudios sobre el lenguaje en el siglo XX: el Transformacionalismo.

La teoría de Chomsky ha constituido una gran revolución en la disciplina lingüística al suponer el paso de una etapa taxonómica y eminentemente clasificadora a una etapa de formulaciones deductivas con el fin de llegar a explicitar las reglas gramaticales subyacentes a la construcción de frases.

Obviamente, esto supone un gran cambio metodológico, puesto que el objetivo no es ya tanto el modo de descripción válido, como proceder en un marco teórico que proporcione medios de evaluación de hipótesis rivales.

La revolución chomskyana puede representarse así:

	Estructuralismo	Transformacionalismo
Materia de estudio	Corpus de expresiones lingüísticas	Competencia lingüística de los hablantes
Finalidad	Clasificación de las unidades del corpus	Especificación de las reglas gramaticales subyacentes a la construcción de procesos
Métodos	Procedimientos de descubrimiento	Procedimientos evaluativos

Desde que en 1957 apareciese las *Estructuras Sintácticas*, hasta prácticamente hoy, la Gramática generativa y transformacional, aun manteniendo los fundamentos básicos que originaron la revolución chomskyana, aparece como modelo en constante evolución, tanto en su vertiente más ortodoxa, como en las derivaciones críticas englobadas en el movimiento de la semántica generativa.

El aspecto central sobre el que han gravitado las diferentes reestructuraciones ha sido, por un lado, el papel que dentro del modelo se confiere al nivel de la estructura profunda (en cuanto conjunto de reglas) y, por otro, —y vinculado al anterior—, la progresiva inclusión de consideraciones semánticas y, por último, los cambios experimentados por el componente transformacional, que han llegado a poner en tela de juicio la validez misma de la noción de estructura profunda.

Si en *Estructuras Sintácticas* —aún dentro de la órbita postbloomfieldiana— la descripción del significado no aparece integrada en la gramática, en *Aspectos de la teoría de la sintaxis* el modelo de gramática se amplía para incluir un componente semántico, de carácter interpretativo, cuya función será describir lo que sabe el hablante, que le permite interpretar el contenido de una oración, allí donde lo deja la sintaxis, extendida, por otra parte, en la base con la incorporación de las reglas de subcategorización, que representan el límite entre sintaxis y semántica.

En el siguiente cuadro se representa esquemáticamente el mecanismo de la gramática transformatoria según la teoría estándar que hemos presentado.

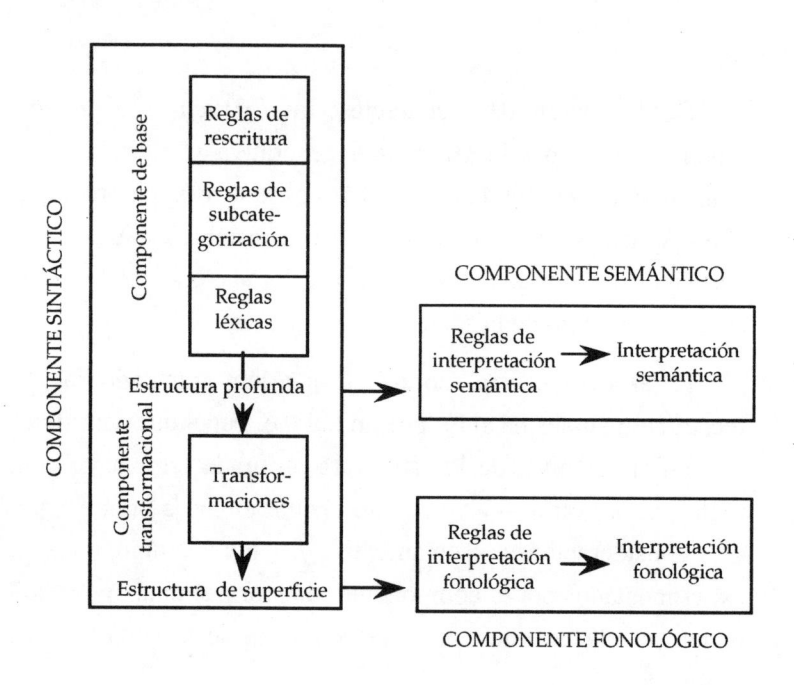

```
                    ┌─────────────────┐
                    │ Reglas de       │
                    │ rescritura      │
  COMPONENTE        │                 │         COMPONENTE SEMÁNTICO
  SINTÁCTICO        │ Reglas de       │
                    │ subcate-        │
                    │ gorización      │
                    │                 │       ┌──────────────────────────┐
                    │ Reglas          │       │ Reglas de    Interpretación │
                    │ léxicas         │──────▶│ interpretación  semántica   │
                    │                 │       │ semántica                │
                    │ Estructura      │       └──────────────────────────┘
                    │ profunda        │
                    │                 │
                    │ Transfor-       │
                    │ maciones        │       ┌──────────────────────────┐
                    │                 │       │ Reglas de    Interpretación │
                    │ Estructura      │──────▶│ interpretación fonológica   │
                    │ de superficie   │       │ fonológica               │
                    └─────────────────┘       └──────────────────────────┘
                                                 COMPONENTE FONOLÓGICO
```

La insuficiencia de la teoría estándar para dar cuenta satisfactoriamente de la competencia de los hablantes, abre el camino hacia otros planteamientos metodológicos.

El primero, representado por el mismo Chomsky, Jackendoff, Bresnam, etc., conduciría al mantenimiento del esquema fundamental de la teoría estándar, pero con unas modificaciones en la relación entre la interpretación semántica y la estructura superficial. Si antes ésta no tenía ninguna relevancia en la determinación del significado oracional, ahora ciertos aspectos problemáticos —como los fenómenos del orden de los elementos oracionales, acento enfático y presuposición— aconsejan tener en cuenta la información que provee la estructura superficial.

Es lo que se ha llamado *teoría estándar ampliada o extendida* y que, consecuentemente, responde a una reformulación iniciada a comienzo de los años setenta como consecuencia de las numerosas críticas procedentes de la orientación semanticista y del hecho de conceder una mayor importancia a la repercusión en la estructura profunda de los fenómenos gramaticales señalados —hasta entonces circunscritos a la manifestación superficial—. De esta manera, al componente léxico o diccionario de la gramática se le asigna un nivel correspondiente a la representación de las palabras que tiene por misión la asignación de las reglas de formación de palabras, las reglas de flexión y las reglas de reajuste, garantizando la inserción superficial de los elementos que integran las distintas oraciones.

Las diferencias con el modelo anterior pueden verse representadas en el siguiente esquema:

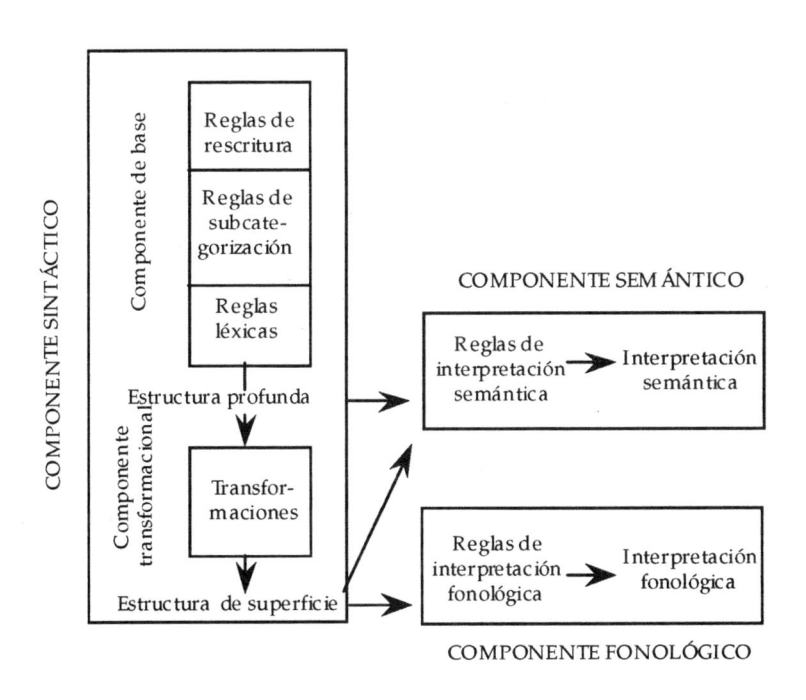

```
COMPONENTE SINTÁCTICO
  Componente de base
    Reglas de rescritura
    Reglas de subcategorización
    Reglas léxicas
      → Estructura profunda
  Componente transformacional
    Transformaciones
      → Estructura de superficie

COMPONENTE SEMÁNTICO
  Reglas de interpretación semántica → Interpretación semántica

COMPONENTE FONOLÓGICO
  Reglas de interpretación fonológica → Interpretación fonológica
```

Dentro de esta dirección también debe citarse la versión conocida como *teoría estándar ampliada renovada* (TEAR) o *teoría de la huella*, en el que se invierte plenamente la jerarquía de la estructura profunda y superficial para la interpretación semántica, en cuanto que toda la interpretación tiene lugar en la estructura superficial, modificada sustancialmente.

Si en la dirección ortodoxa el componente sintáctico sigue siendo central, aunque cada vez más reducido el papel de la base, en la dirección surgida a partir de la crítica de la teoría estándar — MacKawley, Lakoff, Postal, etc.— se reconstruirá totalmente el modelo de la gramática a partir del replanteamiento del papel de sus distintos componentes, sobre todo, del papel puramente interpretativo de la semántica y la necesidad de postular un nivel de estructura profunda.

Esta corriente conocida como *semántica generativa* no ha elaborado una alternativa unitaria, aunque comparten una serie de posturas críticas sobre los supuestos anteriores, pero, en general todos los supuestos de la semántica generativa para la construcción de una gramática conducen, finalmente, al problema de la constitución de los predicados elementales, ya que la gramática se concibe como un conjunto primario de estructuras semánticas que se transforman progresivamente en estructuras sintácticas, morfológicas, fonológicas y fonéticas.

Dentro de esta corriente crítica, quizá el modelo que más rendimiento ha tenido en orden a su aplicación a la descripción lingüística, haya sido el de la *gramática de los casos profundos* en las distintas versiones de Fillmore, en las que se analizan las estructuras profundas en razón de los roles semánticos (casos) que configuran las oraciones.

El lenguaje natural humano como objeto de estudio e investigación

Si ya en los presupuestos fundamentales de la teoría chomskyana figuraba la necesidad de autoevaluación, de lo que ha dado cuenta el mismo Chomsky en su constante autocrítica y reformulación de su modelo, es precisamente esta constante revisión de conceptos técnicos

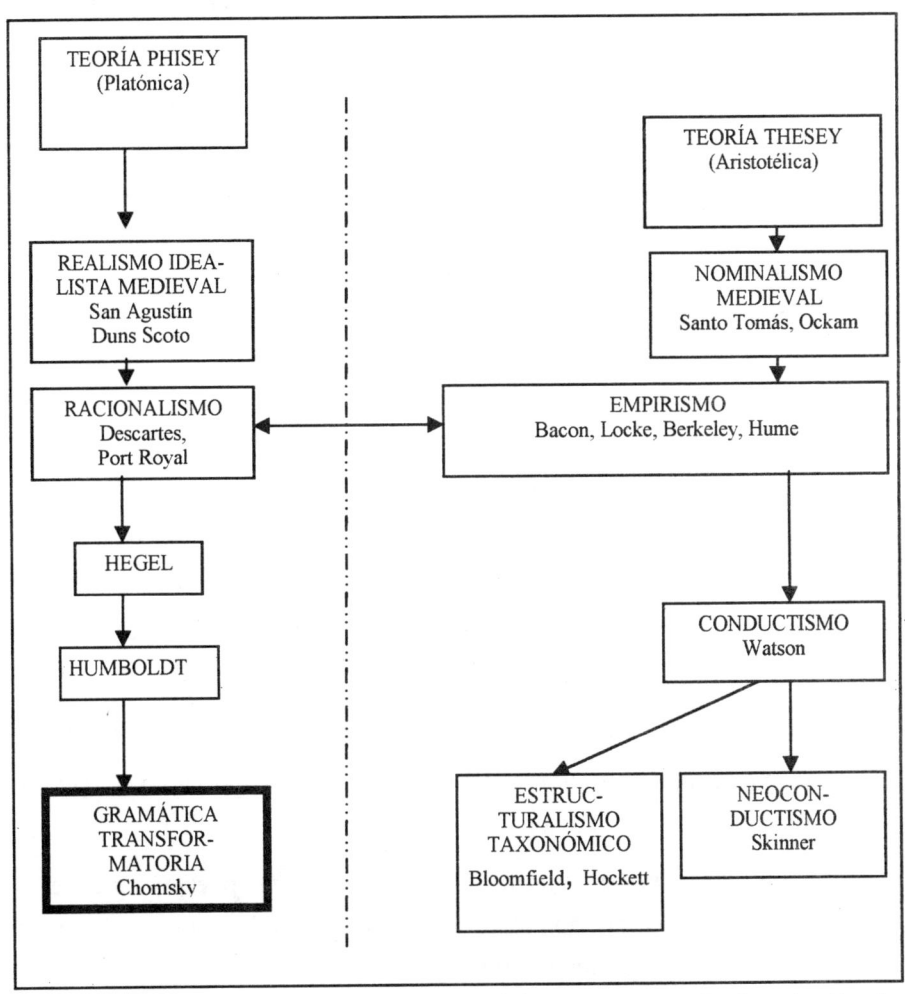

```
┌─────────────────────────────────────────────────────────────┐
│  TEORÍA PHISEY                                              │
│   (Platónica)                                               │
│        │                                                    │
│        ▼                 TEORÍA THESEY                      │
│                          (Aristotélica)                     │
│  REALISMO IDEA-               │                             │
│  LISTA MEDIEVAL               ▼                             │
│   San Agustín           NOMINALISMO                         │
│   Duns Scoto             MEDIEVAL                           │
│        │               Santo Tomás, Ockam                   │
│        ▼                      │                             │
│  RACIONALISMO   ◄────►   EMPIRISMO                          │
│   Descartes,            Bacon, Locke, Berkeley, Hume        │
│   Port Royal                  │                             │
│        │                      │                             │
│        ▼                      ▼                             │
│     HEGEL                CONDUCTISMO                        │
│        │                  Watson                            │
│        ▼                      │                             │
│    HUMBOLDT                   │                             │
│        │                 ┌────┴─────┐                       │
│        ▼                 ▼          ▼                       │
│   GRAMÁTICA         ESTRUC-     NEOCON-                     │
│   TRANSFOR-        TURALISMO    DUCTISMO                    │
│   MATORIA          TAXONÓMICO   Skinner                     │
│   Chomsky         Bloomfield, Hockett                       │
└─────────────────────────────────────────────────────────────┘
```

lo que dificulta la aplicación del modelo generativo a la descripción de las lenguas particulares.

En síntesis, y como representamos en el esquema adjunto, podemos decir desde un punto de vista epistemológico que el *Paradigma transformatorio* (desarrollado principalmente en EE.UU.), presenta una visión trascendental del lenguaje (Capítulo 12) —conocer es reconocerse en el lenguaje— desarrollando linealmente la *problemática del sujeto cartesiano*.

Esta reflexión lingüística fue comenzada por Platón en el Crátilo, recogida por el Nominalismo Medieval y el racionalismo cartesiano, y continuada en la Edad Moderna por Herder, concibiendo el lenguaje como un instrumento innato (Descartes) de la Razón, como el mundo intermedio mediador que permite el entendimiento objetivo y subjetivo de la realidad (Humboldt).

5. La naturaleza social, simbólica y psicológica del lenguaje.

En la actualidad, la Lingüística se encarga de estudiar el lenguaje natural humano concretado en las lenguas particulares, y lo hace atendiendo precisamente a tres de sus características fundamentales: su naturaleza social, simbólica y psicológica (que son las que vamos a estudiar a lo largo de los tres capítulos siguientes).

Efectivamente, el lenguaje se puede considerar en una triple dimensión:

a) Como fenómeno *social*, superior e impuesto al individuo (Capítulo 5). Las razones para ello son que:

- *Forma parte de la cultura*, puesto que es un comportamiento humano aprendido sobre la base de la capacitación biológica del hombre.

- *Es la base de la estructura social*, ya que permite la comunicación en el espacio y en el tiempo.

— *Crea un tipo de sociedad a la vez que es determinado por la sociedad*, puesto que ésta crea un tipo de lenguaje. Es la gran diversidad lingüística.

b) Como fenómeno *simbólico* (Capítulo 6) porque sólo existe el pensamiento con ayuda de los signos, y el lenguaje verbal como un conjunto de reglas (Wittgenstein) se precisa como el más apto para el desarrollo de la capacidad mental y expresión de la propia personalidad (Heidegger).

c) Finalmente, como fenómeno *neuropsicológico* (Capítulo 7) porque tiene un carácter tanto neuronal como psicológico que se da en el interior de nuestro cerebro.

Nuestra tarea, por tanto, consiste en analizar la faceta *sociológica* del lenguaje, estudiando las variedades lingüísticas, ya sean tanto intraidiomáticas como interidiomáticas, las distintas propuestas de caracterización y el sistema de escritura como plasmación de estas variedades orales (Capítulo 5); la faceta *simbólica*, analizando ahora el carácter representacional del lenguaje —que nos permite la comunicación—, las bases semióticas de la comunicación y la organización semiótica de las lenguas (Capítulo 6); y, finalmente, la faceta *neuropsicológica*, analizando, en este caso, las patologías que inhiben la habilidad lingüística, como pruebas de la naturaleza orgánica del lenguaje (Capítulo 7).

E. Actividades sugeridas.

— Conteste a las siguientes cuestiones:

— Explique las características principales del lenguaje natural humano.

— ¿En qué se diferencian las principales teorías sobre el origen del lenguaje?

– Valore la importancia de Bühler en la problemática de las funciones del lenguaje.

– Compare los distintos planteamientos sobre las funciones del lenguaje. Indique además en qué grado se superan unos a otros.

– Diferencie las principales características y propiedades del lenguaje natural humano en los siguientes ejemplo:

* Coche, cochero, cochecito.

* Mañana caerán gotas de sangre.

* El la ve con asiduidad.

– Realice un cuadro sinóptico con las principales aportaciones relativas al estudio del lenguaje a lo largo de la historia.

– Explique en qué consiste la triple naturaleza del lenguaje y razone la adopción metodológica que se desprende de la misma.

F. Lecturas recomendadas.

JAKOBSON, R., «Lingüística y Poética» apud *Ensayos de Lingüística General*, Planeta, Barcelona, 1985, pp. 347-393.

Ampliación del esquema comunicativo de Bühler con indicación de las principales funciones del lenguaje atribuidas a los distintos componentes del proceso comunicativo.

ROBINS, R. H., *Breve historia de la Lingüística*, Paraninfo, Madrid, 1992.

Acertada y precisa presentación de los principales estudios sobre el lenguaje, agrupados diacrónicamente.

SAPIR, E., *El lenguaje*, F.C.E., Madrid, 1991.

El lenguaje natural humano como objeto de estudio e investigación

Acercamiento multifactorial al lenguaje, con principal hincapié en las relaciones entre lenguaje, raza y cultura.

G. Ejercicios de autoevaluación.

Con el fin de que se pueda comprobar el grado de asimilación de los contenidos, presentamos una serie de cuestiones, cada una con tres alternativas de respuestas. Una vez que haya estudiado el tema, realice el test rodeando con un círculo la letra correspondiente a la alternativa que considere más acertada. Después justifique las razones por las que piensa que la respuesta elegida es la correcta, indicando también las razones que invalidan la corrección de las restantes.

Cuando tenga dudas en alguna de las respuestas vuelva a repasar la parte correspondiente del capítulo e inténtelo otra vez.

1. Los estudios logicistas se basan
   A En una visión filosófica del mundo.
   B En el estudio del origen de las lenguas.
   C En una visión filológica de las lenguas.

2. El hablante es el protagonista de los cambios lingüísticos para
   A La Escuela Idealista.
   B La Gramática histórica.
   C La Gramática comparada.

3. El carácter universal de las categorías lógicas permite el establecimiento de
   A Los estudios logicistas.
   B La Gramática general.
   C El Idealismo lingüístico.

4. El Estructuralismo lingüístico tiene su precedente histórico en

A Los gramáticos comparatistas.
B Los neogramáticos.
C Los lógicos.

5. La propiedad lingüística que determina que los mensajes puedan ser falsos se llama
   A Desplazamiento.
   B Prevaricación.
   C Recurrencia.

6. Las unidades de la lengua son recurrentes porque
   A Se pueden asociar según ciertas reglas.
   B Se pueden repetir.
   C Su unión conforma unidades de un nivel superior.

7. La propiedad del lenguaje que le permite su remisión a una realidad distinta a la de sí mismo se denomina
   A Simbolismo.
   B Creatividad.
   C Las respuestas A y B no son correctas.

8. La Gramática transformatoria puede definirse como
   A La respuesta lingüística consciente a los problemas del Sujeto kantiano.
   B La respuesta lingüística inconsciente a los problemas del Sujeto kantiano.
   C La respuesta lingüística consciente a los problemas del Sujeto cartesiano.

9. El Estructuralismo saussuriano puede definirse como
   A La respuesta lingüística consciente a los problemas del Sujeto kantiano.
   B La respuesta lingüística inconsciente a los problemas del Sujeto kantiano.
   C La respuesta lingüística inconsciente a los problemas del Sujeto cartesiano.

10. Podemos calificar la Lingüística propuesta por Saussure como

A Lingüística sociológica.
B Lingüística semiótica.
C Lingüística social.

11. En la primera mitad del siglo XIX, los estudios lingüísticos son de índole
    A Idealista.
    B Positivista.
    C Historicista.

12. La tradición idealista sobre el lenguaje se inicia con
    A Heidegger.
    B Humboldt.
    C Weisgerber.

23. Para la Escolástica, el lenguaje es
    A Un descubrimiento.
    B Un acuerdo.
    C Un consentimiento.

14. En la problemática de las funciones del lenguaje, el término función se concibe desde un punto de vista
    A Matemático.
    B Biológico.
    C Instrumentalista.

15. El referente puede entenderse como
    A El contenido de la información.
    B La materia extralingüística.
    C La realidad a la que alude el mensaje.

16. Martinet rechaza la importancia de la función comunicativa.
    A La afirmación es correcta.
    B La afirmación no es correcta.
    C Desde el punto de vista fenomenológico.

17. La concepción de Bühler sobre las funciones del lenguaje es
    A Biologicista.
    B Matemática.
    C Filosófica.

18. Para Bühler, en la función expresiva el signo equivale
    A Al síntoma.
    B A la señal.
    C Al símbolo.

19. Trubetzkoy aplica las propuestas de Bühler al terreno de la
    A Sintaxis.
    B Semántica.
    C Fonología.

20. La función del lenguaje que se centra en el contenido del mensaje se denomina
    A Referencial.
    B Expresiva.
    C Conativa.

21. La síntesis entre las funciones del lenguaje y la Teoría de la Comunicación se produce en la propuesta modélica de
    A Cassirer.
    B Trubetzkoy.
    C Jakobson.

22. Los verbos en imperativo actualizan la función
    A Expresiva.
    B Conativa.
    C Fática.

23. El uso de las muletillas actualiza la función
    A Expresiva.

B Conativa.
C Fática.

24. En la función metalingüística, el lenguaje se utiliza desde el punto de vista
    A Teórico.
    B Empírico.
    C Glotológico.

25. La separación entre Filología y Lingüística se produjo en
    A La Lingüística histórica.
    B La Neogramática.
    C La Lingüística comparada.

H. Glosario.

Apelativa: [Función] Conativa.

Composicionalidad: Propiedad determinada por la creatividad del lenguaje natural humano que consiste en la agrupación de unidades lingüísticas para formar otras de un nivel superior.

Componente sintagmático: Conjunto de reglas que permiten generar oraciones en la estructura profunda.

Componente transformatorio: Mecanismo lingüístico que permite el paso de la estructura profunda a la superficial de las unidades lingüísticas.

Conativa: [Función] Que permite al hablante provocar en el oyente determinado sentimiento que se manifiesta en su comportamiento posterior.

Creatividad: Característica del lenguaje verbal que consiste en la emisión y comprensión de expresiones totalmente nuevas, gracias al conocimiento lingüístico de los hablantes y oyentes.

Desplazamiento: Propiedad determinada por el simbolismo del lenguaje natural humano, que consiste en la posibilidad de referirse a cosas remotas en el espacio o en el tiempo, sin necesidad de que estén presentes.

Dualidad: Propiedad determinada por la economía del lenguaje natural humano, que permite la estructuración de la lengua en dos niveles: foneticofonológico, integrado por las unidades lingüísticas llamadas fonemas; y morfemático, integrado, en este caso, por los morfemas.

Economía: Característica del lenguaje verbal determinada por las limitaciones físicas y psíquicas del ser humano, que consiste en la posibilidad de emitir y diferenciar un número limitado de sonidos (véase otra acepción en capítulo 3).

Emotiva: [Función] Expresiva.

Eficiencia: Propiedad determinada por la economía del lenguaje natural humano, que consiste en la posibilidad de utilizar las mismas expresiones lingüísticas para decir cosas distintas.

Especialización: Propiedad determinada por el simbolismo del lenguaje natural humano, que consiste en la imposibilidad de repercutir directamente en los actos físicos que las expresiones lingüísticas suponen.

Estilística: Estudio del uso individual que se hace de la facultad del lenguaje frente a la norma.

Estructura profunda: En el paradigma transformacional, conjunto de reglas lingüísticas que permiten engendrar la estructura superficial.

Estructura superficial: En el paradigma transformacional, secuencia lineal a través de la cual se nos actualiza lingüísticamente la estructura profunda.

Estructuralismo: Paradigma de la Lingüística en cuanto técnica de interpretación (hermenéutica) inmanente del lenguaje, que desarrolla linealmente la problemática del sujeto kantiano, la dialéctica entre lo empírico y lo trascendental llevada a lo lingüístico.

Estudios logicistas: Trabajos lingüísticos basados en la visión filosófica de la lengua que identificaba las categorías lingüísticas con las categorías lógicas.

Etimología: Estudio del origen de las palabras.

Expresiva: [Función] Que sirve al hablante para manifestar su actitud ante un objeto o situación.

Fática: [Función] Que sirve para indicar que la comunicación entre los interlocutores no se ha cortado.

Funcionalismo: Propuesta teórica de Lingüística inmanente estructuralista europea, que sostiene que el análisis de las estructuras debe completarse con un estudio del funcionamiento de las unidades lingüísticas.

Glosemática: Propuesta teórica danesa de Lingüística objetual, que pretende crear un método exacto de descripción lingüística.

Gramática: Conjunto de dispositivos teóricos que los lingüistas han creado para describir la lengua.

Gramática clásica: Conjunto de dispositivos teóricos elaborados para describir las lenguas durante la Antigüedad grecolatina.

Gramática comparada: Dispositivos teóricos (precedentes de la Lingüística general) de la reflexión lingüística realizada durante los siglos XVIII y XIX con el objeto de organizar el árbol genealógico de las mismas.

Gramática especulativa: Dispositivos teóricos de los estudios logicistas basados en una visión filosófica de la lengua.

Gramática general: Dispositivos teóricos elaborados en el Renacimiento durante la Edad Moderna, basados en la creencia de un universalismo en el terreno lingüístico, y en el empeño de que fuese válido para la descripción de todas las lenguas.

Gramática histórica: Dispositivos teóricos (precedentes de la postura historicista de la Lingüística particular) de los trabajos de la reflexión lingüística encargados de estudiar la evolución y los cambios de una lengua a través del tiempo.

Gramática normativa: Dispositivos teóricos de los trabajos lingüísticos basados no en la descripción de la realidad lingüística, sino en la prescripción de reglas para el correcto uso de la lengua.

Gramática tradicional: Conjunto de dispositivos teóricos elaborados para describir las lenguas tras la Antigüedad clásica y hasta la formulación estructuralista.

Idealismo: Paradigma que ha organizado la historia del saber lingüístico y que considera el lenguaje no sólo como un objeto de estudio e investigación, sino también como Sujeto de la Lingüística (véase otra acepción en capítulo 2).

Idealismo lingüístico: Escuela lingüística caracterizada por la defensa del protagonismo del hablante individual en los cambios lingüísticos.

Intercambiabilidad: Propiedad determinada por la economía del lenguaje natural humano, que consiste en la posibilidad de que un miembro de una comunidad lingüística pueda ser indistintamente transmisor y receptor de mensajes.

Marca funcional: Característica que poseen las unidades lingüísticas y que las dotan de valor gracias a sus relaciones binarias opositivas dentro del sistema lingüístico.

Mentalismo: Propuesta teórica del Estructuralismo americano que interpreta el lenguaje indisolublemente unido a los actos de la mente y lo explica en términos de procesos mentales de estímulos y respuestas.

Metalingüística: [Función del lenguaje natural humano] Que puede ser usado para referirse al propio lenguaje.

Neogramáticos: Nombre que recibe en Italia la escuela resultante de la transformación de las gramáticas historicistas en una reflexión lingüística más centrada en el análisis sincrónico de la lengua.

Phisey: Reflexión teórica iniciada en la Antigüedad clásica basada en la explicación de la lengua como un producto de la naturaleza, no sometida a reglas.

Poética: [Función] Que se produce cuando el mensaje llama la atención sobre el propio mensaje.

Positivismo: Actitud de los lingüistas que culmina en la segunda mitad del siglo XIX, mediante la cual se concibe el lenguaje como un conjunto analizable de elementos, independientemente del hablante.

Prevaricación: Propiedad determinada por el simbolismo del lenguaje natural humano, que consiste en la posibilidad de que los mensajes puedan ser falsos.

Realismo: Paradigma que ha organizado la historia del saber lingüístico y que considera el lenguaje exclusivamente como un objeto de estudio e investigación (véase otra acepción en capítulo 2).

Recurrencia: Propiedad determinada por la creatividad del lenguaje natural humano, que consiste en la utilización de los mismos patrones para organizar el funcionamiento de las unidades lingüísticas en los distintos niveles de la lengua.

Referencial: [Función] Representativa.

Reflexividad: Propiedad determinada por el simbolismo del lenguaje natural humano, que consiste en la posibilidad de que las expresiones lingüísticas puedan denotar a esas mismas expresiones.

Representativa: [Función] Que permite al hablante poner de relieve el mundo de los objetos y hechos externos.

Semanticidad: Propiedad determinada por el simbolismo del lenguaje natural humano, que consiste en la unión convencional entre las expresiones de las unidades lingüísticas y la realidad extralingüística.

Simbolismo: Característica del lenguaje verbal que consiste en la posibilidad de remitir a una realidad distinta a la de sí mismo.

Término marcado: Aquél que posee una marca funcional.

Thesey: Reflexión teórica iniciada en la Antigüedad clásica basada en la explicación de la lengua como un sistema de valores sometidos a reglas.

Transformacionalismo: Paradigma de la Lingüística en cuanto técnica de interpretación (hermenéutica) trascendental del lenguaje, que desarrolla linealmente la problemática del sujeto cartesiano.

I. Bibliografía general.

AKMAJIAN, A. et alii, *Lingüística: una introducción al lenguaje y a la comunicación*, Alianza, Madrid, 1983.

ARENS, H., *La Lingüística. Sus textos y su evolución desde la Antigüedad hasta nuestros días*, Gredos, Madrid, 1975.

BALLY, CH., *El lenguaje y la vida*, Losada, Buenos Aires, 1967.

CHOMSKY, N., *Reflexiones sobre el lenguaje*, Ariel, Barcelona, 1979.

CHOMSKY, N., *Conocimiento del lenguaje*, Alianza, Madrid, 1989.

CHOMSKY, N., *Una aproximación naturalista a la mente y al lenguaje*, Prensa Ibérica, Barcelona, 1998.

CÌRNÝ, S., *Historia de la Lingüística*, Universidad de Extremadura, Cáceres, 1998.

COLLADO, J. A., *Historia de la Lingüística*, Gredos, Madrid, 1973.

COSERIU, E., *El hombre y su lenguaje*, Gredos, Madrid, 1977.

HAARMANN, H., *Basic Aspects of Language in Human Relations*, Mouton de Gruyter, Berlín-Nueva York, 1991.

HJELMSLEV, L., *El lenguaje*, Gredos, Madrid, 1968.

JIMÉNEZ CANO, J. M., «Elementos generales para el análisis de un movimiento teórico de la historia de la lingüística», *Anales de la Universidad de Murcia*, 42 (1984), pp. 115-130.

MARCOS MARÍN, F., *Introducción a la Lingüística. Historia y modelos*, Síntesis, Madrid, 1990.

MOUNIN, G., *Historia de la Lingüística desde los orígenes hasta el siglo XX*, Gredos, Madrid, 1968.

ROBINS, R. H., *Breve historia de la Lingüística*, Paraninfo, Madrid, 1992.

SERRANO, S., *La Lingüística. Su historia y su desarrollo*, Montesinos, Barcelona, 1983.

TUSÓN, J., *Aproximación a la historia de la Lingüística*, Teide, Barcelona, 1987.

VENDRYES, J., *El lenguaje*, UTHEA, México, 1967.

Capítulo 5

EL LENGUAJE COMO FENÓMENO SOCIAL: LA DIVERSIDAD LINGÜÍSTICA.

A. Objetivos.

1. *Comprender* en qué consiste el fenómeno de la variedad lingüística así como los distintos niveles de variedades.

2. *Conocer* las distintas propuestas teóricas que han sistematizado la variación lingüística, realizando un análisis comparativo.

3. *Comprender* la noción de variación intraidiomática así como sus diferentes tipos (diastrática, diafásica y diatópica).

4. *Conocer* la noción de variación interidiomática así como las distintas variedades genéticas y tipológicas.

5. *Entender* los distintos sistemas de escritura que han sido utilizados a lo largo de la historia.

B. Palabras clave.

- Variedad lingüística.
- Lengua.
- *Ergon*.
- Acción verbal.
- Acto verbal.
- Norma.
- Acto.
- Actuación.
- Variación interidiomática.
- Variedades diafásicas.
- Sociolecto.
- Dialecto.
- Variedades tipológicas.
- Ideograma.
- Sistema consonántico.

- Lenguaje.
- Habla.
- *Energeia*.
- Producto verbal.
- Esquema.
- Uso.
- Competencia.
- Variación intraidiomática.
- Variedades diastráticas.
- Variedades diatópicas.
- Fasolecto.
- Variedades genéticas.
- Pictograma.
- Jeroglífico.
- Sistema alfabético.

C. Organización de los contenidos.

1. El fenómeno de la variedad de las lenguas.
2. La variación lingüística: propuestas de caracterización.
   - 2.1. Humboldt: «ergon» y «energeia».
   - 2.2. Saussure: lengua y habla.
   - 2.3. Bühler: acción, producto y acto verbal.
   - 2.4. Hjelmslev: esquema, norma, uso y acto.
   - 2.5. Coseriu: sistema, norma y habla.

2.6. Chomsky: competencia y actuación.

2.7. Conclusión.

3. La variación intraidiomática.

   3.1. Las variedades individuales.

   3.2. Las variedades diastráticas.

   3.3. Las variedades diafásicas.

   3.4. Las variedades diatópicas.

4. La variación interidiomática: las lenguas en el mundo.

   4.1. Las variedades genéticas.

   4.2. Las variedades tipológicas.

5. La escritura.

   5.1. El sistema pictográfico.

   5.2. El sistema ideográfico.

   5.3. El sistema jeroglífico.

   5.4. El sistema silábico.

   5.5. El sistema consonántico.

   5.6. El sistema alfabético.

D. Desarrollo de los contenidos.

1. El fenómeno de la variedad de las lenguas.

Ya hemos manifestado anteriormente que nuestro objeto de estudio (el lenguaje natural humano) es inaprehensible a través de los sentidos; se trata de una abstracción que no captamos directamente a través de lo sentidos pero que, obviamente, sabemos que existe. Y lo sabemos porque hay unos hechos perceptibles que podemos observar y que nos demuestran su existencia. Estos hechos son las actividades verbales.

Estas actividades se dan siempre en el seno de una colectividad humana, de ahí que haya que relacionar las actividades verbales con las comunidades en las que se producen. La razón es que cada colectividad manifiesta una peculiar actividad verbal, diferente a la que realiza otra comunidad. Así, puesto que los seres humanos no hablan todos de la misma manera ni lo hacen en la misma lengua, debemos estudiar el fenómeno del lenguaje teniendo en cuenta la dimensión social en la que se da este fenómeno, es decir los distintos niveles de variedades lingüísticas, ya sean éstos:

a) *Individuales*, es decir, característicos de una sola persona (idiolectos).

b) *Sociales*, o propios del conjunto de individuos de una colectividad (sociolectos).

c) *De la situación, el grupo y el modo* en el que se da el acto verbal (fasolectos).

d) *Del lugar geográfico* al que pertenece el individuo que realiza el acto verbal (dialectos).

Ello nos permite comprobar que tenderemos distintas variedades de una misma lengua; a saber, *variedades individuales*, que dan lugar a los *idiolectos* de una lengua, *variedades diastráticas*, que dan lugar a los *sociolectos* de una lengua, *variedades diafásicas*, que dan lugar a los *fasolectos*, y, finalmente, *variedades diatópicas*, que dan, en este caso, lugar a los *dialectos* de una lengua.

Como puede apreciarse, todas estas variedades se dan en el interior de una lengua; reciben por eso el nombre de *variaciones intraidiomáticas*. Sin embargo, existen también variedades que se dan entre distintas lenguas; son las *variaciones interidiomáticas* que nos permiten organizar las distintas lenguas que se hablan en el mundo.

El lenguaje como fenómeno social: la diversidad lingüística

Con todo, el lenguaje natural humano no sólo se manifiesta a través de estas variedades orales cuyo conjunto constituyen las lenguas, sino que lo hacen también a través de un código sustitutorio de la lengua oral: se tata de la *lengua escrita*, como producto de la cultura.

Así pues, en este capítulo vamos en primer lugar a repasar las distintas *propuestas* elaboradas por los lingüistas para caracterizar y diferenciar el lenguaje y el acto verbal como manifestación de éste; en segundo lugar, estudiaremos la *variación intraidiomática*; en tercero, la *variación interidiomática*; y finalizaremos con una reflexión sobre la *escritura*, aspectos todos relacionados con la concepción del lenguaje como un fenómeno social.

2. La variación lingüística: propuestas de caracterización.

Han sido varias las propuestas que pretenden analizar el lenguaje desde el punto de vista social, separando lo individual y particular del uso lingüístico (el acto verbal o habla) de lo abstracto y social (la Lengua), ambos aspectos inmanentes a través de los cuales se puede plasmar el lenguaje en una sociedad. Veamos, pues, estas principales propuestas.

2.1. Humboldt: ergon y energeia.

Establece que el lenguaje no puede reducirse a un resultado cósico dado *(ergon)* sino que, por el contrario encierra un núcleo dinámico *(energeia)*. Con ello, Humboldt sienta los dos principios fundamentales que vimos en el capítulo anterior:

- *Lenguaje como actividad*, como creación del que habla. Así es:
    - *Subjetivo*, puesto que no es algo dado por el mundo exterior, sino un modo peculiar de representar en nosotros ese mundo.

- *Objetivo*, porque es obra de una nación a lo largo de su historia y, por consiguiente, extraño al individuo.

– *Lenguaje como organismo*: el lenguaje no es sólo un medio para expresar la Verdad, sino el camino para descubrir aquello que no conocemos.

Su teoría es, en el fondo, una combinación de tres posturas interrelacionadas entre sí:

– Respuesta *idealista* al problema del conocimiento, concibiendo la lengua no como una cosa dada *(ergon)* sino como algo por hacer *(energeia)*.

– Concepción *histórico-social*, que se basa en el principio de que la lengua hace a la nación y la nación a la lengua.

– *Vitalismo*, porque busca una justificación biológica de la identidad lengua/nación, sosteniendo que la mentalidad de los pueblos está condicionada por la lengua cuya forma interior obliga a hablar de esa manera.

2.2. *Saussure: lengua y habla.*

En el contexto de las concepciones organicistas surge la que podríamos denominar etapa sociohistórica de Saussure, quien presenta una Lingüística sociológica, que fundamenta los valores inmanentes de la lengua en la sociedad. Sin embargo, pronto abandonará este camino, ahondando en lo que Normand denomina una Lingüística semiótica (Capítulo 6), gracias precisamente al concepto de valor descubierto por la ciencia económica e importado al ámbito lingüístico (recuérdese la idea saussuriana de la Lingüística como un juego de valores arbitrarios).

Esta evolución es válida, simplemente, en cuanto responsable de la especificidad metodológica y objetual de la Lingüística, puesto que en el fondo, Saussure no pretendía la separación entre una Lingüística sociológica y otra semiótica. De hecho, el discurso saussuriano esboza realmente una Lingüística social, en la que el lenguaje, como capacidad de comunicación no aprehensible a través de los sentidos, se plasma en:

- La *Lengua Objeto*, producto abstracto y social de la facultad de lenguaje.
- El *Habla Objeto*, acto concreto e individual de la facultad de lenguaje.

Consecuentemente, la lengua es una parte del lenguaje, es su producto social y, por tanto, un conjunto de convicciones adoptadas por una comunidad lingüística. Para Saussure está constituida por un conjunto de signos relacionados entre sí que no poseen un valor por sí mismos sino por el hecho de que se oponen unos a otros.

El habla es el acto singular por el que un emisor cifra un mensaje concreto, extrayendo del código los signos y las reglas que necesita en ese momento. Es, por tanto, un acto individual de voluntad y de inteligencia en el que debemos distinguir:

- Las *combinaciones* de signos para expresar un pensamiento.
- El *mecanismo psicofísico* que permitirá exteriorizar estas combinaciones.

Para finalizar, vamos a resumir los caracteres específicos de la lengua, relacionados con el habla y el lenguaje:

- La lengua es la *parte social del lenguaje*, que existe por una especie de contrato establecido por los miembros de una comunidad. El individuo necesita un aprendizaje para conocer su funcionamiento.

- La lengua es distinta del habla y por ello se puede estudiar *separadamente* (no hablamos latín pero sí podemos estudiar el funcionamiento de la lengua latina).

- Frente al lenguaje que es heterogéneo, la lengua es *homogénea* porque es un sistema de signos en el que sólo es esencial la unión del sentido y de la forma para su expresión.

2.3. Bühler: acción, producto y acto verbal.

Parte en su estudio de dos puntos de vista; a saber, la relación con el sujeto hablante (subjetiva/objetiva) y el plano de abstracción (concreto/abstracto). A partir de la combinación de estos elementos establece cuatro aspectos en el lenguaje:

- La *acción verbal*, que es la actividad individual, por tanto, subjetiva y concreta.

- El *producto verbal*, que es el resultado de la acción verbal anterior, en este caso, objetivo y concreto.

- *Acto verbal*, que es la actividad del sujeto hablante en relación con el sistema lingüístico (subjetivo y abstracto).

- Finalmente, el cuarto aspecto del lenguaje está constituido por el propio *sistema lingüístico*, que es el conjunto de formas lingüísticas y, consecuentemente, objetivo y abstracto.

Como afirma Coseriu, Bühler mezcla a Humboldt con Saussure, añadiendo la *acción verbal* y el *sistema lingüístico* a lo que había establecido Saussure.

El lenguaje como fenómeno social: la diversidad lingüística

Veamos de forma esquemática su propuesta en el cuadro siguiente, comparándola con la de Humboldt y Saussure:

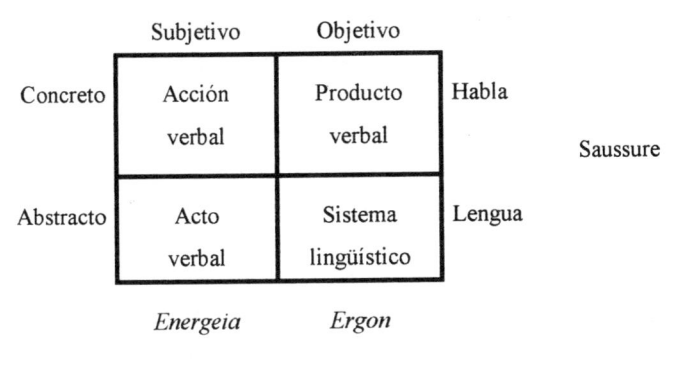

	Subjetivo	Objetivo	
Concreto	Acción verbal	Producto verbal	Habla
Abstracto	Acto verbal	Sistema lingüístico	Lengua
	Energeia	*Ergon*	

Saussure (derecha)

Humboldt (abajo)

Las propuestas de Bühler permiten señalar al menos tres deficiencias en el modelo saussuriano:

- La primera sería la *identificación* existente entre individual y concreto por un lado y social y formal, por otro, una oposición que no es tan rígida, puesto que los hechos concretos se pueden considerar desligados del sujeto y, por lo tanto, socialmente, y a la vez como actos verbales.

- La segunda sería la *rigidez* de la dicotomía, puesto que ignoran el punto donde la lengua y el habla se encuentran y se combinan (acto verbal).

- Y, finalmente, la tercera insuficiencia vendría dada por la propia concepción que tenía Saussure del *individuo*, un individuo completamente separado de la sociedad y que no sería él mismo «colectividad».

2.4. Hjelmslev: esquema, norma, uso y acto.

La diferencia entre *esquema, norma, uso* y *acto* estriba en que los tres primeros corresponden a la lengua, mientras que el acto corresponde al habla. Veamos cada uno de ellos:

- *Esquema*: es la concepción del lenguaje como forma pura, definido independientemente de su realización social y de su manifestación material.

- *Norma*: el lenguaje es entendido ahora como forma material, quedando definido por la realización social determinada, aunque aún independientemente del detalle de la manifestación concreta.

- *Uso*: en este caso, el lenguaje se concibe como un conjunto de hábitos adoptados por una sociedad y definidos mediante las relaciones observadas.

Todos estos elementos organizan metodológicamente el ámbito del lenguaje perteneciente a la lengua saussuriana, siendo quizá el de *esquema* el estrictamente más cercano. Sin embargo, y aunque Saussure rechazase la importancia predominante del individuo en el cambio lingüístico, el habla no quedaba fuera de su formulación y, consecuentemente, tampoco de los planteamientos hjelmslevianos:

- *Acto*: es el empleo individual que se hace de la facultad de lenguaje.

Las funciones que se pueden establecer entre estos elementos son de interdependencia (C φ C), basada en la presuposición mutua (confróntese el capítulo 6). Así, *uso* y *acto* se presuponen mutuamente, la *norma* nace de ellos y presupone su existencia y, finalmente el *esquema* está determinado por el *acto*, el *uso* y la *norma*.

2.5. Coseriu: sistema, norma y habla.

Frente al planteamiento de Hjelmslev que es lógico, el planteamiento de Coseriu está más cercano a la realidad de la lengua. Coseriu —que sólo cree en la existencia del hablar concreto—, distingue en el lenguaje dos partes:

- *Aspecto psíquico*: es lo que podríamos denominar el lenguaje virtual, y se trata del momento anterior al acto lingüístico registrado y, por ello, cercano, además de a la Lingüística, al ámbito de la Psicología. Este aspecto presenta a su vez dos componentes:

    • *Acervo lingüístico* o *saber lingüístico*: se trata de la memoria lingüística construida a partir de los actos lingüísticos concretos. Por tanto, es una condición necesaria para el hablar concreto.

    • *Impulso expresivo*: en este caso no se trata de una noción lingüística, sino de un concepto importado de la psicología de la expresión con el que se significa la necesidad de expresar algo.

- *Aspecto lingüístico*: es el hablar concreto, objeto obviamente exclusivo de la Lingüística en sus distintos ámbitos disciplinarios. Está formado por tres componentes:

    • *Habla*: son los actos lingüísticos concretamente registrados en el mismo momento de su producción. No responden a una sistematicidad y son muy susceptibles al cambio.

    • *Norma*: aquella parte del habla que es repetición

de modelos anteriores. Es el comportamiento lingüístico tenido por «normal» en un colectivo de hablantes. Las normas son plurales y están condicionadas por las variedades intraidiomáticas, especialmente por las diatópicas. Sin embargo, no tiene tanta variedad como el habla.

- *Sistema*: es una segunda abstracción sobre la norma, puesto que se trata de lo que queda cuando eliminamos de la norma lo común, la tradición, las costumbres, es decir, todo aquello que no tiene valor funcional. Por tanto, cuando la norma pasa a formar parte del habla común de una colectividad, se transforma en sistema. Así, es todo lo funcional dentro de un idioma y, por ello mismo, único para cada lengua.

Como puede apreciarse, también hay cierta similitud con algunos de los planteamientos descritos. Vamos a representarlo gráficamente:

	Lengua		Habla	
SAUSSURE	Código abstracto	Normativa	Realización correcta	Individual
COSERIU	Sistema	Norma		Habla
HJELMSLEV	Forma pura	Realización social	Hábitos	Empleo individual
	Esquema	Norma	Uso	Acto

Consecuentemente, la *norma* comprende la noción saussuriana de lengua, considerada desde el punto de vista convencional y normativo, y la de habla, desde el punto de vista de su correcta utilización, así como las de norma como realización social y uso como conjunto de hábitos de Hjelmslev. El *sistema* equivaldría a la noción saussuriana de lengua, pero sólo en cuanto inventario de elementos abstractos, o la hjelmsleviana de esquema, como forma pura. Finalmente, el *habla* correspondería a la parte individual del habla saussuriana, es decir, al empleo individual (acto, según Hjelmslev), independientemente de su uso correcto o incorrecto.

Coseriu intentó introducir una noción de carácter interidiomático: *tipo*, en cuanto conjunto de sistemas. Sin embargo, el tipo se refiere a las variedades genéticas de las lenguas.

2.6. *Chomsky: competencia y actuación.*

Finalmente, otro de los grandes planteamientos es el de Chomsky, quien distingue dentro del lenguaje dos elementos:

- *Competencia*: es la posesión innata de mecanismos universales susceptibles de hacer pasar las estructuras profundas de las experiencias no lingüísticas a las estructuras superficiales de una lengua dada, mediante un conjunto de reglas (gramáticas). Se trata del aspecto creador del lenguaje, que permite al sujeto hablante generar un número infinito de oraciones que nunca ha oído.

- *Actuación*: se trata ahora del uso real que de la lengua se puede hacer en las situaciones lingüísticas concretas.

Para Chomsky, tanto la competencia como la actuación son fenómenos individuales, por lo que no tiene en cuenta la vertiente social del lenguaje.

Si comparamos el planteamiento chomskyano con las propuestas de Saussure podría pensarse que la competencia correspondería a la lengua y la actuación al habla. En el segundo caso sí podrían darse ciertas similitudes, pero la lengua y la competencia presentan una serie de diferencias que conviene recordar:

- La competencia es *creativa* frente a la lengua que no lo es.
- La competencia incluye aspectos de la *Psicología del lenguaje* frente a la lengua que no los engloba.
- Finalmente, la competencia es un sistema de *reglas* mientras que la lengua es un sistema de signos.

La explicación de la superación saussuriana se basará en los dos tipos de creatividad señalados por Chomsky; a saber, la *creatividad que cambia las reglas* y la *creatividad que gobierna las reglas*. El primer tipo de creatividad se localiza básicamente en la actuación, por lo tanto, en el habla, consistiendo fundamentalmente en las desviaciones individuales que, al acumularse, acaban por modificar el sistema. El segundo tipo de creatividad depende de la competencia y podríamos situarlo en la lengua, basándose en el poder recursivo de las reglas que contribuyen al sistema.

Otros autores han querido dotar a la noción de competencia de un valor más amplio. Es el caso de Hymes, quien entiende la competencia como el conocimiento que necesita un hablante de una lengua para mantener un comportamiento correcto y adecuado en cualquier situación comunicativa.

Posteriormente, Chomsky cambiará su concepción de la estructura lingüística y ya no hablará de *sistema de reglas*, sino de *sistema de principios y parámetros*, basándose en la distinción entre:

- *Lengua exteriorizada*: material lingüístico que aparece en la actuación y que se puede percibir por los sentidos.

- *Lengua interiorizada*: material lingüístico que está en la mente del hablante y que, por tanto, no se puede percibir ni tampoco medir.

Con ello, Chomsky está desplazando el foco de atención hacia el sistema de conocimiento que subyace al uso.

2.7. Conclusión.

Finalmente, como conclusión a las distintas propuestas que pretenden analizar el lenguaje desde el punto de vista social, separando lo individual y particular del uso lingüístico (el acto verbal o habla) de lo abstracto y social (la lengua), podemos señalar dos tendencias:

- Una concepción basada en criterios *trascendentes*, que concibe la lengua como un *comportamiento individual interiorizado* o como una *entidad social*. En el primer caso se conectan los estudios lingüísticos con el desarrollo de las capacidades cognitivas de los hablantes; en el segundo, se atiende, preferentemente, a la intercomunicación personal y a la función y condicionamientos sociales y ambientales de la lengua y de sus usuarios (recuérdese el Idealismo).

- Una concepción fundamentada en criterios *inmanentes* que estudia la lengua en sí y por sí misma, atendiendo al estudio de las formas, significados y funciones de los elementos lingüísticos, concebidos como formantes de estructuras opositivas e interrelacionadas, agrupados en niveles o disciplinas en razón de los distintos tipos de unidades (recuérdese el Paradigma Realista señalado anteriormente).

3. La variación intraidiomática.

El lenguaje como facultad de comunicación no está igualmente repartido entre todas las clases sociales, debido precisamente no a la inteligencia de los seres humanos sino al diferente grado de instrucción de los mismos. Cada uno de estos estratos usa diferentemente la lengua. A estas diferencias, Coseriu las llamó *variedades intraidiomáticas*, que son aquellas que se detectan en el interior de una lengua.

Como dijimos al comienzo del capítulo, desde un punto de vista descriptivo, existen cuatro niveles de variedades intraidiomáticas que van desde lo más particular a lo más general, propuestas a partir de factores externos como el espacio, la situación, la sociedad, etc.

Atendiendo al tipo de diferenciación interna, obtendremos diferentes tipos de variedades que dan lugar a distintos fenómenos lingüísticos funcionales, con unas unidades específicas y que determinarán distintos grados de estructuración interna dentro de una lengua. Veámoslo en el cuadro aclarador que seguiremos en las exposiciones.

No sistematizamos en su interior las variaciones individuales puesto que, como puede comprenderse, responden a particularidades difícilmente sistematizables.

Diferenciación interna	Denominación de la variedad	Fenómeno lingüístico	Unidades	Grado de estructuración
Sociocultural	Diastrática	Sociolectos	Sinstráticas	Nivel de lengua
Modos de hablar	Diafásica	Fasolectos	Sinfásicas	Estilos de lengua
Geográfica	Diatópica	Dialectos	Sintópicas	Dialectal

3.1. Las variedades individuales.

Son aquellas que corresponden a la lengua de una sola persona. Es un hecho constatado que cada persona tiene una manera específica de hablar, por tanto habrá modalidades de cada persona (idiolectos) adecuados al contexto en el que se produzca el acto comunicativo: familiar, coloquial, expositivo, etc. Es, por tanto, el primer grado de la variedad lingüística.

3.2. Las variedades diastráticas.

Son aquellas que se diferencian en virtud de los factores sociales; Son, por tanto, diferencias entre los distintos espacios *socioculturales* de una comunidad. Dan lugar a los *sociolectos*, que no son característicos de un individuo sino de un grupo social.

Los factores que determinan los sociolectos son el sexo, la edad, el nivel económico, el nivel cultural, la profesión, el origen, etc. Así tenemos diferentes *niveles de lengua* que los vemos plasmados, entre otras, en las siguientes variedades diastráticas:

- *Habla culta*: la de aquellas personas que presentan un nivel cultural adecuado.
- *Habla popular*: habla común del pueblo, con un nivel inferior al anterior.
- *Habla vulgar y rústica*: la de las personas iletradas, con vulgarismos, arcaísmos, etc.
- *Habla profesional*: habla propia de las profesiones y de las corporaciones.
- *Habla de artesanía*: se trata de un vocabulario reducido y

castizo para los materiales de los oficios artesanales.

- *Habla artística*: es un suplemento del vocabulario en el ámbito de la pintura, la música, etc.

- *Habla industrial:* a partir de la incorporación de muchos tecnicismos debido a la gran introducción de maquinarias en muchas profesiones.

- *Habla de germanía*: propia de los ladrones y maleantes.

3.3. *Las variedades diafásicas.*

Son aquellas propias de los grandes grupos, producidas por las diferencias entre los distintos *modos de hablar*. Así tenemos diferentes *estilos de lengua* (solemne, formal, coloquial, íntimo, etc.) que los vemos plasmados, entre otros, en los siguientes usos del lenguaje:

- *Uso publicitario del lenguaje*: el que se da en el ámbito publicitario, con la finalidad de llamar la atención y favorecer la compra.

- *Uso periodístico del lenguaje*: cuya base está en la noticia. Presenta un estilo claro, conciso, elegante y natural.

- *Uso jurídico-administrativo del lenguaje:* basado principalmente en la denotación.

- *Uso literario del lenguaje*: basado, en este caso, en el poder evocador del lenguaje, en la connotación.

- *Uso científico y técnico del lenguaje*: también denotativo, conciso y con muchos tecnicismos.

3.4. Las variedades diatópicas.

Los hablantes de una lengua no todos lo hacen de la misma manera. Una de las razones es su pertenencia a un *espacio geográfico* distinto, que hace que nos podamos encontrar con diferentes registros orales (nacional, regional, local, urbano, rural, etc.). Sin embargo, los hablantes de zonas geográficas diferentes poseen muchas coincidencias idiolectales, el conjunto de estas coincidencias constituyen un código llamado *dialecto*.

Así, frente a la lengua en cuanto sistema lingüístico diferenciado, con alto grado de nivelación y tradición literaria, el *dialecto* consiste en un sistema de signos desgajado de una lengua común, viva o desaparecida, con una concreta diferenciación geográfica pero sin fuerte diferenciación frente a otros de origen común.

Los dialectos pueden ser de tres tipos:

- *Primarios*: son aquellos dialectos procedentes de una lengua histórica que no existe como tal y no se ha convertido en una lengua común para un conjunto de hablantes.

- *Secundarios*: son los que han surgido dentro de una lengua común.

- *Terciarios*: Son aquellos que se producen en el interior de una lengua histórica cuando en ésta hay además una modalidad ejemplar estándar.

Por tanto, las lenguas dentro de un dialecto serán *lenguas*, si no se tiene en cuanta su relación con otros sistemas lingüísticos (la lengua de Buenos Aires); *dialectos*, si se delimitan dentro de una lengua histórica (el dialecto andaluz del español); y *subdialectos*, si se delimitan dentro de un dialecto (el andaluz de Sevilla).

4. La variación interidiomática: las lenguas en el mundo.

La *variación interidiomática* es aquella que se detecta entre distintas lenguas.

Existen dos tipos de variedades interidiomáticas: las genéticas y las tipológicas.

4.1. Las variedades genéticas.

Son aquellas que permiten agrupar las diferentes lenguas en familias o grupos. Lo importante es saber el origen común entre estas lenguas.

La disciplina que estudia las variedades genéticas es la *Lingüística histórica*. Para estudiar estas variedades a lo largo de la historia, la Lingüística histórica debe acercarse a los textos escritos legibles de estas lenguas. Sin embargo, los testimonios lingüísticos son relativamente escasos, por lo que la Lingüística histórica tiene dificultades a la hora de estudiar de forma global las relaciones genéticas de todas las lenguas del mundo.

No sabemos tampoco cuántas lenguas existen en el mundo, ya que no se ha realizado un estudio serio al respecto. De ahí que el número pueda oscilar entre las dos mil y las diez mil lenguas. Sin embargo, las familias más claramente aceptadas son las siguientes:

- *Lenguas indoeuropeas*: como el español, inglés, galés, ruso, etc.

- *Lenguas finougrias*: como el finlandés, húngaro, lapón, etc.

- *Lenguas semíticas*: como el árabe, hebreo, etíope, etc.

- *Lenguas chinotibetanas*: como el tibetano, el chino, el birmano, etc.

- *Lenguas amerindias*: como el quechua, araucano, etc.

- *Lenguas africanas*: como el bantú.

- *Lenguas malayopolinesias*: como el indonesio.

A pesar de lo que hemos dicho, el volumen de documentación de las lenguas indoeuropeas es abundante, lo que ha permitido estudios más rigurosos. El indoeuropeo es una lengua reconstruida a partir de las que se suponen que nacieron de ella. Veamos una panorámica de las lenguas indoeuropeas:

- *Lenguas indoiranias*: como el sánscrito (bengalí, cingalés, hindí, urdu), el iranio (persa, kurdo), etc.

- *Lenguas románicas*: como el español, gallego, portugués, francés, italiano, rumano, etc.

- *Lenguas germánicas*: como el inglés, alemán, danés, holandés, sueco, noruego, etc.

- *Lenguas célticas*: como el bretón, galés, irlandés, gaélico, etc.

- *Lenguas eslavas*: como el ruso, ucraniano, búlgaro, servocroata, checo, polaco, etc.

Las lenguas van evolucionando y así se producen estas familias. La previsión del cambio es tan segura que los lingüistas han desarrollado la *técnica glotocronológica* para datar la separación entre dos lenguas. Esta técnica se basa en el supuesto de que, debido a los préstamos y a los cambios internos, alrededor del 14% de las palabras básicas del vocabulario de cada lengua serán sustituidas cada mil años.

4.2. *Las variedades tipológicas.*

Son aquellas que permiten agrupar las diferentes lenguas en *tipos* (esquemas o modelos). Lo importante aquí no es reconstruir las familias de lenguas sino establecer los rasgos estructurales que comparten las lenguas a partir de un *parámetro tipológico* o criterio estructural utilizado para determinar las semejanzas tipológicas de las lenguas.

En este sentido, la *Tipología lingüística* no utiliza el método histórico sino el método *comparativo* en la sincronía, para así establecer los rasgos más predominantes en las lenguas del mundo. Por ello, se clasifican las lenguas atendiendo al grado de similaridad de sus formas en sus distintos niveles.

Las variedades tipológicas pueden ser de varios tipos:

- *Funcionales:* atendiendo a los procedimientos internos de formación. Humboldt, partiendo de la estructura interna de las palabras, clasificó las lenguas en:

  - *Aglutinantes:* son aquellas lenguas en las que sus palabras están formadas por una serie lineal ordenadas de morfemas, que tienen funciones semánticas y sintácticas, que se añaden al lexema. Es lo que ocurre en el turco y en japonés.

  - *Flexivas:* son aquellas lenguas en las que sus palabras tienen flexiones para expresar oposiciones de tipo morfológico como el género, número, caso. Es lo que ocurre en español en palabras como *canto, cantas, canta,* etc.

- *Aislantes:* son aquellas lenguas en las que sus palabras son invariables y las relaciones sintácticas se marcan por el orden de las palabras o por unos morfemas independientes. Es el caso de la lengua china o vietnamita.

- *Polisintéticas:* es un cuarto tipo unido a los anteriores, en los que las unidades lingüísticas se caracterizan por combinar en una sola unidad morfemas y palabras de una oración (esquimal y lenguas amerindias).

— *Formales:* atendiendo a los materiales, resultado de los procedimientos internos de formación. Así, las lenguas pueden ser:

- *Analíticas:* son aquellas lenguas en las que sus palabras están formadas por procedimientos aislantes.

- *Sintéticas:* son las formadas por procedimientos flexivos, aglutinantes y polisintéticos.

5. La escritura.

Para finalizar este capítulo debemos estudiar ahora la escritura puesto que se trata de un código sustitutorio de la lengua oral y, por tanto, con su mismo carácter social.

La escritura sirve como alternativa a la lengua oral cuando ésta no es posible, y así contribuye a que perduren en el tiempo los mensajes lingüísticos.

Frente a la lengua oral que es un fenómeno natural de la especie humana, la escritura es un producto de la cultura, que necesita ser adquirido mediante un proceso de aprendizaje.

La escritura empieza a documentarse a partir del 6.000 y 5.000 a. C. en Mesopotamia, Egipto y China; sin embargo, con anterioridad hay una serie de manifestaciones visuales que son precedentes de la escritura; a saber, las pinturas de las cavernas, de hace 20.000 años, y una serie de objetos de arcilla en los que se intentaba llevar la contabilidad, de hace unos 10.000 años.

Para reconstruir estos sistemas de escritura se han utilizado trozos de maderas y tablas encontradas en escombros de ciudades en ruinas.

Veamos, a continuación, los distintos sistemas de escritura que fueron utilizados a lo largo de la historia.

5.1. *El sistema pictográfico.*

La pictografía es un fenómeno previo a la escritura y consiste en el uso de una serie de dibujos con valor comunicativo.

En este sentido, hay que tener en cuanta que las pinturas rupestres sirvieron para recordar acontecimientos, pero no fueron mensajes lingüísticos específicos. Son arte pictórico. Cuando estos dibujos representan imágenes concretas de forma coherente y con la intención de comunicar un mensaje nace el sistema pictográfico.

Toda la colectividad debía utilizar formas similares para representar la realidad, de manera que fuesen entendidas por todos los miembros de la misma colectividad. Por tanto son símbolos (Capítulo 6).

Algunos pictogramas pueden ser el círculo con algunas rayas saliendo de él como símbolo del sol, el cigarro tachado como símbolo de la prohibición de fumar, etc.

5.2. El sistema ideográfico.

Cuando los pictogramas se convierten en formas simbólicas no tan natural como en el pictograma, sino que pueden manifestar ideas, nacen los ideogramas y el sistema ideográfico. Representan los significados de las cosas por medio de dibujos que representan una idea.

Así, por ejemplo, un círculo con un punto en el centro sería el ideograma del sol, un círculo con tres rayas debajo, de la luz, etc.

Como puede observarse, no son símbolos exactos, puesto que se ha hecho una abstracción de la forma que tiene la entidad en el mundo real.

No existe ninguna escritura puramente ideográfica, ya que algunos ideogramas tienen valores fonológicos o gramaticales, como se puede apreciar en las lenguas jeroglíficas. Por ello, cuando el símbolo ideográfico se usa para representar una palabra se considera un logograma.

La China antigua presenta una escritura logográfica. No hay análisis fonético. Cada ideograma corresponde a un concepto. Esto presenta la ventaja de que los hablantes de diferentes dialectos puedan entenderse por escrito, aunque cada uno pronuncie el ideograma de diferente manera (comienzo de la arbitrariedad).

Otro ejemplo de escritura logográfica es la escritura cuneiforme sumeria, de hace unos 5.000 o 6.000 años. Fue utilizada por los sumerios al sur del actual Irak, principalmente para llevar la contabilidad.

La reproducción de los signos que constituían este sistema de escritura se realizaba grabando con la punta de una caña en unas tablillas (*dub*) de barro blando, que después secaban al sol y cocían en el horno, guardándose indefinidamente. Este sistema contó con 15 clase de fichas, divididas en 200 subclases, basadas en tamaño, marcas, valoración fraccional, etc.

Estos objetos de arcilla originarían posteriormente la escritura, que se llamaría cuneiforme porque los sumerios utilizaban una cuña presionando sobre el barro o la cera blanda, escritura también simbólica pero más económica, acercándose al alfabeto.

Esta escritura se aprendía en las escuelas (*edubba*, casa de las tablillas). Primero lo hacían los futuros profesionales de la religión. Posteriormente, se convirtieron en escuelas elementales, creándose las *imgula* (casa de las sabidurías), en las que se aprendía Teología, Astrología, Ciencia, Filología y Artes médicas y quirúrgicas.

En la civilización sumeria hay un problema de bilingüismo. Por ello se preocupan del léxico (había en la biblioteca de Babilonia cientos de miles de planchas de arcilla) y de fijar los repertorios lingüísticos en cartillas y series estructuradas como nuestros diccionarios, que eran empleados como textos escolares.

5.3. *El sistema jeroglífico.*

Es importante la escritura jeroglífica egipcia por todo lo que nos dice del conocimiento del lenguaje. Debemos destacar su expresión simbólica, código de símbolos o símbolos frases que evolucionan hasta el signo palabra, que manifiestan una anotación fonética.

No se representan las palabras con signos fonéticos o alfabéticos sino el significado de las palabras con figuras o símbolos que se llaman jeroglíficos. Éstos pueden ser de tres tipos: *ideogramas*, que representan objetos, *fonogramas*, que representan sonidos, y *determinantes*, que sin tener valor fonético sirven de guía al lector.

5.4. *El sistema silábico.*

Pertenece al sistema de escritura fonográfico, es decir, el que refleja hechos relativos a la segunda articulación del lenguaje, reflejando, por tanto, el aspecto fónico de la lengua escrita. Lo importante de este sistema es la pronunciación y el reducido número de unidades fónicas.

El sistema silábico es aquél que emplea un conjunto de símbolos que representan la pronunciación de las sílabas.

Aunque en el sistema sumerio y egipcio algunos símbolos representaban sílabas, el sistema silábico no apareció hasta hace unos 3.000 ó 4.000 años con los fenicios. Sin embargo, será en el año 1.000 a. C. cuando los fenicios tengan un sistema silábico desarrollado.

Se trata de un pueblo muy conocido por su espíritu comercial y emprendedor. En su condición de hombres prácticos nos legaron la invención del alfabeto. Y sus primeros escritos son del 1.500 y 1.300 a. C.

El alfabeto fenicio consta de 22 ó 25 caracteres y se caracteriza por la ausencia de vocales. Esto podría deberse a que se trata de una escritura silábica o a la economía (como ocurre en el hebreo o en el árabe). Además, se trata también de una escritura fonética, que demuestra el gran conocimiento que tenían de la fonética de su lengua. Pretendían representar los sonidos, no los fonemas (escritura fonológica).

El alfabeto supone tres criterios de perfección:

– *Supresión de los ideogramas*, que entrañan analogía y motivan signos gráficos en contra de la economía práctica.

– *Supresión de trazos secundarios* orientadores.

– Relación *unívoca* entre signo gráfico y sonido mínimo

evitando toda posible interpretación. Da lugar a alfabetos posteriores: griego y romano.

5.5. El sistema consonántico.

Pertenece también al sistema de escritura fonográfico, es decir, el que refleja hechos relativos a la segunda articulación del lenguaje. Se caracteriza por la ausencia de signos para las vocales. Es lo que ocurre en la escritura árabe y hebrea, en las que las vocales tienen carácter de afijo y no forman parte del lexema sino que se añaden a éste.

5.6. El sistema alfabético.

Finalmente, se trata del tercer sistema de escritura fonográfico. Es el que representa todos los fonemas de la lengua. El alfabeto es un conjunto de símbolos escritos en el que cada uno de ellos representa un único sonido.

La forma primitiva de letras alfabéticas que se originaron en la escritura de los fenicios constituye el origen de la mayoría de los demás alfabetos del mundo, ampliándose por un lado hacia el este hasta la India y el sudeste asiático y por otro hacia el oeste a través del griego.

De los griegos, este alfabeto revisado pasó a Europa occidental a través de los romanos; también lo hizo por el este de Europa, donde se hablaban las lenguas eslavas y una versión modificada del alfabeto llevada a cabo por San Cirilo durante la evangelización de los países eslavos en el siglo XIX, y que dio lugar a la escritura usada en Rusia en la actualidad.

E. Actividades sugeridas.

— Conteste a las siguientes cuestiones:

– Explique las diferencias entre las propuestas de Hjelmslev y Coseriu para estructurar la variación lingüística.

– ¿Cuáles son los criterios para estructurar la variación intraidiomática? Explíquelos.

– Realice un árbol genealógico en el que se reflejen las principales lenguas del mundo.

– ¿Cuáles son las diferentes variedades interidiomáticas? ¿En qué se diferencian?

– Explique la evolución que se ha producido en los distintos sistemas de escritura hasta llegar a la escritura alfabética.

F. Lecturas recomendadas.

COSERIU, E., «Sistema, Norma y Habla» apud *Lecciones de Lingüística General*, Gredos, Madrid, 1981, pp. 11-113.

Propuesta clara, rigurosa y sistemática de estructuración de la variación lingüística.

COSERIU, E., «Los conceptos de 'dialecto', 'nivel' y 'estilo de lengua' y el sentido propio de la dialectología», *Lingüística española Actual*, III/1 (1981), pp. 1-33.

Con objeto de precisar el sentido de la dialectología y su lugar entre las disciplinas lingüísticas, precisa con claridad la noción de dialecto y sus principales tipos.

MORENO CABRERA, J. C., *Lenguas del mundo*, Visor, Madrid, 1990.

Panorámica de un gran número de las lenguas existentes en el mundo.

YULE, G., «El desarrollo de la escritura» apud *El lenguaje,* Cambridge University Press, Cambridge, 1998, pp. 20-30.

Presentación concisa y sistemática de los distintos sistemas de escritura con numerosos ejemplos.

G. Ejercicios de autoevaluación.

Con el fin de que se pueda comprobar el grado de asimilación de los contenidos, presentamos una serie de cuestiones, cada una con tres alternativas de respuestas. Una vez que haya estudiado el tema, realice el test rodeando con un círculo la letra correspondiente a la alternativa que considere más acertada. Después justifique las razones por las que piensa que la respuesta elegida es la correcta, indicando también las razones que invalidan la corrección de las restantes.

Cuando tenga dudas en alguna de las respuestas vuelva a repasar la parte correspondiente del capítulo e inténtelo otra vez.

1. El producto verbal es para Bühler
    A Subjetivo y concreto.
    B Objetivo y concreto.
    C Objetivo y abstracto.

2. La formulación de Bühler es una mezcla de las propuestas de
    A Saussure y Humboldt.
    B Saussure y Hjelmslev.
    C Hjelmslev y Chomsky.

3. La caracterización objetual propuesta por Hjelmslev puede calificarse como
   A Realista.
   B Idealista.
   C Lógica.

4. Las diferenciaciones socioculturales producen variaciones
   A Sociolectales.
   B Sinstráticas.
   C Las respuestas A y B no son correctas.

5. ¿Cuál es la concepción de Coseriu más cercana a la de lengua saussuriana?
   A El esquema.
   B La norma.
   C Las respuestas A y B no son correctas.

6. La pertenencia a espacios geográficos distintos da lugar a variedades
   A Diatópicas.
   B Diastráticas.
   C Diafásicas.

7. Las variedades genéticas son aquellas que nos permiten agrupar las lenguas en
   A Tipos.
   B Familias.
   C Sistemas lingüísticos.

8. ¿Cuál es el método que utiliza la Tipología lingüística?
   A El método histórico.
   B El método comparativo.
   C El método estructural.

9. Para Coseriu, el sistema es
   A Lo que queda al eliminar de la norma lo no funcional.
   B La repetición de modelos lingüísticos anteriores.
   C La realización social del lenguaje.

10. ¿En qué consiste el parámetro tipológico?
    A En el criterio usado para precisar la semejanza entre las lenguas.
    B En el criterio estructural usado para precisar las diferencias entre las lenguas.
    C En el criterio usado para establecer los procedimientos internos de formación de las lenguas.

11. La lengua china es
    A Flexiva.
    B Aglutinante.
    C Aislante.

12. La diferencia entre la competencia chomskyana y la lengua saussuriana estriba
    A En el carácter creativo de la lengua saussuriana.
    B En el carácter sígnico de la competencia chomskyana.
    C Las respuestas A y B no son correctas.

13. Los primeros precedentes de la escritura aparecieron en el
    A 8.000 a. C.
    B 18.000 a. C.
    C 20.000 a. C.

14. La escritura pictográfica tiene un carácter
    A Sígnico.
    B Simbólico.
    C Jeroglífico.

15. Cuando el pictograma representa una palabra se considera
    A Logograma.
    B Jeroglífico.
    C Las respuestas A y B no son correctas.

16. La competencia chomskyana puede definirse como un
    A Conjunto de signos.
    B Conjunto de reglas.
    C Conjunto de signos relacionados según ciertas reglas.

17. Los ideogramas representan
    A Sonidos.
    B Objetos.
    C Sentimientos.

18. El alfabeto griego tiene su origen
    A En los egipcios.
    B En los fenicios.
    C En los sumerios.

19. Formulado en términos matemáticos podemos decir que la lengua para Saussure es igual
    A Al lenguaje menos el habla.
    B Al habla menos el lenguaje.
    C Al lenguaje más el habla.

20. La lengua exteriorizada se encuentra
    A En la competencia lingüística.
    B En la actuación.
    C En los sentidos.

21. La noción de competencia procede de
    A Hymes.
    B Saussure.
    C Las respuestas A y B no son correctas.

22. Las variedades diastráticas dan lugar a diferentes
    A Estilos de lengua.
    B Niveles de lengua.
    C Dialectos.

23. La manera específica de hablar de cada persona se denomina
    A Idiolecto.
    B Fasolecto.
    C Sociolecto.

24. Los dialectos pueden ser
    A Aglutinantes o flexivos.
    B Primarios o secundarios.
    C Analíticos o sintéticos.

25. La concepción humboldtiana del lenguaje puede considerarse
    A Idealista.
    B Realista.
    C Materialista.

H. Glosario.

Acción verbal: Actividad individual, subjetiva y concreta con la que se actualiza la facultad del lenguaje.

Acervo lingüístico: Memoria lingüística construida a partir de los actos lingüísticos concretos.

Acto verbal: Actividad del sujeto hablante en relación con el sistema lingüístico.

Acto: Empleo individual que se hace de la facultad del lenguaje.

Actuación: Uso real que de la lengua se puede hacer en situaciones lingüísticas concretas.

Competencia: Posesión innata de mecanismos universales susceptibles de hacer pasar las estructuras profundas de las experiencias no lingüísticas a las superficiales de una lengua dada, mediante un conjunto de reglas.

Dialectalismo: Vocablo de un dialecto.

Dialecto: Lengua desgajada de otra viva o desaparecida, con una concreta diferenciación geográfica pero sin fuerte diferenciación frente a otros de origen común.

Energeia: Nombre con el que Humboldt designa el núcleo dinámico y trascendente que encierra el lenguaje.

Ergon: Nombre con el que Humboldt designa la parte inmanente del lenguaje.

Esquema: Forma pura del lenguaje, definido independientemente de su realización social y de su manifestación material.

Fasolecto: Modo de hablar resultante de las variedades diafásicas, que constituyen distintos estilos de lengua (publicitario, periodístico, etc.).

Habla: Objeto inmanente de la Lingüística, formado por las realizaciones individuales y exteriores, que actualizan la parte más inmanente del lenguaje y constituye el camino para llegar hasta él.

Idiolecto: Conjunto de hábitos lingüísticos de cada persona con relación a la lengua estándar de una colectividad.

Lengua exteriorizada: Material lingüístico que aparece en la actuación y que es percibido por los sentidos.

Lengua interiorizada: Material lingüístico que está en la mente del hablante y no se percibe por los sentidos.

Lengua: Objeto inmanente de la Lingüística formado por el sistema interior y social que actualiza la parte más trascendente del lenguaje y constituye el camino para llegar hasta él.

Norma: Forma material del lenguaje, definido por su realización social.

Presuposición: Relación de dependencia mutua entre dos elementos.

Producto verbal: Resultado objetivo y concreto de la acción verbal.

Sistema alfabético: Conjunto de signos que, ordenados de manera convencional, sirven para representar gráficamente los sonidos de una lengua.

Sistema ideográfico: Conjunto de signos gráficos o dibujos que representan los conceptos y los significados de las cosas.

Sistema jeroglífico: Conjunto de figuras o símbolos que representan los significados de las palabras y los sonidos de las mismas.

Sistema pictográfico: Conjunto de dibujos usados con valor comunicativo.

Sistema silábico: Conjunto de símbolos escritos empleados en la representación de las sílabas de las palabras de una lengua.

Sociolecto: Fenómeno lingüístico resultante de las variedades diastráticas que caracterizan a un grupo social (profesores, abogados, sacerdotes, deportistas, etc.), debido a variables sociológicas como la clase social, la profesión, la edad, el sexo, etc.

Tecnicismo: Término propio del uso científico o artístico del lenguaje.

Uso: Conjunto de hábitos adoptados por una sociedad para actualizar la facultad del lenguaje.

Variación interidiomática: Cambio que se detecta entre distintas lenguas.

Variación intraidiomática: Cambio que se detecta en el interior de una lengua.

Variedades diafásicas: Conjunto de formas lingüísticas de los grandes grupos, producidas por las diferencias entre los distintos modos de hablar.

Variedades diastráticas: Conjunto de formas lingüísticas que se diferencian en virtud de factores sociales.

Variedades diatópicas: Conjunto de formas lingüísticas que se diferencian por la pertinencia de los hablantes a espacios geográficos distintos.

Variedades genéticas: Conjunto de formas lingüísticas que permiten agrupar las lenguas en familias o grupos.

Variedades tipológicas: Conjunto de formas lingüísticas que permiten agrupar las lenguas en tipos o modelos.

I. Bibliografía general.

BENVENISTE, É., «Estructura de la lengua y estructura de la sociedad» apud *Problemas de Lingüística general II*, Siglo XXI, México, 1977, pp. 95-107.

BERRUTO, G., *Fondamenti di sociolinguistica*, Laterza, Bari, 1995.

BIBER, D., *Dimensions on register variation. A cross-linguistic variation*, Cambridge University Press, Cambridge, 1995.

BÜHLER, K., *Teoría del lenguaje*, Revista de Occidente, Madrid, 1967.

CHOMSKY, N., *Conocimiento del lenguaje*, Alianza, Madrid, 1989.

COSERIU, E., «Sistema, Norma y Tipo» apud *Lecciones de Lingüística General*, Gredos, Madrid, 1981, pp. 316-327.

FASOLD, R., *La Sociolingüística de la sociedad*, Visor, Madrid, 1996.

FERNÁNDEZ LEBORÁNS, M. J., «Sobre el concepto de lengua», *Español Actual*, 43 (1985), pp. 51-68.

HJELMSLEV, L., «Lengua y habla» apud *Ensayos lingüísticos*, Gredos, Madrid, 1972, pp. 90-106.

HUMBOLDT, W., *Sobre la diversidad de la estructura del lenguaje humano y su influencia sobre el desarrollo espiritual de la humanidad*, Anthropos, Barcelona, 1990.

JUNYENT, C., *Las lenguas del mundo*, Octaedro, Barcelona, 1993.

MILLER, G. A., *Lenguaje y habla*, Alianza, Madrid, 1989.

MORENO CABRERA, J. C., *La Lingüística teórico tipológica*, Gredos, Madrid, 1995.

MORENO FERNÁNDEZ, F., *Principios de Sociolingüística y de Sociología del lenguaje*, Ariel, Barcelona, 1998.

MOSELEY, C. & ASHER, R. E. (eds.), *Atlas of the World's Languages*, Routledge, Londres, Nueva York, 1994.

PARSONS, T., *El sistema social*, Revista de Occidente, Madrid, 1967.

PRIDE, J., *The social meaning of Language*, Oxford University Press, Londres, 1971.

ROMAINE, S., *El lenguaje en la sociedad*, Ariel, Barcelona, 1996.

WALTER, H., *La aventura de las lenguas en Occidente. Su origen, su historia y su geografía*, Espasa-Calpe, Madrid, 1997.

Capítulo 6

EL LENGUAJE COMO FENÓMENO SIMBÓLICO: EL UNIVERSO SEMIÓTICO.

A. Objetivos.

1. *Conocer* las distintas acepciones del término *semiótica*.

2. *Comprender* la relación existente entre Lingüística y Semiótica a partir de las propuestas de los distintos autores.

3. *Entender* la diferenciación entre *índice* y *señal* como paso previo para la precisión e nuestro objeto de estudio.

4. *Comprender* las características del lenguaje natural humano en cuanto sistema semiótico.

5. *Entender* el carácter representacional del lenguaje y su plasmación en el ámbito comunicativo.

6. *Conocer* las bases semióticas de la comunicación diferenciando entre sistemas verbales y no verbales.

7. *Relacionar* las principales características de la comunicación animal con las

de la comunicación humana.

8. *Comprender* en qué consiste la estructura semiótica de las lenguas.

B. Palabras clave.

- Semiótica.
- Cibernética.
- Índice.
- Signo.
- Arbitrariedad.
- Linealidad.
- Discretitud.
- Emisor.
- Código.
- Canal.
- Contexto.
- Paralingüística.
- Proxémica.
- Estructura.

- Semiología.
- Zoosemiótica.
- Señal.
- Símbolo.
- Estructura biplánica.
- Doble articulación.
- Comunicación.
- Receptor.
- Mensaje.
- Sistema.
- Sistema semiótico.
- Kinesia.
- Rasgos de diseño.
- Función.

C. Organización de los contenidos.

1. Los dominios de la Semiótica.

2. Lingüística y Semiótica.

    2.1. Saussure.

    2.2. Peirce.

    2.3. Morris.

    2.4. Barthes.

El lenguaje como fenómeno simbólico: el universo semiótico

3. Las unidades semióticas.
4. El lenguaje natural humano como sistema semiótico: el signo lingüístico.
5. El carácter representacional del lenguaje: la comunicación.
    5.1. Aproximación definicional.
    5.2. Elementos de la comunicación.
    5.3. Grados de especialización.
    5.4. Otras propuestas.
6. Bases semióticas de la comunicación: sistemas verbales y no verbales.
7. La comunicación animal.
    7.1. La comunicación entre las abejas.
    7.2. La comunicación entre las aves.
    7.3. La comunicación entre los primates.
8. Comunicación animal y comunicación humana.
9. La organización semiótica de las lenguas.
    9.1. El término «sistema».
    9.2. El término «estructura».
    9.3. Lengua y sistema.
    9.4. Las lenguas y su organización semiótica.

D. Desarrollo de los contenidos.

1. Los dominios de la Semiótica.

En general, el ámbito semiótico se presenta como una investigación de índole filosófica sobre el lenguaje en su doble perspectiva de sistema de signos y medio de expresión comunicativa con validez social, que ha presentado un creciente auge.

Sin embargo, la palabra semiótica ha tenido distintas acepciones en el ámbito de la investigación sobre el lenguaje. Veamos estas acepciones para precisar la que vamos a adoptar en este capítulo.

a) La semiótica es considerada como una parte de la filosofía y su finalidad es la formación del lenguaje. Es, por tanto, una disciplina de carácter lógico o, más precisamente, una *lógica formal*.

b) La semiótica es considerada como una *semántica* y, por ello, se utilizan como estudios semánticos lo que son en realidad investigaciones parciales sobre un aspecto del lenguaje: los valores semánticos. Se intenta en este caso la fijación de la lengua por el contenido o conocimiento de las relaciones exactas de los términos con sus referentes en la realidad extralingüística.

c) Finalmente, la semiótica se identifica con la *semiología*, teniendo por objeto, consecuentemente, el signo y su empleo comunicativo.

Pues bien, será esta tercera acepción la que vamos a adoptar en este trabajo. Y puesto que, como vemos, esta acepción de lo que es la Semiótica se relaciona mucho con la Lingüística, vamos a continuación a precisar los puntos de encuentro entre ambas.

2. Lingüística y Semiótica.

Es frecuente encontrar estudiosos que consideran la Lingüística como una parte de la Semiótica. Por ello, es necesario precisar ahora el contenido disciplinario de la Semiótica con el objeto de situar en su justa proporción su relación con el ámbito lingüístico.

En general, a partir de la acepción tercera de la Semiótica (que es la que hemos adoptado), podemos decir que la Semiótica es la disciplina que estudia los signos y su funcionamiento en el interior de un sistema comunicativo. Por tanto, estudia la comunicación en un sentido amplio:

- Ya sea entre las células de un organismo (estudiado por la Biótica).
- La comunicación entre las máquinas y entre éstas y los seres humanos (Cibernética).
- La comunicación entre los animales (Zoosemiótica).

Por tanto, estudia los mecanismos para que se produzca un intercambio de información. Lo que ocurre es que el mecanismo más importante para que se produzca este intercambio es el lenguaje natural humano, que es estudiado por la Lingüística; de ahí que a veces se la considere rama de la Lingüística. Sin embargo, al ser los fenómenos lingüísticos de naturaleza tan compleja (no sólo simbólica sino también social y neuropsicológica), la Lingüística debe considerarse una disciplina relacionada pero no incluida en la Semiótica. En este sentido, la Semiótica surge como un procedimiento de colaboración entre las disciplinas tradicionales. Desde esta perspectiva es desde la que podemos relacionar, como propone Pike, la teoría lingüística con la teoría semiótica.

Desde el punto de vista histórico, podemos decir que la Semiótica es una disciplina reciente, elaborada sobre todo a partir de principios del siglo XX. Sin embargo, ha sido en las últimas décadas, cuando hemos asistido al gran auge de la semiótica como disciplina que estudia los signos. Este gran desarrollo se debió al problema de la inexactitud del lenguaje natural, motivo que obligó a los lingüistas, y en especial a los lógicos, a desarrollar una teoría semiótica basada en un método formalizado.

Veamos, aunque sea de forma somera, algunas propuestas fundacionales de la Semiótica.

2.1. Saussure.

Para Saussure, la vida y la civilización humana se basa en la comunicación y en los signos que los hablantes utilizan. Por ello, plantea la necesidad de establecer una ciencia que estudie todos los signos y su influencia en la vida social. Esta ciencia será la Semiología, entendida por Saussure como el estudio de la vida de los signos en el seno de la vida social. Su objeto, por tanto, son todos los signos (incluidos los lingüísticos).

2.2. Peirce.

Plantea lo mismo que Saussure pero en Estados Unidos. La diferencia está en que en lugar de utilizar el término Semiología utilizará el término Semiótica. Por tanto, ambos términos son semejantes, el primero usado por los seguidores de Saussure y el segundo por las traducciones alemanas de este tipo de estudios. Sin embargo, el término más frecuente es el de Semiótica. De ahí que sea el que vamos a utilizar a lo largo de este capítulo.

2.3. Morris.

Aunque tanto Saussure como Peirce plantearon la necesidad de una teoría semiótica, ésta no se estableció hasta los años 30 con Morris, quien divulga la distinción de Peirce entre los distintos componentes de todo código semiótico: uno sintáctico, otro semántico y un último pragmático.

Morris subraya que estos términos habían adquirido tal ambigüedad que amenazaban con ensombrecer en lugar de iluminar los problemas, ya que algunos autores los utilizaban para designar subdivisiones de la misma Semiótica, y otros para indicar distintos tipos de signos. Por ello, él los utiliza como componentes del código semiótico:

- El *componente sintáctico*, de tipo espacial y localizado en la escritura entre los elementos formales, que se relacionan entre sí para construir entidades complejas; le interesa, por tanto, la correcta construcción de los signos.

- El *componente semántico*, que interpreta los signos ordenados por el componente anterior, es decir, las relaciones de los signos con los objetos a los que se aplican (son reglas de asignación de objetos y relaciones a las cadenas bien formadas); con ello se pretende el paso del estudio del sistema al del proceso, lo que permite la primera definición del discurso como objeto semiótico y, por tanto, la existencia de una Lingüística que se ocuparía del lenguaje que usa el hombre en los textos; le interesa, por tanto, la correcta interpretación.

- Finalmente, el *componente pragmático*, que estudia las relaciones entre los signos ya interpretados en su relación con los interpretantes, es decir, con los usuarios que manejan cualquier código semiótico.

2.4. *Barthes.*

A partir de los años 60, Roland Barthes precisa la Semiótica como el estudio de cualquier fenómeno que manifestase algo. Para ello diferencia entre dos tipos de signos:

- *Signos históricos*: son los que tienen una finalidad semiótica, es decir, que se han establecido para ser instrumentos de comunicación. En este caso, los signos lingüísticos serían signos históricos.

- *Función signo*: son entidades que en alguna comunidad social han adquirido un valor semiótico y pueden ser usadas como vehículos de comunicación. Por ejemplo, el negro para el luto, el blanco para la virginidad, etc.

3. Las unidades semióticas.

El siguiente paso en la constitución de la Semiótica fue el establecimiento de sus unidades constitutivas. Para ello, el criterio de demarcación establecido fue el hecho de si había o no intención comunicativa a la hora de transmitir un mensaje. las unidades resultantes de esta diferenciación fueron las siguientes:

a) *Índice*: es un hecho inmediatamente perceptible que nos da a conocer algo acerca de otro hecho que no lo es. En este sentido, nos ofrecen una información sobre algo externo, en virtud de factores naturales. Obviamente, en este caso no hay intención comunicativa y su interpretación depende no de la voluntad de comunicación semiótica, sino de la experiencia y del conocimiento del receptor del mensaje. Es el clásico ejemplo de la visión del humo que nos indica que hay fuego.

b) Sin embargo, sí hay otros casos en que está presente la intención comunicativa del emisor. Se trata, ahora, de la *señal*, acto mediante el cual un individuo conocedor de un hecho perceptible asociado a cierto estado de conciencia, hace posible ese hecho para que otro individuo comprenda el objetivo de ese comportamiento y reconstruya en su propia consciencia lo que pasa en el primero.

Las señales tienen dos partes; a saber, una material, llamada *significante* (Saussure) o *plano de la expresión* (Hjelmslev), y otra conceptual, llamada *significado* o *plano del contenido*, que representamos a partir de ahora de la siguiente manera:

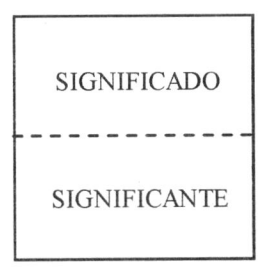

SIGNIFICADO
SIGNIFICANTE

Hay dos tipos de señales:

- *Símbolo*: es un vocablo que proviene del griego y significa 'unión entre dos términos'. Por tanto, es una señal que presenta una relación de necesidad entre su significante y su significado. Por ejemplo, un cartel con un cigarro tachado en el interior de un establecimiento nos comunica la prohibición de fumar dentro de él.

- *Signo*: para Reznikov, es un objeto, fenómeno o acción material percibida sensorialmente, que interviene en los procesos cognoscitivos representando a un objeto. Es, como afirma Heger, una imagen que representa un contenido ajeno a ella. En el caso sígnico, la relación entre significante y significado presenta tres características:

    • *Constancia*: la relación entre significante y significado debe perdurar en el tiempo dentro de los límites de un sistema semiótico.

- *Irreversibilidad*: un significante nunca puede funcionar como un significado del mismo signo y viceversa.

- *Arbitrariedad*: la relación entre significante y significado se establece de forma convencional por una comunidad social.

4. El lenguaje natural humano como sistema semiótico: el signo lingüístico.

Después de lo expresado hasta ahora, podemos decir que el lenguaje natural humano se va a comportar como un sistema semiótico porque 1º) es un sistema de signos, y 2º) van a ser usados comunicativamente. Veamos a continuación estos dos aspectos.

Las características principales de los signos que constituyen el lenguaje natural humano en cuanto sistema semiótico son las siguientes:

a) *Arbitrariedad* o lazo que une al significante y al significado de manera convencional, establecido por una comunidad. Prueba de ello es el hecho de que un mismo significado pueda realizarse con diferentes significantes en las distintas lenguas.

b) *Estructura biplánica*, pues asocia un hecho perceptible por los sentidos (plano de la expresión) a otro no perceptible (plano del contenido). Cada uno de ellos tiene una estructura biplánica también:

- *Plano de la expresión*:
    - Sustancia: infinitos sonidos que puede articular la garganta humana.
    - Forma: número limitado de sonidos (fonemas) de cada lengua.

- *Plano del contenido*:
  - Sustancia: todas las posibles comunicaciones que un hablante puede realizar.
  - Forma: manera concreta de organizar la realidad a través de la lengua.

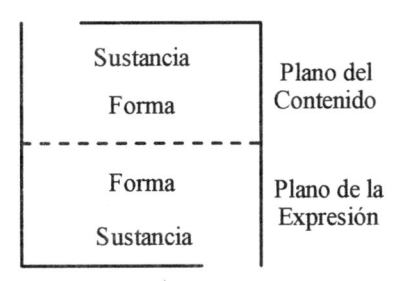

Sustancia / Forma	Plano del Contenido
Forma / Sustancia	Plano de la Expresión

c) El carácter *lineal* del significante, que sitúa al signo en el tiempo, puesto que el material sonoro se ordena sucesivamente.

d) La *doble articulación*, que permite al signo lingüístico, según Martinet, subdividirse en monemas (o unidades mínimas del plano del contenido, también llamadas morfemas por Hockett) y fonemas (o unidades mínimas del plano de la expresión).

e) *Discretitud* o carácter del signo lingüístico que le permite establecer su valor por oposición con otros signos del sistema.

f) *Carácter denotativo* (a partir de la significación objetiva que el signo posee fuera de cualquier contexto) y *connotativo* (a partir de la significación subjetivamente añadida a la denotativa).

5. El carácter representacional del lenguaje: la comunicación.

El sistema de signos que actualiza la facultad del lenguaje natural humano va a ser un sistema semiótico principalmente porque se va a utilizar en el ámbito comunicativo. Por ello, conviene estudiar ahora el proceso de comunicación, para estudiar posteriormente sus bases semióticas.

5.1. *Aproximación definicional.*

En general, la comunicación consiste en el proceso mediante el cual determinada información contenida en un mensaje transformado en señales es transmitida desde una fuente (emisor) hasta un destino (receptor), tal y como representamos en el esquema adjunto.

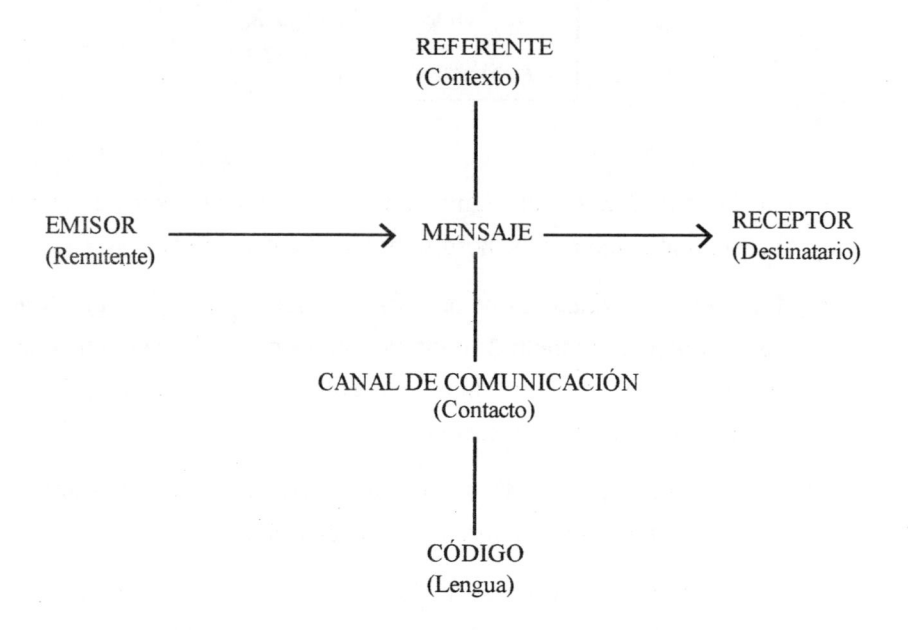

```
                    REFERENTE
                    (Contexto)
                        |
                        |
 EMISOR    ———→     MENSAJE    ———→    RECEPTOR
(Remitente)                            (Destinatario)
                        |
                        |
              CANAL DE COMUNICACIÓN
                    (Contacto)
                        |
                        |
                     CÓDIGO
                    (Lengua)
```

Otras definiciones desde enfoques específicos, son las que reproducimos a continuación.

— *Formulación esquemática de Morris*: la comunicación es un proceso mediante el cual un objeto hace común sus propiedades a un número de objetos o cosas (el caso, por ejemplo, de un radiador que «transmite» su calor a los cuerpos vecinos).

— *Planteamiento globalizador de Moles*: la comunicación es la acción por la que un individuo participa de las experiencias de otro individuo utilizando los elementos de conocimiento que tienen en común.

— *Planteamiento filosófico-existencial, social y psicológico de Orive*: la comunicación es la relación real que consiste en el descubrimiento del «yo», «otro» u «otros» y donación de un contenido, basado en un código.

— *Formulación mecanicista de Shannon*: para este autor la comunicación es la reproducción exacta en un punto dado de un mensaje tomado en otro punto (cf. el esquema siguiente).

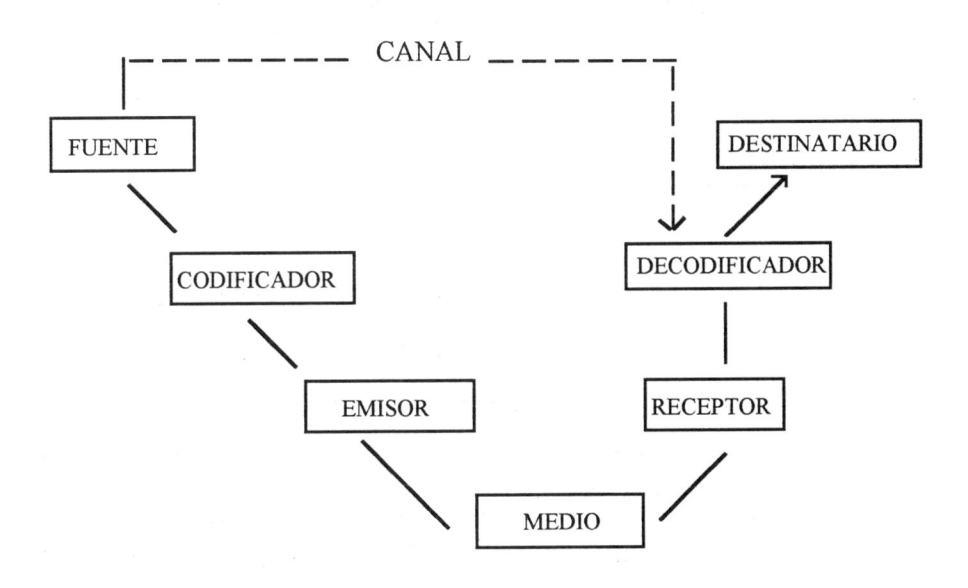

```
        ┌ ─ ─ ─ ─ ─ ─  CANAL  ─ ─ ─ ─ ─ ┐
        │                               │
    ┌────────┐                      ┌──────────────┐
    │ FUENTE │                      │ DESTINATARIO │
    └────────┘                      └──────────────┘
         \                             ↓   ↗
          \                    ┌──────────────┐
           \                   │ DECODIFICADOR│
       ┌─────────────┐         └──────────────┘
       │ CODIFICADOR │                │
       └─────────────┘                │
             \                  ┌──────────┐
         ┌────────┐             │ RECEPTOR │
         │ EMISOR │             └──────────┘
         └────────┘                 /
              \      ┌───────┐    /
               \     │ MEDIO │   /
                 ────└───────┘───
```

5.2. *Elementos de la comunicación.*

Sea cual sea el planteamiento adoptado, el acto de comunicación se establece, generalmente, mediante un proceso en el que intervienen los siguientes elementos y da lugar al esquema manejado en los manuales *ad usum*:

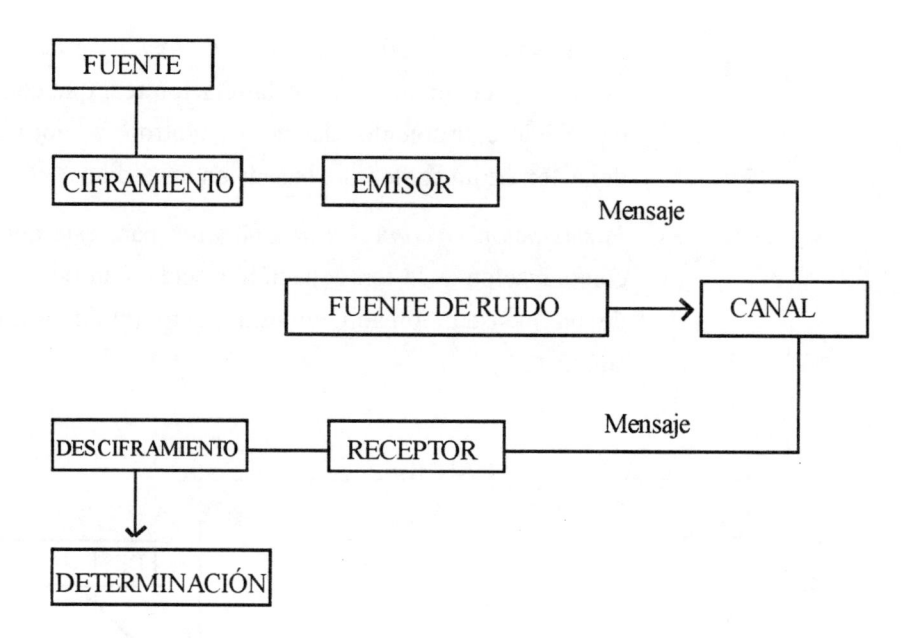

```
     FUENTE
        |
   CIFRAMIENTO ─── EMISOR ───────── Mensaje ──────┐
                                                   │
                   FUENTE DE RUIDO ──→ CANAL      │
                                        │          │
                                        │ Mensaje  │
   DESCIFRAMIENTO ── RECEPTOR ──────────┘
        │
        ↓
   DETERMINACIÓN
```

- *Emisor* o sujeto que produce el acto de la comunicación.
- *Referente* o aquello a lo que alude el mensaje.
- *Código* o conjunto moderadamente extenso de signos relacionados entre sí, y de reglas de construcción, conocidos por el emisor y el receptor.
- *Mensaje* o conjunto de informaciones que un emisor transmite a un receptor a través de un canal utilizando el código.

- *Canal* o medio físico por el que circula el mensaje.
- *Receptor* o sujeto que recibe el mensaje.
- *Contexto* o conjunto de factores y circunstancias en que se produce el mensaje.

5.3. *Grados de especialización.*

Obviamente, hay distintos *grados de especialización* en el ámbito de la comunicación. Algunos de ellos son los siguientes:

- *Jakobson* distingue entre comunicación antropológica, de mensajes en general, de mensajes verbales, escritos y científicos.
- *Bateson*, por su parte, diferencia entre comunicación intrapersonal, interpersonal, grupal y cultural.
- *Moles* establece cuatro tipos de comunicación:
  - *Comunicación próxima*: la que se establece entre un emisor y un receptor que se encuentran en el mismo lugar y utilizan canales naturales.
  - *Telecomunicación*: la que se da a través de canales artificiales de naturaleza técnica.
  - *Comunicación bidireccional*: proceso comunicativo en el que emisor y receptor intercambian sus papeles preguntando y respondiendo.
  - *Comunicación unidireccional*: aquella en la que el mensaje circula en una sola dirección, como ocurre en la comunicación de masas.

5.4. *Otras propuestas.*

Como herencia de la importancia de la Teoría de la comunicación recogemos algunas propuestas en las que se privilegia exclusivamente la función comunicativa del lenguaje. Entre ellas podemos citar las de:

- *Buyssens*, quien elabora una teoría funcional lingüística, en la esfera de la semiología saussuriana, privilegiando la función comunicativa y enfrentándose, por tanto, al problema psicológico del lenguaje como expresión del pensamiento. En su propuesta elimina del análisis lingüístico todo lo no comunicativo, por lo que, frente al habla (que es una función social), el arte, que es expresión de sentimientos y, por tanto, individual, queda fuera de su formulación.

- *Benveniste*, quien separa el aspecto lógico del lenguaje del aspecto afectivo, considerando que éste es estilístico. Al sostener que la estilística es una desviación del lenguaje, rechaza la consideración del aspecto afectivo.

6. Bases semióticas de la comunicación: sistemas verbales y no verbales.

Hemos establecido anteriormente que los sistemas semióticos se caracterizan por ser un conjunto de unidades (señales) que se utilizan con fines comunicativos. Vamos a ver ahora cuáles son las bases semióticas de los distintos sistemas comunicativos. Y para ello, vamos a clasificar estos sistemas comunicativos desde el punto de vista semiótico atendiendo al funcionamiento de sus señales, a las perturbaciones en los canales de emisión y recepción de los mensajes y, lo que es más importante, a las unidades y usuarios de estos sistemas.

a) Sistemas comunicativos atendiendo al funcionamiento de sus señales.

- *Sistemas semióticos segmentables*, en los que los mensajes se pueden segmentar en unidades menores. Hay dos tipos de sistemas semiológicos:
    - *Extrínsecos*: formados por signos.
        * *Discretos*: el valor se establece por oposición.
        * *Sustitutivos*: se establece sin oposición (la música).
    - *Intrínsecos*: formados por símbolos.
- *Sistemas semióticos no segmentables*, en los que los mensajes no se pueden dividir. Hay dos tipos:
    - *Sistemáticos*: son aquellos que funcionan según un código (por ejemplo, las señales de tráfico).
    - *Asistemáticos*: son aquellos que no responden a ninguna regla (es el caso de la pintura).

b) Sistemas comunicativos atendiendo a las perturbaciones en su canal.

- *Sistemas semióticos muy ruidosos*: aquellos en los que existen canales en los que se producen muchas perturbaciones que dificultan la comunicación.
- *Sistemas semióticos poco ruidosos*: con pocas perturbaciones en su canal.

c) Sistemas comunicativos atendiendo a sus unidades y usuarios.

- *Sistemas semióticos no verbales*: aquellos que no utilizan el lenguaje verbal. Serían estudiados por la Paralingüística. Aquí se analizarían los gestos, expresiones, etc. transmitidos por un canal visual no audio-vocal. Habría dos tipos:
    - *Kinésico:* relativo a las expresiones faciales, gestos y

movimientos corporales. Fue estudiado por el antropólogo americano Birdwhistell, llegando a sistematizar hasta 32 kinemas (posturas significativas). Hay dos tipos de sistemas semióticos kinésicos:

* *Microkinésico*: estudiaría los kinos o unidad mínima perceptible.

* *Macrokinésico*: estudiaría las funciones de los kinos.

- *Proxémico:* relativo a la estructuración y uso del espacio, en especial las distancias mantenidas entre hablantes y oyentes durante el acto comunicativo. Hall llamó a este espacio relaciones proxémicas.

— *Sistemas semióticos verbales*: aquellos que sí utilizan el lenguaje. Aquí tendríamos el lenguaje natural humano y el lenguaje animal, que estudiaremos a continuación.

7. La comunicación animal.

La disciplina que estudia la comunicación animal es la Zoosemiótica. Es una rama de la Semiótica y de la Etología (disciplina que estudia la conducta y el comportamiento de los seres vivos).

Nació por el interés del premio Nobel en Fisiología y Medicina Karl Von Frisch, que estuvo treinta años estudiando el comportamiento de las abejas.

La forma más frecuente de comunicación animal es la comunicación química, que tiene como misión el establecimiento del territorio que corresponde a cada animal y la procreación.

En la actualidad ha sido imposible establecer si los animales poseen un instrumento de comunicación aunque sea rudimentario de caracteres similares a lo que posee el lenguaje natural humano y que realice también sus mismas funciones. Entre los cuervos se han documentado 60 signos acústicos con valor expresivo, pero no se han encontrado combinaciones sistematizadas.

Por ello, se han estudiado las formas de comunicación específicas de algunas especies. Entre estos estudios han destacado los realizados sobre las abejas y algunos primates y aves.

7.1. La comunicación entre las abejas.

En los años 50, Frisch, profesor de Zoología, publicó un libro titulado *La vida de las abejas*, en el que demostró que las abejas tienen un auténtico sistema de comunicación muy desarrollado para indicar la fuente de alimentos, dando información sobre la riqueza, distancia y dirección de esta fuente de alimentación.

Para ello, las abejas poseen dos sistemas de comunicación:

— *La danza circular:* se trata de un movimiento estructurado que los etólogos han llamado danza. Éste se da cuando la abeja descubre algún alimento dulce. Así, la abeja exploradora, cuando regresa a la colmena comunica mediante esta danza que la fuente de alimentos está próxima (a menos de 10 metros). Se trata de un baile en el que la abeja traza unos círculos horizontales de derecha a izquierda y de izquierda a derecha La rapidez del baile indicará si la fuente de alimentos es muy rica o no. Además, también comunicará la clase de alimentos que ha encontrado porque soltará parte de él, que lleva en las patas.

Podía parecer que esto no era un acto comunicativo sino simplemente un gesto de alegría, sin embargo Frisch pudo comprobar que esto no era cierto porque si la colmena estaba vacía la abeja no realizaba la danza.

- *La danza del movimiento de la cola*: utilizan esta danza cuando la fuente de alimentación está a más de 100 metros y hasta 6 Kilómetros. Se trata de una vibración realizada por la cola mientras la abeja hace dos semicírculos separados por una línea recta. Esta vibración, que se da sólo en la línea recta, indica la localización de la fuente de alimentación. La intensidad de la vibración indica la cantidad de alimentos y la cantidad de vueltas la distancia: dos vueltas para 6 Km, cuatro vueltas y media para 1 Km, siete vueltas para 200 metros y 10 vueltas para 100 metros. El código es tan perfecto que el índice de error puede ser de tan solo unos 20 metros.

Además de todo esto, Frisch pudo comprobar que existían dialectos entre las abejas. Las danzas anteriores (de las abejas centroeuropeas) eran diferentes en las abejas italianas.

Frisch se preguntó además si este sistema de comunicación era innato o adquirido. Para responder a esta pregunta, Frisch trasladó abejas italianas pequeñas a países de Europa central y pudo comprobar que cada una se comunicaba en su sistema, por lo que concluyó que la danza era innata.

7.2. *La comunicación entre las aves.*

Dentro de la comunicación animal realizada entre las aves, podemos distinguir dos tipos de actuación:

- *Llamadas:* que suelen estar formadas normalmente por una nota o por una secuencia reducida de notas. La intención de esta llamada es transmitir la localización de una fuente de alimentos, pero sobre todo y más importante, avisar de posibles peligros o amenazas.

Las llamadas son emitidas tanto por machos como por hembras y son de carácter innato.

— *Cantos:* ahora se trata ya de melodías más complejas y continuadas que tienen la finalidad de marcas territorios e incitar a la procreación, en el caso de los machos.

7.3. *La comunicación entre los primates.*

Los primates realizan llamadas para fijar las relaciones sociales, indicar la localización de los alimentos y advertir de los posibles peligros, sobre todo de la aparición de depredadores. Estas llamadas de peligro pueden ser de tres tipos:

— *Llamada de siseo:* se produce cuando hay serpientes, provocando un acoso en tropel.

— *Llamada de depredador aéreo:* ahora se produce cuando el depredador es un ave, y consigue como reacción que la comunidad de primates baje de los árboles.

— *Llamada de depredador terrestre:* en este caso se alerta a la comunidad de primates para que suba a los árboles y así se proteja del peligro.

8. Comunicación animal y comunicación humana.

A partir de todo lo señalado, las lenguas que actualizan la facultad del lenguaje natural humano pueden definirse como un conjunto de señales que constituyen un sistema semiótico extrínseco formado por signos que poseen un carácter discreto (opositivo).

Frente a esto, tenemos otras «lenguas» que actualizan el lenguaje animal y que presentan unas particularidades que ha llevados a algunos investigadores a confrontar el lenguaje humano con el de los animales.

Vamos a ver la comparación más importante, realizada por Hockett a partir de lo que él llamó *rasgos de diseño*, que son los que definen el sistema de comunicación humano. Estos rasgos son los siguientes:

a) *Carácter vocal-auditivo:* la lengua humana se transmite por la voz y se percibe por el oído. En el caso de los grillos, por ejemplo, el carácter es auditivo, pero no vocal. De éste derivan otros rasgos de diseño.

b) *Transmisión radiada y recepción direccional*: las ondas sonoras por las que se emiten los mensajes van en todas direcciones y la recepción es direccional. En el caso de los primates sólo en parte.

c) *Desvanecimiento rápido*: la duración de la vibración de las ondas sonoras no es eterna, lo que quiere decir que el sonido desaparece en el tiempo. Esto ha provocado que el hombre invente otro código semiótico (la escritura) para evitar este desvanecimiento, lo que no han hecho los animales.

d) *Intercambiabilidad*: los individuos adultos pueden ser tanto emisores como receptores de los mensajes. En el caso de los grillos y las abejas, sólo parcialmente; y en el caso de los cuervos, sólo si son del mismo sexo.

e) *Retroalimentación completa*: los hablantes pueden percibir todo lo relevante para su producción se señales, pudiendo rectificar si se equivocan. Los perros, por ejemplo, no.

f) *Especialización*: La energía no es importante sino el efecto que se produce. Dicho de otra forma, el lenguaje no cumple ninguna función fisiológica, no tenemos ningún órgano específico que sea del lenguaje, puesto que muchos animales tienen los mismos mecanismos y órganos y sin embargo no hablan.

g) *Semanticidad*: Los lazos de asociación entre las señales y los rasgos del mundo son fijos y reconocibles por la comunidad sin que cambien de un hablante a otro. Esto sólo ocurre en parte entre las palomas.

h) *Arbitrariedad*: no hay una relación de necesidad entre el signo lingüístico y el referente de éste. En el caso de las abejas, esto no ocurre.

i) *Discretitud*: el valor de los signos se establece por oposición entre ellos. En el caso, por ejemplo, de las abejas, no.

j) *Desplazamiento*: Para la emisión y recepción de las señales lingüísticas no es necesaria la presencia del referente, lo que quiere decir que los mensajes pueden referirse a cosas que están lejos, tanto en el espacio como en el tiempo, e incluso a entidades que no existen. Esto no ocurre en las palomas; en el caso de los cuervos no ocurre con relación al tiempo.

k) *Apertura*: facilidad para acuñar mensajes nuevos que no han sido oídos anteriormente. No ocurre ni en los grillos ni en las palomas.

l) Tradición: el sistema de comunicación se adquiere a través de la enseñanza, es decir, a través de quienes ya hacen uso de la lengua. En el caso de las palomas, no.

m) *Dualidad de configuración*: corresponde a la doble articulación (Martinet). Con elementos mínimos carentes de significado (los fonemas) construimos unidades mayores que sí lo tienen. En el caso tanto de las abejas como de las palomas esto no ocurre.

n) *Prevaricación*: es la capacidad de utilizar el lenguaje para mentir. Esto, obviamente, no se da ni en grillo, abejas, palomas ni cuervos.

o) *Reflexividad*: capacidad de comunicar informaciones sobre el propio sistema. Este grado de diseño sólo se da en el hombre.

p) *Aprendibilidad*: el hablante de una lengua puede aprender otra, cosa que no ocurre en muchos animales (en parte sólo en los cuervos).

La comunicación humana, como puede deducirse de lo anterior, es la única que posee los 16 *rasgos de diseño* señalados por Hockett.

9. La organización semiótica de las lenguas.

Las lenguas se comportan como un auténtico sistema semiótico caracterizado por una estructura peculiar. Por ello, para entender el funcionamiento de las lenguas como sistema, debemos precisar primero los términos sistema y estructura para pasar posteriormente a estudiar el funcionamiento de las lenguas como sistema.

9.1. El término «sistema».

La comprensión de este término es muy importante para entender la configuración semiótica de las lenguas.

El *sistema* es una categoría filosófica que comienza con el estoicismo, continúa en la Edad Media con la Escolástica y se trata con profundidad en el Racionalismo con el *Tratado de los sistemas* de E. B. Condillac.

Esta categoría se puede *definir* como un conjunto de elementos relacionados entre sí, de modo que cada elemento es función de algún otro, no encontrándose ningún elemento aislado.

En este sentido, *elemento* puede entenderse de dos maneras; a saber:

- como una realidad *concreta* exterior al pensamiento (ya sea una entidad o entidades, una cosa o cosas, o un proceso o procesos);

- o como una realidad *abstracta* propia del pensamiento (en este caso, conceptos, términos o enunciados).

En el ámbito semiótico, las lenguas en cuanto conjunto de elementos abstractos constituye el sistema semiótico que debemos estudiar.

La disciplina que estudia los sistemas es la *Teoría General de Sistemas*, movimiento filosófico–metodológico de relevancia similar a la del Racionalismo o Positivismo en sus momentos históricos, que quiere ser válido para cualquier investigación, aparecido después de la segunda Guerra Mundial, con la idea de que todo en la realidad se presenta en forma de sistema, y de que su estudio debe realizarse teniendo en cuenta la relación de interdependencia entre sus elementos. Se trata, en definitiva, de encontrar el primer elemento de una jerarquía de sistemas relacionados funcionalmente.

9.2. El término «estructura».

El segundo término sobre la que debemos reflexionar para comprender el funcionamiento de las lenguas como sistema semiótico es el de estructura.

Para ello, vamos a presentar distintas *definiciones* elaboradas sobre este término.

- Levi Strauss concibe la estructura como el «sistema relacional latente en el objeto». Consecuentemente, la estructura es un objeto que puede servir como modelo a otros objetos semejantes.

- Bastide corrobora la afirmación anterior al considerar la estructura como un sistema ligado (puesto que el cambio en un elemento implica el cambio en otros) latente en el objeto.

- Pouillon concibe la estructura como un conjunto de

elementos, las relaciones entre éstos y el sistema de estas relaciones.

- *Boudon*, por su parte, concibe la estructura ahora como una totalidad no reducible a la suma de sus partes.

- *B. Russell*, por ello, sostiene que el término estructura no puede aplicarse a un conjunto o a varios sino a la función de los sistemas relacionados; es, consecuentemente, frente al sistema en cuanto conjunto de elementos, la forma de comportarse el sistema.

- Finalmente, para *Piaget*, la estructura es un sistema de transformaciones que comportan una serie de leyes que se enriquecen por el juego de estas mismas transformaciones, sin que se recurra a ningún elemento fuera del sistema.

9.3. Lengua y sistema.

Los elementos de un sistema se relacionan según ciertas propiedades, las cuales constituyen un *nivel*. Los niveles lingüísticos (que estudiaremos con detalle en el capítulo 8), funcionan dentro de una jerarquía que va de menor a mayor complejidad. Por ello, y antes de precisar las distintas funciones que los elementos lingüísticos desempeñan, es necesario repasar las diferentes relaciones que estos elementos lingüísticos pueden contraer, puesto que como consecuencia de estas relaciones surgirán sus respectivas funciones.

Vamos a seguir para ello las claras y esquemáticas explicaciones de V. Lamíquiz, quien distingue dos tipos de relaciones:

- *Relaciones dentro de un sistema:*

  • Una unidad de un nivel inferior puede funcionar sin cambio en un nivel superior. Así, por ejemplo, la unidad del plano léxico *come* puede funcionar en el plano sintáctico *¡come!*, comportándose ahora no como una lexía sino como una oración.

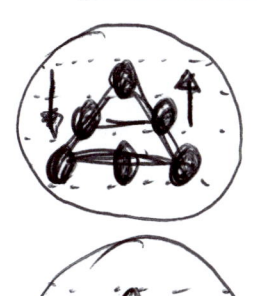

A su vez, también *una unidad de un nivel superior puede funcionar sin cambio en un nivel inferior*; es el caso, por ejemplo, de las oraciones simples que pasan a ser subordinadas dentro de una oración compuesta.

– *Relaciones dentro de un nivel*:

- Dos o más unidades de un mismo nivel pueden *adicionarse*; por ejemplo, *comí, canté, bailé*.

- Una unidad de un mismo nivel puede quedar *sustituida* por otra en su funcionamiento: *he comido pan, he comido fruta*.

9.4. Las lenguas y su organización semiótica.

Los signos que constituyen los sistemas lingüísticos adquieren precisamente su carácter lingüístico por el valor funcional de sus formas; dicho de otra manera, la característica principal de los sistemas semióticos que constituyen las lenguas es la funcionalidad. Vamos a estudiar, pues, en qué consiste la funcionalidad de los sistemas semióticos que constituyen las lenguas.

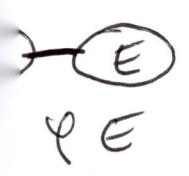

Para Hjelmslev, la función es la relación de dependencia que se establece entre los elementos de un sistema, y se analiza siempre de forma dual, es decir, entre parejas de elementos. Se representa mediante la letra griega φ.

Hjelmslev utiliza el término de *funtivo* para referirse a los diferentes elementos que contraen funciones.

En el sistema lingüístico son dos los tipos de elementos que pueden contraer una relación funcional y adquirir, por tanto, el rango de *funtivo*. Son los siguientes:

- *Constantes*: son aquellos funtivos cuya presencia es condición necesaria para la presencia del otro funtivo con el que contrae la función. Un ejemplo podía ser la vocal en el caso de la sílaba. Se representa mediante la letra C.

- *Variables*: son los que su presencia no es condición necesaria para la presencia del otro funtivo con el que entabla la relación funcional. En este caso, un ejemplo sería la consonante para constituir una sílaba. Se representa mediante la letra V.

Finalmente, los *tipos de funciones* se establecen según sean los funtivos que contraigan la función. Veamos los siguientes tipos de funciones en un cuadro sistematizador:

TIPO DE FUNCIÓN	FUNTIVOS	EJEMPLO
DETERMINACIÓN	C φ V	Vocal y sílaba.
INTERDEPENDENCIA	C φ C	Oración y entonación.
CONSTELACIÓN	V φ V	Adjetivo y sustantivo en la oración.

Las lenguas serán, por tanto, como afirma Meillet, sistemas semióticos caracterizados por su organización interna, unos sistemas en los que todo está en función de todo; dicho en otras palabras, un conjunto de signos organizados, cuyo valor depende de su relación con los demás.

La organización semiótica de las lenguas consta entonces:

- De los *funtivos* situados en los diferentes planos.
- De las *relaciones* que se pueden establecer entre ellos por oposición.

Una vez comprendido el carácter semiótico de las lenguas, la tarea consiste en analizar su estructura, puesto que un sistema se diferencia de otro por la estructura que presentan sus elementos.

Al respecto, el Estructuralismo, como veremos posteriormente (Capítulo 8), ha aportado la metodología técnica precisa para ello, permitiéndonos analizar la estructura de las lenguas separando ésta de lo que es el uso particular e individual que se hace de ella. Es lo que estudiaremos en la aproximación metodológica al estudio del lenguaje de la parte tercera del libro, concretamente en los capítulos 8 y 9.

E. Actividades sugeridas.

— Conteste a las siguientes cuestiones:

– Explique qué tipo de relación existe entre la Lingüística y la Semiótica.

– Precise todas las diferencias existentes entre las nociones de *índice, señal, signo* y *símbolo*.

– ¿Qué es un sistema semiótico? ¿Por qué las lenguas son sistemas semióticos?

– ¿Cuáles son las características de la comunicación animal?

– Explique en qué consisten los kinemas y ponga una serie de ejemplos.

– ¿Es el llanto de un niño un acto de comunicación? Razone la respuesta.

F. Lecturas recomendadas.

BALDINGER, K., «Estructura y sistemas lingüísticos» apud *Teoría semántica*, Alcalá, Madrid, 1970, pp. 151-160.

    Aproximación a las nociones de estructura y sistema en el ámbito lingüístico.

BENVENISTE, E., «Naturaleza del signo lingüístico» apud *Problemas de Lingüística General*, Siglo XXI, México, 1974, pp. 49-55.

    Clara presentación de las características del signo lingüístico.

ECO, U., *Signo*, Labor, Barcelona, 1988.

    Denso y exhaustivo estudio sobre el signo desde el punto de vista semiótico, con interesantes clasificaciones y aproximaciones desde el punto de vista filosófico.

MALMBERG, B., «El mecanismo de la lengua: signos-símbolos» apud *La lengua y el hombre*, Istmo, Madrid, 1966, pp. 39-56.

    Aproximación a la lengua desde el punto de vista semiótico con la diferenciación entre signos y símbolos.

SAUSSURE, F. DE, «Lugar de la lengua en los hechos humanos: la Semiología» apud *Curso de Lingüística General*, Losada, Buenos Aires, 1979, pp. 59-62.

    Presentación de la concepción saussuriana sobre la Semiología.

G. Ejercicios de autoevaluación.

Con el fin de que se pueda comprobar el grado de asimilación de los contenidos, presentamos una serie de cuestiones, cada una con tres alternativas de respuestas. Una vez que haya estudiado el tema, realice el test rodeando con un círculo la letra correspondiente a la alternativa que considere más acertada. Después justifique las razones por las que piensa que la respuesta elegida es la correcta, indicando también las razones que invalidan la corrección de las restantes.

Cuando tenga dudas en alguna de las respuestas vuelva a repasar la parte correspondiente del capítulo e inténtelo otra vez.

1. Cuando se produce un índice
   A La intención comunicativa parte del hablante.
   B La intención comunicativa está en la propia unidad lingüística.
   C No existe intención comunicativa.

2. La relación entre significante y significado es *constante* porque
   A Un significante puede tener varios significados y viceversa.
   B Un significante no puede ser significado ni viceversa.
   C Las respuestas A y B son incorrectas.

3. ¿Cuál es la disciplina que estudia el comportamiento de los seres vivos?
   A Zoosemiótica.
   B Etología.
   C Biótica.

4. La relación entre significante y significado es
   A Convencional.
   B Reversible.
   C Natural.

5. La substancia es un fenómeno de
   A Los actos de habla.
   B La lengua.
   C El lenguaje.

6. La forma de la expresión está constituida
   A Por los morfemas de cada lengua.
   B Por los fonemas de cada lengua.
   C Por las comunicaciones que un hablante puede realizar.

7. El carácter lingüístico que nos permite situar el signo en el tiempo se denomina
   A Arbitrariedad.
   B Denotación.
   C Linealidad.

8. La doble articulación del lenguaje fue definida por
   A Hockett.
   B Martinet.
   C Hjelmslev.

9. Los sistemas semiológicos pueden ser
   A Discretos y sustitutivos.
   B Extrínsecos e intrínsecos.
   C Sistemáticos y asistemáticos.

10. Podemos definir el conjunto de señales que constituye la música como un
    A Sistema semiológico extrínseco discreto.
    B Sistema semiológico extrínseco sustitutivo.
    C Sistema semiológico intrínseco.

11. Las lenguas en cuanto sistemas semióticos tienen un carácter
    A Extrínseco.
    B Intrínseco.
    C Discreto.

12. La Semiótica es una rama de la Lingüística que estudia los signos en general
    A Verdadero.
    B Falso.
    C Estudia sólo los signos lingüísticos.

13. Para Saussure, el objeto de la Semiología es
   A El signo.
   B El signo lingüístico.
   C El índice y la señal.

14. ¿Cuál es la característica del lenguaje natural humano que actualiza el rasgo de la prevaricación?
   A Economía.
   B Simbolismo.
   C Creatividad.

15. El componente pragmático de la Semiótica estudia
   A La interpretación de los signos.
   B Las relaciones entre los signos interpretados con sus interpretantes.
   C El lenguaje que usa el hombre en los textos.

16. La terminología precisa de la Semiótica fue establecida por
   A Peirce.
   B Morris.
   C Barthes.

17. El sistema es
   A Una categoría filosófica.
   B Una noción lingüística.
   C Un concepto científico.

18. La Teoría General de Sistemas es la ciencia que estudia los sistemas
   A Siempre que éstos sean conceptuales o abstractos.
   B Concretos y abstractos.
   C Las respuestas A y B no son correctas.

19. La estructura se presenta como un
   A Sistema de relaciones latentes en el Objeto.
   B Sistema relacional presente en el Objeto.

C Sistema relacional latente en el Sujeto.

20. El término «semiótica» fue acuñado por
    A Saussure.
    B Peirce.
    C Morris.

21. La diferencia entre la organización y el sistema estriba en
    A El carácter de sus elementos.
    B Su estructura paradigmática.
    C Su configuración sintagmática.

22. Según B. Russell, el término estructura puede aplicarse
    A A un elemento.
    B A un conjunto de elementos.
    C A la función de los sistemas.

23. Para Hjelmslev, la función es
    A La relación de dependencia entre los elementos del sistema.
    B La relación sintagmática entre los elementos del sistema.
    C La relación de complementariedad entre los elementos del sistema.

24. La función que se establece entre el morfema de número y el lexema para la constitución del sustantivo es de
    A Determinación.
    B Interdependencia.
    C Constelación.

25. La función propia de la lengua animal es la
    A Apelativa.
    B Expresiva.
    C Representativa.

H. Glosario.

Análisis: Descomposición de un todo lingüístico en sus elementos mínimos.

Arbitrariedad: Carácter convencional mediante el cual la comunidad social establece la relación entre significante y significado en el signo lingüístico.

Bidireccional: [Comunicación] En la que emisor y receptor intercambian sus papeles.

Canal: Medio físico por el que circula el mensaje.

Canto: Acto de comunicación complejo entre aves, formado por melodías.

Código: Conjunto moderadamente extenso de signos y de reglas de construcción conocidos por el emisor y receptor.

Comunicación: Proceso mediante el cual determinada información contenida en un mensaje es transmitida desde una fuente hasta un destino.

Constancia: Carácter perdurable de la relación entre significante y significado en el signo lingüístico.

Constelación: En Glosemática, función que se establece entre dos funtivos variables.

Contexto: En Teoría de la Comunicación, conjunto de factores y circunstancias en las que se produce el mensaje.

Denotación: Significación objetiva del signo lingüístico fuera de cualquier contexto.

Dependencia: En el ámbito de la Glosemática, conexión que liga a los elementos lingüísticos de un nivel determinado.

Determinación: En el ámbito de la Glosemática, función que se establece entre un funtivo constante y otro variable.

Discretitud: Carácter del signo lingüístico que le permite establecer su valor a través de la oposición con otros signos del sistema.

Elemento: Parte de un todo lingüístico que puede separarse de él mediante el análisis.

Emisor: Fuente que produce el acto de la comunicación.

Estructura: Sistema relacional ligado (puesto que el cambio de un elemento implica el cambio de otros) latente en el objeto, formado por un conjunto de sistemas.

Función signo: Entidades que han adquirido un valor semiótico dentro de una comunidad social.

Función: Relación de dependencia entre los elementos de un sistema, que, en nuestro ámbito disciplinario, otorgan a las formas el rango de lingüísticas.

Funtivo constante: Aquél cuya presencia es condición necesaria para la presencia del otro funtivo con el que contrae la función.

Funtivo variable: Aquél cuya presencia no es condición necesaria para la presencia del otro funtivo con el que contrae la función.

Funtivo: En el ámbito de la Glosemática, elemento lingüístico que contrae una función.

Índice: Hecho perceptible producido sin intención comunicativa, que nos da a conocer algo sobre otro hecho no perceptible.

Información: Contenido del mensaje.

Interdependencia: En el ámbito de la Glosemática, función que se establece entre dos funtivos constantes, de tal manera que dependen mutuamente, implicando un término a otro y viceversa.

Interpersonal: [Comunicación] Que se realiza entre personas.

Intrapersonal: [Comunicación] Que un sujeto realiza consigo mismo.

Irreversibilidad: Carácter funcional no intercambiable entre el significante y el significado del signo lingüístico.

Kinesia: Disciplina de la Paralingüística encargada del estudio de los sistemas de expresiones faciales, gestos y movimientos corporales.

Linealidad: Carácter del significante que le permite su situación sucesiva en el tiempo durante los actos de habla.

Llamada: Acto de comunicación innato entre aves, formado por una nota o secuencia reducida de notas.

Mensaje: Información transmitida por el emisor en el acto de la comunicación.

Nivel: Estrato que compone una estructura y que constituye una etapa analítica de la descripción lingüística.

Proxémica: Disciplina de la Paralingüística encargada del estudio del espacio mantenido entre los hablantes durante el acto comunicativo.

Receptor: Destino del mensaje transmitido en el acto de la comunicación.

Reciprocidad: En el ámbito de la Glosemática, función en la que sólo participan funtivos de la misma clase, ya sean constantes o variables.

Referente: En Teoría de la Comunicación, aquello a lo que alude el mensaje.

Semiología: Semiótica.

Semiótica: Disciplina que estudia los signos y su funcionamiento en el interior de un sistema comunicativo.

Señal: Hecho perceptible producido con intención comunicativa.

Signo lingüístico: Unidad lingüística resultante de la relación arbitraria, constante e irreversible entre significante y significado, con la que se actualizan los aspectos inmanentes y trascendentes del lenguaje.

Signo: Fenómeno o acción material, perceptible que representa a un objeto.

Signos históricos: Signos establecidos para ser instrumentos de la comunicación.

Símbolo: Señal que presenta una relación de necesidad entre su significante y su significado.

Sistema estructurado: Conjunto de signos organizados cuyo valor depende de su relación con los demás.

Sistema lingüístico: Conjunto de elementos abstractos que constituyen tanto una lengua (desde el punto de vista empírico) como una teoría de la gramática (desde el punto de vista glotológico).

Sistema semiótico extrínseco: Conjunto de signos.

Sistema semiótico intrínseco: Conjunto de símbolos.

Sistema semiótico: Conjunto de señales usadas con fines comunicativos.

Sistema: Categoría filosófica que designa el conjunto de elementos relacionados entre sí funcionalmente, sin que haya ninguno aislado.

Solidaridad: En el ámbito de la Glosemática, relación de interdependencia entre los miembros de un nivel lingüístico.

Telecomunicación: Comunicación que se da a través de canales artificiales de naturaleza técnica.

Teoría General de Sistemas: Movimiento filosófico-metodológico aparecido después de la 2ª guerra mundial, que sostiene que todo en la realidad se comporta en forma de sistema y que debe estudiarse teniendo en cuenta la relación de interdependencia entre sus elementos.

Unidireccional: [Comunicación] En la que el mensaje circula en una sola dirección.

I. Bibliografía general.

ARANGUREN, J. L., *La comunicación humana*, Guadarrama, Madrid, 1975.

BARTHES, R., *Elementos de semiología*, Alberto Corazón, Madrid, 1970.

BARTHES, R., *La semiología*, Tiempo contemporáneo, Buenos Aires, 1970.

BOBES NAVES, M. del C., *La semiótica como teoría lingüística*, Gredos, Madrid, 1973.

BÜHLER, K., *Psicología de la forma. Cibernética y vida*, Morata, Madrid, 1975.

CHAFE, M. L., *Significado y estructura de la lengua*, Planeta, Barcelona, 1976.

DURAND, J., *Las formas de la comunicación*, Mitre, Barcelona, 1985.

ECO, U., *Tratado de semiótica general*, Lumen, Barcelona, 1978.

ESCARPIT, R., *Teoría general de la información y de la comunicación*, Icaria, Barcelona, 1977.

GREIMAS, A. J., *Lingüística y comunicación*, Nueva Visión, Buenos Aires, 1971.

GUIRAUD, P., *La semiología*, Siglo XXI, Buenos Aires, 1974.

HAARMANN, H., *Language in its cultural embedding. Explorations in the relativity of signs and signs sistems*, Mouton de Gruyter, Berlín-Nueva York, 1990.

HABERMAS, J., *Teoría de la acción comunicativa*, Taurus, Madrid, 1987.

HALLIDAY, M., *El lenguaje como semiótica social. La interpretación social del lenguaje y del significado*, F.C.E., México, 1982.

HARRIS, R., *Signs, Language and Communication. Integrational and Segregational Approaches*, Routledge, Londres, 1996.

MALMBERG, B., *Lingüística estructural y comunicación humana*, Gredos, Madrid, 1970.

MCQUAIL, D., *Introducción a la teoría de la comunicación*, Paidós, Barcelona, 1983.

MILLER, G. A., *Lenguaje y comunicación*, Amorrortu editores, Buenos Aires, 1979.

MOUNIN, G., *Introducción a la semiología*, Anagrama, Barcelona, 1972.

PEIRCE, CH. S., *La ciencia de la semiótica*, Nueva Visión, Buenos Aires, 1974.

REZNIKOV, L. O., *Semiótica y teoría del conocimiento*, Alberto Corazón, Madrid, 1970.

SCHRAMM, W., *La ciencia de la comunicación humana*, Roble, México, 1973.

SERRANO, S., *Signos, lengua y cultura*, Anagrama, Barcelona, 1980.

SERRANO, S., *La semiótica*, Montesinos, Barcelona, 1981.

SINGH, J., *Teoría de la información, del lenguaje y de la cibernética*, Alianza, Madrid, 1972.

THAYER, L., *Comunicación y sistemas de comunicación*, Península, Barcelona, 1975.

TOBIN, Y., *Semiotics and linguistics*, Longman, Londres, 1990.

Capítulo 7

EL LENGUAJE COMO FENÓMENO NEUROPSICOLÓGICO.

A. Objetivos.

1. *Valorar* la importancia de la distinción entre capacidad y habilidad lingüística para el estudio del lenguaje.
2. *Conocer* los fundamentos neuropsicológicos del lenguaje.
3. *Comprender* la organización cerebral del lenguaje, precisando los centros corticales relevantes.
4. *Conocer* los estudios clínicos y experimentales relevantes sobre la adquisición de las capacidades lingüísticas.
5. *Relacionar* los hemisferios cerebrales con las distintas potencialidades lingüísticas.
6. *Comprender* la noción de afasia y sus distintos tipos.
7. *Valorar* la aportación de la Lingüística en el estudio de la afasia.

B. Palabras clave.

- Lenguaje.
- Corteza cerebral.
- Hemisferio izquierdo.
- Capacidad lingüística.
- Aparato fonador.
- Sonido audible.
- Rombencéfalo.
- Prosencéfalo.
- Cisura de Rolando.
- Lóbulo occipital.
- Lóbulo frontal.
- Afasia.
- Agnosia.

- Cerebro.
- Cuerpo calloso.
- Hemisferio derecho.
- Habilidad lingüística.
- Aparato auditivo.
- Sonido articulado.
- Mesencéfalo.
- Neurofisiología.
- Cisura de Silvio.
- Lóbulo parietal.
- Lóbulo temporal.
- Apraxia.
- Agramatismo.

C. Organización de los contenidos.

1. Introducción.
2. Fundamentos neuropsicológicos del lenguaje.
   - 2.1. La emisión de la información.
   - 2.2. La recepción de la información.
   - 2.3. El procesamiento de la información.
3. Neurofisiología del lenguaje: su organización en el cerebro.
   - 3.1. Neurología de la corteza cerebral.
   - 3.2. Estructuras corticales del lenguaje.

3.3. Los lóbulos.

3.4. Centros corticales relevantes para el lenguaje.

4. Anatomía funcional del desarrollo del lenguaje.

    4.1. Estudios clínicos.

    4.2. Estudios experimentales.

    4.3. Conclusiones.

5. Hemisferios cerebrales y lenguaje.

    5.2. Hemisferio izquierdo y lenguaje.

    5.3. Hemisferio derecho y lenguaje.

    5.4. Investigaciones clínicas.

6. Fisiopatología del lenguaje.

    6.1. Concepto de afasia.

    6.2. Etiología de la afasia.

    6.3. Tipos de afasia.

7. Lingüística y afasia.

    7.1. Alteraciones fonológicas en la afasia.

    7.2. Alteraciones semánticas en la afasia.

    7.3. Alteraciones sintácticas en la afasia.

D. Desarrollo de los contenidos.

1. Introducción.

En este capítulo vamos a estudiar el lenguaje como fenómeno

neuropsicológico. Como vimos anteriormente, el lenguaje forma parte de un sistema más amplio, el de la comunicación, cuyos elementos estudiamos con anterioridad (Capítulo 6). Sin embargo, el conocimiento de este proceso comunicativo ocupa también un lugar muy importante en la comprensión de los mecanismos neuropsicológicos que subyacen al lenguaje. Se trata de abordarlo ahora no para descubrir sus bases semióticas y su plasmación en las lenguas sino para estudiar los procedimientos tanto mecánicos (emisión y percepción del mensaje) como neuropsicológicos (procesamiento de la información) que entrañan los actos comunicativos.

Ello es fruto de la importancia que ha cobrado en el ámbito lingüístico el análisis funcional del lenguaje *vivo*, es decir de las razones que posibilitan que el pensamiento del hablante pueda convertirse en expresión y ésta pueda también transformarse en pensamiento en el oyente. Recuérdese, al respecto, la distinción chomskyana entre componente *sintagmático*, en cuanto conjunto de reglas que permiten generar oraciones en la estructura profunda; y el componente *transformatorio*, que permite el paso de la estructura profunda a la superficial de las unidades lingüísticas (Capítulo 4).

Lo cierto es que en la última década el estudio y análisis de la organización cerebral del lenguaje y de sus alteraciones en caso de patología cerebral, ha cobrado un creciente auge. Por ello, vamos en este capítulo a estudiar los *fundamentos neuropsicológicos del lenguaje*, es decir los órganos que intervienen en el proceso de *emisión* de un mensaje (el aparato fonador) y *recepción* del mismo (el aparato auditivo), así como el órgano que permite el *procesamiento* de la información (el cerebro). Continuaremos con un *estudio neurofisiológico*, en el que analizaremos los aspectos neurológicos de la relación entre cerebro y lenguaje, precisando la organización cerebral que presenta el lenguaje así como las funciones tanto del hemisferio izquierdo como del hemisferio derecho del cerebro. Tras ello realizaremos un *estudio ontogenético* del lenguaje para intentar comprender las bases neurológicas de la función verbal, comentando las distintas investigaciones que han analizado los centros nerviosos paralelamente a la adquisición de las capacidades lingüísticas en los niños. Continuaremos revisando los trabajos que han analizado las aptitudes verbales que puedan tener ambos *hemisferios*, y finalizaremos el capítulo con un *estudio fisiopatológico* del lenguaje, es decir, de los principales trastornos que puede presentar el lenguaje.

2. Fundamentos neuropsicológicos del lenguaje.

Junto a los aspectos sociales de los hechos lingüísticos (Capítulo 6) debemos recordar que éstos son también procesos psicológicos, ya que el lenguaje tiene una base neurológica que hace que lo podamos concebir como una *capacidad* propia de la especie humana y al mismo tiempo como una *habilidad* o *destreza* característica de todos nosotros.

Esta reflexión plantea la duda sobre el lugar en el que se ubica esta capacidad cognitiva: ¿estamos ante una capacidad localizada en alguna parte específica del cerebro o por el contrario no existen zonas cerebrales especializadas en el lenguaje y cualquiera de ellas puede intervenir en su producción?

Ante esta cuestión han sido dos las hipótesis planteadas:

a) La *Lingüística transformatoria*, con Chomsky al frente, defendía la autonomía del lenguaje y su carácter innato.

b) La *Lingüística cognitiva*, con Langacker, sostiene hoy que el lenguaje como capacidad cognitiva no difiere sustancialmente en su procesamiento de otras destrezas.

El lenguaje, por tanto, lo podemos considerar como una *capacidad* (puesto que presenta una configuración neuronal genérica en todos los seres humanos) y al mismo tiempo como una *habilidad* (puesto que se relaciona con el proceso de emisión y recepción de mensajes, específico ya de cada individuo).

Veamos primero el lenguaje como *habilidad*, relacionándolo con los tres factores del acto comunicativo (emisión, recepción y procesamiento de la información).

2.1. La emisión de la información.

En este apartado se trata de que conozcamos los órganos que intervienen en el acto de hablar. Es importante que sepamos que no son órganos destinados para hablar puesto que otros animales los poseen y sin embargo no hablan.

Estos órganos son la *laringe* y las *cuerdas vocales*. La laringe está formada por tres cartílagos que rodean las dos cuerdas vocales, que cuando no hablamos están relajados, presentado la laringe una abertura amplia, que deja pasar el aire con facilidad. Cuando hablamos tienden a unirse de dos maneras: por completo y con gran tensión, de tal forma que el aire que sale choca con fuerza contra las cuerdas vocales produciendo la vibración de las vocales; y con menos tensión, produciéndose en este caso la vibración de las consonantes sonoras, puesto que las sordas no tienen movimiento.

El espacio variable entre ambas cuerdas vocales es la *glotis* que posibilita la intensidad acústica de la fonación lingüística.

Estas vibraciones producen unas ondas sonoras que se propagan en forma esferoidal (de ahí el nombre de onda), gracias a unos *resonadores*, que pueden ser la faringe, las fosas nasales y la cavidad bucal.

Dentro del resonador encontramos unos órganos *activos* o *móviles* (como pueden ser la lengua, el maxilar inferior, los labios o el velo blando del paladar) y otros *pasivos* o *estáticos* (como los dientes, los alveolos y el paladar duro), que nos permiten transformar la forma y la abertura de la cavidad para que el aire se transforme en los distintos sonidos de las lenguas.

Son dos los rasgos fundamentales que posee el hombre y que permiten la producción de sonidos articulados:

- *La posición erecta de su cuerpo*, que le permite tener una inteligencia superior, ya que el peso de su cabeza recae en la columna y no en el aire.

- *La especialización de las extremidades*, que, al posibilitar la manipulación de los objetos, provoca el desarrollo de la inteligencia.

Para que se produzcan los sonidos articulados deben darse los dos rasgos a la vez, tal y como ocurre en el ser humano. En caso de que sólo se cumpla un rasgo, esto posibilita la imitación de sonidos articulados, pero no con valor lingüístico (piénsese en algunas aves que por su posición erecta pueden imitar el lenguaje humano).

2.2. La recepción de la información.

Ahora se trata de que conozcamos el órgano que interviene en el acto de escuchar. Se trata de *oído* y éste sí es un órgano destinado a la función fisiológica de escuchar.

El oído es un órgano que poseen todos los animales superiores, aunque con distintos grados de evolución: así, los anfibios poseen sólo oído medio, los reptiles oído sin pabellón auditivo, y los mamíferos oído con pabellón auditivo.

El aparato auditivo del hombre consta del pabellón de la oreja que recoge las ondas acústicas y las traslada al oído externo hasta el tímpano, con el que chocan y se pone a vibrar a la vez. Estas vibraciones se transmiten por los huesecillos del oído medio que comunica con la trompa de Eustaquio. El oído interno comienza con la ventana oval y la ventana redonda hasta llegar a los canales semicirculares y al caracol óseo, protegidos los dos por el peñasco. Finalmente, los nervios auditivos transmitirán las sensaciones acústicas al cerebro.

El sonido que puede percibir el hombre se denomina *sonido audible* y es sólo una parcela del sonido cuya frecuencia está entre 16 y 20.000 vibraciones por segundo, aunque una persona de mediana edad suele ser sorda para sonidos de frecuencia superior a 16.000. Dentro de los sonidos audibles, el hombre capta los *sonidos articulados*, que se sitúan entre 512 y 1.624 vibraciones por segundo.

2.3. *El procesamiento de la información.*

Finalmente, el procesamiento de la información que nos llega del exterior se produce en el *cerebro*, que actúa de una doble manera: pensando lo que se va a decir antes de la emisión del mensaje, y comprendiendo lo que se percibe en la recepción del mensaje.

Para que podamos entender como se produce este procesamiento de la información es necesario que estudiemos fisiológicamente el cerebro así como la organización que del lenguaje se da en él.

3. Neurofisiología del lenguaje: su organización en el cerebro.

Como *capacidad*, el lenguaje está localizado en el cerebro humano. Desde un punto de vista *embriológico* el cerebro se divide en tres regiones:

a) El *cerebro posterior* o *profundo*, llamado *rombencéfalo*, que es la capa más profunda del cerebro, que regula el riego sanguíneo y controla lo más básico.

b) El *cerebro medio* o *mesencéfalo*, que se encarga de cuestiones menos automáticas, como el control de movimientos, sentidos, etc.

c) El *cerebro anterior* o *externo*, llamado *prosencéfalo*, que es la sección cerebral más amplia y que mayor desarrollo ha alcanzado en el ser humano. Este cerebro tiene una parte reciente, en términos de evolución, que se llama *corteza*. Se trata de una capa de pocos milímetros, de color gris, provista de rugosidades y compuesta de seis capas de neuronas, en la que se dan los principales mecanismos psicológicos como el razonamiento y el procesamiento de la información.

Desde un punto de vista *anatómico*, el cerebro consta de dos *hemisferios* (el izquierdo y el derecho) que están conectados entre sí por una estructura compuesta de sustancia blanca llamada *cuerpo calloso*.

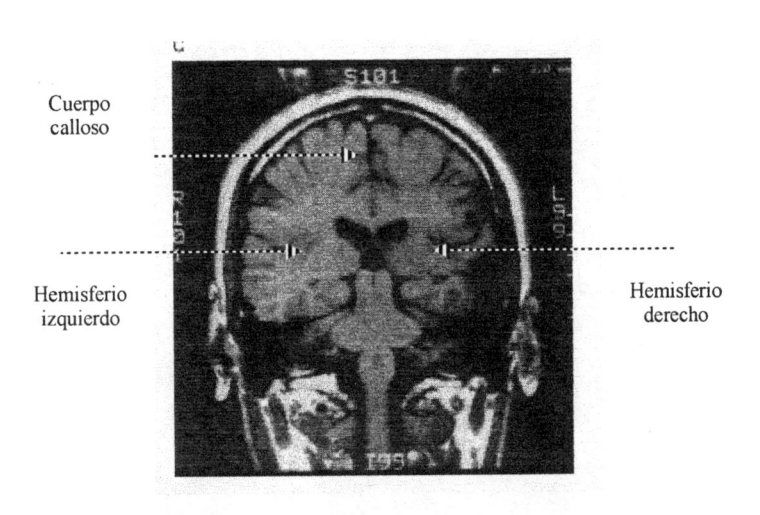

Cuerpo calloso

Hemisferio izquierdo

Hemisferio derecho

En el gráfico anterior hemos representado los resultados de una resonancia magnética nuclear en la que se aprecian los dos hemisferios cerebrales y el cuerpo calloso.

Además, cada uno de los hemisferios está dividido en cuatro lóbulos por una serie de cisuras llamadas surcos:

a) El surco central o *cisura de Rolando*, que separa el lóbulo frontal del parietal.

b) El surco lateral o *cisura de Silvio*, que separa en este caso el lóbulo temporal del parietal.

Es importante la distinción de estas partes en el cerebro humano porque las distintas funciones del hombre se asocian a los diferentes lóbulos cerebrales. Por ello, vamos a representar estas ahora estas divisiones en una resonancia magnética nuclear de un corte sagital de la cabeza. Téngase en cuenta que lo más importante desde el punto de vista lingüístico es la distinción entre las zonas corticales anterior y posterior a la *cisura de Rolando* (representada con la letra A), porque allí residen los procesamientos motor y sensorial. La letra B representa la *cisura de Silvio*.

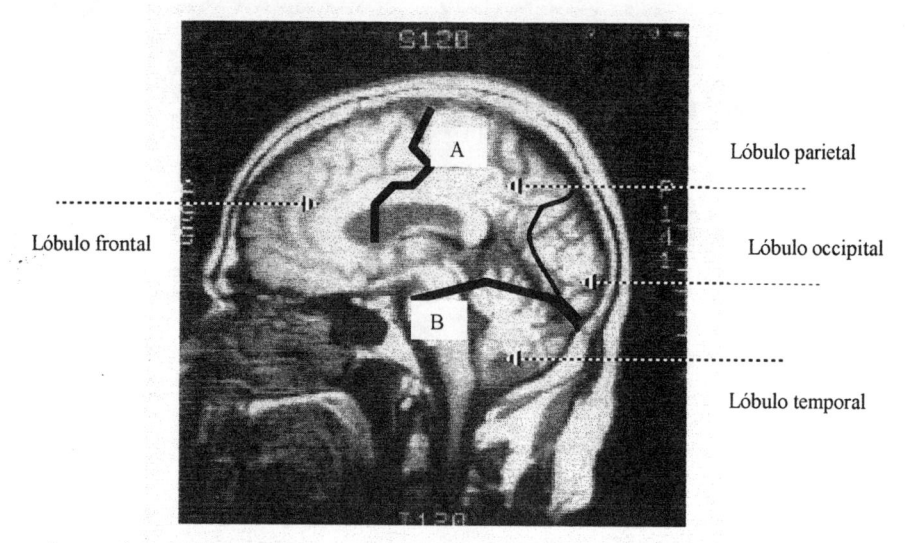

A continuación vamos a realizar la descripción de las partes señaladas con anterioridad que van a tener relación con el lenguaje.

3.1.   *Neurología de la corteza cerebral.*

Uno de los primeros científicos que estudió la corteza fue Paul

Broca, quien comenzó a investigar alrededor del año 1861. Desde entonces, las investigaciones han demostrado que las funciones principales de la corteza cerebral son las siguientes:

- *Función motriz*: el área que corresponde a esta función está situada en el lóbulo frontal, de tal manera que los lóbulos frontales de cada hemisferio regular el movimiento de la parte contraria del cuerpo.

  Dentro de esta área se sitúan además los órganos articulatorios que hacen posible la producción de los mensajes verbales.

- *Función sensorial*: el área que corresponde a esta función está situada en el lóbulo parietal.

- *Función visual*: en este caso, el área que corresponde a esta función es el lóbulo occipital. Las lesiones del mismo potencian la incapacidad para reconocer el sentido de las letras y la imposibilidad para la lectura o alexia.

- *Función auditiva*: situada en el lóbulo temporal, permite que los sonidos adquieran un significado conceptual.

3.2. Estructuras corticales del lenguaje.

Dentro de la corteza cerebral podemos encontrar dos tipos de células en las distintas capas neuronales:

- *Eferenciales*: son aquellas que permiten la salida de la información y están localizadas en las capas 2, 3 y 5.

- *Aferenciales*: son, en este caso, las que permiten la entrada de la información. Aunque están situadas en todas las capas hay mayor concentración de ellas en la capa 4.

3.3. *Los lóbulos.*

- *Lóbulo occipital*: lleva a cabo el procesamiento visual, discriminando formas, contornos y colores. Permite, además, precisar la forma de los símbolos lingüísticos y, lo que es más importante, el aprendizaje de la escritura.

- *Lóbulo parietal*: lleva a cabo el procesamiento táctil y el procesamiento lector, debido a que permite interpretar los espacios dentro de la escritura, identificar los grafemas y su valor fonético, así como interpretar diferentes grafemas en sílabas, palabras, oraciones, etc.

- *Lóbulo temporal*: lleva a cabo el procesamiento auditivo, siendo, por tanto, su función más importante la comprensión del lenguaje, la música, el ritmo, la percepción del tiempo, etc.

- *Lóbulo frontal*: es una de las áreas cerebrales que más ha evolucionado, por ello recoge funciones motrices, sensoriales, perceptivas, cognitivas, etc. Desde el punto de vista lingüístico, posibilita tanto la escritura como la codificación del habla.

3.4. *Centros corticales relevantes para el lenguaje.*

- *Centro de Wernicke*: llamado así por su descubridor, quien en 1874, descubrió que era la parte del cerebro más importante para la comprensión del lenguaje hablado. Por tanto, su función es semasiológica, porque decodifica la palabra hablada e interpreta los sonidos relacionados con la voz. Representamos su situación cerebral en el gráfico con la letra A.

- *Centro de Broca*: su función es la onomasiológica, puesto que interviene en la codificación del mensaje. Lo representamos con la letra B.

- *Centro de Luria inferior*: es junto con el centro de Broca imprescindible para la realización de la palabra hablada, ya que coordina el sistema fonoarticulatorio. Lo representamos con la letra C.

- *Centro de Luria superior*: su función se centra en las expresiones no verbales del cuerpo. Tiene además importancia en el proceso de escritura. La letra con la que lo representamos es la D.

- *Centro de Dejèrine:* es el centro de la integración simbólica tanto de la lectura como de la escritura, por tanto es el que nos permite entender un texto escrito. Lo representamos con la E.

- *Centro de Exner:* coordina los movimientos de las manos y de los dedos para que se produzca la escritura. Lo representamos con la F.

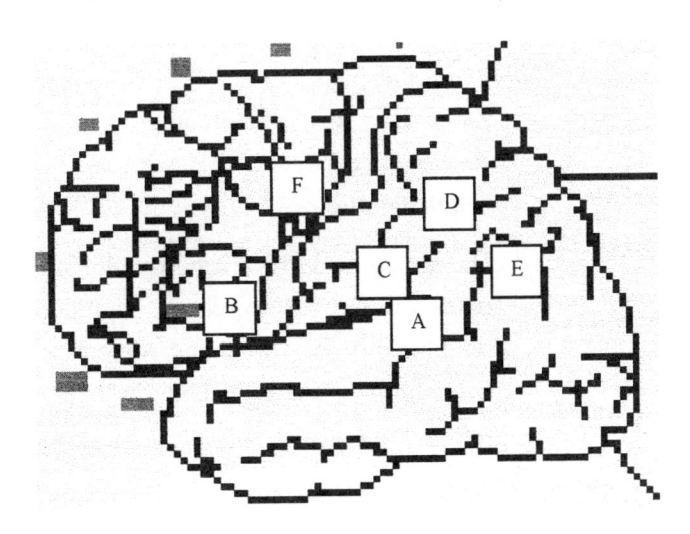

4. Anatomía funcional del desarrollo del lenguaje.

Aunque lo estudiaremos más adelante (Capítulo 10), vamos sólo a relacionar ahora el lenguaje como *capacidad* (atendiendo al desarrollo de los centros nerviosos) con la concepción del lenguaje como *habilidad* (teniendo en cuenta la adquisición de las capacidades lingüísticas en el niño), para ver la asimetría.

Hasta los dos años el hemisferio dominante para el lenguaje es el izquierdo, madurando primero el área de la comprensión (centro de Wernicke), la codificación (centro de Broca) y más tarde la producción de palabras habladas (centro de Luria inferior).

A partir de los dos años se desarrollan otras zonas marginales de la cisura de Silvio, aprendiendo el niño a entender el significado de las palabras, llegando a formar conceptos. Además, la maduración de las áreas frontales (centro de Exner) permitirá al niño coordinar movimientos para poder después producir la escritura (centro de Luria superior) y comprender los textos escritos (centro de Dejèrine).

Estos datos se han podido establecer de dos maneras.

4.1. Estudios clínicos.

- Zangwill en 1960 comprobó la equipotencialidad funcional, es decir, el desarrollo de un hemisferio por lesión del otro.

- Gazzaniga en 1970 afirmó que los niños nacen con igual potencial en el cerebro, sugiriendo que el mayor rendimiento de la mano derecha determina que el hemisferio izquierdo adquiera centros de procesamiento más importantes.

- Annet en 1973, sin embargo, demostró que niños con

daños en el hemisferio izquierdo tienen con mayor frecuencia alteraciones del lenguaje.

4.2. Estudios experimentales.

- Kimura en 1963 avala también la asimetría. Así, mediante la escucha dicótica en niños de 4 a 9 años demuestra que escuchan mejor lo que han procesado por el oído derecho. A la misma conclusión llega Allard en 1981.

- Fernández Ballesteros en 1982 comprobó con el taquistoscopio que se veía más lo que lo que se procesaba por el ojo derecho.

4.3. Conclusiones.

- Algunos aspectos del procesamiento del lenguaje están lateralizados a edades tempranas mientras otros se lateralizan progresivamente.

- El cerebro del recién nacido tienen mayor plasticidad que el del adulto y en caso de lesión de un hemisferio, el opuesto puede hacerse cargo de las funciones del hemisferio dañado.

5. Hemisferios cerebrales y lenguaje.

Durante mucho tiempo se pensó que el hemisferio dominante era el izquierdo (de ahí que muchas personas fueran diestras). Sin embargo hoy se considera que la distinción funcional entre ambos hemisferios no es fruto de un condicionamiento fisiológico sino de una especialización que se da en las primeras fases del desarrollo de la persona, que justifica que cada hemisferio sea dominante para determinadas funciones. Así el izquierdo lo sería para el habla, la lectura, la escritura y el razonamiento lógico entre otros; y el derecho para la orientación espacial, la emoción, el dibujo, la música, la creatividad, etc.

Por tanto, el hemisferio izquierdo se dedica más a las actividades lingüísticas y el derecho más al procesamiento perceptivo espacial, aunque también tiene repercusiones en el lenguaje.

Ello se ha puesto de relieve en distintas investigaciones que han demostrado que aunque el hemisferio derecho no reconoce las palabras abstractas, sí reconoce las concretas (Ellis, 1974), que en el ámbito de la entonación tiene una superioridad sobre el izquierdo (Zurif, 1974), o que las letras borrosas las reconoce antes que el izquierdo (Webster, 1979).

Por tanto, debemos ver la relación entre ambos hemisferios y el lenguaje.

5.1. *Hemisferio izquierdo y lenguaje.*

En relación con el lenguaje, el hemisferio izquierdo realiza las siguientes funciones:

- Controla el comportamiento lingüístico auditivo y verbal.
- Elabora unidades lingüísticas y las emite.
- Controla la habilidad para la expresión escrita.
- Domina el pensamiento abstracto de tipo verbal.

5.2. *Hemisferio derecho y lenguaje.*

El hemisferio derecho tiene también algunas capacidades lingüísticas pero a un nivel inferior que el izquierdo. Así, las funciones lingüísticas que realiza el hemisferio derecho son las siguientes.

- Interviene en la creatividad literaria.

- Interviene en los elementos prosódicos del lenguaje y en la entonación.
- Participa en la elaboración del lenguaje automático.
- Identifica sustantivos y adjetivos aunque no verbos.
- Tiene poca capacidad para la lectura y ninguna para la escritura.

5.3. *Investigaciones clínicas.*

Las capacidades lingüísticas que hemos mencionado se consideraron a partir de unos datos clínicos obtenidos con pacientes que habían sufrido hemisferectomía (sección en uno de los hemisferios) o comisurotomía (sección en la comisura callosa).

- En pacientes *hemisfectomizados* del lado izquierdo en edades previas al desarrollo del lenguaje, Dennis (1976) comprueba que el hemisferio derecho recoge estas funciones, aunque los pacientes presentan dificultades sintácticas. En adultos se conserva más la capacidad de recepción que de producción, comprendiéndose mejor las palabras que las oraciones.
- En pacientes *comisurotomizados*, Levy (1971) comprobó que el hemisferio derecho permite formar palabras pero no nombrarlas o escribirlas. De hecho, uno de sus pacientes compuso la palabra *kid* (niño) pero al escribirla puso *cat* (gato).

6. Fisiopatología del lenguaje.

Con este nombre designamos las principales patologías que puede presentar el lenguaje. Veamos en un cuadro las principales.

PATOLOGÍAS LINGÜÍSTICAS	TIPOS	ACLARACIÓN
De la emisión	Agrafia	Dificultad para escribir.
	Disfemia	Trastornos en la fluidez verbal.
	Disfonía	Trastornos de la voz como afonía, ronquera, voz débil.
	Dislalia	Deficiente expresión verbal de origen no neurológico, por disposición de dientes, labios, lengua, etc.
	Dislogia	Deficiente expresión de ideas por habla incoherente (agramatismo), ausencia de ideas, etc.
De la recepción	Sordera verbal pura	Escucha sin codificación lingüística.
	Alexia	Pérdida de la capacidad de leer lo que se ha escrito.
	Hipoacusia	Baja percepción de los sonidos.
De la emisión y la recepción	Afasia	Dificultad para la expresión y comprensión de los signos verbales.
	Apraxia	Incapacidad para realizar actividades como respuestas a una orden verbal.
	Agnosia	Incapacidad para entender el significado simbólico.

De todas estas patologías, las que han sido más estudiadas son las *afasias*. Veámoslas, pues, con más detalle.

6.1. Concepto de afasia.

En general, se considera afasia la perturbación del lenguaje debida a una lesión cerebral ocurrida una vez que se ha adquirido el lenguaje. Por tanto, no son afásicas las perturbaciones del aparato fonador que impiden la correcta producción de un mensaje, ni las afecciones del oído, que impiden la recepción del mensaje, ni los retrasos del lenguaje debidos a lesiones cerebrales congénitas, producidas antes de la aparición del lenguaje.

Se producen, por tanto, normalmente entre adultos y como consecuencia de algún trastorno traumático, de ahí que hasta ahora su estudio haya estado restringido al ámbito médico. Sin embargo, los lingüistas están cada vez más interesados por estas patologías hasta el punto de que son requeridos como asesores en algunos de sus tratamientos y han establecido la Lingüística clínica como rama de la Lingüística aplicada (Capítulo 11).

6.2. Etiología de la afasia.

Las causas que producen las lesiones cerebrales que desencadenan las afasias son las siguientes.

- Los accidentes vasculares que se producen cuando se obstruye el flujo sanguíneo en las arterias cerebrales debido a trombosis o a obstrucciones progresivas.

- Las hemorragias cerebrales por la ruptura de una arteria con la consiguiente supresión del riego sanguíneo.

- Los tumores cerebrales que causan una lesión permanente por presionar las estructuras nerviosas.

- Un traumatismo craneal producido por un golpe fuerte en la cabeza.

- Enfermedades de tipo inflamatorio y crisis epilépticas.

6.3. *Tipos de afasia.*

En la actualidad, las investigaciones sobre casos afásicos han demostrado la dificultad que entraña la parcelación en bloques, por lo que más que clasificar patologías, se pretende hoy caracterizar los rasgos deficitarios de cada caso clínico. Sin embargo, por razones metodológicas, vamos a recoger a continuación los tipos clásicos de síndromes afásicos.

- *Afasia de Wernicke*: es la localizada en el centro de Wernicke y caracterizada por una lectura y escritura alterada aunque el paciente conserva la sintaxis. La comprensión y la emisión se ven muy alteradas. El lenguaje es muy fluido, produciéndose sustituciones de fonemas en el interior de palabras y secuencias silábicas sin sentido. Por ello, el discurso se hace incomprensible.

- *Afasia de Broca*: es la localizada en el centro de Broca y caracterizada por la incapacidad del individuo para hablar con fluidez, con lo que el discurso aparece sin cohesión ni coherencia.

- *Afasia de conducción*: también llamada afasia central o motora, presenta una incapacidad para repetir y hablar de manera consciente, aunque el lenguaje es fluido y con errores.

- *Afasia anómica*: parecida a la afasia de Wernicke presenta la particularidad de que el paciente es incapaz de recuperar nombres de objetos, por lo que utiliza circunloquios para hablar.

7. Lingüística y afasia.

La Lingüística aporta a la afasiología una nueva visión del lenguaje en la que éste se considera como una multiplicidad de niveles (Capítulo 8) en los que aparecerán las distintas alteraciones.

7.1. *Alteraciones fonológicas* en la afasia.

Mediante el estudio de las alteraciones fonológicas de la afasia se trata de comprender a qué se deben las deficiencias articulatorias que presentan los pacientes afásicos. Lesser resume en tres las hipótesis presentadas.

- La desorganización de los mecanismos que sustentan el control neuromuscular.
- La dificultad en la utilización de las pautas necesarias para la codificación del mensaje.
- La perturbación de las competencias fonológicas.

7.2. *Alteraciones semánticas* en la afasia.

Las alteraciones semánticas de la afasia han sido interpretadas de dos maneras.

- *Interpretación neuroanatómica*: la perturbación en la comprensión se debe a un análisis deficiente de los estímulos semánticos que provienen de las áreas corticales de elaboración sensorial.
- *Interpretación central*: para Gainotti, en el paciente afásico existe una desorganización central del léxico, es decir, una perturbación de las representaciones semánticas que repercutirán en todas las modalidades del lenguaje.

7.3. *Alteraciones sintácticas en la afasia.*

Las alteraciones sintácticas de la afasia han sido interpretadas también de dos maneras.

- *Desde el punto de vista de la producción verbal:* el agramatismo ha sido interpretado por Saffran como una alteración que afecta a la capacidad de combinar palabras y de producir gramemas.

- *Desde el punto de vista de la comprensión:* Zurif sostiene que la alteración en la comprensión sintáctica está relacionada con el tipo de oración. Por ello, cuanta mayor información sintáctica se requiera, mayor déficit de comprensión habrá.

| *E. Actividades sugeridas.*

— Conteste a las siguientes cuestiones:

– ¿El lenguaje es una capacidad o una habilidad? Razone su respuesta.

– Explique la organización anatómica del cerebro humano.

– ¿Cuáles son los centros corticales relevantes para el lenguaje? Explíquelos.

– ¿Está el lenguaje localizado en algún hemisferio cerebral?

– Explique en qué consiste la afasia y sus principales tipos.

– ¿A qué se deben las alteraciones fonológicas de la afasia?

F. Lecturas recomendadas.

CRYSTAL, D., *Patologías del lenguaje*, Cátedra, Madrid, 1983.

Clara presentación de las distintas patologías relacionadas con el ámbito del lenguaje.

FAJARDO, L. A. & MOYA, C., *Fundamentos neuropsicológicos del lenguaje*, Universidad de Salamanca e Instituto Caro y Cuervo, Bogotá, 1999.

Actualizado estudio sobre el lenguaje desde el punto de vista neurológico, fisiológico y patológico.

ORTIZ ALONSO, T., *Neuropsicología del lenguaje*, C.E.P.E., Madrid, 1995.

Interesante introducción a los fundamentos neuropsicológicos del lenguaje.

G. Ejercicios de autoevaluación.

Con el fin de que se pueda comprobar el grado de asimilación de los contenidos, presentamos una serie de cuestiones, cada una con tres alternativas de respuestas. Una vez que haya estudiado el tema, realice el test rodeando con un círculo la letra correspondiente a la alternativa que considere más acertada. Después justifique las razones por las que piensa que la respuesta elegida es la correcta, indicando también las razones que invalidan la corrección de las restantes.

Cuando tenga dudas en alguna de las respuestas vuelva a repasar la parte correspondiente del capítulo e inténtelo otra vez.

1. El prosencéfalo tiene una parte reciente llamada
   A Corteza.
   B Substancia blanca.

C Cuerpo calloso.

2. La cisura de Rolando cumple la función anatómica de
    A Separar el hemisferio izquierdo del derecho.
    B Separar el lóbulo frontal del parietal.
    C Las respuestas A y B no son correctas.

3. La sección cerebral más amplia es el
    A Rombencéfalo.
    B Mesencéfalo.
    C Prosencéfalo.

4. El hemisferio cerebral se divide en
    A 5 lóbulos.
    B 6 capas neuronales.
    C 2 cisuras.

5. El hemisferio derecho carece de los mecanismos neurológicos que sustentan la función verbal
    A Siempre.
    B Nunca.
    C A veces.

6. El modelo más simple de organización cerebral es el propuesto en las teorías de
    A Broca.
    B Wernicke.
    C Brodman.

7. La incapacidad para entender el significado simbólico se denomina
    A Apraxia.
    B Agnosia.
    C Alexia.

8. La producción de los mensajes lingüísticos está localizada

A En el lóbulo frontal.
B En el lóbulo occipital.
C En el lóbulo temporal

9. El centro de Broca es el que nos permite
    A Codificar los mensajes lingüísticos.
    B Descodificar los mensajes lingüísticos.
    C Realizar ambas funciones.

10. El autor que estableció la igualdad potencial en el cerebro fue
    A Zangwill.
    B Gazzaniga.
    C Broca.

11. Las distintas funciones de ambos hemisferios cerebrales se deben
    A A un condicionamiento de carácter fisiológico.
    B A un condicionamiento evolutivo.
    C A un condicionamiento anatómico.

12. En sujetos adultos que han sido hemisferectomizados se conserva más
    A La comprensión.
    B La emisión.
    C La recepción.

13. Se considera afasia la perturbación del lenguaje presentada
    A En cuadros psicopatológicos sin lesión cerebral nerviosa.
    B En lesiones cerebrales congénitas.
    C En lesiones cerebrales.

14. Puede considerarse el agramatismo como
    A La incapacidad selectiva para evocar palabras.
    B La incapacidad para expresar las ideas.
    C La ausencia de ideas.

15. La afasia de Broca se caracteriza por

A Un uso del lenguaje lento.

B Un uso del lenguaje muy fluido.

C Un uso del lenguaje incomprensible.

16. Las alteraciones fonológicas que se producen en la afasia se deben a

   A Deficiencias acústicas.

   B Deficiencias articulatorias.

   C Deficiencias musculares.

17. Los objetos semánticos se procesan

   A En la corteza cerebral.

   B En el cerebro medio.

   C En la cisura de Rolando.

18. Las habilidades lingüísticas del hemisferio derecho quedan congeladas en cierto momento del desarrollo

   A Siempre.

   B Nunca.

   C En algunos sujetos con lesiones.

19. La lengua materna tiene una representación cerebral

   A Menos extensa que la segunda lengua.

   B Más extensa que la segunda lengua.

   C Igual de extensa que la segunda lengua.

20. La alexia consiste

   A En la dificultad para escribir.

   B En la dificultad para leer.

   C En la dificultad para construir palabras.

21. Para Chomsky, la gramática tiene un componente de base que

   A Genera estructuras sintácticas superficiales.

   B Permite pasar de la estructura superficial a la profunda.

   C Las respuestas A y B no son correctas.

22. La intensidad acústica de los sonidos se produce en
   A La glotis.
   B Las cuerdas vocales.
   C Los resonadores.

23. Los sonidos que constituyen el sistema gramatical de las lenguas son
   A Audibles.
   B Articulados.
   C Las respuestas A y B no son correctas.

24. ¿Qué aporta la Lingüística a los estudios afasiológicos?
   A Prestigiosos lingüistas.
   B La concepción del lenguaje como sistema.
   C Estudios de Fonética y Fonología experimental.

25. Las células de los lóbulos cerebrales que permiten la salida de la información se denominan
   A Eferenciales.
   B Aferenciales.
   C Las respuestas A y B no son correctas.

H. Glosario.

Afasia anómica: La que presenta la particularidad de que el paciente es incapaz de recuperar nombres de objetos, por lo que utiliza circunloquios para hablar.

Afasia de Broca: La localizada en el centro de Broca y caracterizada por la incapacidad del individuo para hablar con fluidez.

Afasia de conducción: La que presenta una incapacidad para repetir y hablar de manera consciente, aunque el lenguaje es fluido y con errores.

Afasia de Wernicke: La localizada en el centro de Wernicke y caracterizada por una comprensión y emisión muy alterada.

Afasia: Patología lingüística de la emisión y la recepción que se manifiesta en la dificultad para la expresión y comprensión de los signos verbales.

Agnosia: Patología lingüística de la emisión y la recepción que se manifiesta en la incapacidad para entender el significado simbólico.

Agrafia: Patología lingüística de la emisión consistente en la dificultad para escribir.

Agramatismo: Alteración que afecta a la capacidad de combinar palabras y de producir gramemas.

Alexia: Patología lingüística de la recepción que se manifiesta en la pérdida de la capacidad de leer lo que se ha escrito.

Apraxia: Patología lingüística de la emisión y la recepción que se manifiesta en la incapacidad para realizar actividades como respuestas a una orden verbal.

Células aferenciales: Aquéllas de la corteza cerebral que permiten la entrada de la información.

Células eferenciales: Aquéllas de la corteza cerebral que permiten la salida de la información.

Centro de Broca: Parte del cerebro más importante para la codificación del lenguaje hablado, situada en la parte inferior del lóbulo frontal.

Centro de Dejèrine: Parte del cerebro situada en el lóbulo occipital que permite la integración simbólica tanto de la lectura como de la escritura y, por ello, el entendimiento de un texto.

Centro de Exner: Parte del cerebro situada en la parte superior del lóbulo frontal que coordina los movimientos de las manos y de los dedos para que se produzca la escritura.

Centro de Luria inferior: Parte del cerebro situada en el lóbulo parietal que coordina el sistema fonoarticulatorio.

Centro de Luria superior: Parte del cerebro situada en el lóbulo parietal que coordina las expresiones no verbales del cuerpo y, por ello, los movimientos de la escritura.

Centro de Wernicke: Parte del cerebro más importante para la descodificación del lenguaje hablado, situada en el lóbulo temporal.

Cisura de Rolando: Surco que separa el lóbulo frontal del parietal.

Cisura de Silvio: Surco que separa el lóbulo temporal del parietal.

Cisura: Surco que divide los hemisferios cerebrales.

Comisurotomía: Sección en la comisura callosa.

Corteza cerebral: Capa de pocos milímetros, de color gris, provista de rugosidades y compuesta de seis capas de neuronas, que se encuentra en el prosencéfalo y en la que se dan los principales mecanismos psicológicos como el razonamiento y el procesamiento de la información.

Cuerdas vocales: Órganos del aparato fonador que se encuentran en el interior de la laringe y cuya vibración produce los sonidos.

Cuerpo calloso: Estructura compuesta de sustancia blanca que conecta los dos hemisferios cerebrales entre sí.

Disfemia: Patología lingüística de la emisión que se manifiesta como trastorno en la fluidez verbal.

Disfonía: Patología lingüística de la emisión que se manifiesta como trastorno de la voz (afonía, ronquera).

Dislalia: Patología lingüística de la emisión que se manifiesta en una deficiente expresión verbal de origen no neurológico, por disposición de dientes, labios, lengua, etc.

Dislogia: Patología lingüística de la emisión que se manifiesta en una deficiente expresión de ideas.

Fundamentos neuropsicológicos del lenguaje: Conjunto de órganos que intervienen en el proceso de *emisión* (el aparato fonador), *recepción* (el aparato auditivo), y *procesamiento* de la información (el cerebro).

Glotis: Espacio variable entre ambas cuerdas vocales.

Hemisferectomía: Sección en uno de los hemisferios cerebrales.

Hemisferio cerebral: Desde un punto de vista anatómico, cada una de las dos partes en las que puede dividirse el cerebro.

Hipoacusia: Patología lingüística de la recepción que se manifiesta en la baja percepción de los sonidos.

Laringe: Órgano del aparato fonador formado por tres cartílagos que rodean las dos cuerdas vocales.

Lóbulo frontal: Aquél situado delante de la cisura de Rolando y del lóbulo parietal, que lleva a cabo la función motriz (escritura y codificación del habla).

Lóbulo occipital: Aquél situado debajo del lóbulo parietal, que lleva a cabo el procesamiento visual.

Lóbulo parietal: Aquél situado detrás de la cisura de Rolando y del lóbulo frontal, que lleva a cabo la función sensorial (el procesamiento táctil y lector).

Lóbulo temporal: Aquél situado debajo de la cisura de Silvio y del lóbulo parietal, que lleva a cabo el procesamiento auditivo.

Lóbulo: Parte en que se divide cada uno de los hemisferios cerebrales.

Mesencéfalo: Parte media del cerebro que se encarga de cuestiones poco automáticas, como el control de movimientos, sentidos, etc.

Oído: Órgano que poseen todos los animales superiores, destinado a la función fisiológica de escuchar.

Prosencéfalo: Sección cerebral más amplia y externa del cerebro que mayor desarrollo ha alcanzado en el ser humano.

Rombencéfalo: Capa más profunda del cerebro, que regula el riego sanguíneo y controla las funciones más básicas.

Sonido articulado: Parte del sonido audible, que se sitúa entre las 512 y 1.624 vibraciones por segundo.

Sonido audible: Sonido cuya frecuencia está entre 16 y 20.000 vibraciones por segundo, que puede percibir el hombre.

Sordera verbal pura: Patología lingüística de la recepción que se manifiesta en una escucha sin codificación lingüística.

I. Bibliografía general.

ARDILA, A., *Psicofisiología de los procesos complejos*, Trillas, México, 1983.

ARDILA, A., *Psicobiología del lenguaje*, Trillas, México, 1983.

ARSUAGA, J. L. & MARTÍNEZ, I., *La especie elegida. La larga marcha de la evolución humana*, Temas de Hoy, Madrid, 1998.

AZCOAGA, J., *Trastornos del lenguaje*, Ateneo, Buenos Aires, 1977.

BARRAQUER BODRAS, L., *Afasias, apraxias, agnosias*, Toray, Barcelona, 1973.

BUNGE, M., *El problema mente-cerebro. Un enfoque psicobiológico*, Tecnos, Madrid, 1985.

BUSTAMANTE, J., *Neuroanatomía funcional*, Fondo Educativo Interamericano, Bogotá, 1978

CAPLAN, D., *Introducción a la neurolingüística y al estudio de los trastornos del lenguaje*, Visor, Madrid, 1992.

ELLIS, A. W. & YOUNG, A. W., *Neuropsicología cognitiva humana*, Masson, Barcelona, 1992.

GANON, W., *Fisiología médica*, Editorial El Manual Moderno, México, 1982.

GREGORY, R. L. (ed.), *Diccionario Oxford de la mente*, Alianza, Madrid, 1995.

HÉCAEN, H., *Afasias y apraxias*, Paidós, Buenos Aires, 1977.

KOLB, R. & WHISHAW, L., *Fundamentos de neuropsicología humana*, Labor, Barcelona, 1986.

LESSER, R., *Investigaciones lingüísticas sobre la afasia*, Editorial Médica y Técnica, Madrid, 1983.

LIAÑO, H., *Cerebro de hombre, cerebro de mujer*, Ediciones B, Barcelona, 1998.

LURIA, A. R., *Fundamentos biológicos del lenguaje*, Alianza, Madrid, 1975.

LURIA, A. R., *El cerebro en acción*, Fontanella, Barcelona, 1979.

LURIA, A. R., *Conciencia y lenguaje*, Visor, Madrid, 1984.

MANNING, L., *Neurolingüística*, U.N.E.D., Madrid, 1988.

MARINA, J. A., *Teoría de la inteligencia creadora*, Anagrama, Barcelona, 1993.

MORRIS, D. W., *Dictionary of Communication Disorders*, Whurr Publishers, Londres, 1993.

SCHAFF, A., *Lenguaje y conocimiento*, Grijalbo, México, 1975.

SPRINGER, S., *Cerebro izquierdo, cerebro derecho*, Gedisa, Madrid, 1985.

STEVENS, CH., *El cerebro*, Labor, Barcelona, 1981.

VYGOTSKY, L., *Pensamiento y lenguaje*, Paidós, Barcelona, 1995.

ZAIDEL, D. W., «Las funciones del hemisferio derecho», *Mundo científico*, 36 (1984), pp. 504-513.

TERCERA PARTE
APROXIMACIÓN METODOLÓGICA AL ESTUDIO DEL LENGUAJE: LA LINGÜÍSTICA Y EL ANÁLISIS DE SU OBJETO.

Niveles de formalización teórica: la estructura de las lenguas

Capítulo 8

NIVELES DE FORMALIZACIÓN TEÓRICA: LA ESTRUCTURA DE LAS LENGUAS.

A. Objetivos.

1. *Comprender* la organización metodológica del signo lingüístico, valorando la importancia de la noción de nivel y la de las distintas disciplinas encargadas de la descripción del signo.

2. *Entender* el proceso mediante el cual el signo lingüístico aprehende la realidad extralingüística y la configura lingüísticamente.

3. *Conocer* las distintas propuestas teóricas que han caracterizado la organización estructural del signo lingüístico.

4. *Comprender* las características principales de la metodología estructural en el ámbito lingüístico.

5. *Entender* la noción, estructura y tipos de unidades lingüísticas del plano de la expresión.

6. *Conocer* las unidades lingüísticas del plano del contenido relativo.

7. *Conocer* las unidades lingüísticas del plano del contenido absoluto.

8. *Valorar* la importancia del texto como unidad cualitativamente superior.

9. *Realizar* estudios comparativos entre las estructuras de diferentes lenguas.

B. Palabras clave.

- Signo lingüístico.
- Expresión.
- Significado absoluto.
- Materia.
- Forma.
- Fonética.
- Morfología.
- Lexicología.
- Combinación.
- Relaciones sintagmáticas.
- Rasgo fónico.
- Morfema.
- Oración.
- Enunciado.

- Nivel.
- Contenido.
- Significado relativo.
- Sustancia.
- Función.
- Fonología.
- Sintaxis.
- Semántica.
- Oposición.
- Relaciones paradigmáticas.
- Fonema.
- Sintagma.
- Lexía.
- Texto.

C. Organización de los contenidos.

1. Introducción.

2. La organización estructural de las lenguas.

   2.1. Los niveles de la estructura lingüística.

   2.2. El carácter lingüístico del signo.

   2.3. El carácter funcional de las formas lingüísticas.

2.4. La materialización lingüística del valor funcional de las formas.

2.5. Síntesis final.

3. Distintas propuestas de organización estructural del signo lingüístico.

   3.1. El signo como entidad monoplana.

   3.2. El signo como entidad biplánica.

   3.3. La entrada de la realidad extralingüística en la concepción sígnica.

4. Los principios del análisis estructural.

5. Las unidades lingüísticas del plano de la expresión.

   5.1. El rasgo fónico.

   5.2. El fonema.

6. Las unidades lingüísticas del plano del contenido relativo.

   6.1. El morfema gramema.

   6.2. El sintagma.

   6.3. La oración.

7. Las unidades lingüísticas del plano del contenido absoluto.

   7.1. El morfema lexema.

   7.2. La lexía.

   7.3. El enunciado.

8. El texto como unidad lingüística cualitativamente superior.

   8.1. Características y propiedades del texto.

   8.2. Trayectoria histórica de los estudios textuales.

9. La estructura lingüística desde un punto de vista tipológico.

D. Desarrollo de los contenidos.

1. Introducción.

Una vez que hemos cubierto una de las tres vías de estudios lingüísticos que propusimos al comienzo del libro (la Teoría del lenguaje), proponemos ahora la segunda forma de hacerlo. Se trata, como dijimos anteriormente (Capítulo 2) de una aproximación *metodológica* ya, es decir, al análisis lingüístico de nuestro objeto. Y, puesto que como hemos dicho, no podemos aprehenderlo a través de los sentidos, lo haremos ahora a través de las lenguas como objetos materiales que actualizan nuestra capacidad de lenguaje (con lo que culminaremos el segundo miembro del sintagma Lingüística *general*).

Así desarrollaremos la segunda vía de estudios lingüísticos (la Teoría de la lengua), precisando en este capítulo los distintos niveles de análisis que se pueden realizar, y acercándonos después a la Lingüística desde una perspectiva *intradisciplinar* (Capítulo 9), es decir estudiando las distintas divisiones de la Lingüística precisadas anteriormente (Fonética y Fonología, Morfología y Sintaxis, Lexicología y Semántica); e *interdisciplinar*, estudiando en este caso tanto las ramas de la Lingüística teórica (Capítulo 10) como las de la Lingüística aplicada (Capítulo 11).

Para desarrollar esta propuesta, vamos en este capítulo a estudiar cómo es la organización que se puede hacer de nuestro objeto de estudio (el signo lingüístico) para poder analizarlo posteriormente. Como vimos en el capítulo 6, las lenguas como manifestación simbólica del lenguaje, presentan una estructura semiótica; por lo tanto debemos precisar ahora cómo se establece la organización de esta estructura en nuestro objeto de estudio. Completaremos esta reflexión con el estudio de las distintas propuestas que los lingüistas han realizado para organizar estructuralmente el signo lingüístico.

Tras ello, veremos los principios del análisis estructural y las distintas unidades que deben ser objeto de estudio, resultantes de la estructuración llevada a cabo con anterioridad. Finalizaremos con el análisis comparativo entre unidades de distintas lenguas.

2. La organización estructural de las lenguas.

El carácter estructural de las lenguas es resultado precisamente de la naturaleza semiótica de sus unidades (recuérdese lo visto en el capítulo 6). Por ello vamos en este apartado a ver las repercusiones lingüísticas que tiene en nuestro objeto su consideración semiótica, para pasar posteriormente a concretar las particularidades estructurales de nuestro objeto frente a otros objetos semióticos.

2.1. *Los niveles de la estructura lingüística.*

La organización semiótica de las lenguas (Capítulo 6) ha posibilitado el desarrollo de la noción de *nivel*, hasta tal punto que constituye uno de los aspectos más importantes de la metodología de nuestro siglo.

Aunque bajo el rótulo de nivel, podamos encontrar distintas acepciones lingüísticas —piénsese, por ejemplo, en los niveles sociolingüísticos con los que se alude a la estratificación social del uso lingüístico—, en el sentido que se presenta en la formulación que estamos realizando se asocia con las distintas etapas de análisis estructural. Alude, pues, al hecho de que el funcionamiento de toda lengua debe ser considerado como una serie de escalonamientos jerárquicos distintos, en cada uno de los cuales se advierte un principio de organización unitario y coherente.

Desde la perspectiva estructural, se ha considerado la noción de nivel como sinónimo de cada una de las etapas en que es posible establecer y definir unidades lingüísticas cuya combinación con las de niveles superiores se traducirá en el reflejo de la estructura funcional de la lengua, que sería, de esta manera, el resultado de la articulación de una serie de unidades del nivel más elemental, el fonético, en unidades de un nivel superior, el morfológico; combinatoria ascendente, gracias a la cual podría articularse un número innumerable de frases a partir de un reducido número de unidades fónicas.

En este sentido, vamos a distinguir, en primera instancia, dos niveles lingüísticos: un primer nivel del significante o de la *expresión* (el foneticofonológico) y un segundo nivel del significado o del *contenido*, estructurado a su vez en dos subniveles; el del contenido *relativo* (el morfosintáctico) y el del contenido *absoluto* (el lexicosemántico).

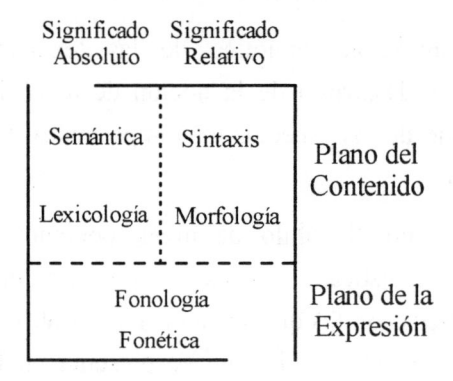

	Significado Absoluto	Significado Relativo	
	Semántica	Sintaxis	Plano del Contenido
	Lexicología	Morfología	
	Fonología Fonética		Plano de la Expresión

La estructura de una lengua consta, pues, de sus elementos situados en diferentes planos y de sus relaciones mutuas, pues la lengua tiene el carácter de un sistema basado únicamente en la oposición de unidades concretas.

Sin embargo, al ser el signo lingüístico una unidad semiótica nos preguntamos por las particularidades que presenta frente a otras unidades, es decir qué es lo que hace que la estructura de los signos que constituyen las lenguas tenga una naturaleza lingüística. Es lo que vamos a ver a continuación.

2.2. *El carácter lingüístico del signo.*

El análisis lingüístico de nuestro objeto comienza precisamente con la reflexión que los lingüistas realizan sobre las particularidades que hacen que nuestro objeto sea un objeto lingüístico.

Se trata, por tanto, de precisar las características que le confieren al signo el estatuto de lingüístico y, por ello mismo, su configuración como objeto de estudio de nuestra disciplina, frente a otros signos que no son lingüísticos (y que no pertenecen a nuestro ámbito disciplinario).

Para responder a esta problemática vamos a realizar una triple diferenciación entre tres categorías; a saber:

- *Materia*: masa amorfa del pensamiento, sin organizar por las estructuras lingüísticas.
- *Forma*: conjunto de reglas lingüísticas que al aplicarlas sobre una materia nos permite obtener una sustancia.
- *Sustancia*: configuración de la materia aplicando una forma.

La materia es extralingüística puesto que en ella no participa el signo lingüístico; es exterior al signo. La realidad es variable; sin embargo, también las ideas sustanciales del concepto pueden ser diferentes entre personas e incluso en una misma persona pueden serlo también. La sustancia es, pues, un fenómeno del habla, frente a la forma que, en cuanto conjunto de reglas, es lo común y, por ello, un fenómeno de la lengua. En este sentido, la forma sería entendida como funcionamiento frente a la substancia que no sería funcional.

Vamos a representar a continuación la dualidad sustancia/forma en el interior del signo lingüístico de la siguiente manera, reservando siempre para la sustancia la zona que entra en contacto con la realidad extralingüística (materia) y, por tanto, ajena al signo:

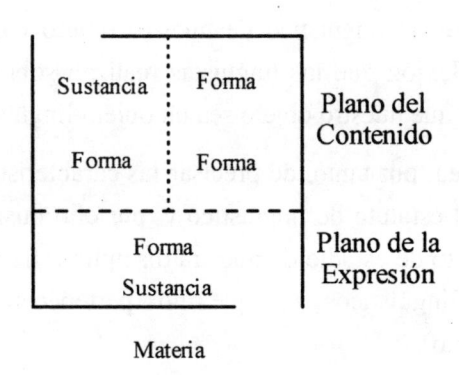

```
 ┌─────────────────┐
 │ Sustancia Forma │  Plano del
 │                 │  Contenido
 │ Forma    Forma  │
 ├─────────────────┤
 │     Forma       │  Plano de la
 │     Sustancia   │  Expresión
 └─────────────────┘
       Materia
```

Según el esquema propuesto, las distintas disciplinas encargadas de organizar el estudio del signo lingüístico, podrían definirse de la siguiente manera:

- *Fonética*: es la disciplina que estudia la sustancia del plano de la expresión del signo lingüístico.

- *Fonología*: es la disciplina que estudia la forma del plano de la expresión del signo lingüístico.

- *Lexicología*: es la disciplina que estudia la forma del significado absoluto, designativo o predicativo del plano del contenido del signo lingüístico.

- *Semántica*: es la disciplina que estudia la sustancia del significado absoluto, designativo o predicativo del plano del contenido del signo lingüístico.

- *Morfología*: es la disciplina que estudia la forma del

significado relativo o gramatical del plano del contenido del signo lingüístico.

– *Sintaxis*: es la disciplina que estudia la forma del significado relativo o gramatical del plano del contenido del signo lingüístico.

Por tanto, y como respuesta a nuestro interrogante podemos decir que es la forma del signo la que le otorga el rango de lingüístico, frente a la materia (que pertenece a la realidad extralingüística) y a la sustancia (que es un fenómeno del habla).

En este sentido, va a ser la concepción que se tenga de la *forma* de estas unidades la que determine la propia *estructura lingüística*. Es lo que veremos a continuación.

2.3. *El carácter funcional de las formas lingüísticas.*

Una vez que hemos precisado el carácter lingüístico de la forma sígnica, podemos preguntarnos ¿en qué sentido la forma es lingüística?

Para poder contestar a esta pregunta hay que diferenciar *forma* de *función*. Toda forma adquiere el rango de lingüística porque posee una función dentro de la lengua; es decir, toda forma es portadora de una función y toda función se actualiza a través de una forma.

Como puede comprenderse, ahora concebimos la forma en cuanto expresión opuesta a la función en cuanto comportamiento lingüístico de esa forma, estableciéndose entre ambos términos la relación de presuposición mutua que hemos mencionado según la cual toda forma es portadora de una función y toda función se manifiesta mediante una forma.

Partiendo de esta relación de presuposición mutua, la presentación de la dualidad forma/función en el interior del signo lingüístico sería la siguiente:

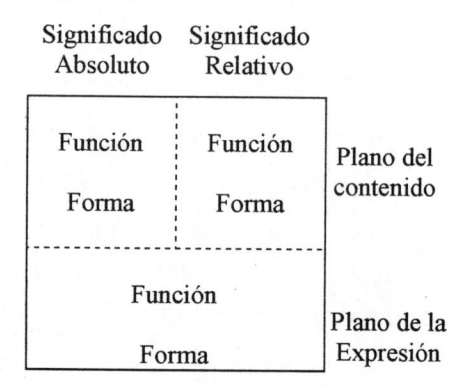

	Significado Absoluto	Significado Relativo	
	Función / Forma	Función / Forma	Plano del contenido
	Función / Forma		Plano de la Expresión

Esta concepción nos permite también establecer la definición de las distintas disciplinas lingüísticas, precisando las diferencias entre Morfología y Sintaxis que en el planteamiento anterior se ocupaban de un mismo objeto.

- *Fonética*: es la disciplina que estudia la forma del plano de la expresión del signo lingüístico.

- *Fonología*: es la disciplina que estudia la función del plano de la expresión del signo lingüístico.

- *Lexicología*: es la disciplina que estudia la forma del significado absoluto, designativo o predicativo del plano del contenido del signo lingüístico.

- *Semántica*: es la disciplina que estudia la función del significado absoluto, designativo o predicativo del plano del contenido del signo lingüístico.

- *Morfología*: es la disciplina que estudia la forma del significado relativo o gramatical del plano del contenido del signo lingüístico.

- *Sintaxis*: es la disciplina que estudia la función del significado relativo o gramatical del plano del contenido del signo lingüístico.

Sea cual sea el nivel, las unidades de la lengua realizan dos funciones:

- *Combinatoria*: resultado de la unión de distintas unidades entre sí. Esta función da lugar a tres tipos de combinaciones:

    - *Combinaciones realizadas*: son aquellas combinaciones aceptables porque sus elementos respetan la distribución que les corresponden como unidades de un nivel concreto y porque ofrecen funcionalidad lingüística.

    - *Combinaciones posibles*: aceptables, en este caso, por su distribución, aunque no tienen funcionalidad lingüística. Como ejemplo podemos citar la secuencia *pracario*.

    - *Combinaciones imposibles*: son aquellas que no responden a las normas de distribución de una lengua, por lo que no podrían darse en ella. Sería el caso de la secuencia *prslamtaaav* en español.

- *Contrastiva* u *opositiva*: es la capacidad de diferenciación recíproca que una unidad tiene con respecto a otra. Para que se desarrolle esta función ha de darse que la permutación de una unidad por otra determine una unidad diferente y, por tanto, un cambio de significado. Es lo que ocurre por ejemplo, entre las palabras *mal* y *mar*.

2.4. *La materialización lingüística del valor funcional de las formas.*

Para actualizar el valor funcional que una forma adquiere en el habla hay que tener en cuenta las relaciones opositivas que la unidad lingüística puede contraer con otras que aparece en el mismo contexto (relaciones sintagmáticas) o con las que podría aparecer en su lugar (relaciones paradigmáticas), de las que surgen su valor.

- *Relaciones paradigmáticas*: son aquellas que contrae un elemento con otros que pueden aparecer en su mismo contexto. En este sentido, los elementos pueden sustituirse mutuamente y la utilización de uno exige la exclusión de todos los demás del paradigma. Un ejemplo sería las desinencias verbales en el nivel morfosintáctico.
- *Relaciones sintagmáticas*: son aquellas que contrae un elemento con otros del mismo nivel con los que aparece y constituye un contexto.

De esta forma queda precisado nuestro objeto de estudio: un signo que es lingüístico gracias a la función que su forma desempeña dentro de la lengua, a partir de las relaciones sintagmáticas y paradigmáticas que contrae con otros signos del sistema.

2.5. *Síntesis final.*

Ambos planteamientos no son excluyentes y responden a dos maneras de concebir la forma de nuestro objeto lingüístico; a saber, una basada en la distinción entre materia, sustancia y forma, que concibe la forma como *funcionamiento*, y otra atendiendo a la dualidad forma/función, que concibe, en este caso, la forma como *expresión*. Este carácter complementario puede determinarse en función del procedimiento mediante el cual el signo lingüístico *aprehende la realidad extralingüística*, procedimiento que sintetizamos siguiendo las claras propuestas de Lamíquiz:

- La materia extralingüística en cuanto masa amorfa del pensamiento entra en contacto con el signo lingüístico, transformándose en una sustancia que se expresa en la lengua gracias a las funciones semánticas que se manifiestan por medio de formas lexicológicas.

- Unas funciones sintácticas se manifiestan en la lengua por medio de formas morfológicas.

- Unas funciones fonológicas que se expresan gracias a las formas fonéticas participan de la sustancia acústica que desborda los dominios del signo constituyendo el terreno de la materia extralingüística en cuanto masa del continuo físico de los sonidos.

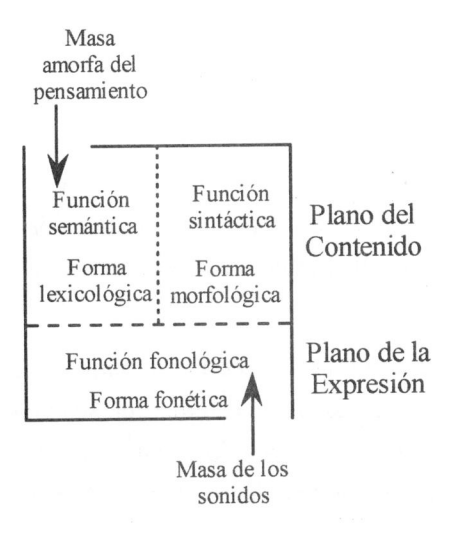

```
              Masa
              amorfa del
              pensamiento
                   │
                   ▼
        ┌─────────────────────┐
        │ Función  │ Función   │  Plano del
        │ semántica│ sintáctica│  Contenido
        │──────────│───────────│
        │ Forma    │ Forma     │
        │lexicológica│morfológica│
        │─ ─ ─ ─ ─ ─ ─ ─ ─ ─ ─│
        │   Función fonológica │  Plano de la
        │   Forma fonética  ▲  │  Expresión
        └─────────────────────┘
                     │
                  Masa de los
                    sonidos
```

La tarea del lingüista consiste, pues, en el estudio de los niveles lingüísticos así como de las principales unidades de funcionamiento de cada uno de ellos. Sin embargo, antes de realizar este estudio, vamos a ver algunas de las principales propuestas de caracterización estructural del signo lingüístico.

3. Distintas propuestas de organización estructural del signo lingüístico.

No todos los lingüistas han concebido de manera similar nuestro objeto de estudio, debido, principalmente, al carácter complejo de su naturaleza —sobre todo en lo relativo a los distintos planos en los que se puede estructurar—.

Vamos, por ello, a recoger algunas aportaciones al respecto, teniendo en cuenta las distintas respuestas que se han dado a esta problemática, a partir de las explicaciones de M. Manoliu.

3.1. *El signo como entidad monoplana.*

Esta propuesta ha sido defendida por Bloomfield. Para este autor el signo sería una entidad formada por un solo plano (la expresión), que se pondría en contacto con el no-signo (concepto) a través de un mecanismo de estímulos y respuestas.

Bloomfield prescinde de toda relación entre lengua y pensamiento, proceso de reflexión y denominación, por lo que los no-signos (estudiados por la semántica) estarían fuera de las preocupaciones lingüísticas.

Hoy en día la inclusión de la semántica como disciplina lingüística así como la necesidad de estudiar el sistema que vincula el signo monoplano con la realidad, constituyen una respuesta a la inadecuación del planteamiento bloomfieldiano.

De manera gráfica el signo sería para Bloomfield tal y como lo representamos.

Niveles de formalización teórica: la estructura de las lenguas

> Expresión

3.2. *El signo como entidad biplánica.*

Esta propuesta ha sido defendida entre otros por los siguientes lingüistas.

a) *Saussure* concibe el signo como una entidad psíquica formada por la unión de dos caras: la *imagen acústica*, es decir, la huella psíquica del sonido material, la representación que de este sonido nos da el testimonio de nuestros sentidos; y el *concepto*, generalmente de carácter más abstracto. Estos términos fueron sustituidos en el propio *Curso de Lingüística General* por los de *significante* y *significado*, respectivamente, con el objeto de evitar ambigüedades. Así, el *significante* sería la traducción fónica de un concepto; y el *significado*, el correlato mental del significante. Ambos estarían unidos por una consubstancialidad cuantitativa (un significante para un significado y viceversa) que aseguraría la unidad estructural del signo.

Sus planteamientos, que han sido tachados de psicologistas, son criticables desde el momento en que presentan el signo como una unión (en lugar de una relación), y como un ente estático en lugar de dinámico.

```
┌─────────────────┐
│   SIGNIFICADO   │
│- - - - - - - - -│
│   SIGNIFICANTE  │
└─────────────────┘
```

b) Por ello, *Hjelmslev* lo concibe como una asociación, como un sistema de relaciones solidarias (entre una forma del contenido y una de la expresión), puesto que la presencia de una requiere la presencia de la otra. Como puede verse, para Hjelmslev, la sustancia no es lingüística; sólo lo es la forma.

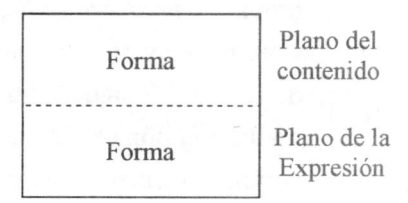

```
┌─────────────┐
│    Forma    │  Plano del
│             │  contenido
│- - - - - - -│
│    Forma    │  Plano de la
│             │  Expresión
└─────────────┘
```

c) *Coseriu*, por su parte, considera que, además de una sustancia de naturaleza extralingüística, también hay una sustancia lingüística, tanto en el plano de la expresión (estudiada por la Fonética) como en el plano del contenido (estudiada por la Semántica).

Niveles de formalización teórica: la estructura de las lenguas

Sustancia Forma	Plano del Contenido
- - - - - - - - -	
Forma Sustancia	Plano de la Expresión

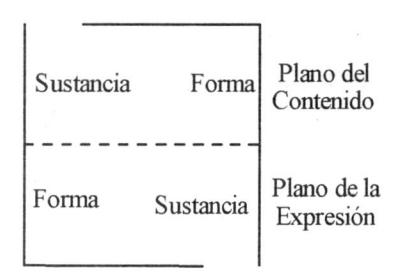

3.3. *La entrada de la realidad extralingüística en la concepción sígnica.*

En el modelo anterior no hay nada que se corresponda a los objetos, relaciones, ni emisor ni receptor, porque son realidades extralingüísticas. Sin embargo, este elemento también se considerará en el modelo sígnico a través de representaciones triangulares. Veamos algunas de ellas.

a) La idea de las relaciones tripartitas entre la lengua (significante y significado) y la realidad extralingüística no es nueva. Ya *Aristóteles* decía que el signo estaba formado por un lado material, que pertenecía a la voz, y un lado del contenido, que era consciente, y que ambos lados se oponían al objeto.

b) Los *escolásticos* en la Edad Media (recuérdese lo explicado en el capítulo 4) decían que había que tener en cuenta el modo de ser, de significar y de decir de las palabras (por eso se llamaban modalistas). Así estudiaban desde el punto de vista lógico (siguiendo los planteamientos aristotélicos) si los signos estaban motivados por la realidad o no.

c) Sin embargo, *C. Ogden* y *A. Richards* fueron los primeros en introducir sistemáticamente el referente en el esquema del signo, con el propósito de presentar las relaciones entre lengua, pensamiento y referencia (objeto), para ver si esta relación era adecuada, verdadera y correcta.

d) Por su parte, *Bühler*, al presentar su modelo teniendo en cuenta la relación con la realidad que se quiere comunicar, introduce el resto de elementos que intervienen en la comunicación, presentando un enfoque psicológico, en el que el lenguaje se refiere siempre a la realidad, ya sea para simbolizarla, expresarla o modificarla (cf. el esquema adjunto).

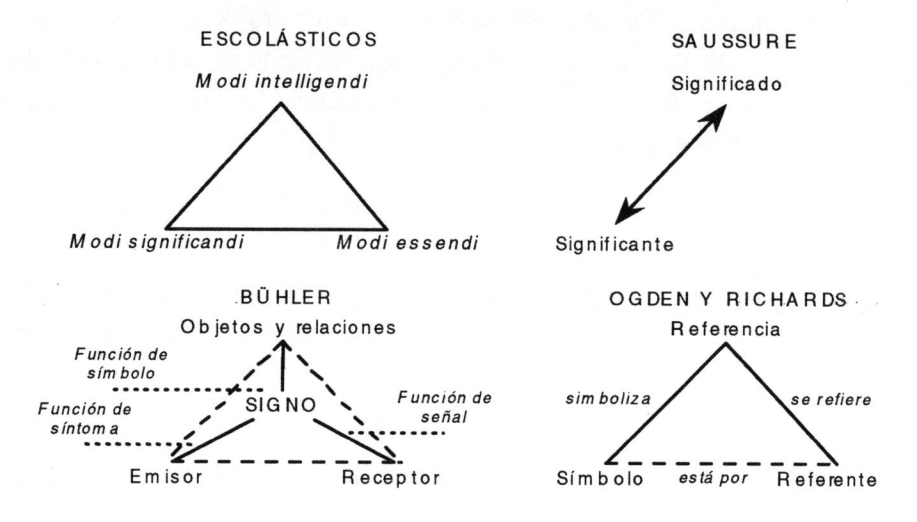

ESCOLÁSTICOS
Modi intelligendi
Modi significandi   *Modi essendi*

SAUSSURE
Significado
Significante

BÜHLER
Objetos y relaciones
Función de símbolo
Función de síntoma
SIGNO
Función de señal
Emisor   Receptor

OGDEN Y RICHARDS
Referencia
simboliza   se refiere
Símbolo   está por   Referente

e) *Heger* comenta el desarrollo del triángulo metodológico y su transformación en trapecio porque el vértice superior confunde significado y concepto y porque no soluciona el problema de la polisemia y la sinonimia.

Para superar estas deficiencias, Heger transforma el triángulo en trapecio en el que:

- el *lado izquierdo* corresponde a las dos caras inseparables del signo lingüístico; simboliza la relación de consubstancialidad cuantitativa;
- el *lado superior* representa la consubstancialidad cualitativa; relaciona el signo, en cuanto significación, con los conceptos universales, y separa lo lingüístico de lo extralingüístico;
- el *lado derecho* es independiente de la estructura de una lengua dada; pertenece a la mente, sea cual sea la lengua que se habla;
- la *base* del trapecio simboliza la arbitrariedad e inmotivación de la relación que representa.

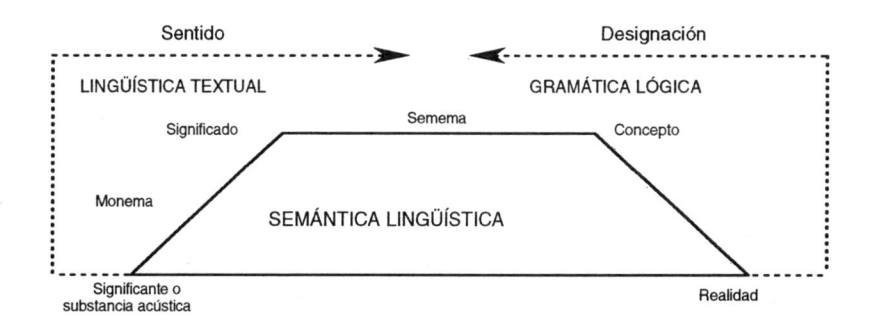

```
        Sentido                              Designación
    ┌─────────────────►      ◄──────────────────────────┐
    │  LINGÜÍSTICA TEXTUAL          GRAMÁTICA LÓGICA    │
    │        Significado    Semema       Concepto       │
    │                 ╱─────────────────╲               │
    │    Monema      ╱                   ╲              │
    │               ╱  SEMÁNTICA LINGÜÍSTICA ╲          │
    │              ╱_____╲            │
    │   Significante o                        Realidad  │
    │   substancia acústica                             │
    └───────────────────────────────────────────────────┘
```

4. Los principios del análisis estructural.

El análisis estructural se basa en un conjunto de investigaciones lingüísticas que arrancan con Saussure y que conforman los pilares de las nuevas tendencias que conforman la renovación lingüística de la primera mitad del siglo XX.

Lo esencial del nuevo movimiento es que pone de relieve el carácter de la lengua como un sistema de relaciones latentes en el propio objeto lingüístico, lo que supone una sustitución del carácter atomista de las investigaciones lingüísticas precedentes —centradas en los hechos particulares, aislados y estudiados unidimensionalmente— por la consideración de los hechos individuales a través del prisma de la totalidad, interdependencia, sistema de hechos, contexto o estructura.

De ahí que los términos «sistema» y «estructura» revisados anteriormente (Capítulo 6), sean necesarios para la compresión de la Lingüística moderna, porque, precisamente, la prioridad de la concepción estructural será el principio que conducirá a la Lingüística a adquirir el estatuto de disciplina autónoma, a través de un enfoque inmanente de su objeto de estudio.

Para ello y, como sostiene Domínguez Hidalgo, el Estructuralismo parte de la totalidad y separando criterios, a través de niveles, relaciones, describe exhaustiva, objetiva, funcional e inmanentemente los elementos que la conforman y descubre su correlatividad con otras totalidades. El estructuralista ordena oposiciones en lugar de agrupar parecidos, para llegar a una jerarquía de valores.

Por ello, las características principales del Método estructural que a continuación describe Domínguez Hidalgo, son las siguientes:

a) *objetividad* (ya que sólo analiza lo que ve, es decir, la parte inmanente del lenguaje, sin idealismos ni fantasías);

b) *inmanencia* (porque la causa buscada radica en el propio objetivo);

c) *funcionalidad* (porque le interesa más las funciones de los elementos y del todo que su historia o su origen, aunque no está en contra del punto de vista histórico);

d) *exhaustividad* (porque no cesa su actividad hasta no agotar el análisis);

e) *descriptivo* (porque rinde cuenta de un estado actual sin realizar prescripciones);

f) *distributivo* (porque coloca los elementos en las funciones que le pertenecen y no los mezcla caóticamente);

g) *estratificacional* (porque en su descenso hacia el elemento mínimo, separa los elementos en unidades menores y mayores según van apareciendo en diversos niveles);

h) *universalizador* (porque descrito el objeto generaliza sus observaciones a objetos semejantes);

i) *integral* (porque analiza el objeto totalmente);

j) y, finalmente, *global* (porque parte de la totalidad al elemento, sin dejar un solo instante de presentar una visión de conjunto).

5. Las unidades lingüísticas del plano de la expresión.

La aplicación del método estructural pasa por la descripción de todas las unidades que constituyen los distintos niveles en los que estructuramos el signo lingüístico. Estas unidades, que están recíprocamente relacionadas y condicionadas, podríamos representarlas de manera esquemática en el interior del signo lingüístico tal y como sigue:

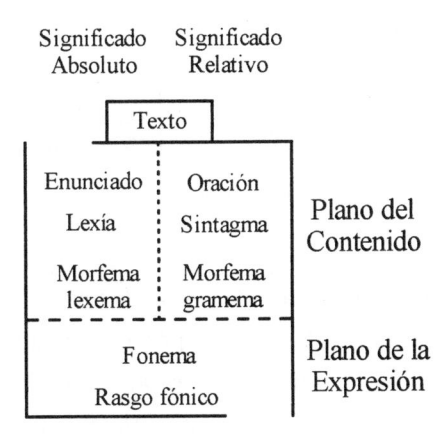

	Significado Absoluto	Significado Relativo	
	Texto		
	Enunciado	Oración	Plano del Contenido
	Lexía	Sintagma	
	Morfema lexema	Morfema gramema	
	Fonema		Plano de la Expresión
	Rasgo fónico		

Vamos a comenzar con la descripción de las unidades mínimas de la lengua en el plano de la expresión que constituyen los funtivos de los niveles de la estructura foneticofonológica. Podemos distinguir dos unidades diferentes:

5.1.   *El rasgo fónico.*

Es un microsigno cuya función es la de diferenciar los significados y categorizar los elementos de la cadena hablada. Se diferencia del resto de las unidades tanto de este nivel como de las del resto de los niveles en el hecho de que es la única que rompe el carácter lineal del significante del signo lingüístico. De ahí que el rasgo fónico sea la única unidad lingüística que no puede segmentarse en el tiempo.

Como en todo signo, puede diferenciarse metodológicamente dentro de él dos *infraestructuras*, la expresión, que en este caso recibe el nombre de *fonón*, y el contenido, que se denomina *aliedad*.

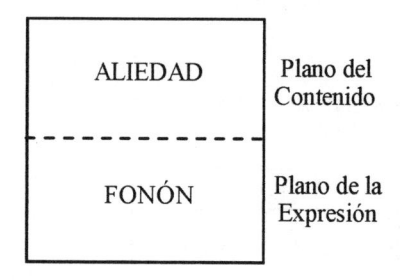

ALIEDAD	Plano del Contenido
FONÓN	Plano de la Expresión

Frente a los rasgos fónicos *no relevantes*, que son ajenos a la consideración lingüística y se comportan, por tanto, como un índice, los rasgos fónicos *relevantes* son aquellos que tienen intención comunicativa y, consecuentemente, funcionan dentro de sistema lingüístico que constituye este nivel.

Son estos últimos los que nos interesan, y de entre ellos no los que tienen un carácter redundante, es decir, los que ayudan a identificar un rasgo no relevante, sino aquellos que funcionan diferenciando fonemas, los *rasgos distintivos intrínsecos*, ya sean de *sonoridad* (nasalidad, vocal, continuidad, tensión, densidad, etc.) o de *tonalidad* (grave/agudo); y los que señalan la división del enunciado en unidades gramaticales, los *rasgos distintivos configurativos*, ya sean para poner de relieve las unidades del discurso (*culminativos*) o para delimitar las unidades del mismo (*demarcativos*).

5.2. El fonema.

Alarcos define el fonema como el conjunto de propiedades fonológicamente relevantes de un complejo fónico, definición que coincide con la de Mariner, para quien el fonema es el conjunto de características fónicas distintivas.

Así, frente al sonido, el fonema, según la R.A.E., es una clase de sonido constituido por un complejo de rasgos fónicos. Siguiendo con las propuestas de Pottier, podemos decir que, desde un punto de vista *estructural*, está formado por un plano de la expresión llamado *fono* y por un plano del contenido llamado *alteridad*.

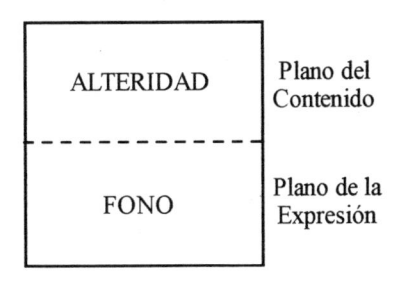

ALTERIDAD	Plano del Contenido
FONO	Plano de la Expresión

Dependiendo de sus relaciones paradigmáticas los fonemas se

pueden clasificar en dos grupos:

- *Segmentables*, aquellos que pueden aislarse en su realización sustancial.
- *No segmentables*, los que no pueden hacerlo.

Si tenemos en cuenta ahora las relaciones sintagmáticas que pueden contraer, los fonemas pueden ser:

- *Centrales*, los que pueden formar sílabas por sí solos.
- *Marginales*, los que no pueden hacerlo.

6. Las unidades lingüísticas del plano del contenido relativo.

Tras la descripción de las unidades del plano de la expresión que constituyen los niveles de la estructura foneticofonológica realizada con anterioridad, deben precisarse las características de las unidades lingüísticas superiores. Podemos distinguir, siguiendo a Pottier, las siguientes unidades del plano del contenido relativo o gramatical, que constituirán los funtivos de los distintos niveles de la estructura del mencionado plano.

6.1. *El morfema gramema.*

El *morfema* (según la terminología de Pottier) o el *monema* (según la de Martinet) es la unidad mínima de significación con expresión (a la que se le llama morfo) y contenido (que recibe el nombre de semema).

```
┌─────────────────┐
│     SEMEMA      │  Plano del
│                 │  Contenido
│- - - - - - - - -│
│     MORFO       │  Plano de la
│                 │  Expresión
└─────────────────┘
```

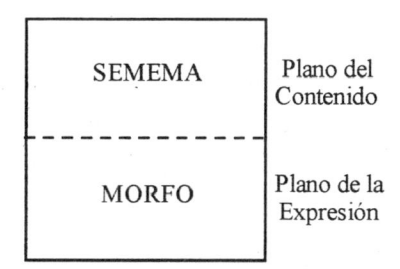

Dejando a un lado los morfemas que tienen un contenido absoluto, designativo, predicativo o léxico, llamados, por ello, *lexemas* —puesto que son unidades del plano del contenido absoluto—, los morfemas con contenido relativo o gramatical, que son los que nos interesan ahora, reciben según Pottier el nombre de *gramemas*. Éstos pueden ser de dos tipos:

- *Independientes*: son aquellos que pueden constituir por sí solos palabras. Los gramemas independientes pueden ser, a su vez:

  • *Homosintagmáticos*: los que desarrollan sus funciones en el interior de un sintagma; por ejemplo, el artículo.

  • *Heterosintagmáticos*: los que lo hacen entre sintagmas; es el caso de las conjunciones.

- *Dependientes*: son aquellos gramemas que aparecen siempre unidos a un lexema o a otro gramema. Éstos pueden ser:

  • *Formantes*: son aquellos cuya presencia es condición necesaria para el establecimiento de una determinada categoría gramatical; por ejemplo, el género y el número para la constitución del sustantivo.

- *Facultativos*: son los que su presencia no es condición necesaria para la aparición de una determinada categoría gramatical, puesto que desempeñan la función de desarrollar o matizar el significado (absoluto) del lexema; es el caso, por ejemplo, de los prefijos en la constitución del sustantivo.

6.2. *El sintagma.*

El sintagma es una unidad de funcionamiento de la estructura lingüística formado por un conjunto de palabras. Atendiendo a si los elementos constitutivos del sintagma desarrollan su función alrededor de un sustantivo o un verbo, podemos distinguir entre:

– *Sintagma nominal*: es aquel cuyo núcleo está desempeñado fundamentalmente por un sustantivo. Atendiendo a su estructura, podemos establecer siguiendo a Pottier, cuatro zonas que suelen aparecer en linealidad discursiva.

- *Presentadores*: son aquellos elementos que, sin aportar un contenido absoluto al núcleo, se unen a él mediante una incidencia directa, sin nexo. Éstos pueden ser:

    * *Introductores*: aparecen al principio y están desempeñados por la categoría morfológica del adverbio.

    * *Actualizadores*: son los que presentan al sustantivo en su existencia real y objetiva. Están desempeñados por los artículos, adjetivos demostrativos y adjetivos

posesivos.

* *Cuantificadores*: presentan al sustantivo precisando la cantidad del mismo. Esta presentación puede ser de dos tipos y, consecuentemente, dar lugar a dos tipos de cuantificadores: *Numerales*, los que presentan la cantidad del sustantivo de manera precisa; y *Extensivos*, los que lo hacen de manera imprecisa.

- *Núcleo*: es el único elemento imprescindible del S.N. que recibe la incidencia funcional del resto de los elementos y formalmente impone a estos elementos sus marcas.

- *Atribuciones*: son aquellos elementos que aportan un contenido absoluto al núcleo, uniéndose a él mediante una incidencia directa (como en el caso del adjetivo calificativo) o indirecta, con nexo (como en el caso del sintagma preposicional).

- *Postposiciones*: aparecen al final del S.N. y están desempeñados por la categoría morfológica del adverbio. Inciden también directamente sobre el núcleo del S.N.

Si tenemos ahora en cuanta los tipos de construcción que pueden presentar los S.N., podemos diferenciar dos clases:

- *Sintagma nominal homogéneo*: es aquél que muestra incidencias directas entre sus miembros, que aparecen unidos, por tanto, sin nexos coordinantes o subordinantes. La unión viene dada, pues, por la concordancia de género y número entre sus elementos (aunque a veces no se dé en la aposición).

<u>Todos los caminos</u> llevan a Roma
S.N. homog.

- *Sintagma nominal heterogéneo*: es el que ofrece una relación indirecta entre sus elementos, ya sea mediante la unión de nexos coordinantes o subordinantes. Hay dos tipos:

    * Por *coordinación*: la relación indirecta supone una ampliación de alguna de las zonas del S.N. mediante la coordinación de elementos.

    <u>Las puertas y las ventanas</u> están cerradas.
    S.N. heter. por coord.

    * Por *subordinación*: la relación indirecta se produce ahora mediante subordinación de elementos, produciéndose, por tanto, una transcategorización o salto de nivel. Puede darse mediante:

        = *Preposiciones*: los demarcadores nexuales prepositivos introducen un elemento que funciona como un adjetivo de discurso (Viste <u>un bonito traje con adornos).</u>

        = *Oraciones subordinadas sustantivas* en función de atribución (Tiene <u>la intuición de que su madre le hará un</u>

gran regalo).

= *Oraciones subordinadas adjetivas* (La casa que su padre compró es muy grande).

— *Sintagma verbal*: es la unidad de función que tiene como núcleo a un verbo. Desde un punto de vista estructural, podemos establecer dos clases:

- *S.V. de estructura atributiva*: es aquél que está formado por un núcleo verbal casi nulo (el verbo copulativo), que aporta el valor sintáctico; y por un elemento que aporta el valor predicativo (el atributo).

- *S.V. de estructura predicativa*: está formado por un verbo predicativo no copulativo y una serie de complementos.

Si tenemos ahora en cuenta los tipos de construcción que pueden presentar los S.V., podemos diferenciar dos *clases*:

- *Sintagma verbal homogéneo*: es aquél que muestra incidencias directas entre sus miembros, que aparecen unidos, por tanto, sin nexos coordinantes o subordinantes.

- *Sintagma verbal heterogéneo*: es el que ofrece una relación indirecta entre sus elementos, ya sea mediante la unión de nexos coordinantes o subordinantes. Hay dos tipos:

    * Por *coordinación*: la relación indirecta supone una ampliación de la zona del

núcleo del S.V. mediante la coordinación de varios verbos (Juan come y bebe).

* Por *subordinación*: la relación indirecta se produce ahora mediante subordinación de elementos, produciéndose, por tanto, una transcategorización o salto de nivel. Serían todas las oraciones subordinadas menos las que funcionan como sujeto y las de relativo (El hijo de Juan quiere que le regale un coche).

6.3. La oración.

Vamos a finalizar las unidades de este nivel con la oración, unidad mínima de comunicación, equivalente a la oración simple o a la proposición dentro de la oración compuesta. Por tanto, es la unidad lingüística que tiene un sentido completo y presenta una autonomía semántica, sintáctica, fonológica y ortográfica.

El acercamiento teórico para establecer la *definición* de esta unidad se ha realizado desde distintos puntos de vista. Veamos algunos de ellos:

a) *Criterio lógico*: desde esta perspectiva la oración es la expresión verbal de un juicio. Esta concepción arranca ya de la gramática clásica y fue expresada por los planteamientos de Dionisio de Tracia, para quien la oración es la unión de palabras que expresan un sentido completo; o por los de Prisciano, quien la concibe como la ordenación coherente de palabras que expresan un sentido completo.

Estas definiciones son susceptibles de críticas

puesto que pueden existir oraciones de una sola palabra y, al mismo tiempo, expresiones no oracionales con sentido completo. Además, como señala A. Vera, es inexacto que la autonomía semántica constituya la característica funcional específica de la oración, puesto que tal propiedad es exclusiva del texto.

Por ello, desde el punto de vista lógico, la oración puede definirse tal y como hace la R.A.E. como la expresión de un juicio lógico.

b) *Criterio psicológico*: desde este punto de vista, la oración es una unidad de intención puesto que, como sostiene Gardiner, revela un propósito inteligible.

c) *Criterio gramatical*: desde el punto de vista lingüístico la oración puede entenderse como una unidad sintáctica estructurada en torno a un núcleo (que suele ser un verbo en forma personal) y constituida por un sujeto y un predicado.

Es la definición más generalizada, aunque sobre ella se hayan realizado algunos matices desde el punto de vista distribucionalista:

- Bloomfield y Roca Pons distinguen entre *oración* como unidad de comunicación que puede constar de varias palabras con sentido y autonomía sintáctica, sin que aparezca incluida como constituyente en otra forma más amplia; y *forma oracional*, en cuanto unidad constituida por un sujeto y un predicado que está incluida dentro de otra oración (la llamada proposición o suboración).

- Por otra parte, Jespersen distingue entre *nexus* (relación entre sujeto y predicado) y *sentence* (oración).

Lo cierto es que, como señala A. Vera, un criterio definitorio adecuado consiste en asignar a la oración la condición de menor unidad de predicación gramatical, propiedad que cumplen tanto los enunciados oracionales personales como los impersonales.

7. Las unidades lingüísticas del plano del contenido absoluto.

Tras la descripción de las unidades del plano del contenido relativo que constituyen los niveles morfemático, sintagmático y oracional de la estructura morfosintáctica de la Lengua, realizada con anterioridad, debemos precisar ahora las características de las unidades lingüísticas del plano del contenido absoluto.

Podemos distinguir, siguiendo igualmente a Pottier, las siguientes unidades del plano del contenido absoluto, designativo o predicativo, que constituirán los funtivos de los distintos niveles de la estructura lexicosemántica del mencionado plano.

7.1.   *El morfema lexema.*

El morfema (según la terminología de Pottier) o el monema (según la de Martinet) es la unidad mínima de significación con expresión (a la que se le llama *morfo*) y contenido (que recibe el nombre de *semema*).

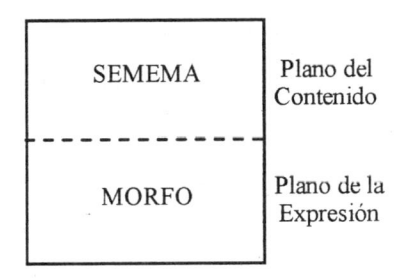

SEMEMA	Plano del Contenido
MORFO	Plano de la Expresión

Dejando a un lado los morfemas que tienen un contenido relativo o gramatical, llamados, por ello, gramemas —puesto que son unidades del nivel morfémico del plano del contenido relativo que vimos con anterioridad—, los morfemas con contenido absoluto reciben según Pottier el nombre de lexemas, y son los que aportan el significado léxico a la palabra.

7.2. La lexía.

Siguiendo la clara explicación de A. Vera, podemos decir que el conocimiento de esta unidad se asienta en la intuición de los hablantes, por lo que los criterios para su definición han sido múltiples.

    a) *Criterio fonológico*: ni el punto de vista de la acentuación (Wells), que considera la lexía como una unidad acentual, ni el punto de vista de la segmentación (Nida), que la considera como segmentos limitados por junturas, permiten establecer definiciones válidas; en el primer caso, porque no caracteriza la especificidad de la lexía frente a otras unidades de la lengua, y, en el segundo, porque la pausa, además de ser difícilmente perceptible, se caracteriza por su parcialidad (puesto que la cadena hablada nunca llega a interrumpirse totalmente) y por su variabilidad (ya que todas las pausas no tienen idéntica intensidad).

b) *Criterio funcional*: es la postura sostenida, entre otros, por:

- Martinet, quien define la lexía como la unidad lingüística caracterizada por una función específica; definición puesta en duda muy certeramente por A. Vera al manifestar que el carácter funcional se extiende a cualquier unidad lingüística, no sólo a la lexía.

- Lázaro Carreter, por su parte, define la lexía como el más pequeño signo intercambiable, apto para diferenciar frases. Sin embargo, la definición tampoco es muy acertada a juicio de A. Vera porque hay muchas frases que no se diferencian por palabras. Es el caso de: *Juan viene* y *¿Juan viene?*

c) *Criterio semántico*: es la postura defendida, entre otros, por Rosetti, quien sostiene que la lexía es la más pequeña unidad significativa indescomponible en otras más pequeñas dotadas de significado autónomo.

Sin embargo, tal definición tampoco es aceptada porque la más pequeña unidad significativa corresponde al morfema, que tiene el mínimo significado léxico (lexema) y gramatical (gramema).

d) *Criterio basado en la Teoría General de Sistemas*: partiendo de la definición de A. Vera y de la propuesta por Pottier, podemos decir que la lexía es la menor unidad de comportamiento lingüístico, es decir de actualización de los morfemas, que adquieren una operatividad comunicativa (comportamiento lingüístico) en el seno de la lexía.

Pottier distingue, finalmente, cuatro *tipos* de lexías, que recogemos a continuación:

- *Lexía simple*: es aquella lexía que consta de una sola palabra y que no son morfemas gramemas independientes, sino que tienen un significado absoluto, manifestado por un morfema lexema, al que se le pueden unir distintos morfemas gramemas dependientes (*casita, barco, coche*).

- *Lexía compuesta*: es la que está formada por varias palabras que constituyen un conjunto léxico construido y unido gráficamente (*sacacorchos, chupatintas*).

- *Lexía compleja*: consta también de varias palabras pero, aunque constituye un conjunto lexicalizado, conservan una separación gráfica, equivaliendo formalmente a un sintagma (*por ejemplo, a tontas y a locas*).

- *Lexía textual*: constituida por varias palabras que formalmente equivalen a una oración y ha surgido de la memorización muy lexicalizada de la misma. Es el caso de los refranes y las frases hechas (*más sabe el diablo por viejo que por diablo*).

7.3. *El enunciado.*

El enunciado es la unidad de manifestación, estudiada por la Pragmática (Capítulo 10), que puede identificarse con el sintagma, la palabra o la oración.

Las características principales que presentan los enunciados son las siguientes:

- Son unidades de *manifestación*, es decir, unidades que realizan una referencia a una realidad extralingüística con una determinada finalidad comunicativa (preguntar, informar, manifestar ira, etc.).

- Son *autosuficientes* desde el punto de vista semántico dentro de la situación comunicativa en la que se integran. Así, el enunciado ¿*un café?* de manera aislada no se entiende, pero sí entre dos personas, una ofreciéndolo a otra en la casa de la primera.

- Son *independientes* desde el punto de vista sintáctico, puesto que sólo son constituyentes del discurso y no de otra unidad sintáctica.

- Tienen una determinada *pauta entonativa* acorde con su finalidad (exclamativa, interrogativa, enunciativa, etc.).

8. El texto como unidad lingüística cualitativamente superior.

Debemos considerar el texto no ya como una aplicación lingüística, sino como una unidad lingüística cualitativamente superior, que sirve de dinamizador de todas las unidades lingüísticas. Es la propuesta de A. Vera, que seguimos en esta exposición.

Por las razones metodológicas que nos llevan a la conformación de los límites de nuestra materia, hemos establecido los diferentes niveles de formalización de la estructura de los distintos planos en los que hemos dividido el signo lingüístico. Sin embargo, la ampliación de los horizontes a los que las nuevas corrientes metodológicas nos llevan, nos impulsan a la ampliación objetual, introduciendo ahora un nuevo nivel de descripción lingüística: el constituido por las unidades textuales.

La Lingüística textual, pues, en tanto que estudio de la lengua en funcionamiento, responde tanto a los hechos de construcción textual como a los de significación y comunicatividad interpersonal. De esta forma, recae bajo la teoría lingüístico–textual tanto la dimensión semiótica sintáctica como la semántica y pragmática, siendo ésta última la que determine los tipos de operatividad sintáctica y semántica que están al servicio de la función comunicativa del texto y de la intención del productor.

Veamos, por tanto, las características y propiedades del texto o discurso, así como la trayectoria histórica de los estudios textuales.

8.1. Características y propiedades del texto.

El presupuesto básico del que parten estas investigaciones es el de que la comunicación a través de una lengua natural no se produce merced al manejo de palabras u oraciones como elementos básicos, sino a través de *textos*, unidad de dimensión variable, producto de la actividad verbal humana, caracterizada por la autonomía total de la que carecen el resto de unidades de niveles distintos, que dependen de unidades jerárquicamente superiores, por su cierre semántico y comunicativo y por su coherencia. Por ello, las tres características principales del texto son las siguientes:

- *Carácter comunicativo*, puesto que la principal finalidad de la actividad textual es la comunicativa.

- *Carácter pragmático*, ya que se producen en una situación concreta, con interlocutores y referencias concretas al mundo que les rodea.

- *Carácter estructurado*, ya que tienen una ordenación y unas reglas propias.

De estas principales características se derivan otras como pueden ser las siguientes:

- *La plurisignificación*, derivada de su carácter comunicativo, consistente en la multiplicidad de sentidos condicionada por el lugar y el tiempo en el que se produce el texto.

- *La intencionalidad*, derivada en este caso de su carácter pragmático. Al darse en unas coordenadas concretas, no es neutral y posee una intención concreta.

- *El cierre textual*, propio de su carácter estructural, permite entender el texto como una unidad cerrada.

Además, para que puedan ser considerados textos, deben reunir también una serie de propiedades:

- *Adecuación:* consiste en la correcta elección de entre las distintas soluciones lingüísticas que nos ofrece una lengua determinada, aquella que creamos más apropiada a la situación comunicativa en la que produzca el texto.

- *Coherencia:* consiste en la elección correcta, en este caso de la información pertinente que debemos comunicar, y en saber cómo debemos hacerlo.

- *Cohesión:* finalmente, consiste en la elección ya de los mecanismos tanto lingüísticos como paralingüísticos para relacionar las oraciones y los enunciados (entonación, signos de puntuación, etc.).

8.2. *Trayectoria histórica de los estudios textuales.*

La Lingüística textual tiene su antecedente más antiguo en la *Retórica*, sobre cuya textualidad explícita ha insistido García Berrio, al sostener la condición incuestionablemente textual del esquema escritural retórico clásico y sus tres grandes bloques operativos de *inventio, dispositio* y *elocutio*; las dos primeras correspondientes a un plano textual profundo y la última a la manifestación en superficie.

Dentro de una tradición más reciente, cuenta con algunos antecedentes en desarrollos disciplinarios que defienden la necesidad de encuadrar las investigaciones lingüísticas en una perspectiva transoracional. Harris y su *análisis del discurso*, procedimiento analítico fundamentado básicamente sobre la necesidad de atender al discurso, a la efectiva manifestación lingüística en tanto que hecho sujeto a las dimensiones de situación y contexto, como único medio de obtener las claves auténticas del funcionamiento de los enunciados de la lengua, constituye uno de estos antecedentes. Partiendo del principio de que todo elemento pertenece a una clase de equivalencia en virtud de su capacidad para alternar en determinados contextos con el resto de integrantes de la clase, Harris segmenta el discurso en sus morfemas constitutivos, de forma que su distribución posterior en clases ofrece la estructura global del texto.

Otro antecedente de la Lingüística textual se encuentra en una noción de considerable importancia en el marco de la *escuela praguense*, y en las figuras de Tesnière o Halliday: la de tema/rema, puesto que supuso, más allá de la dimensión oracional, la existencia de un principio estructurador de la comunicación que influiría en los procesos informativos y en su organización. Así pues, esta organización de todo mensaje oracional se va a producir partiendo de una serie de informaciones básicas de las que tendría lugar la predicación de informaciones nuevas.

El desarrollo de la noción de texto en momentos más recientes estuvo unido a dos tipos de investigaciones diferentes y con escasos puntos de contacto: los estudios *narratológicos* y los estrictamente *lingüístico–textuales*.

— Por lo que a los primeros se refiere, la convicción de la

existencia de un principio organizador narrativo–textual se remonta a Propp y su *Morfología del cuento*, esbozo de una Gramática narrativa donde la totalidad de elementos posteriormente empleables para la construcción de cualquier cuento estaría recogida, al igual que las leyes básicas por las que se regirían en tales casos dichos elementos en su combinatoria. Y, aunque el interés de estas investigaciones no radique en sus resultados definitivos, sí debe señalarse la orientación que impuso este tipo de estudios, superando los márgenes tradicionales de lo lineal significante y señalando la importancia de la dimensión textual de los objetos literarios.

- Los estudios estrictamente *lingüístico–textuales*.

  - *A. J. Greimas* estudia la dimensión textual de los productos discursivos desde una perspectiva esencialmente semántica y concibe el texto, desde su estructura semántica profunda, como principio semántico que, informando las distintas figuras actanciales y actoriales, determina su comportamiento narrativo, simple reflejo lineal de las características significativas, de las informaciones que constituyen su esquema profundo, y quedarían aprehendidas por sus lectores a partir de las distintas relaciones que en el texto lo reflejan. Se trata, en definitiva, de descodificar la intencionalidad comunicativa que organiza todo el texto.

  - En el ámbito de la gramática transformatoria, *Teun A. Van Dijk* extiende nociones claves tales como competencia, estructura profunda, estructura superficial, al componente textual. Considera necesario postular una estructura subyacente para todos los textos de las lenguas naturales, basándose en razones de carácter empírico y psicológico, puesto que es difícil de conseguir que el hablante pueda producir y entender textos complejos como un todo coherente sin un programa o estrategia subyacente.

Para él, la estructura subyacente textual o macroestructura —que dará cuenta de la coherencia del discurso— será de carácter lógico-semántico. Por esta razón considera Van Dijk que la Semántica generativa puede ser, en muchos aspectos, un modelo adecuado para abordar la teorización de macroestructuras textuales.

- Junto a las aportaciones mencionadas, el dominio lingüístico–textual cuenta también con alguno de sus más significativos exponentes en Alemania, con figuras como las de Schmidt, partidario de la pragmática como perspectiva fundamental desde la que acceder al estudio del texto y, sobre todo, Petöfi, cuyas investigaciones han ido, desde sus inicios, encaminadas a la construcción de una teoría semiótica de los textos verbales capaz de dar cuenta no sólo de los aspectos lingüísticos cotextuales (intratextuales) sino también de los contextuales; es decir, los relativos a las condiciones de producción y recepción exteriores al texto.

Posteriormente, precisará los principales componentes del modelo; a saber, el gramatical del texto, el semántico del mundo y el léxico. El núcleo de la Gramática del texto lo constituye el segundo, al determinar la estructura y funciones de los otros dos.

- Finalmente, T. *Albadalejo* precisará dicho modelo aportando un componente de representación, y un componente de pragmática textual.

    * El componente de *representación* está constituido por la formalización de la misma teoría, partiendo de la distinción entre receptor común y receptor lingüista; al primero le corresponde representar los resultados de los procesos de recepción/producción de un texto dado, y al segundo, producir formalmente un texto, representando los resultados del proceso de producción que en él, como emisor normal, tiene lugar.

    * El componente de *pragmática textual* permite y explica la realización de los procesos de comunicación y, por lo tanto, los actos de comunicación lingüística

Finalmente, debe señalarse que los modelos textuales no están exactamente en la lengua, puesto que el texto sólo es objeto de la lengua en su instrumentalidad, es decir, lingüísticamente llegamos al texto, pero no operamos exclusivamente desde él. En cuanto lingüístico, el modelo textual sólo puede ser el de la operativa discursiva, al que confluyen como límite todas las unidades lingüísticas inferiores, teniendo que acudir a una visión integral del hacer humano para explicar los modelos textuales.

Al ser el texto expresión del sentido, la Lingüística que se ocupe de él lo hará de la forma en que cristaliza ese sentido en un esquema lógico–semántico, lo que, obviamente, excede los presupuestos de la Lingüística formalista de carácter inmanente. De hecho, como sostiene Trives, aunque la operativa del discurso sea lingüística, la estrategia discursiva depende de la planificación textual, necesariamente extralingüística.

Los aspectos del texto en cuanto objeto lingüístico serán, pues, de doble tipo: cotextuales y contextuales. En este juego es donde debemos situar el texto como punto donde la Semántica debe trascender el significado para conectar con el sentido. Así, el texto podrá ser entendido, en primer lugar, como *proceso*, es decir, como juego de acción comunicativo, según Schmidt, que lo orienta hacia el sistema significativo en que se produce y hacia el proceso social en que participa en tanto que discurso; y, en segundo lugar, como *producto* o *resultado*.

9. La estructura lingüística desde un punto de vista tipológico.

Finalmente, nos queda por decir que cada lengua organiza la realidad extralingüística de una manera diferente, lo que se manifiesta, obviamente, en una estructura lingüística distinta.

Así, por ejemplo, la presentación de una realidad de manera indeterminada, que en español se realiza en el nivel sintagmático mediante un artículo indeterminado y un sustantivo, en el persa, por poner un caso, se realiza en el nivel léxico; o la presentación de la realidad de manera determinada, mediante el artículo determinado y el sustantivo en español, en hebreo se realiza mediante una sola lexía.

Si reflexionamos ahora sobre la categoría gramatical del género, podremos comprobar que los presentadores actualizadores presentan diferentes formas para el masculino y femenino en algunas lenguas (el español y el alemán, por ejemplo), mientras que en otras su forma es la misma (en el caso del persa).

Ello ha justificado los estudios comparativos con el objeto de determinar las particularidades estructurales de cada lengua. Sirva como ejemplo final el esquema que proponemos.

ESPAÑOL (Lengua indoeuropea de la rama occidental románica del latín)	ALEMÁN (Lengua indoeuropea de la rama occidental germánica del protogermánico)	PERSA (Lengua indoeuropea de la rama oriental)	HEBREO (Lengua semítica)
1. Hombre	Mann	Maerd	Iš
2. Un hombre	Ein mann	Maerdi	Iš
3. El hombre	Der mann	An maerd	Haiš
4. La mujer	Die frau	An zaen	Haiša
5. Un hombre bueno	Ein guter mann	Maerdi xub	Iš tov
6. El hombre bueno	Der gute mann	An maerde xub	Haiš hatov
7. Una mujer buena	Eine gute frau	Zaeni xub	Iša tova
8. La mujer buena	Die gute frau	An zaene xub	Haiša hatova

E. Actividades sugeridas.

— Conteste a las siguientes cuestiones:

– ¿Qué es un nivel y cuál es su importancia metodológica?

– ¿Qué es lo lingüístico del signo lingüístico? ¿Por qué?

– ¿Cómo se materializa el valor funcional de las formas lingüísticas? Razone su respuesta.

– Explique la manera en que el signo lingüístico organiza la realidad extralingüística.

– Haga un cuadro sinóptico en el que se precisen las distintas propuestas de organización estructural del signo lingüístico.

– Explique en qué consisten los principios fundamentales del análisis estructural.

– Analice morfemáticamente el sustantivo *gatillo*. ¿Se ha producido algún fenómeno de interrelación entre el plano del significado absoluto y el relativo?

– ¿En qué se diferencian los sintagmas homogéneos de los heterogéneos?

– ¿Por qué el texto es una unidad cualitativamente superior?

F. Lecturas recomendadas.

BENVENISTE, E., «Los niveles del análisis lingüístico» apud *Problemas de Lingüística General*, Siglo XXI, México, 1974, pp. 118-130.

Clara presentación de los niveles que deben ser establecidos y estudiados en el análisis lingüístico.

HEGER, K., «La semántica lingüística», *Lexis*, Vol. V, n° 2 (1981), pp. 59-93.

Artículo fundamental para comprender las distintas propuestas de organización estructural del signo lingüístico. Muy interesante las comparaciones entre los distintos autores.

OGDEN, C. K. & RICHARDS, I. A., «Pensamientos, palabras y cosas» apud *El significado del significado,* Paidós, Buenos Aires, 1964, pp. 19-41

Estudian el tema del lenguaje y su significado desde un punto de vista psicologista, estructurándolos metodológicamente en pensamientos, palabras y cosas.

VERA LUJÁN, A., «Planteamientos metodológicos: niveles y unidades» apud *Fundamentos de análisis sintáctico*, Universidad de Murcia, Murcia, 1994, pp. 9-55.

Certera presentación de los niveles lingüísticos así como de sus unidades constitutivas desde el monema hasta el texto.

G. Ejercicios de autoevaluación.

Con el fin de que se pueda comprobar el grado de asimilación de los contenidos, presentamos una serie de cuestiones, cada una con tres alternativas de respuestas. Una vez que haya estudiado el tema, realice el test rodeando con un círculo la letra correspondiente a la alternativa que considere más acertada. Después justifique las razones por las que piensa que la respuesta elegida es la correcta, indicando también las razones que invalidan la corrección de las restantes.

Cuando tenga dudas en alguna de las respuestas vuelva a repasar la parte correspondiente del capítulo e inténtelo otra vez.

1. El signo lingüístico se diferencia de otros signos no lingüísticos por su

A Sustancia.
B Forma.
C Función.

2. Para Hjelmslev, la sustancia es
   A De naturaleza lingüística.
   B De naturaleza intralingüística.
   C De naturaleza extralingüística.

3. La organización estructural del signo lingüístico se debe a
   A La forma opuesta a la sustancia.
   B La forma opuesta a la función.
   C La forma opuesta a la materia.

4. Los R. D. I. ¿son segmentables en el tiempo?
   A Sí, porque tienen un carácter lineal.
   B No, porque rompen la linealidad del significante.
   C Sí, puesto que son signos lingüísticos.

5. Desde el punto de vista estructural, nivel puede entenderse como
   A La estratificación social del uso lingüístico.
   B Las etapas de definición y análisis de las unidades lingüísticas.
   C Las respuestas A y B son correctas.

6. El nivel más elemental de la lengua es el
   A Foneticofonológico.
   B Morfosintáctico.
   C Lexicosemántico.

7. ¿El rasgo fónico es un signo lingüístico?
   A No, porque no puede determinarse su significado.
   B Sí, porque tiene una operatividad funcional que diferencia significados.
   C Sí, porque es una unidad lingüística.

8. La forma del plano del contenido es la ordenación de la substancia para

obtener determinada unidad
    A La respuesta es verdadera.
    B No existe forma del contenido.
    C Las respuestas A y B son correctas.

9. Para Bloomfield, el signo sería
    A La relación entre un significante y un significado.
    B La unión entre un significante y un significado.
    C Una entidad formada por un solo plano.

10. La disciplina que estudia la forma del plano de la expresión del signo lingüístico es la
    A Fonética.
    B Fonología.
    C Las respuestas A y B son correctas.

11. La función en cuanto comportamiento lingüístico se opondría a la
    A Forma en cuanto conjunto de reglas.
    B Forma en cuanto expresión.
    C Forma opuesta a sustancia.

12. El fonema rompe el carácter lineal del signo
    A Porque tiene una operatividad funcional.
    B Porque no se da en el tiempo.
    C Las respuestas A y B no son correctas.

13. La substancia de los universales penetra en el signo y se expresa en la lengua gracias a las
    A Funciones semánticas.
    B Funciones sintácticas.
    C Formas lexicológicas.

14. La realidad extralingüística de Bühler se corresponde con
    A El significado de Saussure.
    B El significante de Heger.

C El referente de Ogden y Richards.

15. La Lingüística textual tiene su antecedente
    A En la Retórica.
    B En la Oratoria.
    C En la Gramática general.

16. Es incorrecto afirmar que la substancia es un fenómeno que pertenece al habla
    A Sí.
    B Sí, aunque depende de la perspectiva.
    C No.

17. La relación que se puede establecer entre el plano de la expresión y el del contenido es de
    A Exclusión.
    B Presuposición.
    C Reciprocidad.

18. En la lexía *niñito* el morfema *-it-* es
    A Gramema dependiente formante.
    B Gramema dependiente facultativo.
    C Gramema independiente formante.

19. En el mismo caso anterior, *-it-* tiene un significado absoluto de
    A Diminutivo.
    B La realidad extralingüística.
    C Las respuestas anteriores son incorrectas.

20. La lengua no es substancia sino forma que por su esencia es funcionamiento.
    A La afirmación es verdadera.
    B La afirmación es falsa.
    C Sólo desde una perspectiva semasiológica.

21. Los morfemas gramemas formantes pertenecen al conjunto de
    A Los elementos morfosintácticos.
    B Los elementos sintácticos.
    C Los elementos léxicos.

22. La forma no necesita materializarse en ninguna substancia para tener una existencia independiente
    A Siempre.
    B Nunca.
    C A veces.

23. Desde un punto de vista funcional, el demarcador nexual
    A Se comporta como un adjetivo de discurso.
    B Une elementos de igual funcionalidad.
    C Las respuestas A y B son incorrectas.

24. La masa del continuo físico de los sonidos constituye
    A La materia que entra en el plano del contenido.
    B La materia que entra en el plano de la expresión.
    C La sustancia configurada en el plano de la expresión.

25. En el sintagma nominal homogéneo
    A Se producen saltos de nivel.
    B Pueden producirse saltos de nivel.
    C No se producen saltos de nivel.

H. Glosario.

Actualización: Proceso mediante el cual los elementos potenciales de la lengua adquieren una función efectiva en el discurso.

Actualizador: En el sintagma nominal, presentador del sustantivo en su existencia real y objetiva.

Adecuación: Propiedad del discurso consistente en la correcta elección de soluciones lingüísticas en situaciones comunicativas concretas.

Aliedad: Plano del contenido del rasgo fónico.

Alofono: Variante combinatoria del fonema.

Alomorfo: Variante combinatoria del morfema.

Alteridad: Plano del contenido del fonema.

Análisis del discurso: Procedimiento analítico iniciado por Harris, basado en la necesidad de atender al texto como único medio para conocer el funcionamiento de los enunciados lingüísticos.

Atomismo: En las investigaciones lingüísticas preestructurales, análisis de hechos particulares, aislados y estudiados unidimensionalmente.

Atribución: Componente del sintagma nominal que se une al núcleo mediante una incidencia directa, aportando un contenido absoluto.

Coherencia: Propiedad del discurso consistente en la correcta elección de la información pertinente que debemos comunicar (véase otra acepción en capítulo 3).

Cohesión: Propiedad del discurso consistente en la correcta elección de mecanismos lingüísticos y paralingüísticos para relacionar oraciones o enunciados.

Consubstancialidad cuantitativa: Relación que, según las propuestas saussurianas, se establece entre significante y significado y que permite la unión de un solo significante con un significado y viceversa.

Contenido absoluto: Infraestructura del plano del contenido formada por las unidades muy numerosas y poco sistematizadas que constituyen los niveles de la estructura lexicosemántica de una lengua.

Contenido relativo: Infraestructura del plano del contenido formada por las unidades poco numerosas y muy sistematizadas que constituyen los niveles de la estructura morfosintáctica de una lengua.

Contenido: Plano del signo lingüístico que corresponde a lo que se manifiesta a través de la expresión.

Coordinación: Relación lingüística que se produce entre dos oraciones independientes.

Cuantificador: En el sintagma nominal, presentador del sustantivo que precisa su cantidad.

Dispositio: Parte de la Retórica ocupada de la ordenación de las ideas y argumentos encontrados mediante la *Inventio*.

Elocutio: Parte de la Retórica ocupada de la elección y disposición de las palabras en la frase.

Enunciado: Unidad lingüística de manifestación, autosuficiente desde el punto de vista semántico y sintáctico, con una pauta entonativa específica.

Expresión: Plano del signo lingüístico que sirve para manifestar el contenido.

Facultativo: Morfema gramema cuya presencia no es condición necesaria para que se establezca una determinada clase de palabra.

Fonema: Unidad del nivel fonológico constituida por un conjunto de rasgos fónicos.

Fonética: Disciplina que estudia la forma del plano de la expresión del signo lingüístico.

Fono: Plano de la expresión del fonema.

Fonología: Disciplina que estudia la función del plano de la expresión del signo lingüístico.

Fonón: Plano de la expresión del rasgo fónico.

Forma fonética: Expresión portadora de una función fonológica.

Forma lexicológica: Expresión portadora de una función semántica.

Forma morfológica: Expresión portadora de una función sintáctica.

Forma: 1. Conjunto de reglas lingüísticas que al aplicarlas sobre una materia nos permite obtener una sustancia. 2. Expresión.

Formante: Morfema gramema cuya presencia es condición necesaria para que se establezca una determinada clase de palabra.

Función combinatoria: La que contraen dos unidades lingüísticas cuando se unen entre sí.

Función contrastiva: La que contraen dos unidades lingüísticas cuando se diferencian entre sí.

Función fonológica: Comportamiento lingüístico que se materializa a través de una forma fonética.

Función semántica: Comportamiento lingüístico que se materializa a través de una forma lexicológica.

Función sintáctica: Comportamiento lingüístico que se materializa a través de una forma morfológica.

Gramema: Morfema portador de contenido relativo.

Heterogéneo: [Sintagma] En el que dan relaciones lingüísticas indirectas entre sus miembros, mediante el empleo de nexos.

Heterosintagmático: [Morfema gramema independiente] Que desarrolla su función entre sintagmas.

Hilemórfico: Punto de vista mediante el cual se pretende precisar lo lingüístico del signo mediante la distinción entre materia, sustancia y forma.

Homogéneo: [Sintagma] En el que dan incidencias directas entre sus miembros.

Homosintagmático: [Morfema gramema independiente] Que desarrolla su función en el interior de un sintagma.

Incidencia: Relación lingüística que une elementos directamente (sin nexos) o indirectamente (mediante nexos).

Infraestructura: División de carácter metodológico realizada en el interior de una estructura.

Introductor: Presentador que aparece al principio del sintagma nominal.

Inventio: Parte de la Retórica ocupada de la búsqueda de ideas y argumentos que después ordenará la *Dispositio*.

Lexema: Morfema portador de contenido absoluto.

Lexía: Menor unidad a través de la cual se actualizan los morfemas para adquirir una operatividad comunicativa.

Lexicología: Disciplina que estudia la forma del significado absoluto del plano del contenido del signo lingüístico.

Lingüística textual: Estudio de la lengua en su funcionamiento a través de textos.

Materia: Masa amorfa del pensamiento sin organizar por las estructuras lingüísticas.

Método estructural: Conjunto de pasos con los que se actualiza formalmente las distintas propuestas teóricas del paradigma cientificista lingüístico para llegar al conocimiento de su objeto de estudio.

Monema: Morfema.

Morfema: Unidad mínima de significación formada por un conjunto de fonemas.

Morfo: Plano de la expresión del morfema.

Morfología: Disciplina que estudia la forma del significado relativo del plano del contenido del signo lingüístico.

Narratología: Investigación lingüisticotextual basada en la elaboración de una gramática de los elementos empleables para la construcción de cualquier cuento.

Nexo: Elemento que une sintácticamente dos unidades lingüísticas que no están relacionadas por una incidencia directa.

Núcleo: Único elemento imprescindible tanto del sintagma nominal como del sintagma verbal, que recibe las modificaciones funcionales del resto de los elementos.

Oración: Unidad mínima de comunicación estructurada en torno a un núcleo (que suele ser un verbo en forma personal).

Paradigma: Conjunto de elementos lingüísticos que constituyen un modelo cerrado desde el punto de vista sincrónico y permiten la organización y funcionamiento de las unidades lingüísticas en los distintos niveles.

Postposición: Componente del sintagma nominal que aparece al final del mismo, modifica al núcleo directamente y aporta un contenido relativo.

Predicado: En el nivel oracional, todo lo que se dice del sujeto.

Presentador: Componente del sintagma nominal que antecede al núcleo y lo modifica directamente, aportando un contenido relativo.

Rasgo distintivo configurativo: Rasgo fónico que funciona diferenciando fonemas, ya sea para poner de relieve las unidades del discurso o para delimitarlas.

Rasgo distintivo intrínseco: Rasgo fónico que funciona diferenciando fonemas, ya sean de sonoridad o tonalidad.

Rasgo distintivo: Aquél que permite a una unidad lingüística ejercer una función determinada.

Rasgo fónico: Unidad del nivel fonético que tiene la función de diferenciar los significados y clasificar los elementos de la cadena hablada.

Relación paradigmática: Aquélla que las unidades lingüísticas contraen con otras unidades que pueden aparecer en su mismo lugar.

Relación sintagmática: Aquélla que las unidades lingüísticas contraen con otras unidades que aparecen en su mismo contexto.

Relación: Conexión de dos o más elementos lingüísticos.

Retórica: Arte liberal que en la Antigüedad se ocupaba de la construcción artística del discurso.

Semántica: Disciplina que estudia la función del significado absoluto del plano del contenido del signo lingüístico.

Semema: Plano del contenido del morfema.

Significado: Según la terminología saussuriana, la cara más abstracta de las que constituyen el signo lingüístico, correlato mental del significante (véase otra acepción en capítulo 9).

Significante: Según la terminología saussuriana, una de las caras que constituye el signo lingüístico; a saber, la que responde a la representación que de los sonidos nos da nuestro sentido.

Sintagma nominal: Aquél cuyo núcleo está desempeñado fundamentalmente por un sustantivo.

Sintagma verbal: Aquél cuyo núcleo está desempeñado fundamentalmente por un verbo.

Sintagma: Unidad de funcionamiento de la estructura lingüística formada por un conjunto de lexías.

Sintagmática: Fase analítica del método inmanente que consiste en dividir el texto en unidades cada vez más pequeñas hasta llegar a las irreductibles.

Sintaxis: Disciplina que estudia la función del significado relativo del plano del contenido del signo lingüístico.

Subordinación: Relación lingüística de dependencia entre elementos gramaticales.

Sujeto: En el nivel oracional, persona o cosa de la cual se dice algo (véase otra acepción en capítulo 3).

Sustancia: Resultado del procedimiento de configuración de la materia aplicando una forma lingüística.

Texto: Unidad lingüística cualitativamente superior, que sirve de dinamizador del resto de las unidades.

Transcategorización: Procedimiento mediante el cual una unidad lingüística pasa a funcionar en el discurso adoptando una función diferente a la que le corresponde en la lengua.

Trapecio metodológico: Formulación hegeriana con las que se pretende superar las deficiencias de los triángulos metodológicos.

Triángulo metodológico: Formulación mediante la cual se pretende representar el signo lingüístico como un sistema de relaciones tripartitas entre significante, significado y referente.

Yuxtaposición: Sucesión de oraciones sin palabras que expresen un enlace.

I. Bibliografía general.

AUZÍAS, J. M., *El Estructuralismo*, Alianza, Madrid, 1969.

BALDINGER, K., «Structures et systèmes Linguistiques», *Travaux de Linguistique et Littérature de l' Université de Strasbourg*, 5, I (1967), pp. 123-140; (hay traducción española en *Teoría Semántica*, Alcalá, Madrid, 1970, pp. 151-160 y 211 y ss.).

BIERWISCH, M., *El Estructuralismo: historia, problemas y método*, Tusquet, Barcelona, 1971.

CHAFE, W. L., *Significado y estructura de la lengua*, Planeta, Barcelona, 1976.

CORNEILLE, J. P., *La Lingüística estructural*, Gredos, Madrid, 1979.

DAIX, P., *Claves del Estructuralismo*, Calden, Buenos Aires, 1969.

DOMÍNGUEZ HIDALGO, A., *Iniciación a las estructuras lingüísticas*, Porrúa, México, 1974.

DUCROT, O., *El Estructuralismo en lingüística*, Losada, Buenos Aires, 1975.

ECO, U., *Signos*, Labor, Barcelona, 1976.

HAMMARSTRÖM, G., *Las unidades lingüísticas en el marco de la Lingüística moderna*, Gredos, Madrid, 1974.

LEPSCHY, G., *La Lingüística estructural*, Anagrama, Barcelona, 1971.

MANOLIU, M., *El Estructuralismo lingüístico*, Cátedra, Madrid, 1977.

SANTERRE, R., *Introducción al Estructuralismo*, Nueva Visión, Buenos Aires, 1969.

SNELL, B., *Estructura del lenguaje*, Gredos, Madrid, 1966.

Capítulo **9**

LA LINGÜÍSTICA DESDE UNA PERSPECTIVA INTRADISCIPLINAR: LAS DIVISIONES DE LA LINGÜÍSTICA.

A. Objetivos.

1. *Comprender* la estructuración del plano de la expresión del signo lingüístico desde un punto de vista lineal, determinando las disciplinas que lo estudian y especificando sus objetos.

2. *Conocer* los distintos aspectos en los que se puede estructurar la descripción fonética de la lengua.

3. *Conocer* los distintos aspectos en los que se puede estructurar la descripción fonológica de la lengua.

4. *Comprender* la problemática subyacente a la delimitación de los contenidos de la Morfología y la Sintaxis.

5. *Comprender* y *valorar* las razones que permiten la defensa de la autonomía de ambas disciplinas en las distintas propuestas realizadas a lo largo de la historia.

6. *Comprender* y *valorar* las razones que permiten la proclamación de una concepción unitaria de las disciplinas que estudian el plano del contenido relativo del signo lingüístico, realizando un recorrido histórico a través de distintas formulaciones.

7. *Conocer* las distintas reflexiones surgidas a lo largo de la historia sobre la problemática del significado.

8. *Demarcar* los ámbitos disciplinarios de la Lexicología y la Lexicografía, delimitando sus objetos de estudio.

9. *Conocer* los diferentes tipos de Semántica así como los distintos caminos para llegar al significado.

B. Palabras clave.

- Fonética.
- Fonética sincrónica.
- Ortofonía.
- Fonética articulatoria.
- Fonética descriptiva.
- Fonemática.
- Morfología.
- Morfosintaxis.
- Morfonología.
- Morfoprosodia.
- Gramática constitucional.
- Gramática relacional.
- Lexicografía.
- Semántica psicológica.

- Fonética evolutiva.
- Fonética descriptiva.
- Fonética acústica.
- Fonología.
- Fonología diacrónica.
- Prosodia.
- Sintaxis.
- Fonoprosodia.
- Prosodia sintáctica.
- Fonología sintáctica.
- Gramática funcional.
- Lexicología.
- Semántica lógica.
- Semántica lingüística.

C. Organización de los contenidos.

1. Introducción.
2. El estudio del plano de la expresión: visión histórica.
3. La Fonética.
   - 3.1. Características generales.
   - 3.2. Aspectos básicos según Malmberg.
   - 3.3. Puntos de vista en la investigación fonética.
4. La Fonología.
   - 4.1. Presupuestos generales.
   - 4.2. Aspectos básicos según Malmberg.
   - 4.3. Propuestas de Alarcos.
   - 4.4. Propuestas de Jakobson.
5. El plano del contenido relativo: visión histórica.
6. La Morfología y la Sintaxis como disciplinas autónomas.
   - 6.1. En la Lingüística comparada.
   - 6.2. En el ámbito estructural europeo.
   - 6.3. En el ámbito estructural americano.
7. La concepción unitaria del contenido relativo.
   - 7.1. En la Lingüística estructural.
   - 7.2. En la Lingüística transformatoria.
8. El plano del contenido absoluto: visión histórica.
9. La Lexicología.

10. La Semántica.

    10.1.   Tipos de Semántica.

    10.2.   Propuestas para llegar al significado.

D. Desarrollo de los contenidos.

1. Introducción.

Como presentamos con anterioridad (Capítulo 2), para organizar el estudio de nuestro objeto, los lingüistas han realizado una serie de propuestas, concretando las grandes ramas de la Lingüística y sus subdivisiones metodológicas.

En este capítulo vamos a estudiar las grandes divisiones en las que los lingüistas han estructurado las lenguas, para acercarnos con posterioridad a las grandes ramas de la Lingüística, tanto teórica (Capítulo 10) como aplicada (Capítulo 11).

Se trata de estudiar, por tanto, las distintas divisiones de la Lingüística teórica ocupadas del análisis de la organización interna de las lenguas. Estas divisiones son, como precisamos anteriormente, la Fonética y Fonología, encargadas del estudio del plano de la expresión, la Lexicología y Semántica, ocupadas de la descripción del plano del contenido absoluto, y la Morfología y Sintaxis, dedicadas, en este caso, al análisis del plano del contenido relativo o gramatical.

Por ello, vamos a presentar ahora una visión panorámica de estas divisiones.

2. El estudio del plano de la expresión: visión histórica.

La comprensión de lo que se entiende hoy en día por Fonética y Fonología viene determinada por una serie de clasificaciones de los elementos mínimos debidas, sobre todo, a Platón, Aristóteles y los estoicos (Capítulo 4), puesto que la división en vocales y consonantes, el reconocimiento de la sílaba, así como la caracterización tripartita de las letras en *potestas*, *figura* y *nomen*, prácticamente ha llegado sin modificación hasta el siglo XIX. Por ello, la historia lineal de la Lingüística debe arrancar desde aquí, aunque las propuestas señaladas basasen sus descripciones en términos acústicos e impresionistas, lo que iba en detrimento de la exhaustividad y rigor de sus clasificaciones.

Sin embargo, será en el siglo XIX cuando, en contacto con la tradición hindú, que había llevado a cabo análisis fónicos extremadamente precisos, una serie de nociones cercanas al ámbito articulatorio se vieron revestidas del conceptualismo positivista, sentando las bases para una Fonética objetivista, pasando a hablar en términos de sonidos en lugar de letras y de mutaciones de letras.

En este sentido, asistimos en la segunda mitad del siglo XIX a un auténtico desarrollo de la Fonética como disciplina experimental, ya sea desde un punto de vista físico o acústico como articulatorio y a la necesidad de resolver el problema que suponía el hecho de que los hablantes de una lengua pudiesen identificar, por ejemplo, las vocales y las consonantes de sus interlocutores, tan distintas de las suyas propias.

Ello justificó el nacimiento de la Fonología en cuanto estudio de aquellos rasgos que tienen una función lingüística y la necesidad de establecer líneas de demarcación tanto en el objeto como en el método de investigación.

En este sentido, siguiendo las propuestas de Marcos Marín y Alarcos, y partiendo de una distinción que tiene sus orígenes en el Círculo de Praga, podemos definir la Fonética como la disciplina que estudia la substancia de la expresión (Capítulo 8), es decir, el acto concreto de manifestación fónica de un sonido; frente a la Fonología que se ocuparía de los fonemas en cuanto formas sonoras en el plano de la lengua.

3. La Fonética.

La Fonética es la más experimentable de las disciplinas lingüísticas; por ello, no han faltado quienes consideraron a la Fonética como una disciplina puramente acústica.

Sin embargo, posee otras peculiaridades. Veamos, pues, sus características, así como sus distintos aspectos y puntos de vista en la investigación fonética.

3.1. Características generales.

La Fonética presenta las siguientes características:

- *experimentalidad*, puesto que opera con ciertos aparatos con una tecnología precisa;
- *carácter fisiológico*, porque estudia la forma de realizarse los sonidos en el aparato fonador y articulatorio;
- *carácter auditivo*, cuando analiza la reacción a los sonidos;
- y, finalmente, su carácter *acústico*, porque analiza la estructura física de los sonidos.

En una relación más estrecha con el ámbito lingüístico podemos incluso diferenciar entre:

- Fonética *evolutiva*, que estudia la historia de los sonidos;
- Fonética *sincrónica*, que estudia los sonidos de una lengua en un momento dado;
- y Fonética *descriptiva*, que analiza los órganos, mecanismos y factores que intervienen en la producción del sonido.

3.2. *Aspectos básicos según Malmberg.*

Partiendo ahora de las propuestas de Malmberg, podemos distinguir cuatro aspectos básicos en la Fonética:

- la *Fonética general*, que estudia las posibilidades acústicas del hombre y el funcionamiento de su aparato fonador;
- la *Fonética descriptiva*, que estudia las particularidades fonéticas de cada lengua;
- la *Fonética histórica*, encargada de los cambios fonéticos de una lengua en su historia;
- y, finalmente, la *Ortofonía*, orientada a la formulación de las normas para la correcta realización de la estructura fónica de una lengua.

3.3. *Puntos de vista en la investigación fonética.*

Ahora bien, las abundantes características experimentales, acústicas, fisiológicas y auditivas no constituyen una justificación suficiente para aislar a la Fonética de las disciplinas lingüísticas, máxime cuando el planteamiento integral que estamos estableciendo debe recoger las dos concepciones de la forma antes mencionadas; por tanto, aunque desde un punto de vista hilemórfico la Fonética sea el estudio de la substancia, desde el punto de vista funcional es el soporte de la función fonológica y, por ello, objeto del ámbito lingüístico.

Ello se traduce, desde un punto de vista metodológico, en el hecho de que la descripción del nivel foneticofonológico debe considerar la independencia de ambas disciplinas a la vez que la complementariedad de las mismas. Para ello, la descripción de los datos del análisis fonético será el paso previo a la identificación de los elementos distintivos que dará como resultado la configuración del sistema fonológico de la lengua que se describe.

Según esto, aunque el trabajo del fonetista podría darse desde múltiples puntos de vista, todas estas perspectivas se caracterizan por considerar el lenguaje desde uno de los dos siguientes puntos de vista; a saber,

- el *semasiológico*, preocupado por las características acústicas de la sustancia del significante;
- o el *onomasiológico*, interesado en los caracteres articulatorios de la producción del sonido.

Así pues, la Fonética articulatoria y acústica son las dos perspectivas complementarias para la visión totalizadora del hecho fónico:

- la *Fonética articulatoria*, por cuanto ha proporcionado los parámetros clasificatorios más extendidos en los manuales clásicos de pronunciación;
- y la *Fonética acústica*, por cuanto ha analizado la onda sonora del lenguaje en sus componentes.

4. La Fonología.

Junto a ello, la Fonología jerarquiza los datos fonéticos según la noción de pertinencia comunicativa, nacida de la aplicación coherente de los presupuestos saussurianos al ámbito del significante, llevada a cabo por el Círculo de Praga. Veamos, pues, estos presupuestos generales, así como sus distintos aspectos básicos.

Las divisiones de la Lingüística

4.1. Presupuestos generales.

Los presupuestos generales de la Fonología según Duchet son los siguientes:

- La concepción de la lengua como un *sistema funcional* cuyas finalidades son la expresión y la comunicación.

- La *importancia del sonido*, como hecho físico–objetivo; la representación acústica de dicho sonido; y su integración en un sistema funcional, como puntos fundamentales del estudio del componente fónico.

- La consideración de las *relaciones recíprocas* de las unidades fónicas antes que su «contenido sensorial», con el objeto de determinar la carga funcional de los distintos fonemas del sistema.

La Fonología, pues, estudia las diferencias fónicas asociadas a diferencias de significación, el componente mutuo de tales elementos diferenciales, así como las reglas según las cuales éstos se combinan para formar significantes.

4.2. Aspectos básicos según Malmberg.

Partiendo también de las propuestas de Malmberg, podemos distinguir una serie de aspectos básicos dentro la Fonología:

- la *Fonología general*, que estudia los universales de la forma en el plano de la expresión;

- la *Fonología descriptiva*, encargada del estudio de las relaciones entre las formas en el plano de la expresión;

- y, finalmente, la *Fonología diacrónica*, que estudia el cambio del plano de la expresión de una lengua a lo largo de la historia.

A su vez, cada uno de estos grandes grupos se subdividiría en:

- la *Fonología del sonido* o *Fonemática*, que estudia cómo los rasgos fónicos distintivos componen fonemas y la estructura de los mismos;

- la *Fonología de la palabra*, que estudia el comportamiento que en las unidades superiores a la 1ª articulación tiene el fonema;

- y, para terminar, la *Fonología del enunciado*, encargada de establecer la estructura fonológica de las unidades superiores al sintagma.

4.3. Propuestas de Alarcos.

Con todo, y aunque ha habido autores que extienden el término Fonología al estudio de todos los hechos lingüísticos tomando como base el criterio de la funcionalidad en la lengua (Fonología morfológica, Fonología sintáctica y Fonología lexical), siguiendo las propuestas de E. Alarcos Llorach, creemos que debe reservarse el nombre de Fonología al estudio funcional y estructural de los elementos fónicos.

En definitiva, se trata de establecer el contenido fonológico de cada fonema en particular a partir de la posición que éste ocupa en el sistema fonológico, es decir, dependiendo exclusivamente de los otros fonemas a los que se opone.

4.4. Propuestas de Jakobson.

Partiendo de la sistemática establecida por Trubetzkoy para la clasificación de las oposiciones distintivas, Jakobson establecerá cuatro aspectos decisivos para el desarrollo de la metodología fonológica; a saber, los relativos a la naturaleza de los rasgos fónicos, al perfilamiento a partir de ellos de la noción de fonema, al establecimiento de criterios binarios de clasificación de rasgos y, finalmente, a la justificación de tal binarismo en la esencia misma del hecho lingüístico.

Aunque sometido en los últimos años a no pocas revisiones que han afectado tanto al carácter binario de sus propuestas como a la identidad de los rasgos fónicos, el planteamiento de Jakobson constituye, según Martinet, el punto más próximo en que ha podido accederse en el ámbito del Estructuralismo, al escudriñamiento de los universales lingüísticos del componente fonológico.

5. El plano del contenido relativo: visión histórica.

La distinción entre Morfología y Sintaxis no se realiza en la Gramática Clásica, sino que se produjo en la Gramática Tradicional (la que se hizo desde los griegos y romanos hasta la estructural).

Y aunque la linealidad sostenida como principio epistemológico de organización disciplinaria parezca justificar, consecuentemente, la dualidad descriptiva del nivel que nos ocupa en dos subcomponentes; a saber, uno morfológico, encargado de las relaciones lingüísticas que se dan dentro de la palabra entre unidades menores que ella, así como de la teoría de las categorías léxicas; y otro sintáctico, que tendría por objeto las relaciones entre las palabras al entrar en unidades mayores que ellas; sin embargo, morfología y sintaxis no son infraestructuras diferentes, entre otras, por las siguientes razones:

a) Porque la infraestructura del contenido relativo es un *todo unitario* en el que todos sus elementos componentes están recíprocamente relacionados y condicionados (la palabra gramatical no se puede estudiar más que como parte de la oración, y la oración tampoco puede estudiarse si no es como un conjunto de categorías morfofuncionales o partes de la oración). De hecho, todo estudio formal implica un estudio funcional y viceversa.

b) Porque *no existe unidad de criterio* en la interpretación de la Morfología y la Sintaxis, que nos lleva al paso insensible de uno a otro ámbito.

Consecuentemente, el eje central de esta problemática ha estado centrado en la delimitación de los contenidos de la Morfología y la Sintaxis, cuestión planteada con gran exhaustividad por Llorente Maldonado, quien, partiendo de la distinción entre Morfología, como estudio de las formas gramaticales y Sintaxis, como estudio de la significación gramatical de esas formas y de su empleo funcional en la oración, sostiene que el problema ha sido la interferencia de criterios, que ha impedido la definición unívoca de ambas disciplinas. Por ello distingue cinco perspectivas a la hora de enfrentarse a la cuestión:

a) algunos las consideran *realidades distintas y no condicionadas recíprocamente* (llegando a sostener tanto la diferenciación del plano gramatical como la existencia independiente de la Morfología y la Sintaxis);

b) otros, como *realidades del mismo orden* que juntas integran el aspecto gramatical; es el caso de los planteamientos metodológicos basados en la concepción de la forma como funcionamiento, opuesta a la substancia (recuérdese lo visto en el capítulo 8);

c) un tercer grupo, como *recursos metodológicos* exigidos para el estudio del complejo fenómeno del lenguaje; aquí se darían principalmente el conjunto de dispositivos teóricos que constituyen el aspecto glotológico de la Lingüística en cuanto estudio (particular o general) de la lengua como expresión del lenguaje (Capítulo 2);

d) un cuarto grupo sostiene que *sólo lo morfológico* tiene un carácter gramatical, siendo lo tradicionalmente llamado sintáctico un capítulo del estudio semántico o semasiológico;

e) y, finalmente, un quinto grupo que niega la diferenciación total del hecho lingüístico, en el que sólo se puede encontrar el aspecto lingüístico *integral*, que exige el análisis globalizante e interrelacionado, basado en la concepción de la forma como expresión y, consecuentemente, como portadora de una función (Capítulo 8).

Consecuentemente, frente a la gran difusión y mantenimiento de las distinciones tradicionales, fue a partir del siglo XVIII, cuando se desarrolló la noción de función sintáctica, reduciéndose el contenido de la Morfología y llevando a la Lingüística moderna a la revisión reiterada del problema, ofreciendo soluciones muy diversas que, de manera didáctica, vamos a resumir en dos grandes bloques; a saber, el de aquellos que defienden la autonomía de ambas disciplinas y el de los que proclaman una concepción unitaria.

6. La Morfología y la Sintaxis como disciplinas autónomas.

Veremos las principales propuestas elaboradas al respecto en la Lingüística comparada y en el Estructuralismo.

6.1. En la Lingüística comparada.

Si revisamos la organización de las disciplinas en este ámbito podemos comprobar como la desaparición de la sintaxis es casi total; por ello, debe señalarse la importancia de *John Ries*, porque plantea por primera vez una organización coherente y no contrapuesta de ambas disciplinas. La razón de su argumentación se basa principalmente en el hecho de que la Sintaxis se ocupa también de las formas (ya que no otra cosa que formas son los complejos de palabras organizados en la frase). Trives refleja en un certero gráfico las propuestas de Ries.

OBJETO		PALABRA INDIVIDUAL	COMBINACIÓN DE PALABRAS
(tratado en relación con)		GRAMÁTICA DE LA PALABRA	SINTAXIS
FORMA	Gramática de las formas	Gramática de las formas de las palabras (Clases de palabras según sus formas y flexiones) *Morfología*	Gramática de las formas de las construcciones sintácticas *Sintaxis formal*
SIGNIFICACIÓN	Gramática de la significación	Gramática de la significación relativa a la palabra, a sus clases y formas *Lexicografía-Lexicología o Semántica de la palabra, de sus clases y formas*	Gramática de la significación de las construcciones sintácticas *Semántica de las construcciones sintácticas*

Stati puso ya de relieve el acierto de la clasificación anterior, puesto que los estudios sintácticos y semánticos recientes así lo han confirmado.

6.2. *En el ámbito estructural europeo.*

En el ámbito que ahora nos ocupa debemos señalar que también se estudió la necesidad de plantear con precisión la diferenciación disciplinaria entre la Morfología y la Sintaxis, otorgando a ésta última una terminología específica y una autonomía epistémica.

– Es el caso de *Bröndal*, quien distingue en 1931 entre:

• Disciplinas gramaticales fundamentales (las que

se definen por una simple combinación de los aspectos principales de la gramática). Son las siguientes:

> *Prosodia* (como estudio del ritmo exterior del lenguaje);
>
> *Fonología* (como estudio de los sistemas exteriores del lenguaje, es decir, los sonidos);
>
> *Morfología* (en cuanto estudio del sistema interior del lenguaje, es decir, los casos, las palabras y sus clases y la derivación, principalmente);
>
> * y *Sintaxis* (como estudio del ritmo interior del lenguaje y con la finalidad de definir la totalidad rítmica —la oración—, sus miembros —las distintas funciones sintácticas— y los elementos sintácticos).

- Disciplinas gramaticales secundarias (definidas por combinación de las partes fundamentales). Son las que citamos a continuación:

  > *Morfosintaxis*, que sería el estudio del empleo de las palabras en la frase y de todas las cuestiones relacionadas con este empleo;
  >
  > *Fonoprosodia*, que estudia el empleo de los fonemas en la sílaba;
  >
  > *Morfonología*, que estudia también el empleo de los fonemas, pero en la palabra;

* *Prosodia sintáctica*, encargada del estudio del empleo de la sílaba en la frase;

* *Morfoprosodia*, que analiza las relaciones que pueden existir entre la palabra y la sílaba;

* y, finalmente, *Fonología sintáctica*, que estudia el empleo de los fonemas en la frase.

— Por otro lado, *Tesnière* ha sido unos de los autores que ha postulado con más radicalidad esta autonomía, basándose en las opiniones de Bally, Brunot, y del ya mencionado Bröndal. Tesnière distingue entre:

- *Morfología*, que estudia la forma exterior (el revestimiento fonético) de la oración;
- y *Sintaxis*, que estudia la forma interior, el esquema estructural *(Innere Sprachform)* de la oración.

Quizá, lo importante de esta propuesta sea el hecho de que la Sintaxis para a tener un reconocimiento autónomo y unas leyes propias.

— *Martinet*, a su vez, diferencia también entre las combinaciones de los signos en el dominio de la palabra (Morfología) y las combinaciones de las palabras entre sí (Sintaxis).

6.3.   *En el ámbito estructural americano.*

La importancia de la Sintaxis fue reconocida desde el principio en este ámbito. Recordemos algunas propuestas:

- *Bloomfield*, asignó las siguientes tareas disciplinarias:
  - la *Morfología* tenía la tarea de analizar las construcciones cuyos componentes son formas ligadas (de significación léxica y gramatical);
  - y la *Sintaxis* tenía por objeto el estudio de las construcciones cuyos componentes son formas libres, concediendo mayor alcance universal a las estructuras sintácticas.

- *Hockett* acentúa la propuesta de Bloomfield, aunque reconoce las dificultades que entraña la separación entre ambas disciplinas. Distingue entre
  - *Morfología*, que comprende el repertorio de morfemas segmentales y las maneras en que se forman las palabras a partir de ellos;
  - y *Sintaxis*, que estudia las maneras en que se ordenan las palabras y los morfemas suprasegmentales, en relación unos con otros, para formar emisiones.

7. La concepción unitaria del contenido relativo.

Veremos las principales propuestas elaboradas al respecto en la Lingüística estructural y transformatoria.

7.1. *En la Lingüística estructural.*

En este ámbito se encuentran también a los más significativos partidarios de la concepción unitaria del estudio gramatical.

- El primero de todos ellos es F. de *Saussure*, quien concibe la Gramática como la descripción sincrónica y significativa de un estado de lengua, entendido como un sistema de medios de expresión, cuyo objeto pone en juego valores coexistentes. Por tanto, concebir aisladamente la Morfología, como estudio de la forma de las unidades lingüísticas, y la Sintaxis, como estudio del empleo de esas formas, es una distinción ilusoria, porque para Saussure, formas y funciones son solidarias. A su vez, tampoco es lícito separar su estudio del lexicológico porque desde el punto de vista de la función, el hecho lexicológico puede confundirse con el sintáctico.

  Para Saussure, la Gramática debe edificarse en un principio diferente y superior, ya que las distinciones tradicionales no se fundamentan en principios lógicos y naturales. Así pues, la única distinción que puede servir de base al sistema gramatical es la establecida entre las relaciones sintagmáticas y asociativas.

- *Hjelmslev*, a su vez, representa una concepción unitaria especial que acaba por prescindir en la práctica de la Sintaxis como disciplina gramatical. Sus presupuestos se basan en la concepción de la Gramática como una disciplina sincrónica basada en los principios de no-separación entre expresión y contenido y en el hecho de no partir de la significación para asignar desde ella la expresión correspondiente —recuérdese su propuesta explicada con anterioridad (Capítulo 8)—.

  En este sentido, la Gramática debe plantearse como el estudio de un mecanismo total, en el que deben describirse todas y cada una de las partes y, lo que es más importante, relacionarlas entre sí para comprender el funcionamiento de la totalidad. Por ello, la separación entre Morfología (como estudio de las formas) y Sintaxis (como estudio de la significación gramatical de esas formas) sólo puede hacerse en virtud de las diferencias en cuanto a sus objetos de estudio; a saber, las *palabras*, en el primero de los casos; y las *combinaciones de palabras*, en el segundo. Sin embargo, consciente de que todo hecho sintáctico es morfológico en el sentido de que concierne a la forma gramatical, y dado igualmente que todo hecho morfológico puede ser considerado como sintáctico ya que reposa siempre sobre una conexión sintagmática entre los elementos gramaticales en cuestión, sostiene Hjelmslev que la división posible entre estas dos infraestructuras carece de importancia desde un punto de vista práctico.

Consecuentemente, el planteamiento de Hjelmslev se basa en la concepción de una Gramática como una disciplina unitaria cuyo objeto sería una Teoría de la forma y cuyos componentes serían, por tanto, la Fonética y la Fonología (como teoría de los elementos fónicos), la Gramática o Teoría de los semantemas y de los morfemas y de sus combinaciones, y la Lexicología y la Semántica como teorías de las palabras consideradas como unidades independientes, prescindiendo de los elementos que las componen.

— Dentro de este mismo planteamiento, quizá la posición más contraria a la de Hjelmslev sea la representada por P. *Guiraud*, quien defiende la desaparición de la Morfología en favor de una noción más amplia de Sintaxis en cuanto estudio de las relaciones entre las formas que constituyen el discurso. Así pues, es comprensible la separación entre un primer nivel sintáctico o *Sintaxis de la palabra*, y un segundo nivel o *Sintaxis* (tradicional) *de las relaciones entre las palabras*.

— *Coseriu* pretende formular una Gramática funcional que, sin dividirse entre Morfología y Sintaxis, distinga en el interior de la Morfosintaxis el estudio de la expresión y del contenido —puesto que la distinción usual entre Morfología y Sintaxis no ayuda a ello, ya que supone una doble incoherencia, al intervenir tanto el nivel de estructuración como el nivel de la función gramatical—.

Formas	Funciones
SINTAXIS	SINTAXIS
Nivel de la palabra MORFOLOGÍA	SINTAXIS

Así, Coseriu distingue tres secciones diferentes e interdependientes dentro de la Gramática; éstas son:

- *Gramática constitucional*, ocupada de la «morfología» de toda expresión gramatical a través del recorrido por todos los niveles de estructuración gramatical existentes en una lengua;
- *Gramática funcional*, o Semántica gramatical de

una lengua, dedicada al estudio de las oposiciones de contenido gramatical y, consecuentemente, de los significados gramaticales determinados en cada lengua;

- y, finalmente, la *Gramática relacional*, ocupada de las unidades de designación que funcionan en tanto que significados de una lengua en paradigmas diferentes y de las relaciones subsistentes entre esos paradigmas.

7.2. *En la Lingüística transformatoria.*

Podemos afirmar sin lugar a dudas que la distribución de las distintas disciplinas o niveles gramaticales ha sido uno de sus puntos más movedizo e inestable, habiendo estado expuesto a las más diversas y, a veces, a las más contradictorias soluciones.

- Los *primeros trabajos* de Gramática generativa o transformatoria, que se corresponden en sus contenidos básicos con los establecidos en las *Estructuras sintácticas* (1957), se identifican en la práctica los contenidos de la Gramática con los de la Sintaxis, sin ninguna justificación teórica o terminológica.

- La *teoría estándar*, formulada principalmente a partir de los *Aspectos de la Teoría de la sintaxis* (1965), vuelve a suscitar el problema de la ausencia explícita de los elementos morfológicos que, sin una formulación precisa, vuelven a disolverse en los diferentes componentes gramaticales. De una parte, se corrige el uso extensional de las tradicionales clases de palabras, asignándoles en el establecimiento de las estructuras sintagmáticas matrices de rasgos descriptivos de naturaleza morfológica (género, número, persona...) y semántica (animado, humano, material...), facilitando así la mejor comprensión de la rección morfológica y de la compatibilidad semántica de los elementos constitutivos de las distintas oraciones.

De otra parte, y fundamentalmente en adaptaciones pedagógicas del modelo, se establece un componente mixto, denominado, según los casos, morfofonémico o morfofonológico, que consta de dos niveles interrelacionados, el relativo a la transcripción fonética y fonológica de los elementos procedentes de la estructura profunda, y el relativo a la morfología, dividido, a su vez, en dos apartados, flexivo y derivativo, respectivamente.

— La *teoría estándar extendida* recupera para la Gramática, desarrollándolo como un componente esencial, la llamada por algunos Morfología léxica, que permite la entrada del componente morfológico y el estudio de las cuestiones relacionadas con la palabra como entidad formal.

— Como sostiene *Varela Ortega*, en los últimos años, el debate sobre las relaciones entre Morfología y Sintaxis ha sido muy vivo. A medida que se ha ido desarrollando el componente morfológico, ha quedado de manifiesto la gran similitud de las reglas que operan en el componente morfológico con algunas que lo hacen en el sintáctico —puesto que ambas poseen una estructura jerárquica—. Sin embargo, una cosa es la interrelación entre ambas disciplinas y otra el modo en el que los morfemas concretos se realizan en la palabra, siendo éste un proceso sujeto a reglas puramente morfológicas.

Así pues, la teoría morfológica determina si una

combinación dada de morfemas está bien formada o no, y si lo está, cuál será su forma fonológica. Y esto es así de forma independiente a si los morfemas en cuestión anteceden a la Sintaxis como parte de la formación de palabras o como resultado de un proceso de formación de palabras mediante incorporación.

En resumidas cuentas, se observa, por tanto, en la Gramática generativa una tendencia a dar autonomía a los diversos componentes que organizan la competencia lingüística de un hablante/oyente ideal, junto con la ya tradicional desconsideración de cualquier aportación teórica ajena a su particular lógica constructiva, donde muchos de estos problemas han sido ya solucionados.

8. El plano del contenido absoluto: visión histórica.

La problemática del significado ha sido un tema que ha interesado desde siempre a la humanidad. Por ello, vamos a realizar un recorrido histórico que nos permita precisar las diferentes reflexiones surgidas en torno a este tema.

a) Los *griegos*, que se plantearon por primera vez este asunto con mayor profundidad y rigor (aunque no debe olvidarse que las preocupaciones lingüísticas eran aquí paralelas a cualquier otra preocupación del conocimiento humano y que la reflexión lingüística estaba muy unida a la filosófica), posibilitaron la aparición de las dos grandes teorías que intentan explicar el origen del lenguaje, a saber: la teoría *Phisey* y la teoría *Thesey* (recuérdese lo planteado en el capítulo 4).

– Los defensores de esta primera teoría sostienen que las palabras designan las cosas según su naturaleza, hecho que impregna al signo de un carácter simbólico, ignora la consabida arbitrariedad del lenguaje y, lo que es más destacable, frente a la regularidad del lenguaje, supone la primacía de todo lo irregular: verbos, adjetivos, etc. Tal postulado, obviamente, defiende la concepción de un lenguaje no sometido a reglas, que es producto de la Naturaleza y, como ésta, no sujeto a ninguna imposición categorial. Por todo ello, el nombre es, como en la pintura, una imitación del objeto, una imagen empírica de una realidad trascendente.

— Por el contrario, los defensores de la teoría *Thesey* sostienen que las palabras designan las cosas por convención. El sentido de la palabra lo define el conjunto de relaciones más bien que el concepto que representa. El estado de la lengua, es decir, la red de relaciones en ella posibles, es lo que determina el valor significativo de las palabras y las posibilidades de operar con ellas. Por tanto, si la lengua no es más que un sistema de valores, los signos lingüísticos, como afirma Collado, no son representaciones de conceptos en el sentido de contenidos mentales sino simples deslindamientos de unidades susceptibles de variación y de empleo diversos de acuerdo con la estructura de la lengua.

De hecho, todos los defensores de esta teoría —recuérdense, simplemente, las posturas de Aristóteles y Demócrito, por poner unos casos— creen que el lenguaje se debe a unas reglas estrictas y que hay regularidad dentro del mismo, de ahí que la preocupación fundamental de estos autores sea el funcionamiento, las relaciones que puedan establecerse entre las palabras.

La importancia de esta doble y opuesta teoría quizá haya sido la de proporcionar los dos valores polares que han permanecido luego durante siglos y han organizado la historia del discurrir lingüístico; a saber, la reflexión de carácter *formalista* y *cientificista* frente a la de índole más *humanista* y *ontológico*.

b) Ni la Edad Media, ni el Renacimiento, ni el Barroco ni el Neoclasicismo hicieron otra cosa que repetir lo que había sido dicho al respecto por los clásicos, limitándose a esbozar tratamientos atomizados que, si bien señalaban multitud de problemas, no encontraban, por lo general, solución adecuada para ninguno dentro de una problemática general.

La caracterización común de estos tratamientos del léxico de una lengua es la preocupación purista por enriquecer o corregir el patrimonio léxico en función de la norma lingüística que se propone como modelo obligatorio de uso.

c) Por ello, cuando *a partir del siglo XIX* y gracias a la desmembración de los saberes positivistas, surge la Semántica como disciplina autónoma, lo que parecía preceder a una auténtica ruptura epistemológica, en sentido bachelardiano, con lo que había sido la trayectoria lineal de los discursos sobre el significado, impregnados en todo momento de filosofía y psicologismo, no era nada más que un estudio de la forma de las palabras, en el que se presuponía su significado. Y no es que forma/significado sea una dicotomía tan excluyente como pueda pensarse a simple vista. De hecho, la Semántica actual ha sido capaz de ayudar a los estudios léxicos precisamente ensanchando el campo tradicional de la investigación etimológica añadiendo una nueva dimensión, la de la etimología estática, y precisando que no se puede escribir la historia de una palabra sin prestar atención a sus relaciones con otros términos y a su puesto en la estructura general del vocabulario.

Así pues, el incipiente formalismo metodológico no era otra cosa que una *ilusión epistémica*, muy acorde con la coyuntura histórico-social en el que surge. De hecho, el significado se emplea para exponer las nociones acerca de la lengua, sin que se estudie el significado en sí mismo hasta finales de siglo en que nacerá la Semántica como tal. Y es entonces cuando tiene lugar la aparente y ansiada ruptura epistemológica, de impredecibles consecuencias, herencia positivista de búsqueda de autonomía del saber. El resultado de este proceso es el nacimiento de la Semántica como disciplina o teoría de los significados, que se materializa en el paso del sentido entendido como una evidencia, al sentido concebido como un objeto lingüístico; lo que confiere a la teoría semántica ciertas dificultades —de las que aún quedan secuelas hoy— para ser autónoma y reconocida.

Y es que, de hecho, la definición del objeto de investigación no sólo marca los límites de las investigaciones lingüísticas de la estructura del significado sino que además permite percibir algunas cuestiones especialmente problemáticas planteadas incluso al análisis moderno de las estructuras semánticas. La descripción de las estructuras del significado se ve dificultada por el hecho de que los semas y los semas que lo constituyen no son inmediatamente accesibles a una observación y descripción directas. La posición adoptada por la orientación microlingüística de prescindir de la inclusión del semema y de la imagen en el proyectado descubrimiento y descripción del significado surgió tanto por consideraciones sobre los métodos científicos como por razones prácticas inmediatas.

En resumidas cuentas, el problema estriba precisamente en la dificultad (¿imposibilidad?) de transformar las clases abiertas con las que trabaja en clases cerradas y en la verificación de los modelos lingüísticos en la realidad para comprobar su adecuación; por ello, no se concibe el léxico como sistema o conjunto de subsistemas que actúan en un momento determinado de la historia de la lengua. Su concepción es profundamente motivada y no suele utilizar en todo su alcance la noción de arbitrariedad de los signos lingüísticos. Su campo de acción coincide, prácticamente, con el de la etimología y su uso aplicativo más antiguo ha sido la confección de distintos tipos de diccionarios.

d) Con todo, es en el *siglo XX* cuando se produce un cambio de actitud frente a los estudios del significado tal y como se han planteado siempre: es común, por tanto, a todas las escuelas el rechazo del estudio etimológico con interés lógico y el abandono del estudio de metáforas, consideraciones filológicas, y etimologías. Estos planteamientos se substituyen:

- Por la *investigación de la organización de los significados* como un sistema equiparable a las reglas gramaticales, es decir, por el intento de descubrir a partir de su función lingüística las unidades reales que construyen los conjuntos lingüísticos.

  Sin embargo, como afirma Mounin, el léxico se resiste a este intento debido, entre otras, a las siguientes razones:

  - la dificultad que existe para manipular la realidad semántica sin recurrir a una realidad concreta correspondiente, fónica o gráfica;
  - el hecho de que el análisis no agota la totalidad de los significados expresados por una obra o por una lengua, para lo que sería necesario que todos los conceptos tuviesen un nombre particular y que expresasen la totalidad de los significados ligados a una civilización por otra (lo cual no ocurre nunca);
  - y, finalmente, por la inmensidad del dominio abarcado.

- Por el intento de determinar la *estructura* de los mismos, es decir, la organización de los diferentes universos semánticos de naturaleza social o individual. El mejor punto de partida para comprenderla es la concepción de los dos planos del lenguaje (expresión y contenido).

Aunque estas propuestas puedan llevarnos a pensar en una auténtica concordia teoricometodológica entre las diferentes escuelas y tendencias semánticas; no había nada más lejos de la realidad, puesto que la herencia positivista se dejaba notar también en la búsqueda de una especificidad de objeto y métodos entre las diferentes posturas teóricas, que sólo iban a conducir al trazo de líneas de demarcación entre espacios inexistentes y artificiales, producto, más bien, de los propios términos que de las exigencias del campo de estudio e investigación; por ello, aunque todas las escuelas consideraban que la Semántica era fundamental y veían la necesidad de estudiarla, diferían a la hora de ver su conveniencia.

Sirva como ejemplo el hecho de que, mientras la Lingüística americana desechaba todo estudio científico de la Semántica, los sociólogos preparaban, para satisfacer sus propias necesidades en dicho dominio, un instrumento de trabajo llamado *análisis del contenido*, que era la descripción científica del contenido de un texto.

Ello nos lleva a establecer, siguiendo a Tamba-Mecz, una serie de etapas en el estudio del significado:

- Período *evolucionista* (hasta 1931), centrado en el estudio de las leyes que gobiernan la transformación de los sentidos, la elección de las nuevas expresiones y el nacimiento y muerte de giros.

- Período *mixto* (desde 1931 hasta 1963), en el que, además, se presta también importancia a la estructuración del léxico. De ahí el auge de la teoría de los campos semánticos, iniciada por G. Ipsen en 1924 y desarrollada por Trier y Weisgerber a partir de 1931, basada en la hipótesis de que el vocabulario de una lengua se compone de subconjuntos estructurados o campos.

Otros lingüistas, siguiendo la concepción de L. Hjelmslev, es decir, la diferenciación ya clásica entre plano de la expresión y plano del contenido, según la cual, el semantista debe ver el inventario de fonemas para la expresión y considerar las palabras según su contenido y su forma, sostienen que, en el primer caso, la tarea del semantista es determinar la significación de la palabra en una serie, concretar su significación y ver los límites que la norma da; en el segundo caso se deben estudiar si están semánticamente sistematizadas.

En general, se realizan una serie de estudios en los que se sostienen que el contenido semántico de la palabra puede descomponerse en semas y se analizan las palabras a partir de inventarios finitos y restringidos. A estos estudios, que partieron de Hjelmslev, se les aplicó el nombre de *semántica estructural*. Esta tendencia semántica trata de proporcionar las estructuras, sistemas o conjuntos de sistemas de relaciones mutuas que gobiernan los mensajes lingüísticos en lo relativo a su significado. Pero estos mensajes no son objetos, son modos de actuar. La tarea del semantista será mostrar el aspecto significante de esa actividad partiendo de las regulaciones que presentan en el plano visual-acústico, así como de las relaciones apreciables en su significación.

Estos mismos estudios recibieron en América la

designación de *análisis en componentes*. La semántica componencial afirma que las unidades semánticas tienen determinados rasgos que nos permiten descubrir un sistema interno de relaciones semánticas en el vocabulario de una lengua.

- *A partir de 1963* la Semántica toma el nuevo rumbo que tiene por finalidad averiguar cómo el hablante es capaz de construir frases dotadas del significado deseado valiéndose de su saber y de lo que significan las palabras en su idioma. Esto exigía una *semántica del habla*, lo que a su vez exigía una nueva teoría lingüística que pudiera explicar el fenómeno del habla a partir del sistema de la lengua. Todo ello pone de evidencia la dificultad de construir la disciplina de aquello que queda cuando del hablar se aísla la lengua, pues lo que queda son hechos particulares y heterogéneos. Con todo, el hablar es una actividad universal realizada por individuos particulares, en cuanto miembros de comunidades históricas, que exige una nueva Lingüística del habla, entre otras razones, porque, como afirma Coseriu, el lenguaje es más amplio que la lengua: mientras que la lengua se halla toda contenida en el hablar, el hablar no se halla todo contenido en la lengua. Consecuentemente, la labor de la Semántica consiste en colaborar en la descripción y explicación del contenido significativo del lenguaje elaborando un modelo idealizado que con su funcionamiento interno reproduzca el comportamiento observado. Esto se consigue postulando la existencia de ciertas entidades teóricas regidas por leyes de interacción y mediante la traducción del funcionamiento del modelo ideal a acontecimientos observables en el objeto real que

Las divisiones de la Lingüística

se pretende explicar.

9. La Lexicología.

La Lexicología y la Lexicografía son dos disciplinas que vienen confundiéndose a lo largo de la historia, lo que pone de relieve la dificultad para una correcta demarcación disciplinaria así como el desconocimiento que se tiene de las mismas.

Por ello, nuestro deber consiste en precisar sus límites y dar la definición de cada una de ellas. En este sentido, quizá las mejores definiciones estén en el *Diccionario de la Academia*; recordémoslas:

– *Lexicología*: «estudio de las unidades léxicas de una lengua y de las relaciones sistemáticas que se establecen entre ellas».

– *Lexicografía*: «técnicas de componer léxicos o diccionarios. Parte de la Lingüística que se ocupa de los principios teóricos en que se basa la composición de diccionarios».

Algunas propuestas de caracterización son las siguientes:

a) Julio *Casares* intenta también la delimitación de ambas disciplinas, definiendo la *Lexicología* como el «estudio del origen, forma y significado de las palabras desde el punto de vista general y científico», y la *Lexicografía* como el «arte de componer diccionarios», de acuerdo con la definición tradicional. Hoy no podemos estar muy de acuerdo con ambas definiciones, puesto que, en el caso de la Lexicología, su estudio sería similar al de la Etimología, Morfología y Semántica, y, al adoptarse glotológicamente una postura general, no haría un estudio particular de una lengua; y, en el caso de la Lexicografía, la definición Académica de entonces —en la que se basa Casares— ha sido superada hoy en día con creces.

b) G. *Matoré* insiste, a su vez, en la confusión que la Lexicología ha tenido con disciplinas afines tales como la Estilística, Morfología, Gramática, Psicología y Semántica, lo que supone la indeterminación del objeto de estudio y, por tanto, del método que debe seguirse para su análisis.

Para él, la Lexicología es una disciplina de carácter sintético que estudia los hechos de civilización. En este sentido, el vocabulario no sólo es reflejo o producción mecánica de la realidad, sino un determinante de la misma. Sus límites estarían en la incapacidad para expresar de forma adecuada la esencia profunda de las cosas, y el aspecto más individual del yo. En el fondo, como reconoce M. Alvar Ezquerra, se trataría de una sociología a través de las palabras. Junto a ésta, define la Lexicografía como «el estudio analítico del vocabulario».

c) R. *Trujillo*, basado en las propuestas de Togeby, quien considera que tanto la Gramática como la Lexicología y la Semántica son la misma disciplina (puesto que su objeto de estudio es el mismo) aunque con nombres diferentes dependiendo de la diferente denominación de sus unidades de funcionamiento; a saber, el *morfema* (unidad de la Morfología), el *lexema* (unidad de la Lexicología), y el *semantema* (unidad de la Semántica), afirma que sólo hay contenidos, pues la expresión sólo cumple funciones diacríticas, por lo que critica el camino seguido por la Gramática —ya que se aferra demasiado a la expresión— y defiende la Semántica como la disciplina de la forma del contenido, cuyo objeto de estudio es tanto lo gramatical como lo léxico.

El estudio semántico del significante sería un absurdo; pongamos el ejemplo de *saltamontes* y *saltarín*. Lo que nos interesa son los conceptos, es decir, el hecho de *saltar*, no la desinencia que se ponga. Así pues, el objeto de la Gramática será las formas de contenido que resulten analizables en los componentes del significante, y el de la

Lexicología, las formas de contenido que reúnan este requisito.

De todo ello se desprende las dos formas de estudio lingüístico que se pueden adoptar:

- *Desde el punto de vista de la expresión*: en el que se estudiaría la forma de la expresión de los elementos gramaticales (Morfonología) y de las unidades de vocabulario (Lexicofonología).

- *Desde el punto de vista del contenido*: en el que se estudiaría las formas de contenido arquitecturales de una lengua (Gramática), las no arquitecturales (Lexicología), y las dos formas del contenido (Semántica).

d) Como conclusión podemos decir, siguiendo a *Alvar Ezquerra*, que la Lexicología debe ser entendida como el estudio del léxico y la Lexicografía como la técnica para hacer diccionarios, que ambas disciplinas son inseparables e interdependientes y que siempre han existido unidas —aunque los autores de diccionarios no se hayan dado cuenta de ello—.

10. La Semántica.

Vamos a precisar ahora los distintos tipos de semántica así como los diferentes caminos para llegar al significado.

10.1. *Tipos de Semántica.*

Guiraud propone la diferenciación entre tres tipos de semánticas. Veamos cada uno de ellos:

- *Semántica lógica*: es aquella que desarrolla los problemas lógicos de la significación. Para ello, estudia la relación entre el signo lingüístico y la realidad, las condiciones necesarias para que un signo pueda ser aplicado a un objeto, y las reglas que aseguran una exacta significación.

— *Semántica psicológica*: es la que intenta explicar las razones por las cuales establecemos un proceso de comunicación, lo que ocurre en la mente del hablante y del oyente cuando se produce este proceso, y el mecanismo psíquico que lo determina.

— *Semántica lingüística*: es la que se ocupa del significado dentro del sistema de comunicación y describe su funcionamiento. Estudia, por tanto, cómo a la materia extralingüística se la transforma en substancia dándole una organización en la lengua, y cómo se relacionan las unidades lingüísticas del plano del contenido absoluto, una vez estructurada la substancia (recuérdese el capítulo 8).

Quizá, lo importante de todo ello sea la confirmación del gran interés que ha suscitado el problema del significado en ámbitos disciplinarios diferentes. Como resultado de este hecho, la forma de determinar el significado ha variado según el dominio en el que se sitúe el investigador. Veamos, pues, a continuación, las distintas respuestas que se han dado a este problema en el ámbito estrictamente *lingüístico*, que es el que nos interesa.

10.2. *Propuestas para llegar al significado.*

En este ámbito se nos ofrecen distintos caminos para llegar al significado. No pretendemos hacer aquí una historia de la Semántica lingüística en su intento de determinar el significado, ni mucho menos. Es una información que aparece en los clásicos manuales de Guiraud,

Lyons, Ullmann, Geckeler, etc., cuyo conocimiento es generalizado y, por tanto, su información innecesaria. Sólo deseamos, pues, realizar una breve aproximación panorámica, por lo que, para ello, vamos a recordar, a continuación, algunos de estos caminos, siguiendo las explicaciones de Geckeler.

- *Determinación situacional del significado*: el contexto situacional es el armazón esquemático mediante el cual puede establecerse la información pertinente al funcionamiento o significado de los enunciados. El significado, por consiguiente, no es una relación única ni una clase única de relación, sino que incluye una serie de relaciones múltiples y variadas que se mantienen entre el enunciado y sus partes y los aspectos y componentes característicos del ambiente, tanto culturales como físicos, y que forman parte del más amplio sistema de relaciones interpersonales que supone la existencia de las sociedades humanas.

  Los defensores de esta postura sostienen, por tanto, que el significado vendría dado por las relaciones extralingüísticas en las que aparece una palabra: *speech acts* (Capítulo 10).

- *Determinación contextual del significado*: ahora, desde esta perspectiva, el significado de una palabra se equipara a la suma de los contextos en los que aparece.

- Para otros autores situación y contexto no se identifican con el significado, sólo sirven para determinarlo.

- El uso de las *reglas semánticas* (postulados de significado) ha sido otro de los caminos utilizados frecuentemente para llegar al significado. Para los defensores de esta teoría, el significado de un elemento léxico está especificado por el conjunto de todos los postulados de significado en los que aparece, los cuales forman parte del vocabulario de una lengua.

Hablando en términos generales, el uso de los postulados de significado ha sido considerado por los lingüistas como una alternativa al análisis componencial. Considerado desde este punto de vista, la ventaja de los postulados de significado sobre el análisis componencial consiste en que aquellos no presuponen la descomposición exhaustiva del sentido de un lexema en un número esencial de componentes de sentido universales. Los postulados de significado se pueden definir, para los lexemas como tales, sin hacer suposiciones de ningún tipo acerca de los conceptos atómicos, y se pueden usar para dar una explicación parcial del sentido de un lexema sin necesidad de llevar a cabo un análisis total.

– Finalmente, una de las adopciones metodológicas que más frutos han dado (aunque no han faltado tampoco sus múltiples detractores) en la determinación del significado ha sido el *análisis mediante componentes semánticos*. El análisis componencial trata de analizar el contenido semántico de cada término en unidades de significación más pequeñas, que serían sus componentes. Obviamente, la Lexicografía ha hecho el trabajo preparatorio, que ha sido la base para estructurar todos los significados partiendo del postulado de que todos éstos guardan entre sí relaciones reales que abarcan con su red todo el contenido de la civilización manifestada por dicha lengua.

Desde esta perspectiva, el significado se define

mediante unos componentes que no pertenecen al vocabulario de una lengua, sino que son elementos hipotéticos que tienen por finalidad la descripción de las relaciones semánticas. De hecho, la Semántica componencial tiene determinados rasgos que componen cada una de las unidades semánticas y que nos permiten descubrir el sistema interno de relaciones semánticas en el vocabulario de una lengua. La clase de relaciones que la palabra pueda tener en la oración viene determinada, precisamente, por la naturaleza de los componentes semánticos.

Se complementa con un sistema de reglas de implicación que expresan generalizaciones importantes sobre la estructura semántica del vocabulario descrito. Así, una voz léxica en un diccionario establece unos terminales para el lexema en ciertos campos semánticos, pero no agotan sus posibilidades de ramificación —en otro caso, se produciría la posibilidad de describir y explicar un número ilimitado de signos desde el punto de vista del contenido valiéndose de un número limitado de figuras—. El problema consiste en ver si estos componentes son verdaderamente limitados en número y si son universales. Estos componentes parecen fácilmente individualizados puesto que son reglas de subcategorización que permiten la concatenación gramatical de una frase.

De hecho, toda teoría estructuralista de la comunicación que distingue entre la lengua y el habla (o entre la *parole* y la *langue*, el mensaje y el código, el proceso y el sistema, el comportamiento y la norma), supone que todo acontecimiento del habla pertenece a la lengua; los elementos que no pertenecen a ella son elementos transferidos (préstamos) que la dinamizan.

E. Actividades sugeridas.

— Conteste a las siguientes cuestiones:

– Explique cuáles son las principales diferencias entre la Fonética y la Fonología atendiendo tanto a sus objetos como a sus métodos.

– ¿Puede considerarse la Fonética una disciplina lingüística? Razone su respuesta.

– ¿Cuáles son las diferencias entre la Fonética Acústica y la Fonética Articulatoria?

– Explique la problemática subyacente a la distinción entre Morfología y Sintaxis.

– Comente cuáles son los dos valores que han organizado la historia del saber lingüístico y su plasmación en el ámbito de la Semántica.

– Explique y justifique si se ha producido una ruptura epistemológica en el ámbito de la Semántica.

– ¿Cuáles son las diferencias entre la Semántica lógica, psicológica y lingüística?

F. Lecturas recomendadas.

COSERIU, E., «El estudio funcional del vocabulario» apud *Gramática, Semántica y Universales*, Gredos, Madrid, 1973, pp. 206-238.

Aplicación de los principios de funcionalidad, oposición,

sistematicidad y neutralización al ámbito semántico.

ROCA PONS, J., «¿De qué trata la Gramática?» apud *Introducción a la Gramática*, Teide, Barcelona, 1986, pp. 1-29.

Presentación clara de la noción de gramática, sus partes, tipos y relaciones con otros estudios sobre el lenguaje.

TRUBETZKOY, N., «Introducción» y «Conceptos fundamentales» apud *Principios de Fonología*, Cincel, Madrid, 1973, pp. 1-26; 29-40.

Presentación de los principios básicos de la Fonología estructural.

G. Ejercicios de autoevaluación.

Con el fin de que se pueda comprobar el grado de asimilación de los contenidos, presentamos una serie de cuestiones, cada una con tres alternativas de respuestas. Una vez que haya estudiado el tema, realice el test rodeando con un círculo la letra correspondiente a la alternativa que considere más acertada. Después justifique las razones por las que piensa que la respuesta elegida es la correcta, indicando también las razones que invalidan la corrección de las restantes.

Cuando tenga dudas en alguna de las respuestas vuelva a repasar la parte correspondiente del capítulo e inténtelo otra vez.

1. La Fonética de carácter objetivista se desarrolla
    A Gracias a la tradición hindú.
    B Debido al conceptualismo heredado del positivismo.
    C Las respuestas A y B son correctas.

2. La definición actual de la Fonética y la Fonología tiene sus orígenes en
    A El Círculo de Copenhague.
    B Las propuestas de Trubetzkoy.

C Los trabajos de Alarcos y Marcos Marín.

3. La noción de fonema se debe a
   A Propuestas Modélicas esbozadas en la reflexión hindú.
   B Trubetzkoy.
   C La Fonética Experimental.

4. La disciplina lingüística de carácter más experimental es la
   A Morfología.
   B Fonología.
   C Fonética.

5. ¿Cuál es la disciplina que estudia la historia de los sonidos?
   A La Fonética evolutiva.
   B La Fonética histórica.
   C Las respuestas A y B son correctas.

6. La disciplina encargada de que un hablante adquiera las destrezas para realizar las estructuras fónicas de una lengua se denomina
   A Fonética Articulatoria.
   B Ortofonía.
   C Las respuestas A y B no son correctas.

7. La distinción entre Morfología y Sintaxis se realiza
   A En la Gramática de los griegos y romanos.
   B En la Gramática Preestructural.
   C En la Gramática Estructural.

8. Desde un punto de vista metodológico, Morfología y Sintaxis pueden considerarse
   A Las disciplinas que estudian el plano del contenido relativo.
   B Dos infraestructuras del plano del contenido relativo.
   C Dos subcomponentes del plano del contenido.

9. La relación que existe entre Morfología y Sintaxis es de

A Arbitrariedad.
B Presuposición.
C Interdependencia.

10. La importancia del planteamiento de Bröndal radica en
    A Otorgar a la Morfología un reconocimiento autónomo.
    B Otorgar a la Sintaxis un reconocimiento autónomo.
    C Unir la Morfología y la Sintaxis para su estudio metodológico.

11. Uno de los grandes defensores de las Propuestas Teóricas del Estructuralismo americano de la división entre Morfología y Sintaxis fue
    A Bloomfield.
    B Chomsky.
    C Martinet.

12. Para Saussure, la Gramática es
    A La descripción sincrónica de la lengua.
    B El estudio de los aspectos gramaticales de la lengua.
    C La descripción diacrónica de la lengua.

13. Para Llorente Maldonado, la Morfología y la Sintaxis son
    A Dos realidades diferentes.
    B Dos manifestaciones de la Gramática.
    C Dos partes de la Lingüística.

14. Para los defensores de la Teoría *Phisey*, el lenguaje es
    A Producto de la Naturaleza.
    B Producto de la Cultura.
    C Designación de la realidad por convención.

15. Para los defensores de la Teoría *Thesey*, el sentido surge
    A De la realidad extralingüística.
    B De la representación de la realidad.
    C Del conjunto de relaciones lingüísticas que se dan entre los signos.

16. La reflexión formalista que ha organizado la Lingüística del Objeto tiene su fundamento epistémico en
   A La Teoría *Thesey*.
   B La Teoría *Phisey*.
   C En las dos.

17. ¿Cuándo se produce la ruptura epistemológica en el ámbito de la Semántica?
   A En el siglo XIX.
   B En el siglo XX.
   C Las respuestas A y B no son correctas.

18. La Semántica puede ser considerada
   A Una disciplina lingüística.
   B Una disciplina pseudolingüística.
   C Una disciplina no lingüística.

19. La Semántica del habla surge
   A En 1931.
   B A partir de 1931.
   C A partir de 1963.

20. La Lexicología puede ser entendida como
   A El estudio analítico del vocabulario.
   B El estudio analítico del significado.
   C El estudio sintético del vocabulario.

21. La Semántica es la disciplina que estudia
   A La substancia del plano del contenido relativo.
   B La substancia del plano del contenido absoluto.
   C La forma del plano del contenido absoluto.

22. ¿Cuál es la disciplina que estudia la relación entre el signo lingüístico y la realidad extralingüística?
   A La Semántica lógica.

B La Semántica psicológica.
C La Semántica lingüística.

23. La Semántica psicológica adopta una postura
    A Onomasiológica.
    B Semasiológica.
    C Las respuestas A y B son correctas.

24. El trabajo preparatorio para el análisis componencial ha sido realizado por
    A La Lexicología.
    B La Lexicografía.
    C La Semántica lógica.

25. La infraestructura del contenido absoluto posee unidades
    A Poco numerosas y muy sistematizadas.
    B Muy numerosas y poco sistematizadas.
    C Poco numerosas y poco sistematizadas.

H. Glosario.

Binarismo: Teoría que sostiene que en toda oposición hay un término marcado frente a otro no marcado.

Campo léxico: Campo semántico desde un punto de vista formal.

Campo semántico: Desde un punto de vista funcional, conjunto de semantemas que se reparten una zona de significación común.

Categoría lingüística: Generalmente, en el ámbito de la Morfosintaxis y por herencia de los estudios filosóficos anteriores, clase general en la que se reparten los elementos del sistema lingüístico.

Connotación: Significación subjetivamente añadida a la denotación.

Designación: Capacidad que tiene el signo lingüístico de referirse a la realidad extralingüística sin tener en cuenta la organización de la lengua.

Fonemática: Según Malmberg, estudio de la manera en que los rasgos fónicos distintivos componen fonemas y la estructura de los mismos.

Fonética acústica: Perspectiva de la Fonética orientada al estudio de la naturaleza de las ondas sonoras y de sus efectos en el oído.

Fonética articulatoria: Perspectiva de la Fonética orientada al estudio de la producción de los sonidos.

Fonética descriptiva: Aspecto de la Fonética centrado en el estudio de las particularidades fonéticas de cada lengua.

Fonética general: Aspecto de la Fonética centrado en el estudio de las posibilidades acústicas del hombre y el funcionamiento de su aparato fonador.

Fonética histórica: Aspecto de la Fonética centrado en el estudio de los cambios fonéticos de una lengua en su historia.

Fonología descriptiva: Aspecto de la Fonología centrado en el estudio de las relaciones entre las formas en el plano de la expresión.

Fonología diacrónica: Aspecto de la Fonología centrado en el estudio del cambio del plano de la expresión de una lengua a lo largo de la historia.

Fonología general: Aspecto de la Fonología centrado en el estudio de los universales de la forma en el plano de la expresión.

Gramaticalización: Fenómeno de interrelación entre las dos infraestructuras del contenido, que permite a una unidad la pérdida de su significado léxico y el funcionamiento en el ámbito del contenido relativo.

Lexicalización: Fenómeno de interrelación entre las dos infraestructuras del contenido, que permite a una unidad la pérdida de su significado relativo y el funcionamiento en el ámbito del contenido absoluto.

Léxico: Sistema de palabras que componen una lengua.

Morfonología: Parte de la Fonología que analiza la estructura fonológica de los morfemas y sus modificaciones fónicas combinatorias en un conjunto de morfemas.

Onomasiología: 1. Perspectiva desde la cual se analizan los fenómenos lingüísticos teniendo en cuenta el punto de vista del hablante. 2. Estudio de los distintos significantes que corresponden a un significado.

Ortofonía: Aspecto de la Fonética centrado en la formulación de las normas para realizar correctamente la estructura fónica de una lengua.

Sema: Rasgo semántico mínimo constituyente del semema.

Semantema: Nombre que recibe el signo lingüístico en el ámbito de la Semántica estructural.

Semántica analítica: Estudio de la entrada de la materia extralingüística en el ámbito de la significación y su representación en triángulos metodológicos.

Semántica componencial: Nombre que recibe la semántica estructural en EE.UU.

Semántica lingüística: Aquélla que se ocupa del significado dentro del sistema comunicativo, describiendo su funcionamiento.

Semántica lógica: Aquélla que desarrolla los problemas lógicos de la significación.

Semántica psicológica: Aquélla que explica las razones por las cuales se establece un proceso comunicativo.

Semasiología: 1. Perspectiva desde la cual se analizan los fenómenos lingüísticos teniendo en cuenta el punto de vista del oyente. 2. Estudio de los distintos significados que corresponden a un significante.

Sentido: Elección en el habla de una de las posibilidades de significación que una unidad lingüística posee.

Significación: Estructuración que la lengua da a la realidad extralingüística teniendo en cuenta el carácter opositivo de la lengua.

Significado: Posibilidades de significación que una unidad lingüística tiene en la lengua (véase otra acepción en capítulo 8).

Teoría estándar: Propuesta teórica del paradigma transformacional elaborada a partir de 1965.

Vocabulario: Conjunto de palabras usadas por un autor, escuela, disciplina, etc.

I. Bibliografía general.

ALARCOS, E., *Fonología española*, Gredos, Madrid, 1971.

ALARCOS, E., *Gramática estructural*, Gredos, Madrid, 1969.

ALLERTON, D. J., *Essentials of Grammatical Theory: A Consensus View of Syntax and Morphology*, R. and K. Paul, Londres, 1979.

BARRENECHEA, A. M. & MANACORDA, R., *Estudios de gramática estructural*, Paidós, Buenos Aires, 1969.

BAYLON, J. & FABRE, J. P., *La Sémantique*, Nathan, París, 1981.

BERRUTO, G., *La semantica*, Zanichelli, Bolonia, 1976.

BORZONE, A. Mª, *Manual de Fonética acústica*, Hachette, Buenos Aires, 1980.

BREKLE, H., *Sémantique*, A. Colin, París, 1973.

BROWN, K. & MILLER, J. (eds.), *Concise Encyclopedia of Syntactic Theories*, Pergamon, Nueva York, 1996.

CHOMSKY, N., *Aspectos de la teoría de la sintaxis*, Aguilar, Madrid, 1965.

CONTRERAS, H. (comp.), *Los fundamentos de la gramática transformacional*, Siglo XXI, México, 1971.

COSERIU, E., *Gramática, semántica, universales*, Gredos, Madrid, 1978.

COSERIU, E., *Principios de semántica estructural*, Gredos, Madrid, 1977.

DIK, S. C., *Gramática funcional*, S.G.E.L., Madrid, 1981.

DUCHET, J. L., *La fonología*, Oikos-Tau, Barcelona, 1982.

FERNÁNDEZ GONZÁLEZ, A. et alii, *Introducción a la semántica*, Cátedra, Madrid, 1977.

FREGE, G., *Estudios sobre semántica*, Ariel, Barcelona, 1971.

GALMICHE, M., *Semántica generativa*, Gredos, Madrid, 1980.

GECKELER, H., *Semántica estructural y teoría del campo léxico*, Gredos, Madrid, 1971.

GEORGE, F. H., *Introducción a la semántica*, Fundamentos, Madrid, 1974.

GERMAIN, C., *La semántica funcional*, Gredos, Madrid, 1986.

GILI GAYA, S., *Elementos de fonética general*, Gredos, Madrid, 1961.

GIVÓN, T., *Functionalism and Grammar*, J. Benjamins, Amsterdam, 1995.

GOLDSMITH, J. (ed.), *The Handbook of Phonological Theory*, Blackwell, Oxford, 1995.

GREIMAS, A. J., *Semántica estructural*, Gredos, Madrid, 1973.

GUIRAUD, P., *La gramática*, Editorial Universitaria de Buenos Aires, Buenos Aires, 1972.

GUIRAUD, P., *La semántica*, F.C.E., México, 1974.

GUTIÉRREZ ORDÓÑEZ, S., *Introducción a la semántica funcional*, Síntesis, Madrid, 1989.

GUTIÉRREZ ORDÓÑEZ, S., *Lingüística y semántica. Aproximación funcional*, Universidad de Oviedo, Oviedo, 1981.

HARDCASTLE, W. & LAVER, J. (eds.), *The Handbook of Phonetic Sciences*, Routledge, Londres, 1997.

HEGER, K., *Teoría semántica II*, Alcalá, Madrid, 1974.

HJELMSLEV, L., *Principios de Gramática General*, Gredos, Madrid, 1976.

HURFORD, J., *Curso de Semántica*, Visor, Madrid, 1989.

HYMAN, L. N., *Fonología, teoría y análisis*, Paraninfo, Madrid, 1981.

JACOBS, J. et alii (eds.), *Syntax. An International Handbook of Contemporary Research*, Walter de Gruyter, Berlín, 1993.

JESPERSEN, O., *La filosofía de la gramática*, Anagrama, Barcelona, 1975.

JIMÉNEZ RUIZ, J. L., *Campo léxico y connotación*, Universidad de Alicante, Alicante, 1993.

JUSTO GIL, M., *Fundamentos del análisis semántico*, Universidad de Santiago de Compostela, Santiago, 1990.

LAPPIN, S. (ed.), *The Handbook of Contemporary Semantic Theory*, Blackwell, Oxford, 1996.

LEECH, G., *Semántica*, Alianza Universidad, Madrid, 1977.

LÓPEZ GARCÍA, A. & MORANT, R., *Gramática femenina*, Cátedra, Madrid, 1991.

LÓPEZ GARCÍA, A., *Para una gramática liminar*, Cátedra, Madrid, 1980.

LYONS, J., *Semántica*, Teide, Barcelona, 1980.

MALMBERG, B., *La Fonética*, Eudeba, Buenos Aires, 1964.

MARTINET CELDRÁN, E. & SOLÉ SABATER, M. J., *Estudios de fonética experimental*, Publicaciones Universitarias, Barcelona, 1984.

MARTINET CELDRÁN, E., *Fonética*, Teide, Barcelona, 1984.

MARTINET, A., *La fonología como fonética funcional*, Rodolfo Alonso,

Buenos Aires, 1972.

MATTEWS, P. H., *Morfología. Introducción a la teoría de la estructura de la palabra*, Paraninfo, Madrid, 1979.

MAURO, T. de, *Minisemántica*, Gredos, Madrid, 1986.

MORENO CABRERA, J. C., *Fundamentos de sintaxis general*, Síntesis, Madrid, 1987.

MOUNIN, G., *Claves para la semántica*, Anagrama, Barcelona, 1975.

MULJACIC, Z., *Fonología general*, Laia, Barcelona, 1974.

NIQUE, C., *Introducción metódica a la gramática generativa*, Cátedra, Madrid, 1974.

NIVETTE, J., *Principios de gramática generativa*, Fragua, Madrid, 1973.

PALMER, F. R., *Semantics*, Cambridge University Press, Cambridge, 1976.

POSTAL, P., *Aspects of Phonological Theory*, Harper and Row, Nueva York, 1968.

ROCA PONS, J., *Introducción a la gramática*, Teide, Barcelona, 1970.

ROJO, G., *Aspectos básicos de sintaxis funcional*, Ágora, Málaga, 1983.

SAPIR, E. et alii, *Fonología y Morfología*, Paidós, Buenos Aires, 1972.

SCHAFF, A., *Introducción a la semántica*, F.C.E., México, 1973.

SOMMERTEIN, A., *Fonología Moderna*, Cátedra, Madrid, 1980.

SPENCER, A. & ZWICKY, A. (eds.), *The Handbook of Morphology*, Blackwell, Oxford, 1998.

STATI, S., *La sintaxis*, Nueva Imagen, México, 1979.

TAMBA-MECZ, I., *La semántica*, Oikos-Tau, Barcelona, 1989.

THOMAS, J. M. et alii, *Iniciación a la Fonética. Fonética articulatoria y Fonética distintiva*, Gredos, Madrid, 1985.

TRUBETZKOY, N., *Principios de Fonología*, Cincel, Madrid, 1973.

TRUJILLO, R., *Elementos de semántica lingüística*, Cátedra, Madrid, 1979.

ULLMANN, S., *Semántica: introducción a la ciencia del significado*, Aguilar, Madrid, 1967.

VARELA ORTEGA, S., *Fundamentos de morfología*, Síntesis, Madrid, 1990.

WOTJAK, G., *Investigaciones sobre la estructura del significado*, Gredos, Madrid, 1979.

Capítulo 10

LA LINGÜÍSTICA DESDE UNA PERSPECTIVA INTERDISCIPLINAR: LAS RAMAS DE LA LINGÜÍSTICA TEÓRICA.

A. Objetivos.

1. *Comprender* la situación y los marcos de existencia de los hechos lingüísticos y las ramas de la Lingüística que se han acercado a ellos tomándolos como objeto de estudio e investigación.

2. *Entender* los fundamentos de la Psicolingüística a partir de las distintas aportaciones teóricas a lo largo de la historia.

3. *Conocer* los fundamentos de la Neurolingüística así como su trayectoria histórica hasta ser entendida tal y como se hace en la actualidad.

4. *Entender* en qué consiste la Sociolingüística, valorando las distintas aportaciones teóricas y sus líneas principales de investigación en la actualidad.

5. *Comprender* la importancia de la Pragmática en la Lingüística actual, conociendo sus teorías más importantes.

6. *Conocer* en qué consiste la Antropología lingüística, diferenciándola de la Sociolingüística y valorando la importancia de los análisis conversacionales.

7. *Adquirir* una visión panorámica de las principales aportaciones en el ámbito de la Filosofía del lenguaje.

B. Palabras clave.

- Psicolingüística.
- Interaccionismo.
- Teoría modular.
- Sociolingüística.
- Método cuantitativo.
- Microsociolingüística.
- Diglosia.
- Situación de habla.
- Actos de habla.
- Acto ilocutivo o ilocucionario.
- Principio de cooperación.
- Implicaciones.
- Antropología lingüística.
- Comunidad de habla.
- Análisis conversacional.
- Filosofía analítica del lenguaje.

- Conductismo.
- Neurolingüística.
- Teoría de circuitos.
- Variacionismo.
- Multilingüismo.
- Macrosociolingüística.
- Pragmática.
- Acontecimientos de habla.
- Acto locutivo o locucionario.
- Acto perlocutivo o perlocucionario.
- Máximas conversacionales.
- Presuposiciones.
- Teoría de la relevancia.
- Etnometodología.
- Principio de cortesía.
- Filosofía hermenéutica del lenguaje.

C. Organización de los contenidos.

1. Introducción.
2. La Psicolingüística.

- 2.1. Definición y objeto de la Psicolingüística.
- 2.2. Perspectiva histórica.
- 2.3. Propuestas actuales.
- 2.4. El desarrollo y la adquisición del lenguaje.
3. La Neurolingüística.
    - 3.1. Definición y objeto de la Neurolingüística.
    - 3.2. Perspectiva histórica.
    - 3.3. Propuestas actuales.
4. La Sociolingüística.
    - 4.1. Definición y objeto de la Sociolingüística.
    - 4.2. Perspectiva histórica.
    - 4.3. Propuestas actuales.
5. La Pragmática.
    - 5.1. Definición y objeto de la Pragmática.
    - 5.2. Perspectiva histórica.
    - 5.3. Propuestas actuales.
6. La Antropología lingüística.
    - 6.1. Definición y objeto de la Antropología lingüística.
    - 6.2. Perspectiva histórica.
    - 6.3. Propuestas actuales.
7. La Filosofía del lenguaje.
    - 7.1. Definición y objeto de la Filosofía del lenguaje.
    - 7.2. Perspectiva histórica.

7.3. Propuestas actuales.

D. Desarrollo de los contenidos.

1. Introducción.

Como dijimos anteriormente (Capítulo 2), para organizar el estudio de nuestro objeto, los lingüistas han realizado una serie de propuestas, concretando las grandes ramas de la Lingüística y sus subdivisiones metodológicas.

Tras haber estudiado en el capítulo anterior las grandes divisiones en las que los lingüistas han estructurado las lenguas, vamos en este capítulo a centrarnos en las grandes ramas de la Lingüística teórica.

Se trata de estudiar ahora la situación y los marcos de existencia de los hechos lingüísticos y las ramas de la Lingüística que se han acercado a ellos tomándolos como objeto de estudio e investigación. Estas ramas son, como precisamos anteriormente, la Psicolingüística, la Neurolingüística, la Sociolingüística, la Antropología lingüística, la Pragmática y la Filosofía del lenguaje.

Todas ellas surgen de considerar el lenguaje desde distintos puntos de vista; a saber, como hecho social (recuérdese lo explicado en el capítulo 5), simbólico (recapitúlese lo visto en el capítulo 6) o neuropsicológico (recuérdese ahora lo tratado en el capítulo 7).

Por todo ello, vamos pues a desarrollar estas ramas atendiendo al cuadro sistematizador que proponemos. En él precisamos las disciplinas con las que se relaciona la Lingüística así como las diferentes concepciones del lenguaje que dan lugar a las mencionadas ramas de la Lingüística teórica.

Disciplinas	Psicología	Sociología			Filosofía	Biología
Ramas de la Lingüística teórica	Psicolingüística	Sociolingüística	Pragmática	Antropología Ling.	Filosofía del lenguaje	Neurolingüística
Concepción del lenguaje	Psicológica	Simbólica y social	Simbólica y social	Simbólica y social	Simbólica	Neurológica
LINGÜÍSTICA						

2. La Psicolingüística.

La Psicolingüística es una rama de la Lingüística teórica surgida de la relación de la Lingüística con la Psicología, que aúna los puntos de vista lingüístico y psicológico del lenguaje (Capítulo 7). Veamos en qué consiste, su trayectoria histórica hasta la actualidad y la problemática del desarrollo y adquisición del lenguaje.

2.1. Definición y objeto de la Psicolingüística.

El objetivo de la Psicolingüística es llegar a una mejor comprensión de los aspectos cognitivos relacionados con la emisión (producción) y recepción (comprensión) de los mensajes y con la adquisición del lenguaje y su desarrollo.

2.2. Perspectiva histórica.

Podemos considerar la figura de *Wundt*, de principios del siglo XX (1832-1920), como el precedente más importante de la investigación psicolingüística actual, debido a la importancia que otorgó a la experimentación y a su idea de que los procesos cognitivos están vinculados a procesos de adquisición a partir del aprendizaje.

En los años 40 y 50, debido al predominio del *Conductismo* (Skinner), que sostiene que el lenguaje es un conjunto de hábitos que se adquieren por un mecanismo de estímulos y repuestas, la Psicolingüística (que estudiaba los procesos mentales) estuvo poco desarrollada.

En los años 70, el auge del *Transformacionalismo* (Chomsky) potenció el desarrollo de las teorías psicolingüísticas, al sostener que el aprendizaje es resultado de la capacidad creativa y no de los hábitos de comportamiento, puesto que el hablante construye oraciones con elementos que antes no había utilizado, lo que se explica sólo desde un punto de vista creador. Esto dio lugar a la controversia entre Chomsky y Skinner que duraría algunos años.

A partir de los 80, las *teorías cognitivo-semánticas* defienden la interacción entre el desarrollo cognitivo y la experiencia del mundo, por lo que el lenguaje se considera un medio de representación de la realidad basado en el conocimiento del mundo que posee el hablante.

En la actualidad, no interesan tanto las reglas y estructuras lingüísticas sino la motivación sociocomunicativa del lenguaje, es decir los mecanismos psicológicos para lograr una comunicación eficaz que permita la transmisión de las intenciones de los hablantes.

2.3.   *Propuestas actuales.*

Actualmente, las teorías interaccionalistas del lenguaje se agrupan en torno a dos ejes explicativos:

- El que considera que el desarrollo del lenguaje se debe a la *interacción* de la persona con el mundo y la que procede de sus habilidades cognitivas. El lenguaje no será, pues, una habilidad autónoma sino que estará relacionado con aspectos cognitivos y pragmáticos.

- El que considera la existencia de una gramática universal con sus leyes y principios, que interactúa con habilidades mentales determinadas para esta función lingüística. Por tanto, las habilidades mentales son distintas a las lingüísticas y son las que las ponen en marcha.

2.4. *El desarrollo y la adquisición del lenguaje.*

La interrogación sobre el desarrollo del lenguaje es muy antigua. En Grecia había pensadores que sostenían que el lenguaje era innato y que se desarrollaba con la evolución biológica del hombre (los estoicos, por ejemplo). Por otro lado, Aristóteles pensaba que el lenguaje era un sistema de comunicación que se debía aprender.

En la actualidad, las teorías psicolingüísticas estudian las pautas evolutivas que sigue el desarrollo del lenguaje. Son las siguientes:

- *Comunicación prelingüística*: es la que establece el niño con las personas de su entorno antes de adquirir el lenguaje. Esta etapa preverbal es la base sobre la que se asentarán las posteriores capacidades lingüísticas.

  Las principales capacidades prelingüísticas que desarrollará el niño son las siguientes:

  - La *percepción del habla*: desde pequeño el bebé percibe categorías fonológicas distinguiendo los sonidos que se refieren a fonemas diferentes.

  - *Preferencias auditivas*: el bebé prefiere los estímulos sonoros cuya frecuencia, intensidad y estructura se asemeja a la de la voz humana. Prefiere el habla normal a la música o al ruido e incluso tiene preferencia por la voz de la madre.

- *Gestos comunicativos*: el bebé usa el gesto como componente de la comunicación interpersonal. Así, entre los 8 y 10 meses, el gesto tiene una finalidad imperativa (pedir algo), a partir del año, el gesto tiene una valor referencial, informando sobre el contexto.

- *Respuestas no verbales*: primero el bebé pretende mostrar algo, después entregar u ofrecer, y finalmente lo da con un valor simbólico, para que el adulto juegue o le dé el objeto.

- *Primeros sonidos*: los primeros son de origen fisiológico (llanto, estornudo). Alrededor de los 2 meses comienza la etapa de *balbuceo* que consiste en la emisión de sonidos de una sílaba acompañados de sonrisas. A los 6 meses comienza el *balbuceo iterativo*, combinando varios sonidos iguales a los que se añaden otros distintos. A los 12 meses ya son distintos totalmente, comenzando el *parloteo* o jerga expresiva, pronunciando la primera palabra, que no tienen nada que ver con la lengua, hasta las verdaderas palabras que las emitirá entre los 18 y 24 meses para referirse a algo importante (comida, juguete, familia, etc.).

– *Comunicación lingüística*: es la que establece el niño con las personas de su entorno a través del lenguaje. Esta etapa verbal suele comenzar entre los 18 y los 24 meses, aunque el momento varía debido a la estimulación que haya podido tener el bebé ejercida por las personas de su entorno.

A partir de pronunciar la primera palabra, el niño reconocerá unas cien y su vocabulario lo compondrá unas cincuenta palabras que le servirán para nombrar todo lo que ve. En este proceso el niño comprenderá las palabras antes de usarlas.

El desarrollo semántico sigue un proceso de ensayo y error por el que el niño denomina la realidad, empezando por la particular (*guau* para su perro) y continuando por la general (*guau* para todos los perros que ve por la calle). En este proceso tiene lugar el error de sobreextensión, llamando *guau* no sólo al perro sino también al gato, al pájaro, etc.

3. La Neurolingüística.

La Neurolingüística es una rama de la Lingüística teórica surgida de la relación de la Lingüística con la Biología (Neurología), que aúna los puntos de vista lingüístico y neurológico del lenguaje (Capítulo 7). Ha tenido un creciente auge en la actualidad; por ello, vamos a precisar, en qué consiste y su trayectoria histórica hasta la actualidad.

3.1. *Definición y objeto de la Neurolingüística.*

La Neurolingüística es una parte de la Neuropsicología que estudia el substrato neurológico del lenguaje, es decir las correlaciones entre el lenguaje y las funciones cerebrales, en situaciones de normalidad y patológicas. Por tanto, estudia el funcionamiento del lenguaje verbal y sus manifestaciones en correlación con el cerebro.

El término aparece por primera vez en una tesis doctoral presentada en la Universidad de Columbia en los años 30 y proliferaría a partir de 1969 en el que el neurólogo *Hécaen* y el lingüista *Dubois* dieron por primera vez el nombre de Neurolingüística a un congreso en el que, además, precisaron los objetivos de la misma; a saber, el análisis de las alteraciones verbales debidas a causas neurológicas.

Como manifestamos con anterioridad (Capítulo 7), el lenguaje, al ser un hecho neuropsicológico, es una función superior del sistema nervioso y, por ello, es muy difícil de estudiar. Sin embargo, no debe pensarse como consecuencia que este aspecto del lenguaje no ha interesado desde antiguo. Lo cierto es todo lo contrario. Por ello, vamos a dar una perspectiva histórica de estas reflexiones siguiendo las explicaciones de Ortiz, Fajardo y Moya, entre otros, hasta llegar a la constitución de la Neurolingüística entendida tal y como se hace en la actualidad.

3.2. Perspectiva histórica.

La historia de estos estudios se remonta a la Antigüedad. Así, Hipócrates precisó ya en el año 400 a. C. la pérdida de la capacidad de hablar como resultado de una lesión cerebral.

Galeno (131-201) fue el primero que estableció que las funciones mentales dependen de zonas cerebrales. Así, relacionó la imaginación con el cerebro anterior y la sensación con el posterior.

Con todo, la primera sistematización al respecto no llegaría hasta la *Frenología*, cuyo fundador, Gall (1776-1828), defendería que el cerebro es el órgano de la mente dividido en una serie de partes a las que corresponde una determinada facultad mental.

Más tarde, *Broca* (1861) confirmó la hipótesis de la localización de las funciones lingüísticas en el nivel de la corteza cerebral y la importancia del hemisferio izquierdo en la localización del habla.

En 1874, *Wernicke* precisó la importancia de establecer una distinción funcional entre mecanismos de emisión y recepción.

En el siglo XX se darán las bases de la Neurolingüística actual. Así, *Orton*, en 1928 estableció la teoría de la dominancia cerebral.

Con todo, será a partir de la segunda guerra mundial cuando la Neurolingüística cobra importancia debido al gran número de pacientes con lesiones cerebrales.

En los años 70, *Luria* introdujo un importante cambio en el estudio de las afasias, indicando que era mejor estudiar los niveles de organización del lenguaje en lugar de buscar su localización.

En la actualidad, los grandes avances técnicos en el conocimiento del cerebro (fisiología, neurotransmisión, tomografía axial computerizada, resonancia magnética nuclear, etc.) han abierto un campo de investigación muy importante en el estudio neurolingüístico.

3.3. *Propuestas actuales.*

Actualmente, el funcionamiento del lenguaje es la piedra angular de las investigaciones neurolingüísticas. Las principales teorías al respecto son las siguientes:

- *Teoría modular:* sostiene una arquitectura del cerebro a partir de una serie de módulos independientes que recogen funciones cerebrales.

- *Teoría de circuitos*: sostiene una arquitectura del cerebro relacionada con las conexiones neuronales.

Por tanto, la Neurolingüística estudia más al usuario del lenguaje que al lenguaje en sí, analizando ya sea el lugar cerebral en el que se produce el comportamiento verbal relacionado con la codificación y descodificación, o las conexiones neuronales que posibilitan este mismo comportamiento verbal, ya sea normal o patológico.

4. La Sociolingüística.

La Sociolingüística es una rama de la Lingüística teórica surgida de la relación de la Lingüística con la Sociología, que aúna los puntos de vista lingüístico, simbólico y social del lenguaje (Capítulo 5), para estudiarlo atendiendo a la variación lingüística. Veamos en qué consiste así como su trayectoria histórica hasta la actualidad.

4.1. Definición y objeto de la Sociolingüística.

La Sociolingüística estudia las relaciones entre el lenguaje, el individuo y los grupos sociales con el objeto de establecer principios de sistematización de la variación lingüística en relación con el contexto social. Para ello analizará los signos lingüísticos considerándolos unidades funcionales relacionadas históricamente con supraentidades históricas y sociales.

Por tanto, se trata de una disciplina contextual que trata de completar los estudios lingüísticos con el análisis de las variaciones que se dan en el habla.

4.2. Perspectiva histórica.

La Sociolingüística es una disciplina reciente, nacida en la segunda mitad del siglo XX, a partir del desarrollo de los estudios sobre el carácter social del lenguaje (Capítulo 5) y sobre su función comunicativa (Capítulo 6), aunque pueden considerarse los estudios dialectológicos como antecedentes de la misma.

Con todo, podemos considerar a *Weinreich*, con sus trabajos realizados en la década de los cincuenta, como el punto de partida de la Sociolingüística, al tratar de establecer una dialectología no geográfica, que atendiera a las diferencias parciales entre dos variedades dentro de una perspectiva (socio)lingüística de lenguas en contacto.

Sin embargo, para ser más precisos, será en la década de los sesenta cuando se origine en EE.UU. y Canadá una serie de seminarios que reúnan a lingüistas y sociólogos con el objetivo de estrechar la colaboración entre ellos.

Fruto de esta situación fue, en esta misma década, la proliferación de los trabajos de *Labov* y *Fishman*, entre otros, quienes incluyen variables como el origen social, el sexo o la edad para estudiar el aspecto social del lenguaje.

Labov investigó las variables sociolingüísticas en el inglés de Nueva York, sentando las bases para lo que se conocería como el «estudio de la lengua en su contexto social», cuyo fin era el establecimiento de la estructura sociolingüística de la comunidad de habla neoyorkina.

Fishman estableció las diferencias entre la Sociolingüística y la Sociología del lenguaje como dos áreas concéntricas con un núcleo común: la variación condicionada socialmente en el uso lingüístico y la variación en el comportamiento de la organización social.

Posteriormente, la aplicación de la metodología cuantitativa y las técnicas estadísticas de medición de datos junto a su interpretación constituyen los aspectos definitorios del ámbito sociolingüístico, que se acercan a la variación en la comunidad o en los individuos, ligando los lectos a distintas situaciones sociales.

4.3. Propuestas actuales.

Actualmente, han sido elaboradas propuestas teóricas que o bien centran su objeto en los datos de observación o bien lo hacen en las teorías elaboradas para describir la naturaleza de estos datos. En este sentido, son dos las líneas principales de investigación en el ámbito sociolingüístico:

- La que trata de obtener una *clasificación tipológica* de los temas de investigación incluidos en la estructura socioinstitucional y académica (sin prestar demasiado interés a la discusión teórica sobre la definición del objeto y la delimitación de fronteras).

- La que se centra en el *establecimiento de límites y conceptos* y evita, en lo posible, los inventarios, ya sea en su vertiente sociológica (observación de los efectos recíprocos entre lengua y sociedad, el código y su uso diverso) o propiamente en su vertiente sociolingüística (análisis de la variación lingüística estructurada en diasistemas).

De ahí la distinción entre una Micro- y una Macrosociolingüística, con la que se pretende discriminar el ámbito sociolingüístico atendiendo a su ubicación —en el interior de la Lingüística o la Sociología— y a su carácter —descriptivo, explicativo, etc.—.

La *Macrosociolingüística* incluiría la Sociología del lenguaje como disciplina encargada de estudiar la sociedad en relación con el lenguaje, describiendo las reglas y normas sociales explicativas de la conducta lingüística así como el valor simbólico que las variedades lingüísticas tienen para los hablantes. Sería el ámbito en el que se plantean los principios generales explicativos y predictivos sobre el comportamiento lingüístico.

Por otro lado, la *Microsociolingüística* sería la Sociolingüística estricta, es decir, la que, frente a la generalidad de las cuestiones relativas al estudio del lenguaje en sus coordenadas sociales, analiza específicamente la variación lingüística y el multilingüismo.

SOCIOLINGÜÍSTICA	Macrosociolingüística	Sociología del lenguaje
	Microsociolingüística	Sociolingüística estricta

Los estudios sociolingüísticos del multilingüismo se han centrado, principalmente, en tres aspectos:

- El *contacto entre las lenguas*, a partir de análisis contrastivos entre las lenguas.
- Fenómenos de *diglosia*, es decir, de lenguas usadas con distintos fines en la misma comunidad lingüística.
- *Variacionismo*, con objeto de explicar la competencia sociolingüística de las comunidades de habla bilingüe a partir de sus repertorios lingüísticos.

5. La Pragmática.

La Pragmática es una rama de la Lingüística teórica surgida de la relación de la Lingüística con la Sociología, que aúna los puntos de vista lingüístico, social y simbólico del lenguaje (Capítulo 6), para estudiarlo como elemento comunicativo. Veamos en qué consiste así como su trayectoria histórica hasta la actualidad.

5.1. Definición y objeto de la Pragmática.

La Pragmática es concebida de distintas maneras en el ámbito lingüístico, teniendo por objeto el estudio del aspecto social comunicativo del lenguaje, es decir, lo que podemos considerar como el lenguaje en su uso. Se trata, por tanto, del estudio del lenguaje en su relación con los hablantes y con los contextos.

Algunas concepciones de la Pragmática son las siguientes:

- Desde el punto de vista *interdisciplinar*, estudia los aspectos del significado nacidos de la acción comunicativa y no abordados por ello ni por la Semántica ni por la Sintaxis.

- Desde el punto de vista *empirista*, estudia el funcionamiento del contexto en la interpretación de enunciados.

- Desde el punto de vista *epistemológico*, es una perspectiva investigadora que estudia los aspectos comunicativos y sociales del lenguaje en su uso.

Consecuentemente, siguiendo a Hymes, podemos decir que estudia la interacción comunicativa que se da en una comunidad lingüística entre los hablantes de la misma. Concretamente las:

- *Situaciones de habla*: marcos en los que se dan los actos de habla (oficina, club, taller, etc.).

- *Acontecimientos de habla*: actividades regidas por normas dentro de cada situación de habla (entrevista, boda, conferencia, etc.).

- *Actos de habla*: emisión de enunciados en un contexto determinado.

5.2. *Perspectiva histórica.*

Peirce fue el primero que dio a la Pragmática el sentido de teoría de los interpretantes y del uso lingüístico que éstos hacían. La concibió como el estudio de la manera en que los signos dan lugar a otros signos, y la denominó *Retórica Pura*. Sin embargo, sus trabajos —elaborados a mediados de los años 30— tardaron décadas en darse a conocer, por lo que el inicio de la Pragmática se suele situar en autores posteriores.

Así, *Morris*, siguiendo a Peirce, al tratar de fundar una Semiótica como disciplina general del signo (recuérdese lo explicado en el capítulo 6), la dividió en 1938 en tres áreas: Semántica, Sintaxis y Pragmática. Esta última estudiaría las relaciones entre los signos y sus usuarios dentro del contexto en que éstos los usan.

Posteriormente, *Carnap*, en 1948 sigue las definiciones de Morris aplicándolas a las lenguas naturales y no a cualquier sistema de signos, tal y como hiciera Morris.

Austin, en una conferencia dada en la Universidad de Harvard en 1955, introduce una noción de considerable importancia para la Pragmática: la noción de *acto de lenguaje*. Defiende la idea de que cuando usamos el lenguaje no sólo descubrimos el mundo, sino que realizamos actos, los actos de lenguaje. Las bases de su teoría las estableció en 1962 cuando precisó los tres sentidos básicos de la actividad lingüística:

- *Acto locutivo* o *locucionario:* es el acto que consiste en la emisión de una determinada expresión lingüística con un determinado sentido y una referencia. *¿Han estudiado la lección?*, oración interrogativa directa.

- *Acto ilocutivo* o *ilocucionario:* es la finalidad

comunicativa concreta (intención) con la que el hablante realiza el acto locucionario. En el caso de la oración anterior dicha por el profesor a sus alumnos existe un acto ilocutivo de invitar al estudio que debe conseguir el efecto de que los alumnos estudien la lección correspondiente.

- *Acto perlocutivo* o *perlocucionario:* comprende las consecuencias que los enunciados pueden conseguir en los receptores: miedo, convencimiento, etc. En el caso anterior, el profesor puede poner nervioso a sus alumnos porque intuyen que puede preguntarles la temida lección.

Grice en 1967 mostró en una conferencia impartida también en la Universidad de Harvard que las relaciones lógicas puestas en práctica por los enunciados en la comunicación estaban regidas por unas reglas que tenían su fundamento en la concepción racional de la comunicación. Con ello explicó cómo se comunica más de lo que se significa con un enunciado.

Así establecería posteriormente el *principio de cooperación* en el acto de habla, principio asumido por el emisor y el receptor según el cual sus contribuciones deben ser tal y como lo exija la finalidad de la conversación en cada etapa de ésta. Para ello, establece una serie de reglas interiorizadas y aceptadas por toda la comunidad lingüística a las que llama *máximas conversacionales*. Son las siguientes:

- *Máxima de cantidad:* el discurso debe ser todo lo informativo que sea necesario sin introducir más información de la necesaria.

- *Máxima de cualidad:* el discurso no debe contener cosas que creamos falsas y de las que no tengamos pruebas.

- *Máxima de relevancia:* la contribución debe ser pertinente, de interés para el oyente.

- *Máxima de modo o manera:* la contribución debe ser clara, evitando la oscuridad en la expresión y la ambigüedad, siendo breve y ordenada.

A partir del principio de cooperación y de estas máximas usadas por un emisor en un contexto determinado, se pueden producir:

- *Implicaciones* o significados adicionales que el interlocutor infiere de ciertas expresiones lingüísticas pero que no figuran realmente en lo que decimos. *Juan logró aprobar el carné de conducir,* inferimos que le costó mucho trabajo.

- *Presuposiciones* o significados adicionales implícitos en ciertas expresiones que deben cumplirse para que la oración sea verdadera. Si decimos *Juan ha dejado de estudiar* presuponemos que Juan estudiaba.

Posteriormente, *Searle*, a finales de la década de los setenta, elaboró su teoría de los llamados *actos de habla*, que constituyen el estudio pragmático por excelencia. Establece cuatro sentidos básicos en la actividad lingüística:

- *Actos de enunciación*: los que se realizan al emitir palabras u oraciones. Por ejemplo, *¿Juan no trabaja todavía?*

- *Actos proposicionales*: los correspondientes a la referencia y a la predicación. El referente es *Juan* del que decimos la predicación de que *aún no está trabajando.*

- *Actos ilocucionarios*: consiste en asignar a los actos proposicionales una intención. En el caso anterior, nuestra intención es preguntar.

- *Actos perlocucionarios*: son los que buscan resultados

prácticos en el receptor. En este caso, que Juan trabaje ya de una vez.

Por tanto, para Searle realizar un acto de habla consiste en decir (acto de enunciación) algo (acto proposicional) con la intención (acto ilocucionario) de producir determinados efectos (acto perlocucionario) en el receptor.

Posteriormente clasifica los actos de habla ilocucionarios en cinco grandes grupos:

- *Actos representativos:* indican cómo son las cosas del mundo o las acciones. *El coche es blanco.*
- *Actos directivos*: intentan conseguir que los receptores hagan cosas. Van desde la invitación al orden. *Le ruego que no llegue tarde.*
- *Actos expresivos*: muestran sentimientos y actitudes. *Siento haberle ofendido.*
- *Actos declarativos*: producen cambios a través de nuestras emisiones. *Yo os declaro marido y mujer.*
- *Actos compromisivos*: nos compromete a hacer algo en el futuro. *Te garantizo que cuidaré de tu hijo.*

Finalmente, *Sperber* y *Wilson* propusieron en 1986 la *teoría de la relevancia* para explicar la conducta comunicativa, a partir de la reunificación en un único principio de relevancia de las cuatro máximas propuestas por Grice en 1975.

Para ellos, cada enunciado posee una variedad de posibles interpretaciones, sin embargo el oyente no recibe todas estas interpretaciones de la misma manera, puesto que unas requieren más esfuerzo que otras. Así, el oyente, al estar dotado de un único criterio evaluador de las interpretaciones, excluye todas las interpretaciones menos una, que es la que acepta.

5.3. Propuestas actuales.

Actualmente, la Pragmática se ha consolidado ya como una de las grandes ramas de la Lingüística teórica dedicada al análisis contextual en sus distintas dimensiones:

- *Análisis del contexto lingüístico:* aquí aparecen escuelas orientadas al estudio del enunciado, como el Análisis del discurso (recuérdese el capítulo 8).

- *Análisis del contexto existencial:* realizada principalmente por filósofos del lenguaje, estudian la relación entre palabras y referente a partir de los trabajos de Halliday, y el lenguaje como algo inmerso en el contexto de la acción humana, según el modelo propuesto por Austin y Grice.

- *Análisis del contexto situacional:* a partir del estudio de la situación en la que se da la comunicación, intentando determinar el valor simbólico de las variedades lingüísticas para sus usuarios.

- *Análisis del contexto de la acción:* con estudios de actos de habla según la propuesta de Searle.

- *Análisis del contexto psicológico:* desarrollos de la teoría de la relevancia de Sperber y Wilson.

6. Antropología lingüística.

La Antropología lingüística es una rama de la Lingüística teórica surgida de la relación de la Lingüística con la Sociología, que aúna los puntos de vista lingüístico, simbólico y social del lenguaje (Capítulo 6), para estudiarlo como un recurso de la cultura. Veamos en qué consiste así como su trayectoria histórica hasta la actualidad.

6.1. Definición y objeto de la Antropología lingüística.

La Antropología lingüística estudia la naturaleza del lenguaje como instrumento social que se utiliza en la práctica cultural. Por tanto, concibe el lenguaje como una facultad humana, y el uso que se hace de él en un contexto antropológico es su objeto.

Trata, pues, de acercarse al lenguaje en tanto marco de prácticas culturales, y, por ello, lo concibe como un sistema de comunicación que permite las representaciones entre individuos del orden social y la realización entre ellos mismos de actos sociales.

En este sentido, sostiene que los signos lingüísticos en tanto que representaciones del mundo no son neutrales sino que se utilizan para la construcción de afinidades culturales y de diferencias culturales. Y la mejor construcción se realiza en situaciones comunicativa cara a cara. De ahí la importancia que ha concedido la Antropología lingüística a los estudios conversacionales.

6.2. Perspectiva histórica.

La Antropología lingüística fue también llamada Etnolingüística y gozó de una relativa popularidad en EE.UU. a finales de los años 40 y principio de los 50, en los que se acercan a los hablantes como actores sociales de comunidades lingüísticas singulares y complejas articuladas a través de una red de expectativas, creencias y valores morales entrecruzados. Por tanto, su unidad de análisis no será el enunciado o el texto sino la *comunidad de habla* en la que se produce.

El término Antropología lingüística fue estabilizado por *D. Hymes* a principios de los años 60 y 70, a partir de la tradición antropológica de la Lingüística norteamericana de Sapir y Boas. El análisis de la lengua en relación con el contexto cultural y social constituye su objetivo de trabajo. Así, la descripción parte del núcleo de una comunidad de habla formado por los hablantes que comparten un conocimiento de las normas de la conducta social (competencia comunicativa) y lingüística (competencia lingüística).

En los últimos veinte años el campo de la Antropología lingüística ha crecido notablemente incluyendo estudios sobre folklore y actuación, sociología cognitiva, alfabetización, etc., aplicando los presupuestos de la Etnometodología (estudio de los métodos utilizados por los actores sociales en la interpretación de su vida diaria) a su campo.

En este sentido, se ha independizado de la Sociolingüística, que suele utilizar métodos cuantitativos para trabajar en entornos urbanos, usando métodos cualitativos y trabajando con sociedades más reducidas o grupos que pueden ser étnicos, tribales, etc., para analizar sus intercambios verbales cara a cara.

En este sentido, *Goffman* señaló la importancia de la situación social para el estudio de la interacción, haciendo hincapié en la importancia de la conversación, sobre la que dijo que poseía una estructura retórica.

Sin embargo fueron *Saks* y *Schegloff* los que investigaron los intercambios conversacionales, llamando a este tipo de estudio *análisis conversacional*.

En él, analizaron llamadas telefónicas a un Centro de prevención de suicidios en Los Ángeles mediante la grabación de conversaciones espontáneas en las que se trataban los enunciados como objetos sociales, es decir, como estructuras alrededor de las cuales las personas organizan su interacción. Las conclusiones a las que llegaron fueron las siguientes:

- La comunicación se organiza secuencialmente, no sólo de manera sintagmática, sino también por sucesión de hablantes mediante un sistema de alternancia al que llamaron *turnos*.
- La transición entre los turnos es conocida por el oyente que planifica así el momento en el que debe realizar la transición.
- Las conversaciones se organizan en unidades más amplias que los enunciados. Se trata de secuencias de doble turno.

En estas conversaciones juega un papel muy importante la *cortesía* que llega así a convertirse en una auténtica estrategia conversacional que permite al hablante reducir al mínimo el conflicto con su interlocutor cuando los intereses de ambos no coinciden.

En este sentido, *Leech* en 1983 estableció que el *principio de cortesía* se caracterizaba por las siguientes *máximas*:

- *Máxima de tacto*: consiste en atenuar la expresión de ideas que supongan una pérdida para el receptor, potenciando por ello el uso de expresiones que indiquen beneficios.
- *Máxima de generosidad*: consiste en disminuir el uso de expresiones que resalten el beneficio que uno mismo puede recibir.
- *Máxima de aprobación*: se trata de reducir las expresiones críticas hacia el receptor.
- *Máxima de modestia*: persigue la reducción de alabanzas hacia uno mismo.

- *Máxima de pacto*: se trata de atenuar las ideas de discrepancia.

- *Máxima de solidaridad*: consiste en el uso de expresiones que resalten la solidaridad frente al poder que da un estatus superior.

6.3. Propuestas actuales.

Actualmente, la Antropología lingüística ha experimentado un importante desarrollo, estudiando las diferentes modalidades de acontecimientos comunicativos en los diversos ámbitos de las modernas sociedades industriales.

En este sentido, va a considerar la conversación como un microcosmos en el que los significados son negociados por los interlocutores atendiendo a sus conocimientos previos (cultura).

7. La Filosofía del lenguaje.

La Filosofía del lenguaje es una rama de la Lingüística teórica surgida de la relación de la Lingüística con la Filosofía, que aúna los puntos de vista lingüístico y simbólico del lenguaje (Capítulo 6), para estudiarlo en relación con y desde el punto de vista del hombre. Veamos en qué consiste así como su trayectoria histórica hasta la actualidad.

7.1. Definición y objeto de la Filosofía del lenguaje.

La Filosofía del lenguaje, al igual que ocurre con el resto de las ramas anteriores de la Lingüística, se diferencia de éstas no por el objeto (que sigue siendo el lenguaje) sino por el tipo de pregunta con respecto a la que se busca su justificación.

Así, frente a las ramas que se acercan al lenguaje buscando su individualidad o considerándolo como una clase de objeto, la Filosofía del lenguaje se acerca a él para interrogarse sobre su ser. Así, la Filosofía del lenguaje es aquella filosofía que se pregunta por el sentido del ser del lenguaje. Desarrolla, por tanto, un pensamiento *esencialista*, puesto que pretende llegar al conocimiento profundo del lenguaje.

En este acercamiento al lenguaje desde el prisma filosófico, se le ha considerado en una doble dimensión:

- *Dimensión objetiva:* como elemento que relaciona el hombre y las cosas, es decir, el hombre y el universo en el que éste se encuentra.

- *Dimensión subjetiva:* en este caso, como elemento que sirve para relacionar a los hombres entre sí.

Así pues, la Filosofía del lenguaje tendría por objeto el ser del lenguaje, considerando que éste se encuentra en la potencialidad de relacionar al hombre con las cosas o con otros hombres.

7.2. *Perspectiva histórica.*

Desde la Antigüedad hasta el Renacimiento, el problema predominante en la Filosofía del lenguaje fue el primero. A partir del humanismo se plantearía el segundo, que continuaría hasta Heidegger.

En la *Filosofía griega* se pretende llegar lo más rápido posible a las cosas, y en este camino está el lenguaje puesto que llegamos al conocimiento de las cosas a partir del nombre que éstas tienen. Son los problemas del nombrar (llegamos a las cosas a través de sus nombres) y del decir (comunicamos este conocimiento). Como puede entenderse, el problema del lenguaje se plantea sobre todo como problema instrumental y no en sí mismo.

Esto mismo continuaría hasta *Kant*. Después de él ya no habrá sistema filosófico que ignore el lenguaje. Así, el primero que da al lenguaje una situación privilegiada en la Filosofía fue *Hegel*, quien establece la Filosofía del lenguaje como disciplina autónoma en el sentido de que considera el lenguaje no como forma de la cultura (junto a la religión, el arte, la ciencia y la filosofía) sino como la forma fundadora previa que posibilita la construcción del mundo para la cultura, para poder vivir después en él.

Posteriormente, La Filosofía logicista de *Russell* establece que el lenguaje está constituido por proposiciones moleculares, compuestas de proposiciones atómicas, que serían los elementos básicos del lenguaje; y por proposiciones atómicas, formadas por nombres propios que tienen carácter de índice, de alusión deíctica al mundo del referente.

Tras él, vamos a considerar la figura de *Wittgenstein*, quien parte de la identificación y reconocimiento de los hechos como constitutivos fundamentales del mundo, pues ambos tienen los mismos límites. Los nombres significan el objeto al que se refieren pero no son simples reflejos de dicho referente; tienen una estructura lógica representada en la proposición. Por tanto, la proposición tiene un carácter componencial que pretende dar un nuevo sentido con expresiones viejas. Surge, entonces, la *teoría del mostrar*: la función más importante de la proposición es darnos a conocer la estructura de lo real.

7.3. *Propuestas actuales.*

Actualmente, el interés por el lenguaje se ha acentuado tanto, hasta el punto de que la problemática del lenguaje ha pasado a ser el núcleo de la reflexión filosófica. Ello ha posibilitado un notable desarrollo de la Filosofía del lenguaje en una doble dirección:

- *Filosofía analítica del lenguaje* que, partiendo de la dimensión objetiva anterior, considera el lenguaje como el objeto adecuado para que la Filosofía abandone la especulación metafísica.

- *Filosofía hermenéutica del lenguaje* para la que el lenguaje es, además, un instrumento de comunicación y expresión de pensamientos, que hace posible la interpretación (desarrollando, por tanto, la dimensión subjetiva anterior) del sentido.

E. Actividades sugeridas.

— Conteste a las siguientes cuestiones:

– Explique las diferencias entre divisiones y ramas de la Lingüística, y realice un cuadro en el que organice estas últimas.

– ¿En qué consiste la controversia entre Chomsky y Skinner para el estudio del lenguaje?

– ¿Cuáles son los presupuestos de la moderna Neurolingüística?

– Explique las diferencias entre la Micro- y la Macrosociolingüística.

– Indique los tipos de actos de habla que se dan en los casos siguientes:

    – Informar.   – Invitar.   – Recordar.

    – Alertar.   – Advertir.   – Manifestar.

– ¿Qué máxima conversacional se incumple en el siguiente ejemplo? Razone la respuesta.

— ¿Ha estudiado Juan la lección?

— No, Pedro no la ha estudiado.

– ¿Cuál es la implicación que se puede deducir de los siguientes ejemplos?

* El padre a un hijo que llega a casa: ¿Tú sabes qué hora es?

* La novia que dice al novio: mi padre no llegará antes de las 12.

– Explique la tipología de actos de habla de Searle.

– ¿En qué consiste la teoría de la relevancia?

– Explique el principio de cortesía.

– ¿Qué es la Filosofía del lenguaje? Explíquela.

F. Lecturas recomendadas.

DURANTI, A., «Intercambios conversacionales» apud *Antropología lingüística*, Cambridge University Press, Madrid, 2000, pp. 329-374.

Amplia y completa panorámica de los presupuestos de la Antropología lingüística, con principal hincapié en los intercambios conversacionales y en las unidades de participación.

REYES, G., *El abecé de la Pragmática*, Arco/Libros, Madrid, 1995.

Introducción clara y didáctica al ámbito de la Pragmática.

VILLENA, J. A., «Introducción» apud *Fundamentos del pensamiento social sobre el lenguaje*, Ágora, Málaga, 1992, pp. 15-25.

Presentación clara y sistemática de los polos sobre los que gira la reflexión contemporánea sobre el lenguaje como hecho social.

G. Ejercicios de autoevaluación.

Con el fin de que se pueda comprobar el grado de asimilación de los contenidos, presentamos una serie de cuestiones, cada una con tres alternativas de respuestas. Una vez que haya estudiado el tema, realice el test rodeando con un círculo la letra correspondiente a la alternativa que considere más acertada. Después justifique las razones por las que piensa que la respuesta elegida es la correcta, indicando también las razones que invalidan la corrección de las restantes.

Cuando tenga dudas en alguna de las respuestas vuelva a repasar la parte correspondiente del capítulo e inténtelo otra vez.

1. La Psicolingüística es una rama de la Lingüística aplicada surgida de la relación de la Lingüística con la
    A Filosofía.
    B Psicología.
    C Las respuestas A y B no son correctas.

2. El Mentalismo de Skinner sostiene que
    A El lenguaje es un conjunto de hábitos.
    B El lenguaje es resultado de la capacidad creativa.
    C Las respuestas A y B no son correctas.

3. Una de las nociones fundamentales del Transformacionalismo chomskyano es la de
    A Creatividad.
    B Conductismo.
    C Cognitivismo.

4. Podemos decir que las habilidades lingüísticas son distintas a las mentales y son las que las ponen en marcha
    A Siempre.

B Nunca.
C A veces.

5. Es correcto afirmar que el objetivo de la Neurolingüística es analizar las alteraciones verbales debidas a causas fisiológicas
   A Sí.
   B No.
   C Sólo en algunos casos.

6. La primera elaboración teórica que constituiría el germen de la Neurolingüística se debe a
   A La Frexología de Gall.
   B Las investigaciones de Broca.
   C Las respuestas A y B no son correctas.

7. El establecimiento de que las funciones cerebrales se encuentran en la corteza cerebral se debe a
   A Galeno.
   B Gall.
   C Broca.

8. La disciplina que estudia los signos lingüísticos de manera contextual es la
   A Psicolingüística.
   B Neurolingüística.
   C Sociolingüística.

9. La Dialectología ha influido en los estudios lingüísticos de carácter
   A Social.
   B Simbólico.
   C Neurológicos.

10. El lingüista que sistematizó el estudio de la variación fue
    A Fishman.
    B Labov.
    C Weinreich.

11. La disciplina que estudia el lenguaje en su relación con los hablantes y su uso es la
   A Sociolingüística.
   B Pragmática.
   C Las respuestas A y B no son correctas.

12. Las actividades lingüísticas regidas por normas se dan siempre en
   A Situaciones de habla.
   B Acontecimientos de habla.
   C Actos de habla.

13. La noción de *acto de habla* se debe a
   A Peirce.
   B Morris.
   C Austin.

14. ¿Qué autor estableció el principio de cooperación?
   A Austin.
   B Searle.
   C Grice.

15. Los significados adicionales que están implícitos en ciertas expresiones se denominan
   A Implicaciones.
   B Presuposiciones.
   C Sobreentendidos.

16. ¿Qué tipo de acto ilocucionario es el siguiente: *Le agradezco su regalo*?
   A Representativo.
   B Directivo.
   C Expresivo.

17. De los tres ejemplos que vienen a continuación sólo uno constituye un acto declarativo. ¿Cuál es?

A *Insisto en que el hecho no se produjo como usted dice.*
B *He cumplimentado la documentación tal y como me dijo.*
C *He dimitido de mi cargo tal y como me pidió.*

18. ¿Qué disciplina concibe el lenguaje como un sistema comunicativo que permite las representaciones entre los individuos del orden social?
    A La Sociolingüística.
    B La Etnolingüística.
    C La Sociología del lenguaje.

19. La Antropología lingüística se caracteriza por el uso de
    A Métodos cuantitativos.
    B Métodos cualitativos.
    C Ambos a la vez.

20. Cuando un hablante no utiliza expresiones que critiquen las propuestas de su interlocutor está aplicando la máxima de
    A Generosidad.
    B Aprobación.
    C Modestia.

21. La Filosofía del lenguaje se acerca a éste desde un planteamiento
    A Metodológico.
    B Ontológico.
    C Existencialista.

22. Para Wittgenstein, el lenguaje constituye
    A Un conjunto de reglas.
    B La auténtica realidad del ser que somos.
    C La casa del ser.

23. El desarrollo actual del Paradigma Realista del lenguaje desde el punto de vista filosófico está constituido por las propuestas de la
    A Filosofía analítica.
    B Filosofía hermenéutica.

C Por ambas a la vez.

24. La dimensión subjetiva del lenguaje ha sido abordada a lo largo de la historia por
    A El Paradigma Idealista.
    B El Paradigma Realista.
    C La Filosofía del lenguaje.

25. La Antropología lingüística tiene su precedente en
    A La Lingüística norteamericana.
    B La Lingüística europea.
    C La Lingüística soviética.

H. Glosario.

Acontecimientos de habla: Actividades regidas por normas dentro de cada situación de habla.

Acto ilocutivo: Finalidad comunicativa concreta (intención) con la que el hablante realiza el acto locucionario.

Acto locutivo: Emisión de una determinada expresión lingüística con un determinado sentido y una referencia.

Acto perlocutivo: Aquél que pretende encontrar resultados prácticos en el receptor.

Actos compromisivos: Actos ilocucionarios que nos comprometen a hacer algo en el futuro.

Actos de enunciación: Los que se realizan al emitir palabras u oraciones.

Actos de habla: Emisión de enunciados en un contexto determinado.

Actos declarativos: Actos ilocucionarios que producen cambios a través de nuestras emisiones.

Actos directivos: Actos ilocucionarios que intentan conseguir que los receptores hagan cosas.

Actos expresivos: Actos ilocucionarios que muestran sentimientos y actitudes.

Actos ilocucionarios: Actos proposicionales con una intención.

Actos perlocucionarios: Los que buscan resultados prácticos en el receptor.

Actos proposicionales: Los correspondientes a la referencia y a la predicación.

Actos representativos: Actos ilocucionarios que indican cómo son las cosas del mundo o las acciones.

Análisis conversacional: El que estudia los intercambios lingüísticos que se dan durante una conversación.

Antropología lingüística: Rama de la Lingüística teórica surgida de la relación de la Lingüística con la Sociología, que aúna los puntos de vista lingüístico, simbólico y social del lenguaje para estudiarlo como recurso de la cultura.

Conductismo: Escuela psicológica que sostiene que el lenguaje es un conjunto de hábitos que se adquieren por un mecanismo de estímulos y repuestas.

Diglosia: Fenómeno lingüístico consistente en el uso de distintas lenguas en la misma comunidad lingüística con diferentes fines.

Etnolingüística: Antropología lingüística en EE.UU.

Etnometodología: Estudio de los métodos utilizados por los actores sociales en la interpretación de su vida diaria.

Filosofía analítica del lenguaje: La que considera el lenguaje como el objeto adecuado para que la Filosofía abandone la especulación metafísica.

Filosofía del lenguaje: Rama de la Lingüística teórica surgida de la relación de la Lingüística con la Filosofía, que aúna los puntos de vista lingüístico y simbólico del lenguaje para estudiarlo en relación con y desde el punto de vista del hombre.

Filosofía hermenéutica del lenguaje: La que considera el lenguaje como un instrumento de comunicación y expresión de pensamientos, que hace posible la interpretación del sentido.

Implicaciones: Significados adicionales que el interlocutor infiere de ciertas expresiones lingüísticas pero que no figuran realmente en lo que decimos.

Macrosociolingüística: Perspectiva de la sociolingüística que estudia el lenguaje desde el punto de vista sociológico.

Máxima de aprobación: La que sostiene que hay que reducir las expresiones críticas hacia el receptor.

Máxima de cantidad: La que sostiene que el discurso debe ser todo lo informativo que sea necesario sin introducir más información de la necesaria.

Máxima de cualidad: La que sostiene que el discurso no debe contener cosas que creamos falsas y de las que no tengamos pruebas.

Máxima de generosidad: La que sostiene que hay que disminuir el uso de expresiones que resalten el beneficio que uno mismo puede recibir.

Máxima de modestia: La que sostiene que hay que perseguir la reducción de alabanzas hacia uno mismo.

Máxima de modo o **manera:** La que sostiene que la contribución debe ser clara, evitando la oscuridad en la expresión y la ambigüedad, siendo breve y ordenada.

Máxima de pacto: La que sostiene que hay que atenuar las ideas de discrepancia.

Máxima de relevancia: La que sostiene que la contribución debe ser pertinente, de interés para el oyente.

Máxima de solidaridad: La que sostiene que hay que usar expresiones que resalten la solidaridad frente al poder que da un estatus superior.

Máxima de tacto: La que sostiene que hay que atenuar la expresión de ideas que supongan una pérdida para el receptor, potenciando por ello el uso de expresiones que indiquen beneficios.

Máximas conversacionales: Reglas interiorizadas y aceptadas por toda la comunidad lingüística en una conversación.

Microsociolingüística: Perspectiva de la sociolingüística que estudia específicamente la variación lingüística y el multilingüismo.

Neurolingüística: Rama de la Lingüística teórica surgida de la relación de la Lingüística con la Biología (Neurología), que aúna los puntos de vista lingüístico y neurológico del lenguaje para estudiar el funcionamiento del lenguaje verbal y sus manifestaciones en correlación con el cerebro.

Pragmática: Rama de la Lingüística teórica surgida de la relación de la Lingüística con la Sociología, que aúna los puntos de vista lingüístico, social y simbólico del lenguaje para estudiarlo como elemento comunicativo en su relación con los hablantes y con los contextos.

Presuposiciones: Significados adicionales implícitos en ciertas expresiones que deben cumplirse para que la oración sea verdadera.

Principio de cooperación: El que determina que las contribuciones del emisor deben ser tal y como lo exija la finalidad de la conversación en cada etapa de ésta.

Principio de cortesía: Estrategia conversacional que permite al hablante reducir al mínimo el conflicto con su interlocutor cuando los intereses de ambos no coinciden.

Psicolingüística: Rama de la Lingüística teórica surgida de la relación de la Lingüística con la Psicología, que aúna los puntos de vista lingüístico y psicológico del lenguaje con el fin de comprender los aspectos cognitivos relacionados con la emisión y recepción de los mensajes así como con la adquisición del lenguaje y su desarrollo.

Retórica pura: Para Peirce, estudio de la manera en que los signos dan lugar a otros signos.

Situaciones de habla: Marcos en los que se dan los actos de habla.

Sociolingüística: Rama de la Lingüística teórica surgida de la relación de la Lingüística con la Sociología, que aúna los puntos de vista lingüístico, simbólico y social del lenguaje para estudiarlo atendiendo a la variación lingüística en relación con el contexto social.

Sociología del lenguaje: Disciplina que estudia la sociedad en relación con el lenguaje, describiendo las reglas y normas sociales explicativas de la conducta lingüística así como el valor simbólico que las variedades lingüísticas tienen para los hablantes.

Teoría de circuitos: Investigación neurolingüística que sostiene una arquitectura del cerebro relacionada con las conexiones neuronales.

Teoría de la relevancia: La que explica la conducta comunicativa como una interacción para mejorar nuestro conocimiento del mundo.

Teoría modular: Investigación neurolingüística que sostiene una arquitectura del cerebro a partir de una serie de módulos independientes que recogen funciones cerebrales.

Turno: Sistema de alternancia que se da durante la conversación.

I. Bibliografía general.

BAYÉS, R. (comp.), *¿Chomsky o Skinner? La génesis del lenguaje*, Fontanella, Barcelona, 1979.

BERRUTO, G., *Fondamenti di sociolinguistica*, Laterza, Bari, 1995.

BERTUCELLI, M., *Qué es la Pragmática*, Paidós, Madrid, 1993.

CALVO, J., *Introducción a la Pragmática del español*, Cátedra, Madrid, 1994.

CAPLAN, D., *Introducción a la neurolingüística y al estudio de los trastornos del lenguaje*, Visor, Madrid, 1992.

CHAMBERS, J. K., *Sociolinguistics Theory. Linguistic Variation and its Social Significance*, Blackwell, Oxford, 1995.

CORREDOR, C., *Filosofía del lenguaje*, Visor, Madrid, 1999.

COULMAS, F. (ed.), *The Handbook of Sociolinguistics*, Blackwell, Oxford, 1997.

DOLZ, J., *Psicolingüística genética*, Avesta, Barcelona, 1985.

ESCANDELL, Mª V., *Introducción a la Pragmática*, Ariel, Barcelona, 1996.

FAJARDO, L. A. & MOYA, C., *Fundamentos neuropsicológicos del lenguaje*, Universidad de Salamanca e Instituto Caro y Cuervo, Bogotá, 1999.

FERNÁNDEZ PÉREZ, M., «Sociolingüística y Lingüística», *Lingüística Española Actual*, XV/2 (1993), pp. 149-248.

FLETCHER, P. & MACWHINNEY, B. (eds.), *The Handbook of Psycholinguistics*, Blackwell, Oxford, 1995.

GARAGALZA, L., *La interpretación de los símbolos, Hermenéutica y lenguaje en la filosofía actual*, Anthropos, Barcelona, 1990.

GARCÍA MARCOS, F. J., *Nociones de sociolingüística*, Octaedro, Barcelona, 1993.

GARCÍA MARCOS, F. J., *Fundamentos críticos de sociolingüística*, Universidad de Almería, Almería, 1999.

GARMAN, M., *Psicolingüística*, Visor, Madrid, 1996.

GUTIÉRREZ ORDÓÑEZ, S., *Presentación de la Pragmática*, Universidad de León, León, 1996.

JULIO, Mª T. & MUÑOZ, R. (comp.), *Textos clásicos de pragmática*, Arco/Libros, Madrid, 1998.

KASHER, A. (ed.), *Pragmatics. Critical Concepts*, Routledge, Londres-Nueva York, 1998.

KUTSCHERA, F. von, *Filosofía del lenguaje*, Gredos, Madrid, 1979.

LESSER, R. & MILROY, L., *Linguistics and Aphasia. Psycholinguistic and Pragmatic Aspects of Intervention*, Longman, Londres-Nueva York, 1993.

LEVINSON, S. C., *Pragmática*, Teide, Barcelona, 1989.

LÓPEZ GARCÍA, A., *Psicolingüística*, Síntesis, Madrid, 1988.

LÓPEZ MORALES, H., *Sociolingüística*, Gredos, Madrid, 1989.

MORENO FERNÁNDEZ, F., *Metodología sociolingüística*, Gredos, Madrid, 1990.

MORENO FERNÁNDEZ, F., *Principios de Sociolingüística y Sociología del lenguaje*, Ariel, Barcelona, 1998.

OLERÓN, P., *El niño y la adquisición del lenguaje*, Morata, Madrid, 1981.

ORTIZ OSÉS, A., *La nueva filosofía hermenéutica*, Anthropos, Barcelona, 1986.

ORTIZ, A. T., *Neuropsicología del lenguaje*, C.E.P.E., Madrid, 1995.

PERAITA, H., *Adquisición del lenguaje*, U.N.E.D., Madrid, 1988.

REBOUL, A., *La pragmatique aujourd'hui. Une nouvelle science de la communication*, Seuil, París, 1998.

RICHELLE, M., *La adquisición del lenguaje*, Herder, Barcelona, 1978.

ROMAINE, S., *El lenguaje en la sociedad. Una introducción a la Sociolingüística*, Ariel, Barcelona, 1996.

SANTA CRUZ, J., *Psicología del lenguaje: Procesos*, U.N.E.D., Madrid, 1987.

SVEJCER, A., *Contemporary Sociolinguistics. Theory, problems methods*, J. Benjamins, Amsterdam, 1986.

VILLENA, J. A., *Fundamentos del pensamiento social sobre el lenguaje*, Ágora, Málaga, 1992.

WIERZBICKA, A., *Cross-Cultural Pragmatics. The Semantics of Human Interaction*, Mouton de Gruyter, Berlín-Nueva York, 1991.

Capítulo 11

LA LINGÜÍSTICA DESDE UNA PERSPECTIVA INTERDISCIPLINAR: LAS RAMAS DE LA LINGÜÍSTICA APLICADA.

A. Objetivos.

1. *Comprender* la noción de Lingüística aplicada así como su ámbito disciplinario.

2. *Conocer* el ámbito de la Glosodidáctica, valorando los distintos métodos educativos así como la importancia del enfoque comunicativo en el proceso de enseñanza y aprendizaje de una lengua.

3. *Conocer* el ámbito disciplinario de la Traductología realizando una breve aproximación histórica.

4. *Entender* la noción de Planificación lingüística, conociendo sus principales objetivos así como el proceso de aplicación.

5. *Relacionar* el ámbito de la Lingüística clínica con la Neurolingüística, comprendiendo sus distintas áreas de exploración.

6. *Conocer* el ámbito de la Lingüística computacional así como algunos trabajos realizados, valorando sus ventajas e inconvenientes.

B. Palabras clave.

- Lingüística aplicada.
- Lengua materna.
- Métodos de enseñanza.
- Método directo.
- Enfoque comunicativo.
- Planificación lingüística.
- Lingüística clínica.
- Lingüística computacional.
- Lexicometría.
- Diccionarios automáticos.
- Glosodidáctica.
- Lengua extranjera.
- Método audiolingual.
- Método de gramática-traducción.
- Traductología.
- Normalización lingüística.
- Fluidez verbal.
- Concordancias.
- Tablas de frecuencia.
- Lingüística de *corpora*.

C. Organización de los contenidos.

1. Introducción.
2. Noción de Lingüística aplicada.
3. La Glosodidáctica.
   3.1. Noción de Glosodidáctica.
   3.2. Métodos de enseñanza.
   3.3. El enfoque comunicativo.
4. La Traductología.
   4.1. Noción de Traductología.
   4.2. Perspectiva histórica.

5. La Planificación lingüística.

    5.1. Noción de Planificación lingüística.

    5.2. Objetivos.

    5.3. Desarrollo.

6. La Lingüística clínica.

    6.1. Noción de Lingüística clínica.

    6.2. Áreas de exploración.

7. La Lingüística computacional.

    7.1. Noción de Lingüística computacional.

    7.2. Ventajas y problemas de la Lingüística computacional.

    7.3. Algunos trabajos en Lingüística computacional.

D. Desarrollo de los contenidos.

1. Introducción.

Si seguimos con lo propuesto en el capítulo 2, debemos precisar ahora las grandes ramas de la Lingüística aplicada.

Se trata de estudiar en este caso las aplicaciones de la Lingüística destinadas a resolver problemas reales. Estas aplicaciones son, como precisamos anteriormente, la Glosodidáctica, la Traductología, la Planificación lingüística, la Lingüística clínica y la Lingüística computacional.

Todas ellas surgen también de considerar el lenguaje desde distintos puntos de vista; a saber, como resultado de la concepción del lenguaje como hecho *social* (Capítulo 5), se estudian los problemas derivados de la enseñanza y aprendizaje de las lenguas (Glosodidáctica), el trasvase de información de unas lenguas a otras (Traductología), y el mantenimiento o normalización de lenguas (Planificación lingüística); como resultado, en este otro caso, de la concepción del lenguaje como fenómeno *neuropsicológico* (Capítulo 7), se evalúan las deficiencias lingüísticas y se diseñan las terapias adecuadas para su tratamiento (Lingüística clínica); finalmente como resultado del avance tecnológico en general y al carácter simbólico comunicativo (Capítulo 6) del lenguaje, se ha atendido al procesamiento artificial de las lenguas y al tratamiento informático de los datos lingüísticos (Lingüística computacional).

Es importante que quede claro que todas estas ramas constituyen un terreno específico de la investigación lingüística que no debe subordinarse al ámbito de la Lingüística teórica. Se trata de ámbitos de investigación paralelos a los establecidos en el capítulo anterior pero no subordinados. Por ello no debemos caer en el error de considerar, por ejemplo, la Lingüística clínica como una Neurolingüística aplicada o la Planificación lingüística como una Sociolingüística aplicada, por poner unos casos.

Una vez precisado lo anterior, vamos a reflexionar ahora sobre la noción de Lingüística aplicada y su historia para desarrollar a continuación sus grandes ramas atendiendo al cuadro sistematizador que proponemos. En él precisamos las disciplinas con las que se relaciona la Lingüística así como las diferentes concepciones del lenguaje que dan lugar a las mencionadas ramas de la Lingüística aplicada.

Disciplinas	Psicología	Sociología		Biología	
Ramas de la Lingüística aplicada	Glosodidáctica	Traductología	Planificación lingüística	Lingüística clínica	Lingüística computacional
Concepción del lenguaje	Social	Social	Social	Neuropsicológica	Simbólica
LINGÜÍSTICA					

2. Noción de Lingüística aplicada.

La Lingüística aplicada surge como un complemento de la Lingüística teórica con el objeto de desarrollar aplicaciones concretas. Su diferencia, pues, con la Lingüística teórica no radica en el objeto (que sigue siendo el lenguaje) ni en el método sino en el propósito que mueve las investigaciones aplicadas: dar soluciones concretas a los problemas materiales del lenguaje y las lenguas. Así, el conocimiento que se produce en este ámbito no es el fin en sí mismo de las investigaciones realizadas sino que con él se intentan solucionar problemas concretos del ámbito lingüístico.

Por tanto, los parámetros que definen la Lingüística aplicada, según Slama-Cazacu, son los siguientes:

a) La finalidad práctica es la que determina el carácter material del objeto de estudio.

b) Se estudian los problemas que afectan al lenguaje en su realidad, considerando pues los aspectos externos inherentes a la actualización el lenguaje.

c) Se utilizan los procedimientos de investigación más adecuados para solucionar los problemas del campo lingüístico determinado.

d) Tiene un carácter dinámico en el sentido de que pretende numerosas metas.

e) Cada rama tendrá una terminología específica, diferente a la de otras ramas.

f) Finalmente, la Lingüística aplicada es multidisciplinar, en el sentido de que debe tenerse en cuenta el conjunto de todas las ramas, puesto que problemas de una rama pueden estar implicados con problemas de otra.

El término apareció por primera vez en 1940 porque se consideró que la enseñanza de las lenguas extranjeras no era un problema sólo de técnica sino de investigación, en este caso con un fin práctico.

A pesar de todo, fue en el Primer Congreso Internacional de Lingüística Aplicada, celebrado en Nancy en 1964, cuando fue aceptada institucionalmente como dominio disciplinar. Ello vino auspiciado por la necesidad de potenciar la traducción y la enseñanza y aprendizaje de lenguas tras la segunda guerra mundial y por la independencia de países africanos, asiáticos y americanos que necesitaron implantar sus lenguas oficiales.

En 1969 se celebró en Cambridge el Segundo Congreso. En él, Malmberg distinguió entre el análisis científico de los métodos y los procedimientos de los diferentes ámbitos y la teoría lingüística como base de actividades, necesidades sociales y enseñanza.

En los tres congresos siguientes (1972, 1975, 1978), la Lingüística aplicada se asienta por completo, estableciéndose ya las relaciones interdisciplinares entre sus distintas ramas.

Hoy no sólo se preocupa por la distinción entre lo teórico y lo aplicado sino por las finalidades de su propia actividad, relacionado así objeto, método y finalidad. En España es la *Asociación Española de Lingüística Aplicada* (creada en 1983) la que se dedica al estudio de estas cuestiones.

3. La Glosodidáctica.

La Glosodidáctica es una rama de la Lingüística aplicada surgida de la relación de la Lingüística con la Psicología, que aúna los puntos de vista lingüístico y social del lenguaje (Capítulo 5) con objeto de formular técnicas para la enseñanza y aprendizaje de las lenguas. Veamos en qué consiste.

3.1. Noción de Glosodidáctica.

El estudio de los procesos de adquisición de las lenguas debe ir inexorablemente unido al de su enseñanza. En este sentido, la Glosodidáctica estudia el proceso de enseñanza de las lenguas, enseñanza que es diferente en el caso de que el aprendizaje sea de la lengua materna o de una lengua extranjera, puesto que los objetivos, métodos y técnicas son diferentes.

El estudio de la lengua materna debe venir definido como descriptivo y no prescriptivo, dando cuenta de la manera en que hablan y escriben los miembros de una comunidad lingüística.

Los objetivos básicos en la enseñanza de la lengua materna son los siguientes:

- *Aprendizaje* o ampliación de la lengua culta y coloquial maternas en la competencia y en la actuación.
- *Concienciación* de lengua materna y de sus lenguas funcionales.
- *Adquisición* de la competencia comunicativa, en el sentido de poder formar oraciones gramaticalmente correctas y aplicarlas en situaciones adecuadas.

El objetivo de la enseñanza de las lenguas extranjeras es el dominio lo más completo posible de una determinada lengua extranjera, interiorizando inconscientemente los componentes de la lengua extranjera aprendidos conscientemente.

La enseñanza de las lenguas debe acompañarse de una metodología que proporcione el conjunto de procedimientos de análisis encaminados a determinar no sólo las reglas de una lengua, sino también la competencia comunicativa. Así, el método en la enseñanza de lenguas supone siempre la explicitación de unos determinados principios que se basan en tres puntos fundamentales:

- La adopción de un *marco teórico*.
- Los *contenidos* que constituyan el objeto de estudio.
- Las *prácticas, materiales, técnicas* y *sistemas de evaluación* que acompañen el proceso de enseñanza y aprendizaje de acuerdo con el marco teórico elegido.

3.2. Métodos de enseñanza.

Para conseguir el proceso de enseñanza y aprendizaje se han utilizado una serie de métodos entre los que podemos citar los siguientes:

- *Métodos pasivos*: es una forma de enseñar basada en la comunicación directa unidireccional que parte del profesor. Pone más énfasis en la enseñanza que en el aprendizaje.
- *Métodos activos individuales*: son aquellos que intentan que los alumnos aprendan con la acción y con la práctica, creando así nuevas estructuras mentales, asimilando (recepción) y acomodando (creación).
- *Enseñanza por fichas*: mediante tarjetas que sirven al alumno de apoyo en el proceso de aprendizaje.
- *Métodos activos grupales*: tienen su base en actividades de socialización que buscan la creatividad a través del descubrimiento, la motivación y la comunicación entre los alumnos.

Llevado al terreno de la enseñanza de lenguas, estos métodos se han concretado en los que representamos en el siguiente cuadro.

	Método audiolingual	Método directo	Método de gramática-traducción
Fundamentos teóricos	Contraste entre lenguas. Repetición mecánica.	Asociación entre formas y significados.	Lecturas de obras en versión original.
Objetivos	Competencia lingüística a partir de las cuatro destrezas.	Competencia lingüística a partir del dominio de la fonética.	Competencia lingüística a partir de teorías sobre la lengua.
Contenidos	Porciones de lengua.	Palabras y oraciones de uso cotidiano.	Gramática y reglas.
Procedimientos	Aprendizaje oral y después escrito.	Aprendizaje oral en L2 mediante exposición de objetos y asociaciones.	Traducción de oraciones de forma aislada.

3.3. El enfoque comunicativo.

A diferencia de los métodos, basados en una única teoría psicológica del aprendizaje, los enfoques incluyen más de un planteamiento de enseñanza, con el objetivo de que el alumno adquiera la competencia comunicativa.

El enfoque comunicativo se basa en la noción de competencia comunicativa que recoge la importancia del valor social de la lengua y se basa en los cinco principios que resume Johnson:

- *Principio de transferencia de información:* se trata de que los alumnos entiendan primero una información y después sean capaces de transmitirla. Se suele hacer en parejas de alumnos que toman información, por ejemplo, de determinadas guías.

- *Principio de «information gap»:* ahora los alumnos completan la información con la de la pareja.

- *Principio del rompecabezas:* en grupos de cuatro a ocho miembros se completa la información.

- *Principio de dependencia de una tarea:* se utiliza la información recibida a lo largo del curso para hacer algo con ella.

- *Principio de corrección de contenidos:* se evalúa la eficacia comunicativa del proceso.

4. La Traductología.

La Traductología es una rama de la Lingüística aplicada surgida de la relación de la Lingüística con la Sociología, que aúna los puntos de vista lingüístico y social del lenguaje (Capítulo 5) con objeto de formular técnicas o estrategias de transferencia de una lengua a otra. Veamos en qué consiste.

4.1. *Noción de Traductología.*

La Traductología es una disciplina de análisis descriptivo que pretende ofrecer soluciones a los problemas que plantea el procesamiento de la información y la producción textual en un proyecto de traducción.

En este sentido, se pretende encontrar la equivalencia funcional en una lengua del significado que una unidad lingüística tiene en otra. Y, para ello, la Lingüística aporta los instrumentos de análisis para poder segmentar y procesar las configuraciones de significado que presenta un texto en una lengua y sus posibilidades de transferencia a otra.

Debe entenderse que lo esencial de la actividad traductora no es encontrar equivalencias formales entre varias lenguas, sino la práctica de un ejercicio exegético sobre el texto que se va a traducir, puesto que la traducción no opera sobre las lenguas sino sobre los mensajes, es decir, sobre los actos comunicativos. De ahí la importancia de la situación y del contexto en el acto de traducción.

4.2. Perspectiva histórica.

Los orígenes de las reflexiones sobre el acto de traducir tienen una gran antigüedad. Los estudios historiográficos datan este hecho hasta Cicerón, que ya sintió la preocupación por esta cuestión.

Sin embargo, es en el siglo XX, cuando la Traductología encuentra su ubicación disciplinaria en el ámbito de la Lingüística, en la que halla los instrumentos necesarios para comprender el fenómeno de la traducción y resolver los problemas prácticos derivados de la actividad traductora.

Así, desde la década de los 50 se sistematizan los fines y el objeto de estudio de esta nueva disciplina. Y en ello tuvieron su repercusión los dos grandes paradigmas de la Lingüística más importantes en aquel momento:

- La *Lingüística estructural contrastiva* posibilitó el establecimiento de posibles equivalencias existentes entre unidades pertenecientes a sistemas lingüísticos distintos; sin embargo, esto no era suficiente, puesto que la traducción requiere un marco semiótico explicativo más amplio.

- La *Lingüística transformatoria* permitió a la Traductología superar su principal problema, el de las grandes diferencias que existen entre las lenguas, al ofrecer un nivel por debajo de la estructura superficial en el que forma y significado están más próximos y, por tanto, más cerca de poder ser traducidos de una lengua a otra.

En la actualidad, la traducción se sitúa en el marco de una teoría de la comunicación en la que hay un emisor, un mensaje que se tiene que transmitir, un código que sirve para codificar ese mensaje, unos receptores y un contexto. El traductor será el emisor que transmitirá un mensaje codificado por otro emisor, con una nueva codificación para que sea inteligible por un receptor que posee esta otra codificación.

5. La Planificación lingüística.

La Planificación lingüística es una rama de la Lingüística aplicada surgida de la relación de la Lingüística con la Sociología, que aúna los puntos de vista lingüístico y social del lenguaje (Capítulo 5) con objeto de gestionar las lenguas con un propósito determinado. Veamos en qué consiste, sus principales objetivos y desarrollo.

5.1. *Noción de Planificación lingüística.*

La Planificación lingüística estudia la percepción, evaluación y modificación de las formas y los usos lingüísticos con un propósito deliberado. Este propósito suele tener un carácter gubernamental, por lo que se suele llamar a veces *política lingüística* o *normalización lingüística*.

La noción de planificación se refiere a un ámbito mayor que los más restringidos de reforma y modernización, que se presentan para unas ciertas explicaciones del cambio lingüístico desde la historia externa de las lenguas. *Planificación* supone una decisión política y social sobre el funcionamiento lingüístico.

En este sentido, la normalización lingüística queda estructurada en el marco de una teoría general de la interacción entre lengua y sociedad mediante un proceso de adaptación de las lenguas a las prácticas sociales, implantándolas en nuevos ámbitos funcionales, en territorios nuevos o en el uso de nuevos hablantes.

5.2. *Objetivos.*

Lamuela establece con claridad los principales objetivos que se pretenden conseguir con la Planificación lingüística. Son los siguientes:

- *Reglamentar* los usos lingüísticos en organizaciones plurilingües, organizando así, funcional y territorialmente el plurilingüismo del estado.

- *Promocionar* una lengua, variedad o forma lingüística. De esta manera se establece la lengua del estado, se promociona nacional e internacionalmente.

- *Proteger* una lengua o variedad lingüística frente a otra que se considera dominante.

- *Realizar* una serie de actividades accesorias como la creación de estructuras de planificación, estructuras de uso, formación de profesionales, elaboración de materiales, elaboración de productos culturales, etc.

5.3. *Desarrollo.*

La Planificación lingüística, en estos días de supresión de las fronteras de los estados y de potenciación de los estados plurilingües, se desarrolla en una serie de aspectos o etapas que, siguiendo a Labrie, resumimos a continuación de manera general:

- *Observación* de la realidad desde un determinado prisma

político y de valores que conlleva una determinada concepción del mundo.

- *Formulación* de la política lingüística mediante un discurso que plasma la propia visión de la realidad y propone intervenciones para mantenerla o cambiarla.
- *Utilización* de los recursos disponibles para imponer sus propios valores y realizarlos.
- *Acciones* que intervienen en la realidad de acuerdo con los propios valores.
- *Evaluación* del proceso mediante nuevas observaciones y programas de actuación.

6. La Lingüística clínica.

Para Gainotti, el estudio de las patologías del lenguaje se encontró en un punto muerto cuando se enfrentaron los afasiólogos de formación neurológica con los de tendencia psicológica. Ninguno de ellos disponía de los instrumentos adecuados para el análisis de las disfunciones de los pacientes afásicos ni tenían un conocimiento profundo de la estructura y función del lenguaje. Por ello, la intervención de los lingüistas fue muy importante ya que dotó de un enfoque interdisciplinario a estas investigaciones, aglutinando la práctica neurológica, las técnicas psicológicas y las teorías lingüísticas en el estudio de los pacientes afásicos.

Aparece así la Lingüística clínica, como una rama de la Lingüística aplicada surgida de la relación de la Lingüística con la Biología, que aúna los puntos de vista lingüístico y neuropsicológico del lenguaje (Capítulo 7). Veamos en qué consiste así como sus diferentes áreas de intervención.

6.1. Noción de Lingüística clínica.

La Lingüística clínica estudia los déficits lingüísticos provocados por patologías con la finalidad de evaluarlos y diseñar la actividad terapéutica necesaria para poder paliarlos.

Esta actividad evaluativa se realiza mediante tres acercamientos:

- *Examen clínico* del lenguaje como parte de un examen general del estado mental del paciente.
- Aplicación de *test* estandarizados.
- Aproximación de corte *experimental*.

El segundo de estos acercamientos es el que más nos interesa, puesto que los tests permiten la medición de una serie de variables relacionadas con el habla espontánea y, como señala Caplan:

- Diagnosticar el *tipo de afasia* y, a partir de ahí, deducir el área cerebral lesionada que ha causado el déficit lingüístico detectado.
- Examinar el *nivel de ejecución* del paciente en un amplio número de pruebas para detectar los cambios en el tiempo tomando como criterio la evaluación inicial.
- Establecer las *limitaciones* específicas de cada sujeto con el fin de diseñar un seguimiento de rehabilitación específico para cada uno de ellos, mediante estimulación o terapias de grupo que socialicen al paciente.

6.2. Áreas de exploración.

Se realiza la evaluación de las áreas de exploración que citamos a continuación.

- *La expresión oral*: aquí se evalúa el habla espontánea o lenguaje de conversación para valorar su fluidez o no-fluidez, las repeticiones, etc.

La evaluación de la fluidez del habla se hace preguntando al sujeto sobre temas muy familiares o presentando láminas para que las describa.

La afasia no fluida es provocada por lesiones en la parte anterior de la cisura de Rolando y la fluida en la parte posterior.

La *afasia no fluida* se caracteriza por los siguientes elementos:

- Emisión de menos de cincuenta palabras por minuto.
- Alteración disprosódica (en el ritmo, timbre, inflexiones de la voz, etc.).
- Fatiga en el esfuerzo articulatorio.

Por otro lado, la *afasia fluida* se caracteriza ahora por los elementos que señalamos:

- Emisión de cien a doscientas palabras por minuto.
- Construcción de frases de longitud normal.
- Articulación normal.
- Alteración en el contenido del discurso.

Para evaluar la repetición se pide al paciente que repita letras, sílabas, dígitos, palabras de una sílaba; así hasta llegar a frases más complicadas. Si el paciente se muestra incapaz de repetirlas tiene una lesión en la cisura de Silvio.

- *La comprensión oral*: la comprensión es difícil de analizar porque los afásicos pueden comprender palabras de uso frecuente. Por ello, se usan palabras conocidas, pero concretas y abstractas y se comprueba que tienen menos problemas con las concretas.

  Para evaluar la comprensión se utilizan, entre otros, los siguientes métodos:

  - Pedir al sujeto que realice una serie de órdenes concretas. Si las cumple, la comprensión está preservada. Si no lo hace hay que interpretar por si tiene una dificultad motora (apraxia) u otra patología.
  - Preguntar cosas en las que las respuestas puedan ser sí o no.
  - Señalar distintos objetos que el terapeuta va nombrando.

- *La lectura y la escritura*: Las alteraciones en la lectura como consecuencia de una lesión cerebral se denomina alexia. Los ejercicios que se realizan para su detección son los siguientes:

  - Ensamblaje de ímputs auditivos a palabras escritas.
  - Lectura de palabras sin sentido (logatomos).
  - Escritura automática, dictados, etc.

Todas estas exploraciones permiten caracterizar las distintas afasia estudiadas con anterioridad (recuérdese lo desarrollado en el capítulo

7). Recordémoslas de manera esquemática:

Tipo de afasia	Resultados de la exploración
Afasia de Wernicke	Lenguaje muy fluido. Repetición muy alterada. Comprensión muy alterada. Lectura y escritura alterada; sintaxis conservada.
Afasia de Broca	Lenguaje espontáneo muy poco fluido. Repeticiones lentas, fatigosas, con dificultad articulatoria. Comprensión limitada a palabras sueltas. Lectura alterada. Escritura limitada a firma y a copia.
Afasia de conducción	Lenguaje espontáneo fluido con errores fonémicos. Repetición muy alterada, con errores. Comprensión limitada a palabras sueltas. Lectura mala en voz alta. Escritura pobre, a veces sólo firma y copia.
Afasia anómica	Lenguaje fluido con anomias frecuentes. Repetición buena. Comprensión relativamente buena. Escritura afectada por la anomia.

7. La Lingüística computacional.

La Lingüística computacional es una rama de la Lingüística aplicada surgida de la relación de la Lingüística con la Biología, que aúna los puntos de vista lingüístico y simbólico del lenguaje (Capítulo 6) con objeto de hacer lingüística ayudados por ordenadores. Veamos en qué consiste así como sus diferentes áreas de intervención.

7.1. Noción de Lingüística computacional.

Es la Lingüística realizada con ayuda de ordenadores para estudiar los sistemas de computación utilizados en la comprensión y generación de las lenguas naturales.

No se pudo hablar de Lingüística computacional hasta que se introdujo un programa y se obtuvieron resultados lingüísticos en un ordenador. Por ello, la Lingüística computacional es algo más que un recuento de unidades; debe incluir la explicación de algo nuevo y conclusiones prácticas o teóricas, obtenidas una vez que el desarrollo tecnológico en su vertiente informática lo posibilitó.

Trata de elaborar técnicas que permita procesar el lenguaje natural humano en lenguaje máquina para que ésta pueda reconocer y generar unidades lingüísticas.

Grishman sostiene que son tres las aplicaciones fundamentales de la Lingüística computacional:

- *La traducción automática*, que pretende construir interlinguas que permitan el paso de una lengua a otra.

- *La recuperación de información*, mediante la elaboración de programas informáticos.

- *El diseño de interfaces hombre-máquina*, mediante la elaboración también de programas informáticos que permitan precisar esta interacción.

A éstas hay que añadir:

- En el ámbito *fonético* los estudios sobre el reconocimiento del habla.

- En el ámbito *gráfico*, la elaboración de editores y procesadores de textos.

- En el terreno *morfológico, lexicológico* y *sintáctico*, los analizadores y generadores de estructuras y formas.

- En el ámbito *semántico*, los estudios sobre sinonimia de los sistemas de corrección, lo relacionado con las bases de datos, recuperación de la información y estructura del conocimiento, en relación con problemas generales como la inteligencia artificial.

7.2. *Ventajas y problemas de la Lingüística computacional.*

Las ventajas de la Lingüística computacional son reconocidas por todos. Kock señala las siguientes:

- La precisión de la máquina.
- La amplitud de los datos con los que trabaja.
- La rapidez en el procesamiento de los datos.
- La validez de los datos para futuras investigaciones de distintos lingüistas.

Los problemas que presentaban estas investigaciones se han ido reduciendo. Así, los elevadísimos costes de las investigaciones iniciales han disminuido notablemente y la escasa formación de los lingüistas en este ámbito se va superando cada día más. Además, ya no existe ningún prejuicio en el terreno de las humanidades por el uso del ordenador, que cada día se convierte en una de las herramientas más usuales del estudioso.

Así, tras los trabajos de Wiener en 1950 en los que se veía la Lingüística computacional como la causante de la deshumanización de las ciencias humanas, la máquina reproduce la fase física de la inteligencia humana, lo que interesa al lingüista ya que ve en la máquina el uso de un mecanismo que también utiliza el hombre: el código de signos. La diferencia está en que la máquina no trabaja con contenidos; recibe una cadena de símbolos que después elabora con un conjunto de reglas, obteniendo otra cadena de símbolos. En este proceso, obviamente, no puede participar la emotividad.

7.3. *Algunos trabajos en Lingüística computacional.*

Los principales trabajos realizados en Lingüística computacional son los siguientes:

- *Índices y concordancias*: se trata de una clasificación de las palabras de un texto o autor con listas de frecuencias y cuadros estadísticos de categorías gramaticales, colocación, variantes, etc.

- *Tablas de frecuencia*: en este caso son obras que tienden a ser representativas para conjuntos mayores e incluso para la lengua en general.

- *Estudios lexicométricos*: se trata de aplicar la estadística para el estudio del léxico con objeto de analizar la riqueza léxica, las palabras claves que se dan en los textos, la probabilidad de aparición de los vocablos, etc.

- *Diccionarios automáticos*: construyendo diccionarios de base que agrupan las formas derivadas de una misma base en una misma entrada, acompañados por una gramática que recoge las formas que no pueden preverse automáticamente.

- *Correctores ortográficos, gramaticales y de estilo*: ayudan en el proceso de escritura mediante un diccionario que está previamente almacenado en el ordenador.

- *Comprensión automática de textos*: a partir de unos analizadores automáticos de datos lingüísticos que incorporan el conocimiento que los hablantes tienen de la lengua.

- *Lingüística de corpora*: a partir de la construcción de

grandes bases de datos textuales unificadas en el sistema de estructuración de datos, textos, referencias y utensilios informáticos para su tratamiento.

E. Actividades sugeridas.

— Conteste a las siguientes cuestiones:

– Realice un cuadro sinóptico en el que presente los fundamentos así como los distintos ámbitos disciplinarios de la Lingüística aplicada.

– Explique las diferencias entre los métodos y los enfoques para la enseñanza y aprendizaje de una lengua.

– ¿Qué diferencias existen entre los procedimientos metodológicos empleados para la enseñanza y aprendizaje de la lengua materna y de la lengua extranjera?

– Explique en qué consiste el enfoque comunicativo.

– Valore la relación existente entre la Lingüística y los estudios traductológicos.

– ¿En qué consiste la Planificación lingüística?

– Explique las etapas de desarrollo de un proceso de Planificación lingüística.

– Establezca la relación existente entre la Neurolingüística y la Lingüística clínica.

– Comente las distintas áreas de intervención de la Lingüística clínica.

– ¿Qué es la Lingüística computacional?

– Explique algunos de los trabajos realizados en el ámbito de la Lingüística computacional.

F. Lecturas recomendadas.

AZORÍN, D. & JIMÉNEZ, J. L., «Estudio preliminar» apud *Corpus oral de la variedad juvenil universitaria del español hablado en Alicante*, Diputación Provincial de Alicante, Alicante, 1997, pp. 19-38.

Introducción a la noción de *corpus* lingüístico y presentación del trabajo llevado a cabo en Alicante.

CALVO PÉREZ, J., «Lingüística aplicada» apud LÓPEZ GARCÍA, A. (ed.), *Lingüística general y aplicada*, Universidad de Valencia, Valencia, 1990, pp. 321-346.

Presentación rigurosa y exhaustiva del campo de la Lingüística aplicada.

FERNÁNDEZ PÉREZ, M., «El campo de la Lingüística aplicada» apud *Avances en Lingüística aplicada*, Universidad de Santiago de Compostela, Santiago de Compostela, 1996, pp. 11-45.

Certera presentación del ámbito de la Lingüística aplicada con una clara exposición de sus bases tanto teóricas como metodológicas.

G. Ejercicios de autoevaluación.

Con el fin de que se pueda comprobar el grado de asimilación de los contenidos, presentamos una serie de cuestiones, cada una con tres alternativas de respuestas. Una vez que haya estudiado el tema, realice el test rodeando con un círculo la letra correspondiente a la alternativa que considere más acertada. Después justifique las razones por las que piensa que la respuesta elegida es la correcta, indicando también las razones que invalidan la corrección de las restantes.

Cuando tenga dudas en alguna de las respuestas vuelva a repasar la parte correspondiente del capítulo e inténtelo otra vez.

1. La relación de la Lingüística aplicada con la teórica es de
   A Independencia.
   B Inclusión.
   C Interrelación.

2. Las principales diferencias entre la Lingüística teórica y la Lingüística aplicada radican en el
   A Objeto de estudio e investigación.
   B Objetivo de la investigación.
   C Método empleado en la investigación.

3. La Lingüística aplicada tiene un carácter dinámico porque
   A Pretende solucionar los problemas reales de la Lingüística.
   B Presenta una terminología específica en cada una de sus ramas.
   C Intenta conseguir una multiplicidad de objetivos.

4. La Lingüística aplicada adquirió el estatuto de disciplina
   A En 1940.
   B En 1964.
   C En 1969.

5. El estudio de la lengua materna debe ser
   A Descriptivo.
   B Prescriptivo.
   C Normativo.

6. En la actualidad, el principal objetivo en la enseñanza de las lenguas es la adquisición de la
   A Competencia lingüística.
   B Competencia comunicativa.
   C Actuación lingüística.

7. El método que pretende la enseñanza y aprendizaje de una lengua mediante el estudio de reglas lingüísticas se denomina
   A Audiolingual.
   B Directo.
   C De gramática-traducción.

8. Para el enfoque comunicativo en la enseñanza y aprendizaje de una lengua, ésta tiene un carácter principalmente
   A Simbólico.
   B Social.
   C Psicológico.

9. La Traductología es una disciplina
   A Descriptiva.
   B Social.
   C Explicativa.

10. En el acto de traducción, el traductor debe interpretar el mensaje
    A Siempre.
    B Nunca.
    C Sólo en algunos casos.

11. Una noción de capital importancia para la Traductología fue la de
    A Estructura superficial.
    B Estructura profunda.
    C Componente sintagmático.

12. La Planificación lingüística adopta una perspectiva
    A Descriptiva.
    B Prescriptiva.
    C Funcional.

13. La Planificación lingüística pretende proteger la lengua dominante
    A Siempre.

B Nunca.
C En algunos casos.

14. La Planificación lingüística tiene una proyección
    A Social.
    B Simbólica.
    C Psicológica.

15. Para la Planificación lingüística la cultura puede entenderse como un elemento
    A Activo y normativo.
    B Pasivo y descriptivo.
    C Pasivo y normativo.

16. Cuando se usa el lenguaje para prescribir la conducta que debe seguirse se adopta una postura cercana al
    A Pragmatismo.
    B Instrumentalismo.
    C Sociologismo.

17. La afasia no fluida es provocada por lesiones
    A En la parte posterior de la cisura de Rolando.
    B En la parte anterior de la cisura de Silvio.
    C En la parte anterior de la cisura de Rolando.

18. La alteración disprosódica se produce en
    A La afasia fluida.
    B La afasia no fluida.
    C En ninguna de ellas.

19. La alexia consiste en la
    A Alteración en la lectura debido a una lesión cerebral.
    B Dificultad para repetir las lexías.
    C Alteración en el orden de las lexías debido a una lesión cerebral.

20. ¿Qué tipo de afasia presenta la comprensión más alterada?
    A Afasia de Wernicke.
    B Afasia de Broca.
    C Afasia de conducción.

21. La Lexicometría pretende
    A Analizar la riqueza léxica de un texto.
    B Contabilizar las palabras de un texto.
    C Estudiar los significados de las palabras de un texto.

22. La Lingüística de *corpora* trabaja con
    A Textos escritos.
    B Textos orales.
    C Ambos.

23. Los prejuicios de Wiener sobre la Lingüística computacional
    A Han sido superados ya.
    B No han sido superados todavía.
    C Están en proceso de superarse.

24. La construcción de interlinguas se produce en el ámbito de la
    A Recuperación de información.
    B Traducción automática.
    C Lingüística de *corpora*.

25. Para la Lingüística computacional el ordenador puede considerarse como
    A Un utensilio de trabajo.
    B Una técnica de recogida de datos.
    C Un generador de unidades lingüísticas.

H. Glosario.

Competencia comunicativa: Capacidad para utilizar la lengua correctamente en situaciones comunicativas concretas.

Enfoque comunicativo: El que pretende la adquisición de la competencia comunicativa primando el valor social de la lengua.

Glosodidáctica: Rama de la Lingüística aplicada surgida de la relación de la Lingüística con la Psicología, que aúna los puntos de vista lingüístico y social del lenguaje con objeto de formular técnicas para la enseñanza y aprendizaje de las lenguas.

Instrumentalismo: Postura teórica que considera el pensamiento y lo que le rodea como un instrumento para la acción.

Lingüística clínica: Rama de la Lingüística aplicada surgida de la relación de la Lingüística con la Biología, que aúna los puntos de vista lingüístico y neuropsicológico del lenguaje con el fin de evaluar los déficits lingüísticos provocados por patologías y diseñar la actividad terapéutica necesaria para poder paliarlos.

Lingüística computacional: Rama de la Lingüística aplicada surgida de la relación de la Lingüística con la Biología, que aúna los puntos de vista lingüístico y simbólico del lenguaje con objeto de hacer lingüística ayudados por ordenadores.

Lingüística de *corpora*: La que pretende la construcción de grandes bases de datos textuales unificadas en el sistema de estructuración de datos, textos, referencias y utensilios informáticos para su tratamiento.

Método audiolingual: El que pretende la adquisición de la competencia lingüística primando primero el aprendizaje oral y después el escrito mediante repeticiones mecánicas.

Método de gramática-traducción: El que pretende la adquisición de la competencia lingüística a partir de teorías sobre la lengua.

Método directo: El que pretende la adquisición de la competencia lingüística a partir del dominio de la fonética.

Planificación lingüística: Rama de la Lingüística aplicada surgida de la relación de la Lingüística con la Sociología, que aúna los puntos de vista lingüístico y social del lenguaje con objeto de gestionar las lenguas con un propósito determinado.

Pragmatismo: Postura teórica que considera lo verdadero como lo útil.

Traductología: Rama de la Lingüística aplicada surgida de la relación de la Lingüística con la Sociología, que aúna los puntos de vista lingüístico y social del lenguaje con objeto de formular técnicas o estrategias de transferencia de una lengua a otra.

I. Bibliografía general.

AZORÍN, D., JIMÉNEZ, J. L. & MARTÍNEZ, Mª A. (eds.), *Estudios para un corpus del español hablado en Alicante*, Universidad de Alicante, Alicante, 1999.

BAKER, M., *Routledge Encyclopedia of Translations Studies*, Routledge, Londres, 1997.

BARNBROOK, G., *Language and Computers*, Edinburgh University Press, Edinburgo, 1996.

BOUTON, C., *La Linguistique apliquée*, P.U.F., París, 1984.

COOPER, R. L., *Language Planning and Social Change*, Cambridge University Press, Cambridge, 1989.

CORDER PIT, S., *Introducción a la Lingüística aplicada*, Impesa, México, 1992.

CRYSTAL, D., *Clinical linguistics*, Springer-Verlag, Viena, 1981.

EBNETER, T., *Lingüística aplicada*, Gredos, Madrid, 1982.

FERNÁNDEZ BARRIENTOS, J. & WALLHEAD, C., *Temas de Lingüística aplicada*, Universidad de Granada, Granada, 1995.

FERNÁNDEZ PÉREZ, M. (coord.), *Avances en Lingüística aplicada*, Universidad de Santiago de Compostela, Santiago de Compostela, 1996.

GARCÍA HOZ, V. (dir.), *Enseñanza y aprendizaje de las lenguas modernas*, Rialp, Madrid, 1993.

HATIM, B. & MASON, I., *Teoría de la traducción. Una aproximación al discurso*, Ariel, Barcelona, 1995.

JERNUDD, B. H., *Lectures on Language Problems*, Bahri, Nueva Delhi, 1991.

LLOBERA, M. (coord.), *Competencia comunicativa. Documentos básicos en la enseñanza de lenguas extranjeras*, Edelsa, Madrid, 1995.

LOMAS, C., OSORO, A. & TUSÓN, A., *Ciencias del lenguaje, competencia comunicativa y enseñanza de la lengua*, Paidós, Barcelona, 1993.

LÓPEZ GARCÍA, A. (ed.), *Lingüística general y aplicada*, Universidad de Valencia, Valencia, 1990.

MARCOS MARÍN, F. & SÁNCHEZ LOBATO, J., *Lingüística aplicada*, Síntesis, Madrid, 1988.

MORENO SANDOVAL, A., *Lingüística computacional. Introducción a los modelos simbólicos, estadísticos y biológicos*, Síntesis, Madrid, 1998.

NINYOLES, R. LL., *Estructura social y política lingüística*, Fernando Torres, Valencia, 1975.

PARKINSON DE SAZ, S. M., *La Lingüística y la enseñanza de las lenguas. Teoría y práctica*, Empeño, Madrid, 1980.

PAYRATÓ, L., *De profesión, lingüista. Panorama de la Lingüística aplicada*,

Ariel, Barcelona, 1998.

PEÑA CASANOVA, J., *Normalidad, semiología y patología neuropsicológicas*, Masson, Barcelona, 1991.

SAGER, J. C., *La industria de la lengua*, Universidad de Barcelona, Barcelona, 1992.

SÁNCHEZ, A., *Los métodos en la enseñanza de idiomas. Evolución histórica y análisis didáctico*, S.G.E.L., Madrid, 1997.

SLAMA CAZACU, T., *Linguistique appliquée: une introduction*, La Scuola, Brescia, 1984.

VEZ JEREMÍAS, J. M., *Claves para la Lingüística aplicada*, Ágora, Málaga, 1984.

VIDAL BENEYTO, J. (dir.), *Las industrias de la lengua*, Fundación Germán Sánchez Ruipérez y ediciones Pirámide, Madrid, 1991.

Capítulo 12

CONSIDERACIONES EPISTEMOLÓGICAS DE LA LINGÜÍSTICA ACTUAL.

A. Objetivos.

1. *Conocer* los fundamentos de la tercera vía de los estudios lingüísticos.

2. *Comprender* las bases de la Filosofía de la ciencia lingüística como reflexión glotológica sincrónica de nuestro ámbito disciplinario.

3. *Entender* el proceso globalizante de síntesis realizado desde el punto de vista de la Filosofía de la ciencia.

4. *Conocer* las tesis de la Lingüística desde la Filosofía de la ciencia.

5. *Comprender* las parcelas ideológica y científica de los discursos lingüísticos.

6. *Valorar* la aportación de la Historiografía lingüística como reflexión glotológica diacrónica de nuestro ámbito disciplinario.

7. *Comprender* la filosofía espontánea inmersa en los dos grandes paradigmas de la Lingüística.

8. *Conocer* otras aportaciones hermenéuticas de nuestro ámbito disciplinario.

B. Palabras clave.

- Filosofía de la ciencia.
- Epistemología.
- Ontología.
- Realismo.
- Objeto.
- Reflexión empirista.
- Mundo lingüístico observado.
- Mundo lingüístico preferido.
- Tesis.
- Inmanencia.
- Problemática.
- Hermenéutica inmanente.

- Historiografía.
- Hermenéutica.
- Metodología.
- Idealismo.
- Sujeto.
- Reflexión criticista.
- Mundo lingüístico previsto.
- Líneas de demarcación.
- Visión del mundo.
- Trascendencia.
- Filosofía espontánea.
- Hermenéutica trascendental.

C. Organización de los contenidos.

1. Planteamiento temático.
2. La vertiente sincrónica de la reflexión glotológica lingüística.
3. Las tesis de la Lingüística desde la Filosofía de la ciencia.
4. Líneas de demarcación entre lo fenomenológico y lo trascendental.
5. Conocimiento del objeto lingüístico y visión del mundo.
6. La vertiente diacrónica de la reflexión glotológica lingüística.
7. La filosofía espontánea de los discursos lingüísticos desde el punto de vista historiográfico.

7.1. El discurso transformatorio.

7.2. El discurso estructural.

8. Otras formulaciones hermenéuticas.

    8.1. La hermenéutica trascendental-existencial de Gadamer.

    8.2. La hermenéutica crítico-estructural del lenguaje.

D. Desarrollo de los contenidos.

1. Planteamiento temático.

Una vez que hemos cubierto ya dos de las tres vías de estudios lingüísticos que propusimos al comienzo del libro (la Teoría del lenguaje y la Teoría de la lengua), proponemos ahora la tercera forma de hacerlo. Se trata, como dijimos anteriormente (Capítulo 2) de una aproximación *globalizante* ya, es decir, al proceso de aprehensión mediante el cual llegamos al lenguaje a través de las lenguas como objetos materiales que actualizan precisamente esta capacidad de lenguaje.

Así desarrollaremos la tercera vía de estudios lingüísticos (la Teoría de la gramática), precisando en este capítulo los distintos dispositivos teóricos (gramáticas) que los lingüistas han creado precisamente con el objeto de reflexionar sobre el propio conocimiento del objeto lingüístico.

En este sentido, nuestro punto de partida para el estudio lingüístico lo constituyó el lenguaje (Teoría del lenguaje), al que realizamos una aproximación *ontológica*. Sin embargo, y puesto que éste se materializa empíricamente a través de las lenguas como sistemas, tuvimos que acercarnos a él *metodológicamente* a través de las teorías sobre la lengua. Ahora lo haremos *epistemológicamente*, aglutinando de manera global el procedimiento anterior, reflexionando sobre la teoría de la gramática.

Por ello, la aproximación epistemológica a la Lingüística no nos permite quedarnos simplemente en la vertiente metodológica (lenguas) ni en la ontológica (lenguaje) sino que posibilita acercarnos al lenguaje de manera globalizante como modelo puro del espíritu.

Ello es posible gracias al segundo de los caracteres de la Lingüística explicados con anterioridad (Capítulo 3); a saber, el *hermenéutico*, que nos permite acercarnos al fenómeno del lenguaje con el propósito de interpretarlo. Y es que, de hecho, la hermenéutica como técnica de interpretación lingüística desemboca en una reflexión sobre el lenguaje que aglutina las propuestas cientificistas propias del acercamiento objetual con las más ideológicas, propias en este caso del acercamiento humanista.

Esta interpretación lingüística constituye no ya una teoría sobre el lenguaje, sino una teoría que tiene la obligación de definirse a sí misma —lo que constituye una epistemología—, ya que no nos interesa ahora el conocimiento de nuestro objeto sino el procedimiento que explica cómo se produce precisamente este conocimiento. Es, consecuentemente, la reflexión glotológica que señalábamos en el capítulo 2 y que posee dos vertientes posibles:

a) Una sincrónica, plasmada en lo que se denomina *Filosofía de la ciencia lingüística*.

b) Y otra diacrónica, plasmada, en este caso, en la *Historiografía lingüística*.

Así pues, vamos a estudiar en este capítulo estas dos vertientes señaladas con anterioridad, así como algunas formulaciones hermenéuticas.

2. La vertiente sincrónica de la reflexión glotológica lingüística.

Asistimos hoy en día a un proceso epistémico en el que la descripción empírica y la reflexión abstracta se disputan un espacio en el quehacer lingüístico, hecho este motivado por la rigidez de ciertas dicotomías que responden en el fondo al enfrentamiento entre los dos grandes paradigmas que han organizado la historia del saber —el Idealista y el Realista— (Capítulo 4) y que en la actualidad, precisamente por la ampliación objetual que se ha producido en nuestro ámbito disciplinario al introducir al sujeto, exigen la síntesis integral que desde la concepción epistemológica de la Lingüística nos permita la relación complementaria entre la reflexión abstracta llevada hasta el final de su proceso (Teoría del lenguaje) y la descripción empírica de las unidades lingüísticas (Teoría de la lengua).

No se trata, por tanto, de construir una Teoría —situándonos únicamente en la vertiente más inmanente y formalizada del ámbito lingüístico— o un Modelo —estudiando la vertiente objetual como paso a la caracterización sujetual— (recuérdese lo expuesto en el capítulo 3), que desarrolle de manera abstracta la descripción y explicación de nuestro objeto para determinar, en el primero de los casos, la verdad, o, en el segundo, la corrección de sus planteamientos internos, sino de aprehender un renovado objeto de estudio (por la ampliación sujetual que se ha producido en nuestro ámbito disciplinario) para llegar a su conocimiento profundo mediante la elaboración epistemológica que nos permita integrar y —lo que es más importante— organizar metodológica y complementariamente la descripción de la realidad lingüística empírica y factual (los datos lingüísticos que constituyen los actos de habla), la explicación de la posible realidad lingüística potencial (a partir de una formulación modélica sobre la lengua) y, finalmente, la interpretación de todo el proceso gracias al poder mediador del lenguaje.

Por ello, la investigación desde la *Filosofía de la ciencia lingüística* añade a la formulación científica tradicional basada en la *reflexión empirista* del Paradigma Realista —que a partir de la comparación entre los datos y las teorías lingüísticas provoca la consonancia mediante la producción de nuevas tesis teóricas que se ajusten a los datos, otorgando, por tanto, la primacía a éstos últimos— y en la *reflexión criticista* del Paradigma Idealista —que a partir de la comparación entre los datos lingüísticos y los juicios de valor provoca la consonancia mediante la producción de nuevos datos que se ajusten a los valores, otorgando, consecuentemente, la primacía a éstos últimos—, la *creación de nuevas tesis sobre el mundo lingüístico previsto* (teorías) y el *mundo lingüístico preferido según un sistema de valores* (modelos), que juntos constituirán una nueva realidad lingüística, hecha a partir de la consonancia entre datos, teorías y modelos, y valores:

El proceso para ello se produce:

a) a partir de la adición a los datos de la experiencia que conforman el *mundo exterior*, de los datos lingüísticos que constituirán lo que será el *mundo lingüístico observado;*

b) a partir de la intervención de la Razón, que articula el aspecto lingüístico más realista del *mundo interior* mediante procedimientos lógicos plasmados en Teorías sobre lo que será el *mundo lingüístico previsto*;

c) a partir de la intervención de la Intuición, que articula el aspecto lingüístico más idealista del *mundo interior* mediante procedimientos más intuitivos plasmados en Modelos sobre lo que será el *mundo lingüístico preferido* según el sistema de valores.

Sólo así, el mundo lingüístico observado (que articula el mundo exterior), el mundo lingüístico previsto y el preferido (que actualizan el interior) podrán relacionarse constituyendo una nueva realidad lingüística, hecha a partir de la consonancia entre datos, teorías y modelos, y valores.

De forma esquemática podríamos representar esta idea de la siguiente manera:

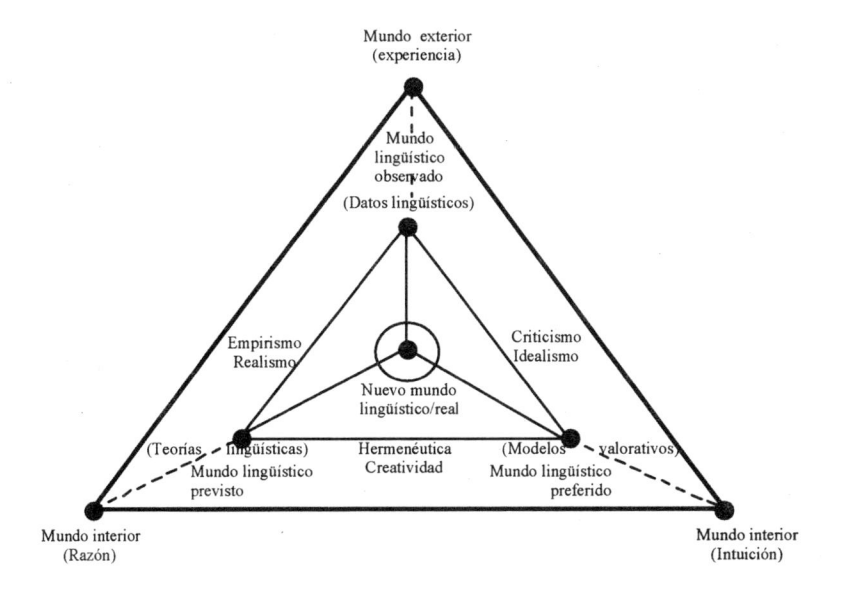

Consideraciones epistemológicas de la Lingüística actual

```
                    Mundo exterior
                     (experiencia)
                          •
                          |
                        Mundo
                      lingüístico
                       observado
                    (Datos lingüísticos)
                          •

         Empirismo                    Criticismo
          Realismo                    Idealismo
                       Nuevo mundo
                      lingüístico/real

     (Teorías  lingüísticas)  Hermenéutica  (Modelos  valorativos)
                Mundo lingüístico  Creatividad  Mundo lingüístico
                    previsto                      preferido
        •                                                    •
  Mundo interior                                      Mundo interior
     (Razón)                                            (Intuición)
```

Como puede observarse, hemos elaborado dos triángulos superpuestos, uno de mayor tamaño, que representa los dos mundos del universo; a saber, el *exterior*, concretado en experiencias, y el *interior*, formado por el eje de los polos razón e intuición. Las diferentes naturalezas de ambos mundos pueden ponerse en contacto gracias al *mundo lingüístico*, representado ahora por el segundo triángulo, núcleo del primero. Este mundo lingüístico pone en relación la concreción del mundo exterior en experiencias lingüísticas que constituyen los datos fácticos del *mundo lingüístico observado* con la elaboración del mundo interior, ya sea ésta basada en procedimientos lógicos y plasmada en teorías sobre el *mundo lingüístico previsto* o en procedimientos más intuitivos concretados en el sistema de valores del *mundo lingüístico preferido*.

Los lados del triángulo simbolizan los distintos aspectos de la actividad investigadora; a saber, la *empirista*, la *criticista* y la *creativa*, que vienen a completarse con la elaboración de un *nuevo mundo lingüístico* (círculo de tamaño mayor), hecho de la síntesis entre nuevas *teorías* y *modelos* sobre los *datos lingüísticos*.

Según Pêcheux, ello es posible porque la Filosofía de la ciencia en cuanto técnica hermenéutica nos permite:

a) *Enunciar tesis* (es decir, proposiciones que no dan lugar como en las ciencias a razonamientos, pruebas u demostraciones, sino a justificaciones particulares de tipo racional), sin pretender encontrar la verdad sino elaborar planteamientos correctos y, consecuentemente, coherentes con la base epistemológica que sustente la reflexión.

b) Establecer *líneas de demarcación* entre lo epistemológico de las epistemologías y lo científico de las ciencias.

c) Deslindar la visión del mundo, los aspectos sujetuales del discurso ideológico (humanismo), del conocimiento del objeto real, propio de la herencia cientificista (formalismo).

Veamos, pues, cada uno de estos aspectos; a saber, las *tesis*, las *líneas de demarcación* y la *separación* entre lo objetual y sujetual que la reflexión filosófica nos permite realizar en nuestro ámbito disciplinario.

3. Las tesis de la Lingüística desde la Filosofía de la ciencia.

Las *tesis* fundamentales en las que se basa la concepción integral de la Lingüística epistemológica que hemos desarrollado en este trabajo son las siguientes:

a) La propia naturaleza del objeto lingüístico —que tiene una parte inmanente (lengua) y otra trascendente (lenguaje)— nos permite la concepción de una Lingüística que, desde un punto de vista sincrónico, es no sólo *realista* —puesto que describe los aspectos objetivos y observables de nuestro ámbito disciplinario— sino también *idealista* —ya que, en este caso, explica los aspectos sujetuales de nuestra disciplina— en el marco de la concepción interpretativa de la Lingüística epistemológica —hermenéutica— que permite no sólo entender la realidad no como ser sino como lenguaje (comunicación) sino reinterpretar esta realidad a partir del lenguaje.

b) La segunda tesis parte de la anterior desde el momento en el que el lenguaje no puede ni debe ser entendido sólo como una cadena de signos lingüísticos basados en la relación significativa significado-significante, por lo que debe considerarse el aspecto *intencional*, la función trascendente del sujeto.

c) La tercera tesis inherente a la concepción hermenéutica de la Lingüística epistemológica nos lleva inevitablemente a un cuestionamiento del punto de vista restrictivo en torno a la periodización de los estudios lingüísticos que sitúan el inicio de la Lingüística en el siglo XIX con el *Curso de Lingüística General* de Saussure o incluso con las *Estructuras sintácticas* de Chomsky. En su lugar, debemos ampliar los límites de la disciplina lingüística, ya sea considerando la Lingüística anterior a Saussure también científica —puesto que el hecho de responder a perspectivas diferentes de las postuladas por la denominada Lingüística científica no le otorga el estatuto de acientífica— o considerando, por la misma razón, la Lingüística posterior a Saussure también acientífica.

4. Líneas de demarcación entre lo fenomenológico y lo trascendental.

Si consideramos ahora las *líneas de demarcación* que nos permiten diferenciar las parcelas ideológica y científica inmersas en el discurso lingüístico, podemos establecer las siguientes distinciones:

a) Primeramente, como resultado de la ampliación objetual acaecida en nuestro ámbito disciplinario, se produce una *ampliación epistemológica* atravesada por un eje de dos polos; a saber, el que como resultado de la conversión del lenguaje en objeto autónomo posibilita el desarrollo de los *elementos intracientíficos* con los que

Althusser caracteriza el discurrir científico —objeto, teoría y método—; y el que, en este caso, como resultado de la conversión del lenguaje en sujeto posibilita ahora la elaboración de *elementos extracientíficos* —datos de experiencias, modelo y técnica— inherentes al discurrir ideológico (recuérdese lo visto en el capítulo 3).

b) En segundo lugar, se produce también una *ampliación metodológica* que aglutina dialécticamente la caracterización sujetual de nuestro ámbito disciplinario —estudio ontológico del lenguaje (primera vía de estudios lingüísticos)— con la objetual — estudio metodológico del lenguaje a través de las lenguas como sistemas estructurados (segunda vía de estudios lingüísticos)—.

c) Herencia del planteamiento anterior es la nueva manera de concebir el lenguaje que, como sujeto trascendente, necesita, dado su carácter espiritual, la inmanencia de objetos lingüísticos a través de los cuales hacerse patente y existir; dicho en términos saussurianos, el lenguaje sujeto necesita para existir la materialización en la lengua y el habla objetos. De ello se deduce que la reflexión sobre la lengua objeto deba ir unida a la reflexión sobre el lenguaje.

d) Aunque somos conscientes de que la realidad lingüística no puede ni debe limitarse a dicotomías tan rígidas, lo verdaderamente útil de esta dialéctica es la separación entre los planos *lingüístico* o de la realidad lingüística, y *glotológico*, o de la teoría lingüística (tercera vía de estudios lingüísticos). Tal separación la entendemos, obviamente, desde un punto de vista metodológico, puesto que, aunque la realidad lingüística y la reflexión sobre la misma sean factores de naturaleza diferente, su condicionamiento mutuo exige el vaivén dialéctico que pasa de la lengua objeto al terreno glotológico y viceversa.

e) Ello justifica, pues, la reflexión glotológica que estamos realizando, *sincrónicamente* desde la Filosofía de la ciencia y *diacrónicamente*, desde la Historiografía lingüística.

5. Conocimiento del objeto lingüístico y visión del mundo.

En resumidas cuentas, el trabajo epistemológico ha consistido:

a) Primero, en una *ampliación objetual* (desde la nueva perspectiva del lenguaje sujeto) en ámbitos epistémicos intermedios entre el conceptual y el categorial, entre los niveles empírico y trascendental, realizado en la segunda parte del libro en la que estudiamos el lenguaje (Teoría del lenguaje) desde un punto de vista *ontológico*.

b) Segundo, en la aplicación de teorías en la tercera parte del libro para estudiar el lenguaje de manera *metodológica*, es decir, concretado en las lenguas (Teoría de la lengua).

c) Y tercero, en aglutinar y relacionar la Teoría del lenguaje y la Teoría de la lengua desde el prisma globalizante de la reflexión epistemológica (Teoría de la gramática).

De esta forma, conseguimos aunar en un mismo marco metodológico propuestas —teóricas e ideológicas— hasta ahora irreconciliables; a saber:

a) El abstraccionismo de la descripción racionalista de la Lingüística Objetual, con la corrección de la explicación idealista de la Lingüística Sujetual.

b) La pretendida pureza de lo empírico de las propuestas formalistas con la grandeza de lo trascendental de las propuestas idealistas.

c) La objetivación de la ciencia, que domina la Naturaleza, con la subjetivación del arte que, por medio del signo, asimila la Cultura al ideal humano.

El lingüista aparece, pues, como un ente doble, como un hombre positivo, que proyecta un hombre objeto que se atiene a hechos; y como un hombre idealista, que proyecta un hombre sujeto que se trasciende a sí mismo en su propio lenguaje.

Se trata, en definitiva, de comprender el lenguaje captando el sentido de las palabras en cuanto expresión lingüística, y aprehendiendo, al mismo tiempo, la realidad intencional, a la que se une todo un sistema de valores.

6. La vertiente diacrónica de la reflexión glotológica lingüística.

Ahora debemos reflexionar sobre la segunda de las vertientes que puede adoptar la reflexión glotológica sobre nuestro ámbito disciplinario: la vertiente diacrónica.

Ésta está constituida por la *Historiografía lingüística* en cuanto estudio de los textos que han favorecido el auge de la Lingüística a lo largo de los años. Todos estos textos se caracterizan por poseer un carácter *dinámico* debido a que los tecnicismos lingüísticos (frente a la invariabilidad de los conceptos científicos) están en un proceso de cambio evolutivo.

El acercamiento historiográfico pretende desvelar la problemática que subyace en los textos lingüísticos, puesto que todos los textos sobre el lenguaje contienen una problemática autónoma que aparece reflejada en las propias palabras del texto en cuestión. En este sentido, la tarea de la Historiografía lingüística en cuanto vertiente diacrónica de la reflexión glotológica lingüística consiste, precisamente, en deslindar esta problemática.

Podemos entender, consecuentemente, la problemática como la unidad específica de toda formación teórica general (en nuestro caso, la lingüística) y el lugar en el que ubica esa unidad. Así, podíamos poner como ejemplo la siguiente problemática: *el lenguaje en el siglo XIX*, formada por la unión de la unidad específica (el lenguaje) y la formulación teórica en la que se ubica (en el siglo XIX).

Las razones por la que la Historiografía pretende desvelar estas problemáticas son variadas. Entre ellas podemos citar las siguientes:

a) El hecho de que la problemática textual es la causante del auge que ha sufrido la Lingüística y que ha permitido su evolución.

b) Por otro lado, porque los textos suelen esconder su problemática, lo que posibilita, ciertamente, la manipulación textual, tan frecuente en la cultura contemporánea.

c) A veces, incluso porque los textos pueden llegar a ignorar su propia problemática, fruto de una filosofía espontánea de carácter consciente o inconsciente de los lingüistas que han escrito los textos.

d) Finalmente, porque la problemática es un elemento activo que participa en la propia organización textual y le es inherente.

Para analizar la problemática de los discursos lingüísticos Crespillo propone realizar una doble operación: *confrontar* la historia lineal inherente a la visión epistemológica de la Lingüística que sustentamos, con la historia de las discontinuidades propia exclusivamente del cientificismo lingüístico; y *deslindar* lo ideológico de lo científico que aparece en los textos lingüísticos.

La razón para ello es que, en general, los discursos lingüísticos hacen intervenir la noción de sujeto filosófico, pero lo hacen en un entramado que tiene la apariencia de una conceptualización científica; por eso, es la *problemática del sujeto* la que se oculta —y a veces se ignora— en los textos lingüísticos.

La *razón para esta ocultación* y para la confusión entre los elementos ideológicos y científicos que hemos señalado, está en lo que Althusser denomina *filosofía espontánea*, modalidad que afecta a los elementos mediante los cuales el teórico de cualquier disciplina construye su entramado particular. Esta filosofía espontánea es la que pretende desentrañar la Historiografía lingüística como vertiente diacrónica de la reflexión glotológica en el ámbito lingüístico.

7. La filosofía espontánea de los discursos lingüísticos desde el punto de vista historiográfico.

A partir de lo expuesto, podemos decir que los dos grandes paradigmas de la Lingüística; a saber, el estructuralista y el transformatorio deben entenderse dentro de este prisma y bajo la linealidad señalada, como el desarrollo de una problemática específica bajo el manto de una filosofía espontánea también específica. Veámoslo, completando lo expuesto en el capítulo 4.

7.1. El discurso transformatorio.

Éste presenta una visión trascendental del lenguaje —conocer es reconocerse en el lenguaje— desarrollando (como avanzamos en el mencionado capítulo 4) linealmente la *problemática del sujeto cartesiano*, bajo una filosofía espontánea que puede ser de dos maneras:

- *Consciente,* en la primera modalidad de estos discursos, la sintaxis, que actualiza el racionalismo cartesiano en los distintos modelos sintácticos.

- *Inconsciente*, en la segunda modalidad de los discursos transformatorios, la semántica, porque las representaciones semánticas coinciden con las de la lógica simbólica, presentando, en este caso, una influencia más neopositivista.

Esta reflexión lingüística (paralela a la hermenéutica filosófica trascendental del conocimiento desarrollada por Dilthey o Heidegger) fue comenzada por Platón, recogida por el Nominalismo Medieval y el racionalismo cartesiano, y continuada en la Edad Moderna por Herder (recuérdese lo expuesto en el capítulo 4).

Por ello, el lenguaje no es un instrumento ya, sino que el acto de pensar mismo es un acto de lenguaje, y puesto que el hombre es un ser activo y con libertad de pensar, es una criatura de lenguaje. Desde este punto de vista, el lenguaje se convierte en el creador del hombre mismo, en la determinación de la energía del Espíritu.

Consecuentemente, el lenguaje es un instrumento innato (Descartes) de la Razón; no es ni una ideología ni una concepción del mundo, sino el mundo intermedio mediador que permite el auténtico entendimiento (a la vez subjetivo y objetivo) de la realidad, realizado gracias a la fuerza del espíritu creador humano que se objetiva y autoencuentra de un modo individual y social a la vez, en el lenguaje.

Por ello, frente a la concepción positivista del lenguaje como objeto mediador de la realidad inmediata, el lenguaje aparece como sujeto constitutivo de la realidad mediata.

7.2. *El discurso estructural.*

Éste presenta, a su vez, una visión inmanente del lenguaje —conocer es conocer primeramente la realidad funcional y convencional de nuestro lenguaje al uso—, desarrollando linealmente y bajo una filosofía espontánea inconsciente la *problemática del sujeto kantiano*, la dialéctica entre lo empírico y lo trascendental llevada a lo lingüístico.

Esta reflexión lingüística (paralela a la hermenéutica filosófica inmanente del conocimiento desarrollada por Bollnow) fue comenzada por Aristóteles, continuada por Santo Tomás y la reflexión empirista, y desarrollada por la filosofía kantiana (recuérdese lo expuesto también en el capítulo 4).

Desde la reflexión aristotélica sobre el funcionamiento y las relaciones que se pueden establecer entre las palabras, el lenguaje se convierte en representación de nosotros mismos y después de las cosas, expresando un significado mediante un acuerdo.

Por ello, en este caso se trata de justificar el fenómeno lingüístico no desde la ontología, sino desde la actuación empírica, desde el habla, para llegar a la estructura del conocimiento.

Así, la doble faceta empírica (lengua y habla) y trascendental (lenguaje), permite la reflexión estructural de origen kantiano que concibe la doble funcionalidad en el lenguaje que hemos desarrollado en el capítulo 5; a saber:

- La de la *lengua*, como el sistema interior y social que va a permitir la actualización de la parte trascendente del lenguaje.
- La del *habla*, en este caso como la realización individual y exterior que va a actualizar la parte inmanente del lenguaje.

8. Otras formulaciones hermenéuticas.

Para terminar esta breve reflexión epistemológica, debemos recordar que uno de los aspectos más importantes que han organizado diacrónicamente el saber lingüístico ha sido el reconocimiento del eje demarcativo manifiesto por los polos del *empirismo* y el *trascendentalismo* que, como ocurriera en el terreno lingüístico estricto, ha permitido la escisión y la andadura metodológica independiente e inconexa.

Sin embargo, el carácter dialéctico y globalizante de la reflexión epistemológica nos ha permitido el acercamiento unificador, ya que ésta no tiene razones para ser parcialmente trascendentalista ni exclusivamente inmanentista o positivista cuando el lenguaje (Objeto y Sujeto de interpretación a la vez) es concebido como *trascendente* e *inmanente*, *subjetivo* y *objetivo*.

Ello justifica la importancia que se le otorgó en la formulación gadameriana a la hermenéutica en cuanto técnica lingüística (descriptiva y explicativa) comprensiva del sentido que pasamos a comentar.

8.1. *La hermenéutica trascendental–existencial de Gadamer.*

En medio de este estado de la cuestión de una *hermenéutica del conocimiento* y una *hermenéutica del lenguaje*, surge la figura de Gadamer, de reconocida importancia por su pretensión de conciliar la postura proveniente de las Ciencias del Espíritu con la proveniente del Idealismo.

Para Gadamer, el proceso de auténtico entendimiento implica, necesariamente, un procedimiento interpretativo del lenguaje que nos permita llegar, finalmente, a la comprensión total. La *importancia del lenguaje* resulta, pues, claramente matizada y aparentemente formalizada como el *medium* necesario para todo entendimiento e interpretación.

Por ello, conviene recordar ahora los *puntos fundamentales de su hermenéutica*, sistematizados por Ortiz Osés y reflejados en la siguiente formulación:

- todo conocimiento, por el mero hecho de llevar implícita una idea comprensiva, implica un procedimiento interpretativo (más o menos sistematizado) del lenguaje;
- consecuentemente, la interpretación puede concebirse como la traducción de un lenguaje (texto) a nuestro lenguaje;
- esta transformación que inducimos ha de adaptarse al objeto;
- toda interpretación es dialéctica (objetiva/subjetiva); esta

dialéctica no enfrenta al Sujeto y al Objeto, sino que reintegra la interpretación en el régimen universal de la interpretación histórica;

- esta historia, Sujeto de nuestra propia interpretación, resulta ser lenguaje, que hay que contestar, diálogo que hay que realizar;
- el texto es antes Sujeto que Objeto de interpretación;
- y, finalmente, la interpretación es lenguaje que, de esta forma, se convierte en el medio en el que el Objeto (texto) y el Sujeto (intérprete) son entendidos. Interpretar es, por lo tanto, dejar que el lenguaje «hable» lo que nos dice.

8.2. La hermenéutica crítico-estructural del lenguaje.

Finalmente, la hermenéutica crítico-estructural sostiene que interpretar no es meramente entender lo que el lenguaje *dice* (lo que expresa a través de su inmanencia), sino atender a lo que el lenguaje *calla* (a aquello que permanece oculto tras la letra impresa, a aquella trascendencia de su pureza, que no puede materializarse). Pues, más acá de la *función mediadora* del lenguaje, según la cual Objeto y Sujeto quedan neutralizados en su medio lingüístico, reaparece una *función inmediadora*, según la cual «objetivo» y «subjetivo» son valores que se disputan en el discurso un espacio.

Es el problema de la *mediación hegeliana* el que radica aquí: el lenguaje es el que puede verificarnos la verdad del entendimiento humano esencialmente lingüístico. El lenguaje significa, pues, la interpretación primera de la realidad y del hombre.

El ser del lenguaje no consiste en un mero descubrimiento (como pensaba Gadamer), ni en un mero acuerdo (como afirmaban los teóricos escolásticos), sino en un *consentimiento* y no en un mero convenio (positivismo), y el entendimiento es *comprensión, integración* de estos dos factores en el marco que la concepción epistemológica de la Lingüística posibilita.

En resumidas cuentas, frente a la Filosofía Clásica, que concibe el entendimiento como la comprensión de la realidad, y la Filosofía Moderna, basada en su concepción del conocimiento como un ente productivo que sirve al hombre para reconocerse en el mundo, la Hermenéutica como técnica lingüística de interpretación sirve a la Filosofía Contemporánea para situar al *lenguaje como sujeto verificador del hombre en el mundo*.

E. Actividades sugeridas.

— Conteste a las siguientes cuestiones:

– Enmarque el planteamiento epistemológico en el marco general de las distintas vías de estudios lingüísticos.

– Explique cuáles son las dos vertientes de estudios epistemológicos de nuestro ámbito disciplinario.

– Valore el planteamiento explicativo de los fenómenos lingüísticos desde la perspectiva de la Filosofía de la ciencia y explique su procedimiento.

– ¿Qué aporta la Filosofía de la ciencia a los estudios lingüísticos?

– Explique las tesis principales de la Filosofía de la ciencia.

– ¿En qué consiste la Historiografía lingüística?

– Valore la filosofía espontánea de los principales discursos lingüísticos.

F. Lecturas recomendadas.

BERNARDO, J. Mª, *La construcción de la Lingüística. Un debate epistemológico*, Universidad de Valencia, Valencia, 1995.

Exposición de las cuestiones fundamentales de la Epistemología de la Lingüística.

BUNGE, M., *Epistemología*, Ariel, Barcelona, 1980, pp. 9-27.

Clara presentación del ámbito de la Epistemología, con su historia y grandes ramas.

JIMÉNEZ RUIZ, J. L., «Fundamentos de Lingüística epistemológica» apud *Epistemología del lenguaje*, Universidad de Alicante, Alicante, 2000, pp. 11-45.

Presentación de las bases para una reflexión integral y creativa sobre el lenguaje.

G. Ejercicios de autoevaluación.

Con el fin de que se pueda comprobar el grado de asimilación de los contenidos, presentamos una serie de cuestiones, cada una con tres alternativas de respuestas. Una vez que haya estudiado el tema, realice el test rodeando con un círculo la letra correspondiente a la alternativa que considere más acertada. Después justifique las razones por las que piensa que la respuesta elegida es la correcta, indicando también las razones que invalidan la corrección de las restantes.

Cuando tenga dudas en alguna de las respuestas vuelva a repasar la parte correspondiente del capítulo e inténtelo otra vez.

1. En los discursos lingüísticos las nociones admiten variabilidad
    A Siempre.
    B Nunca.
    C La noción no es un elemento lingüístico.

2. La hermenéutica trascendental del lenguaje fue comenzada por
    A Platón.
    B Aristóteles.
    C Saussure.

3. Los textos lingüísticos contienen
    A Una problemática autónoma.
    B Una problemática oculta.
    C Las respuestas A y B son correctas.

4. La Gramática Transformatoria puede considerarse una traducción al ámbito lingüístico del
    A Racionalismo cartesiano.
    B Empirismo.
    C La filosofía de Kant.

5. Para la hermenéutica inmanente, el lenguaje es
    A El creador del hombre.
    B El conjunto de reglas que permiten el juego lingüístico.
    C Las respuestas A y B son correctas.

6. Para analizar la problemática que aparece inmersa en los discursos lingüísticos debemos
    A Separar el voluntarismo consciente del inconsciente.
    B Confrontar la historia lineal con la ruptura de la historia de la Lingüística.
    C Establecer líneas de demarcación entre lo epistemológico de las ciencias y lo científico de las epistemologías.

7. La problemática que se oculta en los textos lingüísticos es

A La del Sujeto filosófico.
B La del Objeto científico.
C Las respuestas A y B son correctas.

8. El formalismo, desde un punto de vista metodológico
   A Refuerza los aspectos humanísticos del lenguaje.
   B Ignora los aspectos humanísticos del lenguaje.
   C Refuerza el estatuto subjetivista del lenguaje.

9. Los planteamientos epistemológicos realizados en la Lingüística se basan en un criterio de
   A Adecuación.
   B Verdad.
   C Corrección.

10. Desde un punto de vista epistemológico, la Lingüística del Sujeto desarrolla un conocimiento
    A Descriptivo.
    B Explicativo.
    C Interpretativo.

11. La afirmación «en el lenguaje se oculta la auténtica realidad del ser que somos» es de
    A Wittgenstein.
    B Heidegger.
    C Las respuestas A y B no son correctas.

12. En el Positivismo, el lenguaje se concibe
    A Como objeto de estudio e investigación.
    B Como Sujeto de la realidad inmediata.
    C Como Sujeto de la realidad mediata.

13. Desde el punto de vista de la hermenéutica inmanente, el lenguaje se concibe
    A Como un conjunto de reglas.

B Como un Sujeto.
C Como un ser oculto.

14. Para Gadamer, el entendimiento implica
    A Un proceso descriptivo del lenguaje.
    B Un proceso explicativo del lenguaje.
    C Un proceso interpretativo del lenguaje.

15. La concepción epistemológica de la Lingüística posibilita
    A La descripción del Lenguaje Sujeto.
    B La elaboración de métodos explicativos.
    C La integración del Formalismo y el Humanismo.

16. Para la Filosofía Contemporánea, el lenguaje
    A Permite al hombre conocer el mundo.
    B Permite al hombre reconocer el mundo.
    C Verifica al hombre en el mundo.

17. La reflexión empirista se produce en el
    A Paradigma Realista de la Lingüística.
    B Paradigma Idealista de la Lingüística.
    C Ambos a la vez.

18. Los valores son importantes para
    A El empirismo.
    B El criticismo.
    C El realismo.

19. Las teorías son los elementos intracientíficos encargados de describir
    A El mundo lingüístico observado.
    B El mundo lingüístico previsto.
    C El mundo lingüístico preferido.

20. La caracterización objetual de la Lingüística se produce mediante un acercamiento de orden

A Ontológico.
B Metodológico.
C Epistemológico.

21. Los paradigmas de las Ciencias y de las Epistemologías se diferencian
    A En el carácter nocional o conceptual de sus elementos.
    B En sus fundamentos metodológicos.
    C En el carácter teórico o modélico de sus elementos.

22. El lenguaje como sujeto inmanente necesita para poder existir la materialización
    A En la lengua o en el habla.
    B En la lengua y en el habla.
    C Las respuestas A y B no son correctas.

23. La ampliación objetual que se ha establecido en nuestro ámbito disciplinario se ha debido
    A A la concepción del lenguaje como sujeto.
    B A la concepción del lenguaje como objeto.
    C A la concepción de la lengua como objeto.

24. La Lingüística sujetual realiza
    A Una descripción racionalista.
    B Una explicación idealista.
    C Una interpretación globalizante.

25. Para la Lingüística del Sujeto, lo empírico tiene un carácter
    A Puro.
    B Impuro.
    C Trascendental.

H. Glosario.

Continuidad: Carácter específico de la historia de la Lingüística basado en la ausencia de ruptura epistemológica con los precursores anteriores.

Dinamicidad terminológica: Principio lingüístico basado en el cambio evolutivo de los tecnicismos lingüísticos frente a la invariabilidad de los conceptos científicos, que posibilita la ruptura del estatuto cientificista de la Lingüística.

Discontinuidad: Carácter específico de la historia de las ciencias basado en la ruptura epistemológica con los precursores anteriores.

Filosofía espontánea: Reflexión (consciente o inconsciente) que afecta a los elementos mediante los cuales el teórico de cualquier disciplina construye su entramado particular y que, en el caso de los discursos lingüísticos, ha causado la confusión entre los elementos científicos e ideológicos.

Formalista: [Lingüística] Que separa el signo de la realidad para estudiarlo en su relación con otros signos en un sistema lógico cerrado.

Habla Objeto: Ámbito disciplinario de la Lingüística de orientación interna, constituido por los actos concretos e individuales de la facultad del lenguaje.

Hermenéutica inmanente: Interpretación lingüística en la que el conocimiento se concibe como la aprehensión de la realidad funcional y convencional de nuestro lenguaje al uso.

Hermenéutica trascendental: Interpretación lingüística en la que el conocimiento se concibe como el reconocimiento en el lenguaje.

Hermenéutica: Técnica de la concepción epistemológica de la Lingüística basada en la descripción fenomenológica y la explicación trascendental.

Humanista: [Lingüística] Que concibe el signo en su relación con la realidad y lo estudia como elemento de un sistema social.

Ignorancia: Función de la problemática consistente en el desconocimiento que a veces los textos hacen de ella.

Intervención contextual: Función de la problemática consistente en su participación en la propia organización del texto.

Lengua Objeto: Ámbito disciplinario de la Lingüística de orientación interna, constituido por el producto abstracto y social de la facultad del lenguaje.

Lenguaje Sujeto: Ámbito disciplinario de la Lingüística de orientación externa.

Mundo lingüístico observado: Fenómenos cuyo conjunto constituye el ámbito disciplinario de la Lingüística.

Mundo lingüístico preferido: Fenómenos lingüísticos cuyo funcionamiento ha sido establecido por modelos de la Lingüística.

Mundo lingüístico previsto: Fenómenos lingüísticos cuyo funcionamiento ha sido establecido por las teorías de la Lingüística.

Ocultamiento: Función de la problemática consistente en su aparición solapada y encubierta en los textos.

Paradigma Idealista: Conjunto de modelos y propuestas modélicas de un dominio filosófico.

Paradigma Realista: Conjunto de teorías y propuestas teóricas de un dominio científico.

Planteamiento epistemológico: Aquél que pretende acercarse al procedimiento de conocimiento del lenguaje de manera globalizante, aglutinando ontología y metodología.

Planteamiento metodológico: Aquél que pretende analizar nuestro objeto de estudio (el lenguaje) a través de las lenguas.

Planteamiento ontológico: Aquél que pretende caracterizar el «ser» de nuestro objeto de estudio, precisando sus particularidades desde distintos puntos de vista.

Problemática: Unidad específica de toda formulación teórica en sentido general y lugar en el que se ubica esa unidad.

Propuesta modélica: Desarrollo específico del modelo para explicar los datos de la experiencia.

Propuesta teórica: Desarrollo específico de la teoría para describir el objeto de estudio e investigación.

Reflexión creativa: La que se realiza desde el punto de vista epistemológico, aglutinando realismo e idealismo.

Reflexión criticista: La que se realiza en el Paradigma Idealista de la Lingüística.

Reflexión empirista: La que se realiza en el Paradigma Realista de la Lingüística.

Tesis: Proposiciones basadas en el criterio de corrección que dan lugar a justificaciones particulares de tipo racional.

I. Bibliografía general.

AJDUKIEWICZ, K., *Introducción a la Filosofía: Epistemología y Metafísica*, Cátedra, Madrid, 1994.

BACHELARD, G., *Epistemología*, Anagrama, Barcelona, 1983.

BERNÁRDEZ, E., *Teoría y Epistemología del texto*, Cátedra, Madrid, 1995.

BERNARDO PANIAGUA, J. Mª, *La construcción de la Lingüística. Un debate epistemológico*, Universidad de Valencia, Valencia, 1995.

BRUNET ICART, I. & VALERO IGLESIAS, L., *Epistemología I. Sociología de la ciencia*, P.P.U., Barcelona, 1996.

BUNGE, M., *Epistemología*, Ariel, Barcelona, 1980.

BUNGE, M., *La investigación científica*, Ariel, Barcelona, 1969.

BUNGE, M., *Lingüística y Filosofía*, Ariel, Barcelona, 1983.

DANCY, J., *Introducción a la epistemología contemporánea*, Tecnos, Madrid, 1993.

DÍEZ, J. A. & MOULINES, C. U., *Fundamentos de Filosofía de la Ciencia*, Ariel, Barcelona, 1999.

ECHEVERRÍA, J., *Filosofía de la Ciencia*, Akal, Madrid, 1995.

ESTANY, A., *Introducción a la Filosofía de la ciencia*, Crítica, Barcelona, 1993.

FERNÁNDEZ PÉREZ, M., *La investigación lingüística desde la Filosofía de la ciencia*, Verba, anexo 28, Universidad de Santiago, Santiago de Compostela, 1986.

GAETA, R. & ROBLES, N., *Nociones de Epistemología*, Eudeba, Buenos Aires, 1988.

GONZÁLEZ ECHEVARRÍA, A., *Epistemología y método*, Cometa, Zaragoza, 1996.

ITKONEN, E., *Grammatical Theory and Metascience*, Benjamins, Amsterdam, 1978.

JIMÉNEZ RUIZ, J. L., *Epistemología del lenguaje*, Universidad de Alicante, Alicante, 2000.

LAKATOS, I., *Historia de la ciencia y sus reconstrucciones racionales*, Tecnos, Madrid, 1974.

LENK, H., *Entre la Epistemología y la Ciencia social*, Alfa, Barcelona, 1988.

LORES ARNAIZ, Mª R., *Hacia una epistemología de las Ciencias Humanas*, Belgrano, Buenos Aires, 1986.

MARDONES, J. M., *Filosofía de las ciencias humanas y sociales. Materiales para una fundamentación científica*, Anthropos, Barcelona, 1991.

MARTÍN SANTOS, L., *Diez lecciones de epistemología*, Akal, Madrid, 1991.

MONSERRAT, J., *Epistemología evolutiva y teoría de la ciencia*, Universidad Pontificia de Comillas, Madrid, 1984.

OLIVÉ, L. (ed.), *Racionalidad epistémica*, Trotta, Madrid, 1995.

ORTIZ OSÉS, A., *Antropología hermenéutica*, Editorial Ricardo Aguilera, Madrid, 1973.

ORTIZ OSÉS, A., *La nueva filosofía hermenéutica*, Anthropos, Barcelona, 1986.

POLO, J., *Epistemología del lenguaje e historia de la Lingüística*, Gredos, Madrid, 1986.

POPPER, K. R., *La lógica de la investigación científica*, Tecnos, Madrid, 1977.

RODRÍGUEZ ALCÁZAR, F. J., *Ciencia, valores y relativismo. Una defensa de la filosofía de la ciencia*, Comares, Granada, 2000.

SIERRA BRAVO, R., *Ciencias Sociales. Epistemología, Lógica y Metodología*, Paraninfo, Madrid, 1983.

BIBLIOGRAFÍA BÁSICA

Como señalamos en el capítulo 1, el conocimiento de las fuentes objetivas y, consecuentemente, de la bibliografía constituye el aspecto fundamental para la correcta elaboración de las fichas, tanto temáticas como bibliográficas. Junto a ello, su correcta organización en el fichero es imprescindible para realizar una buena investigación glotológica, ordenada, coherente y exhaustiva.

Por ello, y aunque no todas las fuentes tienen el mismo carácter, puesto que unas se relacionan con los materiales y datos concretos de la materia y otras lo hacen con conocimientos teóricos generales, debemos conocer y manejar ambas para que nuestro fichero contenga una información global sobre los planos lingüísticos: el teórico y el objetual.

Así, los textos lingüísticos con los que se deben familiarizar los alumnos pueden dividirse cuando el objeto es un libro en dos grandes grupos: *directos* e *indirectos*. Los *directos* son aquellos que no han sido interpretados y se presentan recogidos para su análisis, es decir, los escritos del autor que estudiemos; los *indirectos* son los que nos ofrecen los materiales elaborados, siendo el fruto de otras investigaciones previas, es decir, los trabajos publicados sobre el autor que estudiemos, sobre todo, tratados generales y particulares sobre materias correspondientes a nuestra asignatura, manuales, monografías, artículos y reseñas.

En un ámbito de estudio tan dilatado como el nuestro, los materiales bibliográficos se ofrecen como un dominio inabarcable para una sola persona. Por ello, resultan de gran ayuda en esta situación los repertorios bibliográficos y los distintos centros de documentación bibliográfica computerizados para un seguimiento constante de las publicaciones periódicas, a partir del cual organizar los propios ficheros.

Consecuentemente, se impone además, desde una perspectiva didáctica, renunciar a las largas listas de obras, carentes de sentido, para adoptar una perspectiva más razonable y eficaz que tenderá, no ya al conocimiento pormenorizado de las obras, sino de las directrices fundamentales del pensamiento lingüístico entre los que se mueven los hilos del entramado bibliográfico, todo ello dirigido desde una actitud de justa objetividad en la que no cabrán ni el dogmatismo excluyente ni el eclecticismo enciclopedista indiscriminado.

Por ello, movidos por el afán didáctico señalado, presentamos ahora el complemento bibliográfico de los repertorios generales (bibliografía general sobre Lingüística, enciclopedias y panorámicas de la Lingüística y diccionarios terminológicos), que servirán de orientación al alumno en la tarea de elaboración de su fichero bibliográfico y temático.

A. INTRODUCCIÓN A LA LINGÜÍSTICA.

La presente *adenda* no es una lista exhaustiva de las principales obras sobre Lingüística general. Es simplemente una guía, una ayuda con la que se pueda hacer frente a una aportación bibliográfica más amplia que la que aparece en los capítulos precedentes.

AA.VV., *Introducción a la Lingüística*, Alhambra Universidad, Madrid, 1983.

AA.VV., *Manual de Lingüística*, Xerais, Vigo, 1999.

ABAD, F. & GARCÍA BERRIO, A., *Introducción a la Lingüística*, Alhambra,

Madrid, 1977.

AKMAJIAN, A. et alii, *Lingüística: una introducción al lenguaje y a la comunicación*, Alianza Universidad, Madrid, 1984.

ALONSO CORTÉS, A. & PINTO, A., *Ejercicios de Lingüística*, Universidad Complutense, Madrid, 1994.

ARENS, H., *La Lingüística*, Gredos, Madrid, 1975.

ATKINSON, M., KILBY, D. & ROCA, I., *Foundations of General Linguistics*, G. Allen, Londres, 1982.

BENVENISTE, E., *Problemas de Lingüística general*, Siglo XXI, México, 1974.

BLOOMFIELD, L., *Language*, Allen y Unwin, Londres, 1976.

CASADO VELARDE, M., *Lenguaje y cultura*, Síntesis, Madrid, 1988.

CERDÁ, R., *Lingüística hoy*, Teide, Barcelona, 1979.

CLARK, H., *Using language*, Cambridge University Press, Cambridge, 1996.

COLLADO, J. A., *Historia de la Lingüística*, Gredos, Madrid, 1973.

COLLADO, J. A., *Fundamentos de Lingüística general*, Gredos, Madrid, 1978.

COSERIU, E., *Teoría del lenguaje y Lingüística general*, Gredos, Madrid, 1967.

COSERIU, E., *Tradición y novedad de la ciencia del lenguaje*, Gredos, Madrid, 1973.

COSERIU, E., *Lecciones de Lingüística general*, Gredos, Madrid, 1981.

COSERIU, E., *Introducción a la Lingüística*, Gredos, Madrid, 1986.

CHAO, Y. R., *Introducción a la Lingüística*, Cátedra, Madrid, 1975.

CHOMSKY, N., *Estructuras sintácticas*, Siglo XXI, México, 1974.

CHOMSKY, N., *Lingüística cartesiana*, Gredos, Madrid, 1975.

CHOMSKY, N., *Aspectos de la teoría de la sintaxis*, Aguilar, Madrid, 1970.

CRANE, L., YEAGER, E. & WHITMAN, R., *An Introduction to Linguistics*, Brown, Boston, 1981.

FERNÁNDEZ PÉREZ, M., *Introducción a la Lingüística*, Ariel, Barcelona, 1999.

GARCÍA BERRIO, A., *La Lingüística moderna*, Planeta, Barcelona, 1977.

GLEASON, H. A., *Introducción a la Lingüística descriptiva*, Gredos, Madrid, 1975.

GRACIA, F., *Presentación del lenguaje*, Taurus, Madrid, 1972.

HEESCHEN, C., *Cuestiones fundamentales de Lingüística*, Gredos, Madrid, 1975.

HEILMANN, L., *Linguistica e Umanesimo*, Il Mulino, Bolonia, 1983.

HJELMSLEV, L., *Prolegómenos a una teoría del lenguaje*, Gredos, Madrid, 1969.

HJELMSLEV, L., *Ensayos lingüísticos*, Gredos, Madrid, 1972.

HOCKETT, Ch. F., *Curso de Lingüística moderna*, Eudeba, Buenos Aires, 1972.

JAKOBSON, R., *Ensayos de Lingüística general*, Seix Barral, Barcelona, 1975.

JIMÉNEZ RUIZ, J. L., *Fundamentos epistémicos de Lingüística española. Guía de aprendizaje*, Gamma, Alicante, 1995.

KURYLOWICZ, J., *Esquisse Linguistiques*, Wilhem Fink, Munich, 1973.

LÁZARO CARRETER, F., *Estudios de Lingüística*, Crítica, Barcelona, 1980.

LEPSCHY, G., *La Lingüística estructural*, Anagrama, Barcelona, 1971.

LEROY, M., *Las grandes corrientes de la Lingüística*, F.C.E., México, 1974.

LOPE BLANCH, J. M., *Estudios de historia lingüística hispánica*, Arco/Libros, Madrid, 1990.

LÓPEZ GARCÍA, A. *et alii, Lingüística general y aplicada*, Universidad de

Valencia, Valencia, 1990.

LÓPEZ MORALES, H. (ed.), *Introducción a la Lingüística actual*, Playor, Madrid, 1983.

LYONS, J., *Nuevos horizontes de la Lingüística*, Alianza, Madrid, 1975.

LYONS, J., *Introducción en la Lingüística teórica*, Teide, Barcelona, 1981.

LYONS, J., *Introducción al lenguaje y a la Lingüística*, Teide, Barcelona, 1984.

MALMBERG, B., *La lengua y el hombre*, Istmo, Madrid, 1966.

MALMBERG, B., *Los nuevos caminos de la Lingüística*, Siglo XXI, México, 1970.

MANOLIU, M., *El Estructuralismo lingüístico*, Cátedra, Madrid, 1977.

MANTECA, A., *Lingüística general*, Cátedra, Madrid, 1987.

MARCOS MARÍN, F., *Lingüística y lengua española: introducción, historia y métodos*, Cincel, Madrid, 1975.

MARCOS MARÍN, F., *Introducción a la Lingüística. Historia y modelo*, Síntesis, Madrid, 1990.

MARTÍN VIDE, C. (ed.), *Elementos de Lingüística*, Octaedro, Barcelona, 1996.

MARTINET, A., *Elementos de Lingüística general*, Gredos, Madrid, 1965.

MARTINET, A., *La Lingüística sincrónica*, Gredos, Madrid, 1971.

MARTINET, A., *La Lingüística*, Anagrama, Barcelona, 1972.

MARTÍNEZ CELDRÁN, E., *Bases para el estudio del lenguaje*, Octaedro, Barcelona, 1995.

MORENO CABRERA, J. C., *Curso universitario de Lingüística general I, II*, Síntesis, Madrid, 1991, 1995.

MOUNIN, G., *Claves para la Lingüística*, Anagrama, Barcelona, 1969.

MOUNIN, G., *La Lingüística en el siglo XX*, Gredos, Madrid, 1976.

MOUNIN, G., *Historia de la Lingüística*, Gredos, Madrid, 1983.

MOURELLE DE LEMA, M., *Historia y principios fundamentales de la Lingüística*, Prensa Española, Madrid, 1977.

NEWMEYER, F. (comp.), *Panorama de la Lingüística moderna de la Universidad de Cambridge I. Teoría lingüística: Fundamentos*, Visor, Madrid, 1988.

O'GRADY, W., DOBROVOLSKY, M. & KATAMBA, F., *Contemporary Linguistics. An Introduction*, Longman, Londres, 1997.

PALMER, L. R., *Introducción crítica a la Lingüística descriptiva y comparada*, Gredos, Madrid, 1975.

PEDRETTI DE BOLÓN, A., *Antigua y nueva gramática*, Panel editores, Uruguay, 1978.

PORZIG, W., *El mundo maravilloso del lenguaje*, Gredos, Madrid, 1974.

POTTIER, B., *Lingüística moderna y filología hispánica*, Gredos, Madrid, 1968.

POTTIER, B., *Presentación de la Lingüística*, Alcalá, Madrid, 1968.

POTTIER, B., *Lingüística general*, Gredos, Madrid, 1977.

PRIETO, L. J., *Estudios de Lingüística y Semiología generales*, Nueva Imagen, México, 1977.

ROBINS, R. H., *Lingüística general*, Gredos, Madrid, 1964.

ROBINS, R. H., *Breve historia de la Lingüística*, Paraninfo, Madrid, 1980.

ROCA PONS, J., *El lenguaje*, Teide, Barcelona, 1982.

RODRÍGUEZ ADRADOS, F., *Estudios de Lingüística general*, Planeta, Barcelona, 1969.

RODRÍGUEZ ADRADOS, F., *Lingüística estructural*, Gredos, Madrid, 1969.

RODRÍGUEZ ADRADOS, F., *Nuevos estudios de Lingüística general y de teoría literaria*, Ariel, Barcelona, 1988.

SABIN, A. & URRUTIA, J., *Semiología y Lingüística general*, Alcalá, Madrid, 1974.

SALAZAR GARCÍA, V., *Léxico y teoría gramatical en la Lingüística del siglo XX*, Sabir ediciones, Barcelona, 1998.

SAPIR, E., *El lenguaje*, F.C.E., México, 1974.

SAUSSURE, F. DE, *Curso de Lingüística general*, Losada, Buenos Aires, 1945.

SERRANO, S., *La Lingüística. Su historia y su desarrollo*, Montesinos, Barcelona, 1983.

SIMONE, R., *Fundamentos de Lingüística*, Ariel, Barcelona, 1993.

SMITH, N. & WILSON, D., *Lingüística moderna*, Anagrama Barcelona, 1983.

TRASK, L., *Language: the basics*, Routledge, Londres, 1998.

TUSÓN, J., *Lingüística. Una introducción al estudio del lenguaje con textos comentados y ejercicios*, Barcanova, Barcelona, 1984.

VERA LUJÁN, A. & GARCÍA BERRIO, A., *Fundamentos de teoría lingüística*, Comunicación, Madrid, 1977.

WANDRUSZKA, M., *Interlingüística. Esbozo para una nueva ciencia del lenguaje*, Gredos, Madrid, 1980.

WARDHAUGH, R., *Investigating Language. Central problems in linguistics*, Blackwell, Oxford, 1993.

WIDDOWSON, H. G., *Linguistics*, Oxford University Press, Oxford, 1996.

YLLERA, A. *et alii, Introducción a la Lingüística*, Alhambra, Madrid, 1983.

YULE, G., *El lenguaje*, Cambridge University Press, Cambridge, 1998.

B. ENCICLOPEDIAS Y PANORÁMICAS DE LA LINGÜÍSTICA.

A continuación presentamos algunas enciclopedias que nos aportan una visión general de la Lingüística.

ASHER, R. E. (ed.), *The Encyclopedia of Language and Linguistics*, Pergamon Press, Nueva York, 1994.

BRIGHT, W. (ed.), *International Encyclopedia of Linguistics*, Oxford University Press, Oxford, 1992.

COLLINGE, N. E. (ed.), *An Encyclopedia of Language*, Routledge, Londres-Nueva York, 1990.

CRYSTAL, D., *Enciclopedia del lenguaje de la Universidad de Cambridge*, Taurus, Madrid, 1994.

MALMKJAER, K., *The Linguistics Encyclopedia*, Routledge, Londres-Nueva York, 1991.

NEWMEYER, F. (coord.), *Panorama de la Lingüística moderna de la Universidad de Cambridge*, Visor, Madrid, 1993.

C. DICCIONARIOS TERMINOLÓGICOS.

Aunque presentamos a continuación de este apartado un glosario de los principales términos lingüísticos con la finalidad de que el alumno pueda consultar aquellos de mayor dificultad, la complejidad que conlleva la reflexión glotológica en un primer momento, nos aconseja la indicación de una serie de obras lexicográficas de apoyo.

ABRAHAM, W., *Diccionario de terminología lingüística actual*, Gredos, Madrid, 1981.

ALCARAZ VARÓ, E. & MARTÍNEZ LINARES, M. A., *Diccionario de Lingüística moderna*, Ariel, Barcelona, 1997.

Bibliografía básica

BENSE, M. & WALTER, E., *La semiótica. Guía alfabética*, Anagrama, Barcelona, 1975.

BUSSMANN, H., *Routledge Dictionary of Language and Linguistics*, Routledge, Londres-Nueva York, 1996.

CARDONA, G. R., *Diccionario de Lingüística*, Ariel, Barcelona, 1991.

DUBOIS, J. et alii, *Diccionario de Lingüística*, Alianza, Madrid, 1979.

DUCROT, O & TODOROV, T., *Diccionario enciclopédico de las ciencias del lenguaje*, Siglo XXI, Buenos Aires, 1974.

LÁZARO CARRETER, F., *Diccionario de términos filológicos*, Gredos, Madrid, 1987.

LEWANDOWSKI, K., *Diccionario de Lingüística*, Cátedra, Madrid, 1982.

MARTINET, A., *La Lingüística. Guía alfabética*, Anagrama, Barcelona, 1972.

MORENO CABRERA, J. C., *Diccionario de Lingüística neológico y multilingüe*, Síntesis, Madrid, 1998.

MOUNIN, G., *Dictionnaire de la linguistique*, Presses Universitaires de France, París, 1974.

PEI, M. & GAYNOR, F., *A Dictionary of Linguistics*, Peter Owen, Londres, 1965.

PÉREZ SALDANYA, M., *Diccionari de lingüística*, Colomar editors, Oliva, 1998.

PHELIZON, J. F., *Vocabulaire de la linguistique*, Roudil, París, 1976.

POTTIER, B., *El lenguaje (Diccionario de Lingüística)*, Mensajero, Bilbao, 1985.

SEBEOK, T. A., *Encyclopedic Dictionary of Semiotics*, Mouton-de Gruyter, Berlín, 1986.

TRASK, L., *Student's Dictionary of Language and Linguistics*, Routledge,

Londres-Nueva York, 1996.

WELTE, W., *Lingüistica moderna: terminología y bibliografía,* Gredos, Madrid, 1985.

GLOSARIO GENERAL

A continuación presentamos las nociones lingüísticas que aparecen definidas en los glosarios que figuran en los distintos capítulos del libro. Tras ella indicamos el número del capítulo o capítulos en los que pueden consultarse las definiciones de las mismas.

A

Acción verbal: 5.

Acervo lingüístico: 5.

Acontecimientos de habla: 10.

Acto ilocutivo: 10.

Acto locutivo: 10.

Acto perlocutivo: 10.

Acto verbal: 5.

Acto: 5.

Actos compromisivos: 10.

Actos de enunciación: 10.

Actos de habla: 10.

Actos declarativos: 10.

Actos directivos: 10.

Actos expresivos: 10.

Actos ilocucionarios: 10.

Actos perlocucionarios: 10.

Actos proposicionales: 10.

Actos representativos: 10.

Actuación: 5.

Actualización: 8.

Actualizador: 8.

Adecuación: 8.

Afasia anómica: 7.

Afasia de Broca: 7.

Afasia de conducción: 7.

Afasia de Wernicke: 7.

Afasia: 7.

Agnosia: 7.

Agrafia: 7.

Agramatismo: 7.

Alexia: 7.

Aliedad: 8.

Alofono: 8.

Alomorfo: 8.

Alteridad: 8.

Análisis conversacional: 10.

Análisis del discurso: 8.

Análisis: 6.

Antropología lingüística: 10.

Apelativa: 4.

Apraxia: 7.

Arbitrariedad: 6.

Atomismo: 8.

Atribución: 8.

B

Bidireccional: 6.

Binarismo: 9.

C

Campo léxico: 9.

Campo semántico: 9.

Canal: 6.

Canto: 6.

Categoría lingüística: 9.

Categoría: 3.

Células aferenciales: 7.

Células eferenciales: 7.

Centro de Broca: 7.

Centro de Dejèrine: 7.

Centro de Exner: 7.

Centro de Luria inferior: 7.

Centro de Luria superior: 7.

Centro de Wernicke: 7.

Cisura de Rolando: 7.

Cisura de Silvio: 7.

Cisura: 7.

Código de clasificación: 1.
Código: 6.
Coherencia: 3, 8.
Cohesión: 8.
Comisurotomía: 7.
Competencia comunicativa: 11.
Competencia: 5.
Componente sintagmático: 4.
Componente transformatorio: 4.
Composicionalidad: 4.
Comunicación: 6.
Conativa. 4.
Concepto: 3.
Conductismo: 10.
Connotación: 9.
Constancia: 6.
Constelación: 6.
Consubstancialidad cuantitativa: 8.
Contenido absoluto: 8.
Contenido relativo: 8.
Contenido: 8.
Contexto: 6.
Continuidad: 12.

Coordinación: 8.
Corteza cerebral: 7.
Creatividad: 4.
Cuantificador: 8.
Cuerdas vocales: 7.
Cuerpo calloso: 7.

D

Datos de experiencia: 3.
Denotación: 6.
Dependencia: 6.
Designación: 9.
Desplazamiento: 4.
Determinación: 6.
Diacronía: 2.
Dialectalismo: 5.
Dialecto: 5.
Diglosia: 10.
Dinamicidad terminológica: 12.
Discontinuidad: 12.
Discretitud: 6.
Disfemia: 7.
Disfonía: 7.

Dislalia: 7.

Dislogia: 7.

Dispositio: 8.

Divisiones de la Lingüística. 2.

Dualidad: 4.

E

Economía: 3, 4.

Eficiencia: 4.

Ergon: 5.

Elemento: 6.

Elementos conceptuales: 1.

Elementos de clasificación: 1.

Elementos de identificación: 1.

Elementos de ubicación: 1.

Elementos de utilización: 1.

Elementos extracientíficos: 3.

Elementos intracientíficos: 3.

Elocutio: 8.

Emisor: 6.

Emotiva: 4.

Energeia: 5.

Enfoque comunicativo: 11.

Enfoque empírico: 2.

Enfoque teórico: 2.

Enunciado: 8.

Epistemología: 2, 3.

Especialización: 4.

Esquema: 5.

Estilística: 4.

Estructura profunda: 4.

Estructura superficial: 4.

Estructura: 6.

Estructuralismo: 4.

Estudios logicistas: 4.

Etimología: 4.

Etnolingüística: 10.

Etnometodología: 10.

Exhaustividad: 3.

Expresión: 8.

Expresiva: 4.

F

Facultativo: 8.

Fasolecto: 5.

Fática: 4.

Ficha bibliográfica: 1.

Ficha temática: 1.

Ficha: 1.

Fichero: 1.

Filología: 2.

Filosofía analítica del lenguaje: 10.

Filosofía de la ciencia lingüística: 2.

Filosofía del lenguaje: 10.

Filosofía espontánea: 12.

Filosofía hermenéutica del lenguaje: 10.

Fonema: 8.

Fonemática: 9.

Fonética acústica: 9.

Fonética articulatoria: 9.

Fonética descriptiva: 9.

Fonética general: 9.

Fonética histórica: 9.

Fonética: 8.

Fono: 8.

Fonología descriptiva: 9.

Fonología diacrónica: 9.

Fonología general: 9.

Fonología: 8.

Fonón: 8.

Forma fonética: 8.

Forma lexicológica: 8.

Forma morfológica: 8.

Forma: 8.

Formalista: 12.

Formante: 8.

Función combinatoria: 8.

Función contrastiva: 8.

Función fonológica: 8.

Función semántica: 8.

Función signo: 6.

Función sintáctica: 8.

Función: 6.

Funcionalidad: 3.

Funcionalismo: 4.

Fundamentos neuropsicológicos del lenguaje: 7.

Funtivo constante: 6.

Funtivo variable: 6.

Funtivo: 6.

G

Glosemática: 4.

Glosodidáctica: 11.

Glotis: 7.

Glotológico: 2.

Gramática clásica: 4.

Gramática comparada: 4.

Gramática especulativa: 4.

Gramática general: 4.

Gramática histórica: 4.

Gramática normativa: 4.

Gramática tradicional: 4.

Gramática: 4.

Gramaticalización: 9.

Gramema: 8.

H

Habla Objeto: 12.

Habla: 5.

Hemisferectomía: 7.

Hemisferio cerebral: 7.

Hermenéutica inmanente: 12.

Hermenéutica trascendental: 12.

Hermenéutica: 12.

Heterogéneo: 8.

Heterosintagmático: 8.

Hilemórfico: 8.

Hipoacusia: 7.

Historiografía lingüística: 2.

Homogéneo: 8.

Homosintagmático: 8.

Humanista: 12.

I

Idealismo lingüístico: 4.

Idealismo: 2, 4.

Ideología: 3.

Idiolecto: 5.

Ignorancia: 12.

Implicaciones: 10.

Incidencia: 8.

Índice: 6.

Información: 6.

Infraestructura: 8.

Glosario general

Inmanencia: 2.
Instrumentalismo: 11.
Intercambiabilidad: 4.
Interdependencia: 6.
Interpersonal: 6.
Intervención contextual: 12.
Intrapersonal: 6.
Introductor: 8.
Inventio: 8.
Irreversibilidad: 6.

K
Kinesia: 6.

L
Laringe: 7.
Lengua exteriorizada: 5.
Lengua interiorizada: 5.
Lengua Objeto: 12.
Lengua: 5.
Lenguaje Sujeto: 12.
Lenguaje: 2.
Lexema: 8.

Lexía: 8.
Lexicalización: 9.
Léxico: 9.
Lexicología: 8.
Linealidad: 6.
Lingüística aplicada: 2.
Lingüística clínica: 11.
Lingüística computacional: 11.
Lingüística de *corpora*: 11.
Lingüística del Objeto: 3.
Lingüística del Sujeto: 3.
Lingüística descriptiva: 2.
Lingüística externa: 2.
Lingüística general: 2.
Lingüística histórica: 2.
Lingüística interna: 2.
Lingüística neuropsicológica: 2.
Lingüística particular: 2.
Lingüística simbólica: 2.
Lingüística social: 2.
Lingüística teórica: 2.
Lingüística textual: 8.
Lingüística tipológica: 2.

Lingüística: 2.

Llamada: 6.

Lóbulo frontal: 7.

Lóbulo occipital: 7.

Lóbulo parietal: 7.

Lóbulo temporal: 7.

Lóbulo: 7.

M

Macrosociolingüística: 10.

Marca funcional: 2.

Materia: 8.

Máxima de aprobación: 10.

Máxima de cantidad: 10.

Máxima de cualidad: 10.

Máxima de generosidad: 10.

Máxima de modestia: 10.

Máxima de modo o manera: 10.

Máxima de pacto: 10.

Máxima de relevancia: 10.

Máxima de solidaridad: 10.

Máxima de tacto 10.

Máximas conversacionales: 10.

Mensaje: 6.

Mentalismo: 4.

Mesencéfalo: 7.

Metalingüística: 4.

Metateoría: 2.

Método audiolingual: 11.

Método de gramática-traducción: 11.

Método directo: 11.

Método estructural: 8.

Método: 3.

Metodología técnica: 3.

Microsociolingüística: 10.

Modelo: 3.

Monema: 8.

Morfema: 8.

Morfo: 8.

Morfología: 8.

Morfonología: 9.

Mundo lingüístico observado: 12.

Mundo lingüístico preferido: 12.

Mundo lingüístico previsto: 12.

Glosario general

Mutación conceptual: 3.

N

Narratología: 8.

Neogramáticos: 4.

Neurolingüística: 10.

Neutralización: 3.

Nexo: 8.

Nivel: 6.

Noción: 3.

Norma: 5.

Núcleo: 8.

O

Objeto: 3.

Ocultamiento: 12.

Oído: 7.

Onomasiología: 9.

Oposición: 3.

Oración: 8.

Ortofonía: 9.

P

Paradigma Idealista: 12.

Paradigma Realista: 12.

Paradigma: 8.

Phisey: 4.

Planificación lingüística: 11.

Planteamiento epistemológico: 12.

Planteamiento metodológico: 12.

Planteamiento ontológico: 12.

Poética: 4.

Positivismo: 4.

Postposición: 8.

Pragmática: 10.

Pragmatismo: 11.

Predicado: 8.

Presentador: 8.

Presuposición: 5.

Presuposiciones: 10.

Prevaricación: 4.

Principio de cooperación: 10.

Principio de cortesía: 10.

Problemática: 12.

Producto verbal: 5.

Propuesta modélica: 12.
Propuesta teórica: 12.
Prosencéfalo: 7.
Proxémica: 6.
Psicolingüística: 10.

R

Ramas de la Lingüística: 2.
Rasgo distintivo configurativo: 8.
Rasgo distintivo intrínseco: 8.
Rasgo distintivo: 8.
Rasgo fónico: 8.
Realismo: 2, 4.
Receptor: 6.
Reciprocidad: 6.
Recurrencia: 4.
Referencial: 4.
Referente: 6.
Reflexión creativa: 12.
Reflexión criticista: 12.
Reflexión empirista: 12.
Reflexividad: 4.
Relación paradigmática: 8.
Relación sintagmática: 8.
Relación: 8.
Representativa: 4.
Retórica pura: 10.
Retórica: 8.
Rombencéfalo: 7.
Ruptura epistemológica: 3.

S

Sema: 9.
Semantema: 9.
Semántica analítica: 9.
Semántica componencial: 9.
Semántica lingüística: 9.
Semántica lógica: 9.
Semántica psicológica: 9.
Semántica: 8.
Semanticidad: 4.
Semasiología: 9.
Semema: 8.
Semiología: 6.
Semiótica: 6.
Sentido: 9.

Señal 6.

Significación: 9.

Significado: 8, 9.

Significante: 8.

Signo lingüístico: 6.

Signo: 6.

Signos históricos: 6.

Simbolismo: 4.

Símbolo: 6.

Sincronía: 2.

Sintagma nominal: 8.

Sintagma verbal: 8.

Sintagma: 8.

Sintagmática: 8.

Sintaxis: 8.

Sistema alfabético: 5.

Sistema conceptual: 3.

Sistema estructurado: 6.

Sistema ideográfico: 5.

Sistema jeroglífico: 5.

Sistema lingüístico: 6.

Sistema nocional: 3.

Sistema pictográfico: 5.

Sistema semiótico extrínseco: 6.

Sistema semiótico intrínseco: 6.

Sistema semiótico: 6.

Sistema silábico: 5.

Sistema: 6.

Sistematicidad: 3.

Situaciones de habla: 10.

Sociolecto: 5.

Sociolingüística: 10.

Sociología del lenguaje: 10.

Solidaridad: 6.

Sonido articulado: 7.

Sonido audible: 7.

Sordera verbal pura: 7.

Subordinación: 8.

Sujeto: 3, 8.

Sustancia: 8.

T

Técnica: 3.

Tecnicismo: 5.

Telecomunicación: 6.

Teoría de circuitos: 10.

Teoría de la relevancia: 10.

Teoría del lenguaje natural humano: 2.

Teoría estándar: 9.

Teoría general de las gramáticas: 2.

Teoría general de las lenguas: 2.

Teoría General de Sistemas: 6.

Teoría modular: 10.

Teoría: 2, 3.

Termino marcado: 4.

Tesis: 12.

Texto: 8.

Thesey: 4.

Traductología: 11.

Transcategorización: 8.

Transformacionalismo: 4.

Trapecio metodológico: 8.

Trascendencia: 2.

Triángulo metodológico: 8.

Turno: 10.

U

Unidad: 3.

Unidireccional: 6.

Uso: 5.

V

Variación interidiomática: 5.

Variación intraidiomática: 5.

Variedades diafásicas: 5.

Variedades diastráticas: 5.

Variedades diatópicas: 5.

Variedades genéticas: 5.

Variedades tipológicas: 5.

Vocabulario: 9.

Y

Yuxtaposición: 8.

ÍNDICE TEMÁTICO

PRIMERA PARTE
PRELIMINARES TEÓRICOS Y METODOLÓGICOS 13

CAPÍTULO 1. **Técnicas de investigación lingüística**.................... 15

1. Técnicas instrumentales para la investigación lingüística: las fichas 17

    1.1. Definición 18

    1.2. Clasificación de las fichas 18

2. Elementos constitutivos de las fichas bibliográficas 19

    2.1. Elementos de identificación 19

    2.2. Elementos de ubicación 20

    2.3. Elementos de utilización 20

3. Modelo de ficha bibliográfica 21

4. Elementos constitutivos de las fichas temáticas 23

    4.1. Elementos de identificación 23

    4.2. Elementos de clasificación 24

    4.3. Elementos conceptuales 25

5. Modelo de ficha temática 25

6. Técnicas instrumentales para la investigación lingüística: el fichero 28

    6.1. Sistema de clasificación alfabético 29

    6.2. Sistema de clasificación temático 29

    6.3. Sistema de clasificación numérico ordinal 29

    6.4. Sistema de clasificación numérico decimal 30

7. Técnicas procesales para la construcción de la ficha bibliográfica 30

    7.1. Preliminares 30

    7.2. La elaboración de los elementos de identificación 31

    7.3. La elaboración de los elementos de ubicación y utilización 32

    7.4. Recomendaciones finales 32

8. Técnicas procesales para la construcción de la ficha temática ... 33

    8.1. Preliminares 33

    8.2. La elaboración de los elementos conceptuales 33

    8.3. La elaboración de los elementos de identificación 35

    8.4. La elaboración de los elementos de clasificación 37

    8.5. Recomendaciones finales 37

9. Técnicas procesales para la construcción del fichero 37

    9.1. La construcción del fichero bibliográfico 38

    9.2. La construcción del fichero temático 38

    9.3. Recomendaciones finales 39

CAPÍTULO 2. **La Lingüística en el conjunto de las ciencias humanas** 43

    1. La Lingüística desde un enfoque teórico y empírico 45

    2. Orientaciones y concreciones de la Lingüística 47

3. Vías de la Lingüística en el acercamiento a su objeto 49

    3.1. La Teoría del lenguaje 50

    3.2. La Teoría de la lengua 50

    3.3. La Teoría de la gramática 51

4. Ramas de la Lingüística 52

    4.1. Lingüística interna y externa 53

    4.2. Lingüística pura y externa 53

    4.3. Divisiones y ramas de la Lingüística 53

5. Las disciplinas lingüísticas en la actualidad: elementos comunes y diferenciales 54

6. Relación de la Lingüística con otras ciencias 55

    6.1. Con la Filosofía 55

    6.2. Con la Lógica 56

    6.3. Con la Psicología 56

    6.4. Con la Historia 57

    6.5. Con la Sociología 57

    6.6. Con la Filología 57

    6.7. Con otras disciplinas 58

7. Conclusiones: propuestas metodológicas 58

CAPÍTULO 3. **La Lingüística y sus fundamentos como campo del saber** 73

1. La Lingüística en la actualidad 75

2. La ciencia como campo del saber 77

    2.1. El proceso de ruptura 77

    2.2. Los elementos intracientíficos 78

3. La Lingüística y la ciencia 79

  3.1. La Lingüística y el proceso de ruptura 79

  3.2. La Lingüística y los elementos intracientíficos 80

 4. El carácter de la ciencia lingüística 81

 5. Principios de la Lingüística moderna 84

  5.1. Principio de funcionalidad 84

  5.2. Principio de oposición 85

  5.3. Principio de sistematicidad 85

  5.4. Principio de neutralización 86

 6. Postulados y críticas de la Lingüística moderna a la tradicional 86

 7. Objetivos de la investigación lingüística 87

  7.1. Concepción taxonómica de la ciencia lingüística 87

  7.2. Concepción teórica de la ciencia lingüística 88

SEGUNDA PARTE
APROXIMACIÓN ONTOLÓGICA AL ESTUDIO DEL LENGUAJE: LA LINGÜÍSTICA Y SU OBJETO DE ESTUDIO   101

CAPÍTULO 4. **El lenguaje natural humano como objeto de estudio e investigación: perspectiva histórica** 103

 1. La complejidad del lenguaje 106

  1.1. Economía 107

  1.2. Creatividad 107

  1.3. Simbolismo 108

 2. El estudio del lenguaje desde el punto de vista teórico especulativo: el origen del lenguaje 109

  2.1. Teorías metafísicas y teológicas 109

  2.2. Teorías biológicas 110

  2.3. Teorías glosogenéticas 111

- 2.4. Teorías antropológicas 111
3. El estudio del lenguaje desde un punto de vista instrumental: su funcionamiento 112
    - 3.1. Principales precedentes históricos 112
    - 3.2. Las funciones en Cassirer 113
    - 3.3. Las funciones en Martinet 113
    - 3.4. Las funciones en Bühler 114
    - 3.5. Las funciones en Trubetzkoy 115
    - 3.6. Las funciones en Jakobson 116
4. El estudio del lenguaje desde un punto de vista diacrónico: panorama histórico 118
    - 4.1. Las primeras preocupaciones sobre el lenguaje 118
    - 4.2. Los estudios sobre el lenguaje en el mundo griego 120
    - 4.3. Los estudios sobre el lenguaje en el mundo latino 122
    - 4.4. La especulación medieval 123
    - 4.5. Los estudios sobre el lenguaje en la Edad Moderna: las Gramáticas teóricas del Renacimiento 127
    - 4.6. Los estudios sobre el lenguaje en la Edad Moderna: las Gramáticas racionalistas y empiristas de la Ilustración..... 128
    - 4.7. Los estudios sobre el lenguaje en el siglo XIX: la Lingüística Histórico comparada 131
    - 4.8. Los estudios sobre el lenguaje en el siglo XIX: la aportación de Humboldt 135
    - 4.9. Los estudios sobre el lenguaje en el siglo XIX: los Neogramáticos 135
    - 4.10. Los estudios sobre el lenguaje en el siglo XX: el Estructuralismo 136
    - 4.11. Los estudios sobre el lenguaje en el siglo XX: el Transformacionalismo 146

5. La naturaleza social, simbólica y psicológica del lenguaje 152

CAPÍTULO 5. **El lenguaje como fenómeno social: la diversidad lingüística** 167
   1. El fenómeno de la variedad de las lenguas 169
   2. La variación lingüística: propuestas de caracterización 171
      2.1. Humboldt: «ergon» y «energeia» 171
      2.2. Saussure: lengua y habla 172
      2.3. Bühler: acción, producto y acto verbal 174
      2.4. Hjelmslev: esquema, norma, uso y acto 176
      2.5. Coseriu: sistema, norma y habla 177
      2.6. Chomsky: competencia y actuación 179
      2.7. Conclusión 181
   3. La variación intraidiomática 182
      3.1. Las variedades individuales 183
      3.2. Las variedades diastráticas 183
      3.3. Las variedades diafásicas 184
      3.4. Las variedades diatópicas 184
   4. La variación interidiomática: las lenguas en el mundo 186
      4.1. Las variedades genéticas 186
      4.2. Las variedades tipológicas 188
   5. La escritura 189
      5.1. El sistema pictográfico 190
      5.2. El sistema ideográfico 191
      5.3. El sistema jeroglífico 192
      5.4. El sistema silábico 193
      5.5. El sistema consonántico 194

5.6. El sistema alfabético 194

CAPÍTULO 6. **El lenguaje como fenómeno simbólico: el universo semiótico** 205

1. Los dominios de la Semiótica 208
2. Lingüística y Semiótica 209
    2.1. Saussure 210
    2.2. Peirce 210
    2.3. Morris 210
    2.4. Barthes 211
3. Las unidades semióticas 212
4. El lenguaje natural humano como sistema semiótico: el signo lingüístico 214
5. El carácter representacional del lenguaje: la comunicación ... 215
    5.1. Aproximación definicional 216
    5.2. Elementos de la comunicación 218
    5.3. Grados de especialización 219
    5.4. Otras propuestas 220
6. Bases semióticas de la comunicación: sistemas verbales y no verbales 220
7. La comunicación animal 222
    7.1. La comunicación entre las abejas 223
    7.2. La comunicación entre las aves 224
    7.3. La comunicación entre los primates 225
8. Comunicación animal y comunicación humana 225
9. La organización semiótica de las lenguas 228
    9.1. El término «sistema» 228
    9.2. El término «estructura» 229

9.3. Lengua y sistema 230
9.4. Las lenguas y su organización semiótica 231

CAPÍTULO 7. **El lenguaje como fenómeno neuropsicológico** 245
1. Introducción 247
2. Fundamentos neuropsicológicos del lenguaje 249
   2.1. La emisión de la información 250
   2.2. La recepción de la información 251
   2.3. El procesamiento de la información 252
3. Neurofisiología del lenguaje: su organización en el cerebro .. 252
   3.1. Neurología de la corteza cerebral 254
   3.2. Estructuras corticales del lenguaje 255
   3.3. Los lóbulos 256
   3.4. Centros corticales relevantes para el lenguaje 256
4. Anatomía funcional del desarrollo del lenguaje 258
   4.1. Estudios clínicos 258
   4.2. Estudios experimentales 259
   4.3. Conclusiones 259
5. Hemisferios cerebrales y lenguaje 259
   5.1. Hemisferio izquierdo y lenguaje 260
   5.2. Hemisferio derecho y lenguaje 260
   5.3. Investigaciones clínicas 261
6. Fisiopatología del lenguaje 261
   6.1. Concepto de afasia 262
   6.2. Etiología de la afasia 263
   6.3. Tipos de afasia 264
7. Lingüística y afasia 265

7.1. Alteraciones fonológicas en la afasia	265
7.2. Alteraciones semánticas en la afasia	265
7.3. Alteraciones sintácticas en la afasia	266

TERCERA PARTE

APROXIMACIÓN METODOLÓGICA AL ESTUDIO DEL LENGUAJE: LA LINGÜÍSTICA Y EL ANÁLISIS DE SU OBJETO ... 279

CAPÍTULO 8. **Niveles de formalización teórica: la estructura de las lenguas**	281
1. Introducción	284
2. La organización estructural de las lenguas	285
2.1. Los niveles de la estructura lingüística	285
2.2. El carácter lingüístico del signo	287
2.3. El carácter funcional de las formas lingüísticas	289
2.4. La materialización lingüística del valor funcional de las formas	292
2.5. Síntesis final	292
3. Distintas propuestas de organización estructural del signo lingüístico	294
3.1. El signo como entidad monoplana	294
3.2. El signo como entidad biplánica	295
3.3. La entrada de la realidad extralingüística en la concepción sígnica	297
4. Los principios del análisis estructural	299
5. Las unidades lingüísticas del plano de la expresión	301
5.1. El rasgo fónico	302
5.2. El fonema	303
6. Las unidades lingüísticas del plano del contenido relativo	304

6.1. El morfema gramema 304
6.2. El sintagma 306
6.3. La oración 310
7. Las unidades lingüísticas del plano del contenido absoluto ... 312
7.1. El morfema lexema 312
7.2. La lexía 313
7.3. El enunciado 315
8. El texto como unidad lingüística cualitativamente superior ... 316
8.1. Características y propiedades del texto 317
8.2. Trayectoria histórica de los estudios textuales 318
9. La estructura lingüística desde un punto de vista tipológico .. 323

CAPÍTULO 9. **La Lingüística desde una perspectiva intradisciplinar: las divisiones de la Lingüística** 339
1. Introducción 342
2. El estudio del plano de la expresión: visión histórica 342
3. La Fonética 344
3.1. Características generales 344
3.2. Aspectos básicos según Malmberg 345
3.3. Puntos de vista en la investigación fonética 345
4. La Fonología 346
4.1. Presupuestos generales 347
4.2. Aspectos básicos según Malmberg 347
4.3. Propuestas de Alarcos 348
4.4. Propuestas de Jakobson 348
5. El plano del contenido relativo: visión histórica 349
6. La Morfología y la Sintaxis como disciplinas autónomas 351

6.1. En la Lingüística comparada 351
6.2. En el ámbito estructural europeo 352
6.3. En el ámbito estructural americano 354
7. La concepción unitaria del contenido relativo 355
7.1. En la Lingüística estructural 355
7.2. En la Lingüística transformatoria 359
8. El plano del contenido absoluto: visión histórica 361
9. La Lexicología 369
10. La Semántica 371
10.1. Tipos de Semántica 371
10.2. Propuestas para llegar al significado 372

CAPÍTULO 10. La Lingüística desde una perspectiva interdisciplinar: las ramas de la Lingüística teórica 389
1. Introducción 392
2. La Psicolingüística 393
2.1. Definición y objeto de la Psicolingüística 393
2.2. Perspectiva histórica 393
2.3. Propuestas actuales 394
2.4. El desarrollo y la adquisición del lenguaje 395
3. La Neurolingüística 397
3.1. Definición y objeto de la Neurolingüística 397
3.2. Perspectiva histórica 398
3.3. Propuestas actuales 399
4. La Sociolingüística 400
4.1. Definición y objeto de la Sociolingüística 400
4.2. Perspectiva histórica 400

    4.3. Propuestas actuales 402

  5. La Pragmática 403

    5.1. Definición y objeto de la Pragmática 404

    5.2. Perspectiva histórica 405

    5.3. Propuestas actuales 409

  6. La Antropología lingüística 409

    6.1. Definición y objeto de la Antropología lingüística 410

    6.2. Perspectiva histórica 410

    6.3. Propuestas actuales 413

  7. La Filosofía del lenguaje 413

    7.1. Definición y objeto de la Filosofía del lenguaje 413

    7.2. Perspectiva histórica 414

    7.3. Propuestas actuales 415

CAPÍTULO 11. **La Lingüística desde una perspectiva interdisciplinar: las ramas de la Lingüística aplicada** 431

  1. Introducción 433

  2. Noción de Lingüística aplicada 435

  3. La Glosodidáctica. 436

    3.1. Noción de Glosodidáctica 437

    3.2. Métodos de enseñanza 438

    3.3. El enfoque comunicativo 439

  4. La Traductología 440

    4.1. Noción de Traductología 440

    4.2. Perspectiva histórica 441

  5. La Planificación lingüística 442

    5.1. Noción de Planificación lingüística 442

5.2. Objetivos	443
5.3. Desarrollo	443
6. La Lingüística clínica	444
6.1. Noción de Lingüística clínica	445
6.2. Áreas de exploración	445
7. La Lingüística computacional	448
7.1. Noción de Lingüística computacional	448
7.2. Ventajas y problemas de la Lingüística computacional	450
7.3. Algunos trabajos en Lingüística computacional	451
CAPÍTULO 12. **Consideraciones epistemológicas de la Lingüística actual**	463
1. Planteamiento temático	465
2. La vertiente sincrónica de la reflexión glotológica lingüística	466
3. Las tesis de la Lingüística desde la Filosofía de la ciencia	470
4. Líneas de demarcación entre lo fenomenológico y lo trascendental	471
5. Conocimiento del objeto lingüístico y visión del mundo	473
6. La vertiente diacrónica de la reflexión glotológica lingüística	474
7. La filosofía espontánea de los discursos lingüísticos desde el punto de vista historiográfico	476
7.1. El discurso transformatorio	476
7.2. El discurso estructural	477
8. Otras formulaciones hermenéuticas	478
8.1. La hermenéutica trascendental-existencial de Gadamer	479
8.2. La hermenéutica crítico-estructural del lenguaje	480

ÍNDICE GENERAL

INTRODUCCIÓN 7

PRIMERA PARTE
PRELIMINARES TEÓRICOS Y METODOLÓGICOS — 13

CAPÍTULO 1. **Técnicas de investigación lingüística** 15
    A. Objetivos 15
    B. Palabras clave 15
    C. Organización de los contenidos 16
    D. Desarrollo de los contenidos 17
    E. Actividades sugeridas 39
    F. Lecturas recomendadas 40
    G. Glosario 40

CAPÍTULO 2. **La Lingüística en el conjunto de las ciencias humanas** 43
    A. Objetivos 43
    B. Palabras clave 44
    C. Organización de los contenidos 44

D. Desarrollo de los contenidos 45

E. Actividades sugeridas 61

F. Lecturas recomendadas 61

G. Ejercicios de autoevaluación 62

H. Glosario 66

I. Bibliografía general 70

CAPÍTULO 3. **La Lingüística y sus fundamentos como campo del saber** 73

A. Objetivos 73

B. Palabras clave 74

C. Organización de los contenidos 74

D. Desarrollo de los contenidos 75

E. Actividades sugeridas 89

F. Lecturas recomendadas 89

G. Ejercicios de autoevaluación 90

H. Glosario 94

I. Bibliografía general 97

SEGUNDA PARTE

APROXIMACIÓN ONTOLÓGICA AL ESTUDIO DEL LENGUAJE: LA LINGÜÍSTICA Y SU OBJETO DE ESTUDIO   101

CAPÍTULO 4. **El lenguaje natural humano como objeto de estudio e investigación: perspectiva histórica** 103

A. Objetivos 103

B. Palabras clave 104

C. Organización de los contenidos 104

D. Desarrollo de los contenidos 106
E. Actividades sugeridas 153
F. Lecturas recomendadas 154
G. Ejercicios de autoevaluación 155
H. Glosario 159
I. Bibliografía general 164

CAPÍTULO 5. **El lenguaje como fenómeno social: la diversidad lingüística** 167
    A. Objetivos 167
    B. Palabras clave 168
    C. Organización de los contenidos 168
    D. Desarrollo de los contenidos 169
    E. Actividades sugeridas 195
    F. Lecturas recomendadas 195
    G. Ejercicios de autoevaluación 196
    H. Glosario 200
    I. Bibliografía general 203

CAPÍTULO 6. **El lenguaje como fenómeno simbólico: el universo semiótico** 205
    A. Objetivos 205
    B. Palabras clave 206
    C. Organización de los contenidos 206
    D. Desarrollo de los contenidos 208
    E. Actividades sugeridas 233
    F. Lecturas recomendadas 234

G. Ejercicios de autoevaluación	234
H. Glosario	239
I. Bibliografía general	243

CAPÍTULO 7. **El lenguaje como fenómeno neuropsicológico** 245

A. Objetivos	245
B. Palabras clave	246
C. Organización de los contenidos	246
D. Desarrollo de los contenidos	247
E. Actividades sugeridas	266
F. Lecturas recomendadas	267
G. Ejercicios de autoevaluación	267
H. Glosario	271
I. Bibliografía general	275

TERCERA PARTE

APROXIMACIÓN METODOLÓGICA AL ESTUDIO DEL
LENGUAJE: LA LINGÜÍSTICA Y EL ANÁLISIS DE SU OBJETO   279

CAPÍTULO 8. **Niveles de formalización teórica: la estructura de las lenguas** 281

A. Objetivos	281
B. Palabras clave	282
C. Organización de los contenidos	282
D. Desarrollo de los contenidos	284
E. Actividades sugeridas	325
F. Lecturas recomendadas	325
G. Ejercicios de autoevaluación	326

H. Glosario 330

I. Bibliografía general 337

CAPÍTULO 9. **La Lingüística desde una perspectiva intradisciplinar: las divisiones de la Lingüística** 339

    A. Objetivos 339

    B. Palabras clave 340

    C. Organización de los contenidos 341

    D. Desarrollo de los contenidos 342

    E. Actividades sugeridas 376

    F. Lecturas recomendadas 376

    G. Ejercicios de autoevaluación 377

    H. Glosario 381

    I. Bibliografía general 384

CAPÍTULO 10. **La Lingüística desde una perspectiva interdisciplinar: las ramas de la Lingüística teórica** 389

    A. Objetivos 389

    B. Palabras clave 390

    C. Organización de los contenidos 390

    D. Desarrollo de los contenidos 392

    E. Actividades sugeridas 416

    F. Lecturas recomendadas 417

    G. Ejercicios de autoevaluación 418

    H. Glosario 422

    I. Bibliografía general 426

CAPÍTULO 11. **La Lingüística desde una perspectiva interdisciplinar: las ramas de la Lingüística aplicada** 431

    A. Objetivos 431

    B. Palabras clave 432

    C. Organización de los contenidos 432

    D. Desarrollo de los contenidos 433

    E. Actividades sugeridas 452

    F. Lecturas recomendadas 453

    G. Ejercicios de autoevaluación 453

    H. Glosario 458

    I. Bibliografía general 459

CAPÍTULO 12. **Consideraciones epistemológicas de la Lingüística actual** 463

    A. Objetivos 463

    B. Palabras clave 464

    C. Organización de los contenidos 464

    D. Desarrollo de los contenidos 465

    E. Actividades sugeridas 481

    F. Lecturas recomendadas 482

    G. Ejercicios de autoevaluación 482

    H. Glosario 487

    I. Bibliografía general 489

BIBLIOGRAFÍA BÁSICA 493

GLOSARIO GENERAL 503

ÍNDICE TEMÁTICO 515

ÍNDICE GENERAL 529